HISTOIRE

DE LA

PERSPECTIVE

ANCIENNE ET MODERNE

CONTENANT

L'analyse d'un très-grand nombre d'ouvrages sur la Perspective et la description des procédés divers qu'on y trouve

PAR

M. POUDRA

Officier supérieur d'état-major en retraite, ancien professeur de géométrie descriptive à l'École d'état-major, ancien élève de l'École polytechnique, auteur d'un *Traité de Perspective-Relief*.

Faisant suite au Cours de Perspective professé à l'École d'état-major.

Conserver la couverture

Avec 12 Planches.

PARIS

LIBRAIRIE MILITAIRE, MARITIME ET POLYTECHNIQUE

J. CORRÉARD, éditeur.

PLACE SAINT-ANDRÉ DES ARTS, 3.

Maison de la Fontaine Saint-Michel.

1864

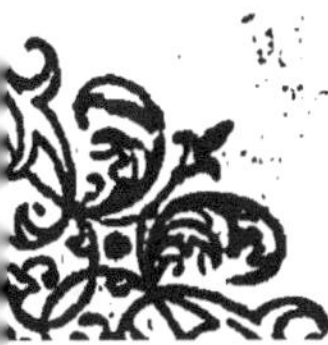

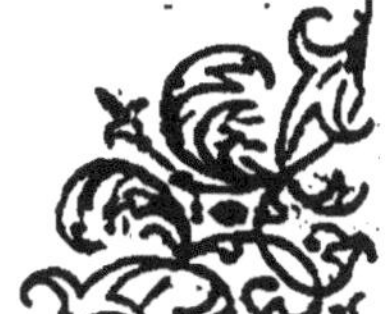

HISTOIRE

DE LA PERSPECTIVE.

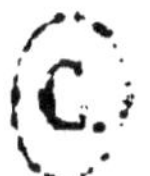

HISTOIRE

DE LA

PERSPECTIVE

ANCIENNE ET MODERNE

CONTENANT

L'analyse d'un très-grand nombre d'ouvrages sur la Perspective et la description des procédés divers qu'on y trouve

PAR

M. POUDRA

Officier supérieur d'état-major en retraite, ancien professeur de géométrie descriptive à l'École d'état-major, ancien élève de l'École polytechnique, auteur d'un *Traité de Perspective-Relief*,

Faisant suite au Cours de Perspective professé à l'École d'état-major.

Avec 12 Planches.

PARIS
LIBRAIRIE MILITAIRE, MARITIME ET POLYTECHNIQUE
J. CORRÉARD, Éditeur
PLACE SAINT-ANDRÉ-DES-ARTS, 3
Maison de la fontaine Saint-Michel,

1864

HISTOIRE DE LA PERSPECTIVE.

INTRODUCTION.

Perspective est un mot dérivé du verbe latin *perspicere*, qui signifie *voir clairement*, *bien voir*; d'ou les anciens ont défini la perspective comme étant la science de *bien voir*, *ars bene videndi*, c'est-à-dire de bien juger des objets dont la sensation nous arrive par la vue et de savoir démêler l'erreur de la vérité dans le phénomène de la vision.

Les Grecs avaient donné à cette science le nom d'*optique* qui doit avoir la même signification.

Les Arabes intitulèrent leurs ouvrages sur ce sujet : *De aspectibus*, de l'aspect, de l'apparence.

Ces définitions diffèrent sensiblement de ce que nous appelons actuellement perspective.

Pour présenter l'histoire de cette science, nous sommes donc conduit à partager cette étude en diverses époques.

PREMIÈRE ÉPOQUE.

Dans laquelle optique, perspective, apparence, ont la même signification.

Comme le mot optique est attribué maintenant à une science particulière, et comme celui de perspective est adopté par la science moderne, nous prendrons pour cette première époque, le titre donné par les Arabes, *De Aspectibus*, des Apparences.

Pour remonter à l'origine de la science *des apparences*, il faut, comme pour presque toutes les sciences, remonter à l'origine des sociétés et de la civilisation. Lorsque les hommes eurent le loisir de réfléchir sur la manière dont les sens étaient affectés par les objets extérieurs, ils durent s'occuper spécialement de ce qui frappait la vue, *de ce qu'ils voyaient;* ils durent chercher naturellement à figurer l'apparence des objets extérieurs; mais ils durent ne pas tarder à s'apercevoir que ce sens de la vue les trompait singulièrement, que par exemple, il leur indiquait faussement le lieu où ils étaient situés, leur étendue, leurs grandeurs. Ainsi ils jugèrent bien vite, qu'ils voyaient souvent directement ou en ligne droite, d'autres fois par des réflections sur des corps polis et enfin ils durent voir qu'à travers certains corps transparents, comme l'eau, les objets étaient changés, comme brisés; c'est ainsi qu'ils établirent ces trois manières de voir: 1° par des lignes directes; 2° des lignes réfléchies et 3° par des droites brisées.

Lorsqu'ils apercevaient des droites paraissant se rencontrer au loin ou comme nous disons concourir, l'expérience leur apprit bien vite qu'il y avait une erreur de la vue et que souvent ces droites étaient parallèles c'est-à-dire ne se rencontraient pas.

C'est de la réunion de toutes les observations faites ainsi sur la vision, que se fit une science particulière qui, comme nous l'avons déjà dit, fut appelé *Opticus* chez les Grecs, *Perspective* chez les Romains et *Apparence* chez les Arabes.

Les anciens ont été bien longtemps sans avoir d'idée juste sur la lumière et sur la manière dont la surface des corps devenait visible. Pour les corps lumineux comme le soleil, la lune, les étoiles, les lumières artificielles, il n'y avait pas de dissentiments, mais pour les autres surfaces on n'était pas d'accord : les uns voulaient que la vision se fît par les rayons partant de l'œil et dirigés par la volonté sur ces objets, d'autres se rapprochaient plus ou moins de l'opinion actuelle. On sait que cette question partagea longtemps les philosophes.

Ainsi Platon était de la première et Pythagore de la seconde.

Les ouvrages des anciens sur le sujet qui nous occupe sont souvent difficiles à bien comprendre par le mélange de ces deux opinions, dans leurs raisonnements. Ce sujet fut encore dans le moyen age, l'objet d'arguments scolastiques et philosophiques.

Nous comprendrons mieux le but et l'utilité de cette science des apparences lorsque nous aurons analysé quelques-uns des nombreux ouvrages qui existent sur ce sujet, qui malheureusement est presque totalement négligé et même oublié.

Thales, qui vivait 600 ans avant J.-C. et qui apporta en Grèce la géométrie, y transporta aussi la science astronomique des Égyptiens et probablement celle dont nous nous occupons.

Le premier ouvrage qui nous soit parvenu sur ce sujet est celui d'Euclide, traité d'Optique.

Nous avons plusieurs traductions de cet ouvrage, du grec en latin.

Nous prenons celle de Pena, à la date de 1557, en latin.

Euclide ne donne pas de définition, mais son traducteur Pena, dans sa dédicace, dit : « Nous avons traduit du grec en latin, l'ouvrage d'Euclide qui enseigne la nature et la projection des rayons, la vue des lumières, des couleurs et des formes et qui nous montre à juger prudemment de la figure des objets visibles, modifiée par la situation, la grandeur, le mouvement, le repos, les distances. »

L'ouvrage se divise en deux parties.

La première est précédée d'une introduction par le traducteur, pour l'intelligence de l'ouvrage. elle est terminée par douze axiomes que voici :

1° Les rayons visuels *émis par l'œil*, marchent en ligne droite, quelle que soit la distance ;

2° La figure formée par les rayons visuels est un cône dont le sommet est dans l'œil et la base au contour des objets visibles,

3° On voit les objets auxquels les rayons visuels parviennent ;

4° On ne voit pas ceux auxquels les rayons ne parviennent pas ;

5° On juge plus grands les objets qui sont vus sous un grand angle ;

6° On juge plus petits ceux qui sont vus sous un angle plus petit ;

7° On juge égaux ceux qui sont vus sous le même angle ;

8° On juge plus hauts les objets qui sont vus par des rayons plus hauts ;

9° On juge plus bas ceux qui viennent par des rayons plus bas ;

10° On juge plus à droite ceux qui viennent par des rayons plus à droite ;

11° On juge plus à gauche ceux qui viennent par des rayons plus à gauche ;

12° Enfin on juge plus exactement des objets qui sont vus sous plusieurs angles.

Ces axiômes étant posés par nous, les théorèmes suivants peuvent, par eux, être démontrés.

Dans ces axiômes, on doit remarquer le premier où il énonce les rayons émis par l'œil.

Pour bien comprendre le sujet, je crois convenable de rapporter succinctement les titres des soixante et un théorèmes qui composent cette première partie d'Euclide.

1. Th. Toutes les parties d'un objet ne sont pas vues en même temps (il est curieux d'observer que pour la démonstration, il se sert de l'idée que la lumière partant de l'œil ne peut pas parvenir en même temps à tous les points).

2. Parmi les objets de même grandeur, ceux qui sont plus près sont vus plus exactement.

3. Il y a une certaine distance où les objets ne sont plus vus.

4. Des intervalles égaux sur une même droite, les plus éloignés paraissent plus petits.

5. Des grandeurs égales inégalement distantes paraissent inégales, et celle qui est la plus proche semble la plus grande.

6. Les distances entre deux parallèles paraissent inégales et se rapprocher.

7. Des grandeurs égales sur la même droite paraissent inégales (ce th. ressemble au 4e).

8. Des grandeurs égales inégalement éloignées de l'œil, les angles sous lesquels elles sont vues ne sont pas proportionnels aux distances.

9. Un objet rectangulaire vu de loin paraît rond.

10. Si on a un plan plus bas que l'œil, les parties

de ce plan plus éloignées paraîtront plus hautes.

11. Les parties d'un plan les plus éloignées. sembleront plus basses, si le plan est plus haut.

12. Lorsqu'on a des droites en avant de soi, celles qui sont à droite semblent marcher vers la gauche, et celles à gauche vers la droite.

13. Des hauteurs verticales plus basses que l'œil, celles qui sont les plus éloignées paraissent plus hautes.

14. Si elles sont plus hautes, celles plus éloignées paraissent plus basses.

15. Des hauteurs verticales plus basses que l'œil, la différence entre elles paraîtra d'autant plus petite que l'œil s'éloignera.

16. Des hauteurs verticales plus hautes que l'œil, à mesure qu'on s'approche la différence diminue, à mesure qu'on s'éloigne elle augmente.

17. Même sujet. Si *a* et *d* sont sur une perpendiculaire à *c d*, la différence ne changera pas, si on approche ou si on recule (car *a* et *d* seront en *b* et *c*, il n'y fait pas attention).

18. Trouver la hauteur d'une verticale (par l'ombre).

19. Trouver cette hauteur par une autre méthode (par un miroir).

20. Connaître une profondeur donnée (par deux triangles inégaux).

21. Trouver la longueur d'une distance entre deux points (triangles semblables).

22. L'apparence d'une circonférence est une droite si l'œil est dans son plan (il donne une autre démonstration tirée de Pappus).

23. Si une sphère est vue d'un seul œil, son apparence sera plus petite qu'une hémisphère et sera limitée par une circonférence.

24. Si l'œil s'approche de la sphère on en voit moins et en s'éloignant on en voit plus.

25. Une sphère vue de loin paraît un cercle.

26. Si une sphère est vue des deux yeux et que son diamètre soit précisément égal à la distance de ces deux yeux, on verra la moitié de la sphère.

27. Si l'intervalle des deux yeux est plus grand que le diamètre, la partie vue de la sphère sera plus grande que l'hémisphère.

28. Si l'intervalle est plus petit elle sera plus petite.

29. Si une colonne est vue par un seul œil, on en verra moins de la moitié.

30. Si l'œil se rapproche, cette partie sera moindre, s'il s'éloigne, plus grande.

31. Lorsqu'un cone est vu d'un seul œil, on en voit moins de la moitié.

32. Si l'œil s'approche ou s'éloigne du cone, etc.

33. Si on mène de l'œil deux tangentes à la base du cone, si on joint les points de tangence au sommet et par ces tangentes et ces droites deux plans, alors l'œil étant placé dans un point quelconque de l'intersection la partie vue de la surface sera toujours la même.

34. Si l'œil se meut sur une parallèle à l'axe, à mesure qu'il s'élève, il aperçoit une plus grande partie de la surface. (Le traducteur en latin a mis le contraire.) (Je crois qu'il s'est trompé en deux points il dit : *sur une parallèle à la surface*).

35. Si on élève une perpendiculaire, par le centre d'un cercle, à son plan et qu'on place l'œil en un point quelconque de cette droite, les diamètres du cercle paraîtront tous égaux.

36. Dans un cercle si l'œil est placé à l'extrémité d'une droite égale au rayon et inclinée sur son plan, tous les diamètres paraîtront égaux, et si la droite (ou distance au centre) n'est pas égale au rayon, tous les diamètres qui feront avec cette droite des

angles égaux, seront vus égaux, que cette droite soit perpendiculaire au plan ou non.

37. Si la droite n'est ni perpendiculaire au plan du cercle, ni égale au rayon, ni fait des angles égaux avec deux rayons, les diamètres seront vus sous des angles inégaux.

Propositions qu'il faut connaître pour la démonstration des suivantes.

Si on abaisse de l'œil une perpendiculaire sur le plan d'un cercle, l'angle formé par la droite qui joint son pied au centre et celle qui joint ce centre à l'œil, est un angle minimum entre tous ceux formés par cette droite qui va de l'œil au centre et un rayon quelconque. (Suit deux lemmes sur ce sujet.)

38. Si le rayon qui joint l'œil au centre du cercle et faisant des angles inégaux avec divers diamètres, n'est point perpendiculaire au plan du cercle, mais que cette distance de l'œil au centre soit plus grande que le rayon, les diamètres apparaîtront inégaux, et celui qui semblera le plus grand est le rayon perpendiculaire à la droite qui va de l'œil au centre.

39. Si la distance de l'œil au centre était au contraire plus petite, celui qui avant paraissait plus grand, semblera plus petit et celui plus petit, plus grand (ce qui veut dire que si l'œil est placé en dehors d'une sphère, le rayon qui paraîtra le plus grand, dans un des grands cercles, sera celui qui sera perpendiculaire à la droite qui joint l'œil au centre. L'inverse a lieu si l'œil est dans la sphère).

40. Les roues paraîtront ainsi oblongues, à moins que la droite qui va de l'œil au centre ne soit perpendiculaire au plan de la roue, ou la distance égale à son rayon.

41. Si une partie de droite est perpendiculaire à un plan et qu'elle se meuve suivant la circonférence d'un cercle dont l'œil serait le centre, dans toutes les positions elle paraîtra de même longueur.

42. Si cette droite est élevée perpendiculairement au centre et que l'œil occupe les divers points de la circonférence, elle paraîtra toujours égale.

43. Si cette droite n'est pas perpendiculaire au plan du cercle, l'œil étant placé au centre, elle apparaîtra inégale dans les diverses positions.

44. Il est un certain lieu où l'œil restant fixe, une longueur donnée, changeant de place, elle

paraîtra toujours égale (la corde d'un segment de cercle).

45. Il est un certain lieu où une longueur restant fixe, l'œil pourra se mouvoir de manière que son aspect ne changera pas (corde d'un segment).

46. Il est (dans un plan) un certain lieu où en y transportant l'œil, une chose immobile, maintenant plus grande, paraîtra plus petite.

47. La même chose arrivera si la droite que parcourt l'œil est parallèle à la distance.

48. Il est un lieu (dans un même plan, sur une même droite) où des distances égales paraissent inégales.

49. Il est un lieu où des distances inégales paraissent égales (sur une même droite).

50. Il est certains lieux desquels une distance composée de deux autres inégales, des parties inégales apparaîtront égales.

51. Trouver le lieu où une distance apparaîtra la moitié, le quart ou dans une raison donnée?

52. Si des objets à des distances inégales de l'œil, ont des vitesses égales (en passant devant l'œil en marchant de gauche à droite), la plus éloignée paraîtra d'abord précéder les autres, mais ce sera l'inverse après (lorsqu'elle passera à droite).

53. Si on porte l'œil vers des vitesses inégales, celle qui aura même vitesse que l'œil paraîtra immobile, celle qui se mouvra moins vite paraîtra se mouvoir en sens contraire, et celle qui va plus vite semblera aller en avant.

54. Si des grandeurs sont portées dans le même sens, si l'une s'arrête, elle paraîtra se mouvoir en sens contraire.

55. Si l'œil s'approche de la chose vue, elle paraîtra augmenter de grandeur.

56. Avec une vitesse égale, les objets les plus loins paraîtront aller moins vite.

57. Dans un mouvement rapide de l'œil, les choses posées au loin semblent rester en place, et celles plus près marcher en sens contraire.

58. Si les grandeurs augmentent, elles sembleront s'approcher.

59. Les surfaces sur lesquelles on ne peut tracer des droites sont concaves ou convexes.

60. Si on pose l'œil sur un point quelconque de la perpendiculaire élevée par le point d'intersection des deux diagonales d'un carré, ces deux diagonales paraîtront égales et les côtés du carré égaux.

61. Si la droite ci-dessus où est l'œil n'est pas perpendiculaire au plan du carré, ni égale à la

moitié de cette diagonale, ou ne fait pas des angles égaux avec ces deux diagonales, les diagonales paraîtront inégales. — Ce qui est démontré déjà pour le cercle.

(*Finis Opticorum Euclids.*)

Fin des Apparences d'Euclide.

CATOPTRIQUE D'EUCLIDE.

OU PARTIE DE L'OPTIQUE QUI MONTRE LES APPARENCES TROMPEUSES DES MIROIRS.

Il commence par poser 7 axiômes intitulés *Phænomenon.*

1. Th. — Sur un miroir plan, convexe ou concaves, les rayons sont réfléchis par des angles égaux.

2. Si un rayon, sur un miroir quelconque, tombe en faisant des angles égaux, il se réfléchira sur lui-même.

3. Si un rayon tombe sur un miroir en faisant des angles inégaux, il ne se réfléchira pas sur lui-me, ni vers le plus petit.

4. Les rayons réfléchis sur un miroir plan ou convexe, ne concourront pas, ni ne seront parallèles.

5. Dans un miroir concave, si on place l'œil, ou au centre, ou sur la circonférence, ou hors de cette circonférence, les rayons réfléchis concourront entre le centre et la circonférence.

6. Dans les miroirs concaves si l'œil est placé entre le centre et la circonférence, les rayons réfléchis concourront ou ne concourront pas.

7. Dans les miroirs plans, les hauteurs paraîtront inverses avec les profondeurs.

8. Les élévations et les profondeurs paraissent inverses dans les miroirs convexes.

9. Dans un miroir plan, une droite parallèle au miroir paraît dans la même position que la chose elle-même (c'est-à-dire ce qui est plus près est plus près et *vice versa*).

10. Les longueurs dans les miroirs convexes paraissent dans la même situation.

11. Dans les miroirs concaves les hauteurs ou profondeurs qui sont dans le concours des rayons paraissent inverses, et celles qui sont en dehors paraissent de même.

12. Dans les miroirs concaves les longueurs placées dans le concours des rayons paraissent telles qu'elles sont ; celles qui sont avant paraissent inverses.

13. Un objet peut être aperçu après la réflection sur plusieurs miroirs (la figure résout le prob. pour trois miroirs).

14. On peut arranger des miroirs de manière à ce que la même chose soit vue dans un nombre différent de miroirs — il faut décrire un polygone équilatéral et équiangle dont le nombre des miroirs excède par deux côtés.

15. La même chose peut être vue par un nombre quelconque de miroirs convexes ou concaves.

16. Dans un miroir plan, l'objet se voit sur la perpendiculaire menée de cet objet sur le miroir.

17. Dans un miroir sphérique convexe, un objet est vu sur la droite menée de cet objet au centre de la sphère.

18. Dans un miroir concave, un objet est aperçu sur la ligne droite menée de l'objet au centre de la sphère.

19. Dans un miroir plan, ce qui est à droite apparaîtra à gauche et *vice versa*, l'image semblera égale à l'objet et à même distance du miroir.

20. Dans un miroir convexe. ce qui est à droite paraîtra à gauche et *vice versa*, et l'image plus près du miroir.

21. Dans les miroirs convexes les images sont plus petites que les objets.

22. Dans les plus petits miroirs convexes, les images seront plus petites.

23. Dans les miroirs convexes, les images apparaissent souvent convexes.

24. Si l'œil est placé au centre d'un miroir sphérique, il n'aperçoit que lui-même.

25. Dans un miroir concave, si on place l'œil dans la circonférence, ou au-delà, l'œil lui-même ne paraîtra pas.

26. Dans un miroir concave, si du centre on élève une perpendiculaire sur un diamètre, et que l'œil soit placé de l'un ou de l'autre côté de cette perpendiculaire, il ne verra rien situé dans la partie où il est situé.

27. Dans les miroirs concaves, si les yeux sont placés sur le diamètre à égale distance du centre, ni l'un ni l'autre des yeux n'est vu.

28. Dans les miroirs concaves, si les deux yeux sont placés à égale distance du diamètre et de la perpendiculaire élevée par le centre, ni l'un ni l'autre des yeux ne sera vu.

29. Si les deux yeux sont placés en dehors du diamètre, les objets à droite apparaîtront à droite

et à gauche ceux à gauche, et l'image apparaîtra plus petite entre l'objet et le miroir.

30. On peut construire un miroir de cette manière que dans lui, plusieurs *faces* apparaissent, les unes plus grandes, les autres plus petites, les unes plus près, les autres plus loin, et leur droite à droite, et leur gauche à gauche.

31. Par les miroirs concaves opposés au soleil, le feu arrive. (Ainsi si on met de l'étoupe au centre, il prend feu.)

Finis Catoptricum.

J'ai été conduit à mettre en entier toutes les propositions ou théorèmes qui composent l'Optique d'Euclide, premièrement afin de faire bien comprendre quel était le but de cette science, à cette époque éloignée ; quelles étaient les connaissances des peuples antérieurs qui étaient parvenues à Euclides ; enfin pour faire comprendre que cet ouvrage n'est pas un traité d'optique, comme nous entendons cette science à présent, qu'il a bien pu être son point de départ, mais qu'avant tout c'est la science des apparences que l'auteur a voulu exposer.

Certes cette science n'est point complète dans cet

ouvrage ; mais il y a déjà le germe de notre Perspective et mieux que cela, une entente exacte des erreurs que peut commettre la vue, non pas seulement pour rendre ces effets dans des tableaux, mais pour diriger les peintres. les sulpteurs. les architectes. etc.

LA PERSPECTIVE D'EUCLIDE.

OUVRAGE QUI TRAITE DE CE QUI SE VOIT PAR LES RAYONS DIRECTS ET RÉFLÉCHIS.

Traduit du grec en italien par IGNACE DANTE, *etc. Ce volume contient en outre la Perspective d'Éliodore Larisse, extraite de la bibliothèque du Vatican, traduite par le même et mise nouvellement au jour*. Florence 1573.

Cette traduction d'Euclide est précédée d'une exposition des principes de la perspective qui n'est pas de cet auteur, *puisque le nom d'Euclide y est cité;* il reste, dit le traducteur, à savoir s'il ne serait pas de *Théon*, il ne se trouve pas dans aucun des ouvrages grecs de la bibliothèque de Médicis. Il est traduit, mot pour mot. d'un livre grec imprimé par Pena, à Paris.

Voici l'exposé succinct du sujet d'après les extraits qui sont en marge :

1. — Les rayons du soleil et d'une lampe vont en ligne droite.

2. — D'où provient la différence entre l'étendue des ombres d'un corps.

3. — On peut démontrer par des instruments que les rayons vont en ligne droite.

4. — Un objet ne peut se voir en entier dans un même instant.

— Exemple : une aiguille que l'on cherche.

— Exemple : les lettres d'une page d'un livre ne se voient pas en même temps.

— Que les rayons partent de l'œil, et non l'œil qui reçoit l'image des rayons émanés de la chose vue.

— Quels sont les organes sensitifs que la nature nous a donnés pour recevoir la sensation de ce qui nous est extérieur et ceux qui ne le sont pas (c'est ainsi qu'il y a dans le texte ce passage : « Euclide dit que la nature a fait, dans les animaux, des instruments destinés à recevoir la sensation, et les autres non. »)

— Pourquoi l'œil n'est-il pas de forme concave ?

— D'où une circonférence semble-t-elle une ligne droite?

— D'où une surface paraît-elle une ligne droite?

La traduction de cet ouvrage d'Euclide, par Ignace Dante, est accompagnée de notes remarquables du traducteur et qui sont bien plus étendues que l'ouvrage d'Euclide.

Il établit et commente, comme d'Euclide, les douze axiômes fondamentaux que, dans la traduction de Pena, on aurait pu croire n'être pas d'Euclide.

Il y a un de ces commentaires que je crois devoir rapporter en entier, il est sur ces paroles d'Euclide « que les rayons partent de l'œil. »

Euclide, comme fondement principal de sa Perspective, présuppose que les rayons visuels partent de l'œil et vont à la chose vue, et non que les rayons vont, de la chose vue, à l'œil; on voit que c'est aussi l'opinion de l'auteur de l'exposition précédente; j'ai l'intention de m'occuper profondément de cette question dans une meilleure occasion. Je me contente de faire observer ici l'opinion d'Euclide, à laquelle est opposée toute l'école péripatéticienne. Nous, néanmoins, avec les mathématiciens qui admettent les principes d'Euclide, nous devons suivre son opinion et celle de Platon, son maître, à laquelle adhérèrent *tous les mathématiciens* de l'antiquité, comme *Alchine*, *Éliodore Larisse*, *Téon Alessandrin* et *Galène* dans le 7e livre des préceptes d'Hypocrate et de Platon, dans la IIe partie du Traité de l'œil, au 6e chapitre. Malgré que, parmi les modernes, *Vitellio*, à la 5e proposition du IIIe livre, et l'auteur de la *Perspective commune*, dans le Ier livre à la proposition 44, pensent autrement. Nous dirons que Platon affirme que les rayons visuels qui sortent de l'œil sont une lumière et une splendeur qui dans l'air, en une espace déterminée, se joint à la lumière extérieure et font de l'une et l'autre réunies une lumière tellement agrandie et fortifiée, qu'on voit plus facilement, et les mathématiciens ajoutent que les rayons visuels qui sortent de l'œil vont à la chose vue ou se terminent dans l'air. A ces raisons j'ajouterai que *Galène*, dans l'ouvrage cité, où il présuppose que les nerfs visuels sont creux et *percés d'une petit canal, par lequel passe les esprits visuels qui sortent du cerveau et lancent au dehors dans l'air*. avec laquelle est joint, *je ne sais quelle propriété de l'âme* qui la joint à la chose visible, par lequel milieu se fait la vision... et si telle vertu est portée par l'air à la chose vue, l'esprit visuel n'en reste pas moins dans l'œil, etc., (le reste s'embrouille de plus en plus). »

Enfin il termine en disant « que cette opinion soit vraie ou fausse, cela est de peu d'importance. parce que dans l'une ou l'autre supposition les démonstrations des théorèmes sont les mêmes. »

A la page 6 on lit qu'Aristote, dans son 2e volume de physique, page 8, IIe chapitre, explique la différence qui existe entre la droite géométrique et la ligne perspective.

Page 10, il cite Tibérius, empereur, qui voyait dans les lieux ténébreux comme plusieurs animaux qui voyent de nuit comme de jour.

Page 77. Les miroirs d'Euclide, c'est-à-dire cette partie de la perspective qui traite des divers effets des miroirs.

Pages 81, 82, 83, 84. Il explique les effets de la chambre noire et donne le moyen de redresser l'image au moyen de miroirs.

LA PERSPECTIVE D'EUCLIDE.

Traduite en français sur le texte grec original de l'auteur, et démontrée par Rol. Fréart de Chanteloup, sieur de Chambray, au Mans, 1663.

— Une Épître dédicatoire au Roi.

— Une Préface dont le contenu est exposé en ces termes :

« Le premier des douze axiomes qu'Euclide suppose ici au commencement de sa Perspective étant contesté par tous les modernes qui ont écrit de la même chose, j'ai estimé nécessaire, avant que d'entrer dans la matière de ce traité, de rapporter les raisons que notre fameux auteur a eues de croire que la vue se fait par l'émission des rayons visuels, et d'établir ce principe pour très-véritable, quoiqu'aujourd'hui l'opinion commune soit qu'elle ne se fasse que par une réception des rayons que tous les objets visibles envoient à l'œil comme à un miroir. »

Suit les 12 axiômes d'Euclide, puis l'exposition de chaque théorème d'Euclide, suivi d'une démonstration qui s'appuie sur les idées des divers auteurs. Entre cés auteurs (dit le traducteur), j'en trouve trois principalement considérables, que je citerai souvent dans la suite de ce traité.

Le premier est Alhazen, Arabe, homme très-savant, contemporain d'Avicenne, de Zoare et d'Averroëz, qui rendirent leur patrie et leur siècle illustres par l'étude des belles-lettres, qui y florissaient par leur moyen il y a près de six siècles.

Le second auteur est Witellion, aussi Arabe et peut-être encore du même temps que Alhazen, parce que quelques-uns ont estimé qu'il était disciple de ce premier, voyant la conformité de leurs opinions dans cette matière. (Erreur du traducteur; il était, comme on le sait, Polonais.)

Le troisième est un moderne de notre siècle, qui ne me paraît pas inférieur aux deux premiers (Aquilonius).

Toutes les démonstrations des cinquante et un théorèmes d'Euclide sont ainsi accompagnées des propositions analogues de ces trois auteurs.

L'ouvrage ne contient que la Perspective.

PERSPECTIVE d'ÉLIODORE DE LARISSE.

Traduite, par Ig. Dante, avec quelques courtes annotations, et mise de nouveau au jour, 1573.

Cette édition contient la traduction italienne, et à la suite le texte grec, avec celui latin en regard.

L'ouvrage d'Eliodore ne se compose que de quelques pages (8 feuilles), sur le même sujet qu'Euclide. On y retrouve quelques-unes de ses propositions, et une discussion encore sur la manière dont se fait la vision, par des rayons émanant de l'œil. Il est de même opinion qu'Euclide. — Il cite comme Euclide l'empereur Tibère. — Il cite le passage de la Perspective de *Ptolemée* où cet auteur prouve, par des instruments, que la lumière se porte en ligne droite. Alors il annonce qu'on peut démontrer ce résultat par le raisonnement seul. Il s'appuie sur une question de *minima*.

Cet auteur est donc postérieur à Ptolemée.

PTOLÉMÉE.

Ptolémée, astronome et géomètre, nous a laissé un Traité d'Optique ou des Apparences.

Cet ouvrage est très-rare. Voici le titre que porte la traduction que j'ai entre les mains, et qui appartient à M. Chasles :

Incipit liver Ptolemai de Opticis sive Aspectibus translatus, ab Ammiraco Eugenio Siculo, de arabico in latinum.

Cet ouvrage de Ptolémée comprend cinq livres dont voici le contenu :

Dans le premier, il donne les propriétés de la lumière et celles de la vision. Il explique en quoi elles se rapprochent et en quoi elles diffèrent ; il assigne à chacune sa spécialité avec les différences et accidents.

Dans le second, il apprend quelles sont les choses visibles, quelle est leur apparence extérieure, et que rien d'elles ne peut être vu sans un milieu transparent que la lumière ou la vision traverse;— l'ordre dans lequel les apparences extérieures d'objets sont vues;—ce que le tact communique à la vue sur la connaissance des objets extérieurs, à l'exception de la couleur dont on ne peut avoir connaissance que par la vue ; — comment on aperçoit les objets qui sont au-dessus ou au-dessous de l'œil, à droite ou à gauche, ceux qui sont plus près et ceux qui sont plus loin ; — comment on semble voir en un seul lieu, ce qui est vu par chacun des deux yeux, et il entre dans de grands détails sur les erreurs de la vision.

Le troisième livre traite, des choses qui se voient par réflection dans des miroirs plans ou convexes.

Le quatrième traite des choses qui se voient dans des miroirs concaves ou dans deux ou plusieurs miroirs.

Le cinquième, des choses qui se voient par réfraction.

Ce dernier, dit le traducteur, n'est pas terminé. Le premier livre a été perdu, on n'en connaît le contenu que par le commencement du second, où il rappelle ce qu'il a dit dans le premier.

Cet extrait des chapitres est tiré de la préface du traducteur ou de celle d'Hamélius.

Voici encore quelques passages de l'ouvrage :

« IIe livre. Ce que la vue nous fait connaître des corps, ce sont : la grandeur, la couleur, la figure, la situation, le mouvement, le repos; et rien de cela ne peut être connu sans un milieu transparent et pénétrable.

Il y a deux modes de voir, l'un qui tient à la disposition de la chose vue (lumineuse), l'autre selon l'acte de la vision. »

(Suit des explications nombreuses et peu intelligibles pour nous avec ces deux modes.)

On trouve souvent ces mots : *sicut accidit in scientia opticorum;* il semble parler d'autre science que de celle qu'il traite.

— « La cause d'où résulte qu'on voit plus ou moins, dépend de l'abondance, de la vertu de la vision ; ainsi les vieillards, souvent, voient à moindres distances, parce que la puissance de la vision s'affaiblit chez eux comme beaucoup d'autres forces. — Ceux qui ont les yeux concaves voient à de plus grande distances que ceux qui ne les ont pas ainsi. »

Lorsqu'il y a beaucoup d'humidité (*dans l'air*), les choses sont vues à plus grandes distances.

Il traite longuement des erreurs produites par la vision.

« Les choses dont la clarté est obscurcie paraissent plus éloignées qu'elles ne le sont. Ainsi les *peintres*, lorsqu'ils veulent peindre des maisons éloignées, éteignent les clairs.

Les choses dont la couleur est plus cachée paraissent plus éloignées, et de suite elles semblent plus grandes. »

Il fait intervenir dans les causes d'erreurs l'imagination, l'habitude de voir certaines choses, etc.

Ce second livre est curieux, quoiqu'on n'admettrait pas maintenant toutes les opinions de l'auteur et surtout ses démonstrations, qui reposent sur deux manières de voir.

A propos de surfaces concaves et convexes, il dit : « Lorsque le *peintre* veut représenter ces deux figures, il pose de la couleur claire là où il veut faire paraître la surface *bombée*, et il met de la couleur obscure sur celle qu'il veut faire paraître *concave*, et pour cela nous jugeons ce voile concave ou convexe lorsqu'on le voit de loin. »

Cet ouvrage de Ptolémée est donc comme celui de Euclide, un traité des apparences ; certes, il peut être regardé comme un des points de départ de l'*optique moderne* par ses considérations, surtout des miroirs, qui ont donné naissance à la catoptrique et dioptrique ; mais son but principal est bien plutôt celui que nous avons énoncé.

Il diffère en deux points de celui d'Euclide.

1° Sa manière double d'expliquer la vision produit quelques changements dans les explications.

2° Euclide est tout entier géomètre ; ce sont des propositions énoncées et presque toujours avec figures ; tandis que Ptolémée disserte le plus souvent et très-longuement sur son sujet. Il est bien plus étendu qu'Euclide ; il expose la vision par réfraction dont ne parle pas Euclide ; il fait entrer la considération des ombres, des couleurs, etc., fait intervenir les effets dus à l'imagination, l'habitude, etc., pour expliquer bien des erreurs de la vision. Ces propositions ne sont pas, comme celles d'Euclide, énoncées et démontrées par des figures, à l'exception de la catoptrique et dioptrique.

VITELLION.

1270.

Un frontispice ou gravure, probablement ajoutée par les éditeurs en 1535, montre les diverses applications du sujet traité par l'auteur ; ainsi on y voit un homme se regardant dans un miroir (la réflexion). — Un homme ayant les jambes dans l'eau (réfraction). — Un miroir servant à mettre le feu. — Les ombres. — L'arc-en-ciel et enfin un cube sur la pointe en perspective sur un autre cube (perspective).

Un des ouvrages les plus remarquables sur le

sujet qui nous occupe est le *Traité de perspective* de Vitellion. Il y a beaucoup d'incertitude sur l'époque où cet auteur vivait ; on peut, d'après les témoignages les plus authentiques, placer cette époque vers 1270, puisque Risner, un de ses commentateurs, dont l'édition est de 1570, dit qu'il dut vivre environ trois cents ans avant lui.

Vitellion était d'origine polonaise ; mais, au pénitentiaire de l'Eglise, ses occupations l'amenèrent à Rome, où il eut le loisir de compulser, dans cette ville, tout ce qui restait des ouvrages des Grecs, des Romains, des Arabes ; c'est le fruit de ses lectures, c'est la collection de tout ce qu'il a trouvé ainsi qui lui a servi à faire l'important *Traité de perspective* que voici.

Il a été plusieurs fois édité ; mais il paraît que la première édition est celle exécutée par *George Tansteller* et *Pierre Apianus* en 1535, imprimée à *Nuremberg*. A la suite de cet ouvrage se trouvent un traité de *Gnomonique*, *de P. Apianus*, et un autre traité sur les méthodes à employer pour mesurer les longueurs, les largeurs, profondeurs (au moyen d'une espèce de quart de cercle et par des proportions *sans l'emploi des sinus*).

Une première dédicace de Tansteller contient

que Vitellion, Polonais d'origine, a vécu environ 600 ans environ avant ; or, l'ouvrage est de 1535, ce qui le ferait vivre vers 935 ; il y a probablement erreur.

La deuxième dédicace, qui est de *P. Apianus*, dit que personne de ceux qui ont écrit sur la perspective n'a écrit plus clairement et ne peut lui être préféré. Cependant *Pomponius Gauricus* a écrit là-dessus quelque chose qui n'est pas *mal*, et parmi les anciens existent les œuvres de *Alhazen*, *Roger-Bacon*, *Balneol*, *Jean Pisanus*, Anglais, de *Théodore* frère de l'ordre des Prêcheurs, et plusieurs autres. Cela ne diminue pas la gloire de Vitellion, qui n'a rien négligé pour rendre son œuvre parfaite. D'après ce passage, on ne sait pas si Apianus ne met pas tous ces auteurs comme ayant vécu avant Vitellion. Il n'y a pas de doute pour Alhazen, puisque Vitellion se reconnaît son disciple ; mais il ne parle point des autres.)

Dans son ouvrage, Vitellion a occasion de citer les auteurs anciens qu'il a consultés ; ainsi il cite *Alhazen*, *Euclide*, *Ptolémée*, et sur la géométrie *Apollonius*, *Théodose*, *Ménélaus*, *Théon*, *Pappus*, *Produs* et autres.

« En ôtant au lecteur le travail de lire tous les

ouvrages des anciens, il lui enlève l'ennui causé par la prolixité des Arabes, ce qu'il y a d'embrouillé chez les Grecs, et la recherche du peu que nous ont laissé les Romains. » Il adopte le nom de Perspective donné à cette science par les savants qui se sont, avant lui, occupés de cette science.

« Je parcourrai tous les modes de voir, en donnant des démonstrations, ou mathématiques, ou naturelles; je traiterai des trois méthodes de voir; je ferai voir que dans tous ces modes, les formes naturelles se peignent à la vision, et qu'ainsi les rayons visuels ne sortent pas pour embrasser les formes des objets; d'où il suit que si la vue n'est pas présente aux formes des choses, l'action naturelle de ces formes n'en existe pas moins; mais ne rencontrant que des corps dissemblables, elle n'imprimera que ce qu'elle pourra. »

L'ouvrage est divisé en dix livres dont voici le contenu :

« Voulant, dit l'auteur, embrasser tout ce qui regarde la puissance de la vision et l'appuyer de preuves mathématiques et suivre cette voie aussi loin qu'il est possible, nous avons composé cet ouvrage complet, n'empruntant que les éléments d'Euclide et deux propositions seulement au *Traité des coniques* d'Apollonius.

Dans le premier livre, que nous appelons les Eléments, nous avons renfermé, à l'exception des éléments d'Euclide, tout ce que nous avons vu et que nous ont laissé sur les sciences les savants postérieurs à Euclide.

Dans le second, nous traitons du mode de projection des rayons, à travers un milieu transparent, sur les surfaces diverses des corps; de la projection des ombres et de la recherche des figures produites par la lumière entrant par une fenêtre.

Dans le troisième, nous traitons de l'organe de la vue et de sa manière de voir, comme le démontre la science *des optiques.*

Dans le quatrième, nous parcourons les déceptions qui arrivent à la vue, suivant la méthode directe à travers un seul milieu, en nous appuyant sur les principes mathématiques ou sur les lois de la nature.

Dans le cinquième, nous nous occupons d'un autre mode de voir par réflexion sur des corps polis, que nous appelons des miroirs, soit que ces surfaces soient planes, sphériques, cylindriques, coniques, concaves ou convexes.

Dans le sixième, nous posons les principes de la vision faite par réflexion sur des miroirs sphériques convexes.

Dans le septième, par des miroirs cylindriques coniques convexes ou deux de ces miroirs réunis.

Dans le huitième, nous avons traité longuement des miroirs sphériques concaves.

Dans le neuvième, des miroirs cylindriques ou coniques concaves, et de quelques miroirs irréguliers qui concentrent la lumière en un seul point et produisent du feu.

Dans le dixième, nous traitons du troisième mode de voir à travers l'eau, le verre, et des déceptions qui arrivent de là. Nous donnons aussi l'explication de l'arc-en-ciel.

Ainsi nous terminons, comme nous l'avons promis, tous les modes divers de voir, qui sont au nombre de trois : direct, réfléchi, réfracté, etc. »

Prop. 51. — Mesurer l'ombre d'une verticale par son ombre au soleil.

Dans le troisième livre.

Prop. 18. — La vision des formes des corps visibles se fait selon une pyramide dont le sommet est dans le centre de l'œil et dont la base est la surface de la chose vue; d'où résulte qu'un objet quelconque est toujours vu sous un angle.

Il traite aussi de l'action des deux yeux ne voyant qu'une image.

Livre IV. — On appelle surfaces directement opposées celles sur lesquelles l'axe du cône radical tombe perpendiculairement, et surfaces obliques quand cet axe est oblique à la surface.

Définition du cône.

Particulas non statim percipimus visu, licet sint propost sint suis latis. Latitudo ergo magnitudinem rei visæ proportionnata debet esse ad totale corpus cujus fuerit pars illa visa magnitudo, etc.

Il se sert souvent de l'expression *virtutis distinctive.*

Prop. 33. — Une surface directement opposée aux rayons visuels est vue parfaitement; si elle est oblique, l'imperfection de la vision est selon la grandeur de l'obliquité, etc. (Il emploie une const. de persp.)

Il faut renoncer à faire des citations; on voit par ce court exposé que le sujet embrassé par l'auteur est le même que celui d'Euclide, Ptolémée, Alhazen, avec des développements et des modifications relatives à la manière dont il conçoit différemment le phénomène de la vision; on y trouve encore cependant cette *passion* de la vue, cette puissance distinctive ou visuelle, qui se rapproche en définitive de notre sensibilité de la rétine pour la lumière.

La partie de la réflexion et réfraction est traitée savamment, et par là l'ouvrage se rapproche des considérations d'optique des modernes. C'est toujours considéré sous le rapport de l'apparence des objets vus par les trois modes : direct, réfléchi, réfracté.

Il se rapproche plus que ce que nous avons vu jusqu'ici, de la perspective de la deuxième époque; on y trouve la considération du cône perspectif, des surfaces opposées, de l'apparence d'un rectangle, etc., et puis la considération des limites d'ombre et de lumière dont les résultats sont déterminés par les mêmes principes.

Le premier livre renferme 137 propositions ou théorèmes de géométrie, parmi lesquelles nous ferons remarquer celles 122, 123, 124, 125.

122. — Si, sur une droite, quatre points forment entre les segments un rapport harmonique, que par un de ces points on mène une transversale et par les trois autres trois parallèles quelconques, la

deuxième transversale sera aussi divisée harmoniquement.

123. — Si on a un faisceau de quatre droites passant par quatre points formant sur une droite une division harmonique, et que, par un de ces points on mène une sécante, elle sera divisée par les droites du faisceau et ce point, suivant un rapport harmonique.

124. — Si deux droites sont divisées à partir de leur point d'intersection en proposition harmonique, les trois droites qui joignent les points correspondants se rencontrent en un même point.

125. — Si dans un faisceau harmonique de quatre droites, une d'elles divise en deux parties égales l'angle de deux autres de ces droites, elle doit être perpendiculaire sur la quatrième.

Toutes ces propositions ne sont pas exprimées en rapport harmonique ; c'est pour simplifier l'énoncé que je me sers de cette expression.

Ces propositions sont curieuses, car elles donnent déjà une des propriétés les plus importantes de la perspective pratique.

Le livre II contient un traité des ombres, et lumières. Ainsi, prop. 36 :

La lumière entrant par une fenêtre donne sur

une surface opposée un contour plus grand.

Prop. 37. — La lumière entrant par une ouverture circulaire donne une image circulaire sur une surface plane parallèle opposée.

Prop. 40. — Si l'ouverture est rectangulaire, la lumière étant dans l'axe, l'image sera rectangulaire et sensiblement circulaire (à cause de la compression des rayons).

Page 55. — Dans le troisième livre, nous ferons remarquer la proposition 5, qui a pour titre ; « Impossibile est virum rebus visis applicari per radios ab oculis egressos. » (On voit que l'opinion est opposée à celle d'Euclide et Ptolémée.)

Prop. 7. — Visio fit ex actione formæ visibilis in visum et ex passione visus ab hac forma. (Cette expression *passio visus* se trouve partout, et prouve que l'auteur admet une certaine puissance ou force à la vision.)

Nous retrouvons dans le quatrième les propositions d'Euclide, quelquefois avec les mêmes figures. Nous remarquerons, page 81, celle 21 : « Les droites parallèles paraissent concourir, quoiqu'elles ne se rencontrent jamais; car, dit-il, leur distance commune, quelque éloignée qu'elle soit, sera toujours vue sous un certain angle. »

ROGER BACON.

Né en 1214, mort en 1294.

Perspective de Roger Bacon, homme très-éminent d'Angleterre.

ROGERII BACONIS angli, viri eminentissimi. Perspectira in qua, quæ ab aliis fuse traductur, succincte, nervose et ita pertractentur ut omnium intellectui facile pateant.

Nunc primum in lucem edita, operu et Studio Johannis COMBACHII, philosophia professoris in academia Marpurgensi ordinarii Francofurti. — Typis Walffrangi Richteri, Simptibus Antonii Humniy.

M DC XIV. — 1614.

En tête de cet ouvrage se trouvent deux pièces de vers de *Combachus*.

Dans la première, à la louange de Bacon, il énonce qu'il ramène à la lumière ses ouvrages inconnus.

Dans la deuxième, il explique le but de l'ouvrage.

Sed quæ sit natura, modus, quæ causa videndi
Differat ut visus, quo penetrare queat,
Omnia quæ veteres, aut quæ scripsere récentes
Complexus mira dexteritate fecit.
Quicquid Alhazen habet late, scripsit que vitello
Unus perspectiva sub brevitate docet,

L'ouvrage de Roger Bacon est divisé d'abord en trois parties.

Prima pars est de communibus ad cæteras duas.

Proxima descendit in speciali ad visionem rectam principaliter.

Tertia ad visionem reflectam et refractam.

Prima pars habet duodecim distinctiones.

Distinctio I. — Quæ est de proprietatibus istius scientiæ et de partibus animæ et cerebis et instrumentis videndi; habeat quatuor capita.

Caput I. — De proprietatibus hujus scientiæ.

Parmi les auteurs qui ont traité de cette science, il cite Euclide et *Alkendi* (Jacob), qui ont dit très-peu de chose. « Plusieurs ouvrages traitent de parties diverses de la perspective; tels sont ceux *De Visu*, *De Speculis* et plusieurs autres. — *Alhazen* traite ce sujet très-superficiellement en *substance* et en *mode*. — *Ptolémée* procède assez médiocrement. » (On voit qu'il ne cite pas Vitellion.) Il cite souvent *Aristote*, *Avicenne*.

Caput II. — De virtutibus animæ sensitivæ interioribus, quæ sunt imaginatio et sensus communis. (Il est curieux de voir le cerveau partagé en cellules, dont l'une contient *sensus communis et imaginatio*, sous le nom commun de *phantasia*.)

Caput III. — De sensibili et iis quæ sentiuntur a propriis sensibus et sensu communis et imaginatione.

Caput IV. — De investigatione, estimatione et memoriæ et cogitativæ et eorum objectis.

Caput V. — De expositione auctorisatum contrarium circa jam dictas virtutes.

Distinctio II. — Habens tria capita.

Caput I. — De origine nervorum qui ad oculum exiguntur.

Dans ce chapitre il dit « que les auteurs de perspective passent généralement sur la composition de l'œil, renvoyant aux médecins et naturalistes ce qui rend leurs livres obscurs. C'est pourquoi il va traiter ce sujet difficile en s'appuyant sur la description de l'œil d'*Alhazen*, du livre sur l'œil de *Constantinus* et enfin d'*Avicenne* dans ses ouvrages.

Caput II. — De tunicis oculi compositis ex tribus nervis dictis.

Caput III. — De humoribus oculi et leta aranea.

Distinctio III. — Habens capita tria.

Caput. I. — De sphæreitate et centris, scilicet humoris citrei et glacialis et corneæ et humoris albuginei et uveæ.

Caput II. — In quo explicatur dubitatio difficilis circa prædicta.

Caput III. — De centro et sphæreitate consolidativæ.

Distinctio IV. — Habens capita quatuor.

Caput I. — De proprietate corneæ, albuginei et uveæ.

Caput II. — De proprietatibus anterioris glacialis.

Caput III. — De proprietatibus vitrei, telætæ, nervi visibilis et consolidativæ.

Caput IV. — De palpebris, ciliis et toto oculo.

Distinctio V. — Habens tria capita.

Caput. I. — Quod species lucis et coloris exiquuntur ad sensum.

Caput II. — Quod visio non complentur in oculis, sed in nervo communi.

Caput III. — De ultimo sentiente.

Distinctio VI. — De evacuatione confusioni videndi, habens capita quatuor.

Caput I. — In quo excluditur principaliter confusio videndi, quæ videtur oriri ex parvitate pupillæ.

Caput II. — In quo evacuatur confusio secunda

propter concursum radiorum declinantum cum perpendicularibus.

Caput III. — In quo evacuatur confusio tertia propter mixtionem specierum in aere.

Caput IV. — In quo probatur vera mixtio specierum in quolibet puncto medii, etc.

Distinctio VII. — Habens capitula quatuor.

Caput I, etc.,caput II. — In quo ostenditur, quod species seu virtus oculi fiat usque ad visibile propter actum videndi.

Ici se trouve la fameuse discussion sur la manière dont s'exécute la vision. Il dit : « Et patet per hoc, quod oculus et visibilis a se ut per speculum et non ab alio potest videri. Sed nihil videtur nisi per speciem venientem à re visæ, sed an species hæc seu virtus visiva, seu radii visuales fiant ab oculo usque ad rem visam, dubium fuit semper apud sapientes. »

Aristote dit : « Nihil aliud est videre quam virtutem visitivam fieri ad rem. » Ptolemée dit partout : « Quod ab oculo fiant radii visuales usque ad rem visam. » Cette opinion est aussi celle de Jacob Alkendi, d'Euclide et de saint Augustin; et contre cette opinion sont Alhazen, Avicennes et Averr. Ils cherchent ensuite à accorder ces diverses opinions. (Chapitre à lire sur ce sujet.)

Caput. III. — Sur le même sujet.

Distinctio VIII. — In qua proponit, quod præter speciem exiguntur ad visum, habens tria capitula.

Distinctio IX. — Habens quatuor capitula.

Caput. I. — Densitate et raritate objecti.

Caput II. — Densitate et raritate medii.

Caput III. — Quod species visus et visibilis fiat in tempore.

Caput IV. — Etc.

Distinctio X. — Habens tria capitula.

Caput I. — Quæ sunt sensibilia per se et per accidens.

Caput II. — Etc.

Caput III. — Distinguens tres universales modos cognoscendi per visum.

PARS SECUNDA.

De modis particularibus et causis videndi secundum lineam rectam principaliter, habet tres distinctiones.

Distinctio I. — De visione penes compositionem oculi et habet tria capitula.

Caput I. — De his quæ a longe vident vel quæ prope.

Caput II. — De certa vel discreta visione et de visione in tenebris et luce.

Caput III. — De variis erroribus visus propter compositionem et complexionem oculi.

Distinctio II. — De modo videndi recto, considerato penes speciem visus et rei visæ, habens quatuor capita, etc.

Distinctio III. — In quo consideratur de triplici modo videndi penes VIII prædicta, habens VII capitula.

Caput I. — De cognitione solo sensu.

Caput II. — De cognitione per scientiam.

Caput III. — De cognitione per syllogismum.

Caput IV. — De figuratione secundum diversas ætates et additiones in fine aliquorum.

Explication des figures diverses de la lune.

Caput V. — De comprehensione magnitudinem.

Caputula VI et VII. — De scintillatione.

PARS TERTIA.

In qua descendit auctor ad visionem reflectam et fractam et habet tres distinctiones.

Prima est de reflexo visu.

Secunda, de visione per fractionem.

Ultima distinctio, de comparatione perpectivam ad sacram sapientiam et mundi utilitates. (Ce chapitre est tout mystique.)

A la suite se trouve un traité intitulé *De Speculis*.

Ex concavis speculis ad solem positis ignis accenditur, etc.

Cet ouvrage se compose en partie d'idées métaphysiques sur le principe de sensation, etc. Il a dû former une des bases de la philosophie scolastique. On y trouve aussi des idées mystiques; ainsi dans le dernier chapitre, surtout, où il arrive à comparer la vision naturelle à celle spirituelle, qui nous fait connaître la grandeur de Dieu, etc., on y trouve les sept vertus principales et les quatre cardinales, etc.

Les chapitres sur les catoptrique et dioptrique sont les plus intéressants et méritent l'attention des savants par des découvertes. Ce sujet est traité plus géométriquement avec des figures, mais il rentre plus spécialement dans les considérations de l'*optique moderne*, dont nous ne nous occupons pas.

PIERRE RAMUS ET FRÉDÉRIC RISNER.

Opticæ libri quatuor ex voto Petri Rami, novissimo per Fredericum Risnerum ejusdem in mathematicis adjutorem olim cocscripti, nunc demum e situ et tenebris in usum et lucem publicam producti. Editio itera casselis anno MDCXV—1615.

Avis de l'éditeur au lecteur.

On y trouve que Risner fut d'abord l'élève de Ramus et ensuite son adjoint comme professeur, et qu'il reçut de lui, comme dernière volonté, l'invitation de publier un traité d'optique.

Risner était un homme très-savant; il a donné une très-bonne édition des œuvres de Alhazen et de Vitellion.

Pisanus, que l'on regarde comme l'auteur de la *Perspective commune*, qui a ramené l'optique à une espèce d'épitomé, avait entrepris ce livre avec les ouvrages de Risner; mais on voit de suite combien il en diffère et combien il en est loin.

Risner mourut sans avoir pu mettre la dernière main à cet ouvrage; le traducteur ajoute qu'il a cru convenable de faire précéder l'ouvrage de Risner d'une préface de *Jean Pena*, professeur à l'Académie de Paris, qu'il destinait à mettre en tête d'une traduction d'*Euclide*.

Préface. — Jean Pena fait l'éloge de l'optique et fait connaître ses nombreuses applications, principalement aux phénomènes célestes. Il se plaint de l'oubli dans lequel cette science est presque tombée. Il dit que Vitellion fut un savant non inférieur à Euclide par son savoir et son érudition, mais il eut des opinions avancées. Il critique alors Vitellion de n'avoir pas adopté la manière de voir d'Euclide sur la vision (se faisant par des rayons visuels émanant des yeux).

Quoique Pena se déclare ainsi pour cette opinion, ce n'est pas celle de Risner, comme nous le verrons.

Cet ouvrage est divisé en quatre livres, partagés en propositions ou théorèmes.

Livre Ier. — De visibili.

Prop. I. — *Optica est ars bene videndi*. Les auteurs latins ont donné à l'optique le nom de perspective, mot qui vient de *perspicere*, et les Arabes celui *de aspectibus*, qui est le titre latin des traductions des auteurs arabes Alhazen et Alkendi.

Prop. III. — *Visibile est quod radiat per medium*.

Il s'appuie sur de nombreuses citations des poètes latins (Lucrèce, etc.).

Prop. v. — Visibile radiat e quolibet sui puncto, in quodlibet medii punctum inter quæ recta duis possint.

Prop. x. — De luce. Visibile est per se aut per accidens.

Prop. xix. — Si lux per angustum foramen in locum tenebrosum incidat; repræsentabit in objecta papyro alba, quæcumque forinsceus recte affluunt.

A l'appui de cette proposition, il donne une figure où on voit représentée de cette manière l'image d'un triangle extérieur. C'est, dit-il, la meilleure manière d'observer le soleil sans offenser l'œil. *Pelzanus*, v^e prop., livre Ier, est le premier qui cite cette expérience; ensuite *Maurolycus* dans sa *Cosmographie*; *Reinhold* dans ses *Théories des planètes*; *Gemma Frisius, in Radio astronomico*, et lui-même dans son *Astrologie*.

xx. — Radii ab eodem luminosi puncto longius continuati apparent paralleli.

De umbra. xxv. — Umbra est imminutio lucis interposito opaco; tenebræ integra privatio. L'auteur donne une longue suite de propositions sur les ombres solaires, les éclipses, etc.

On y trouve ce passage : « Les savants mathématiciens ont inventé et fait connaître un certain partage des ombres. Il est étonnant que les Grecs, les Latins ou les Arabes n'en ont pas fait mention, lorsqu'on sait que Ptolémée a employé dans son livre II cette connaissance des ombres du gnomon, et qu'il a utilisé cette méthode dans son *Analemme*, méthode qui a été étudiée et suivie par les auteurs arabes. Il est vrai que Vitruve parle plusieurs fois de la recherche des ombres. Pline aurait aussi laissé dans ses écrits quelques observations sur ce sujet.

Cependant, quoiqu'il en soit, je pense qu'il ne faut pas regarder les savants anciens comme ayant inventé les ombres.

Communia umbræ hactenus fuerunt, sequitur umbræ quædam dichotomia a superiori seculi mathematicis primum ex cogita ac tradita. Neque enim antiquores, vel Græcos, vel Latinos, vel Arabes ejus mentionem usquam fecisse animadvertere adhuc potuit : cum tamen Ptolemæus gnomonum et umbratum rationes tum II libro, tum in analem mate diligentissime sit persecutus. Eademque doctrina a vetustioribus Arabum Ptolemæi exemplo studiose sit exculta : e latinis vero Vitruvius in umbrarum rationibus perquirendi IX et X libris plurimum fuerit occupatus : et Plinius quoque multa de umbris mandata literis reliquerit. Quamodum cum hi, quos dixi, autores de umbris tam diligenter perticuterint : hanc tamen umbræ in rectam et versam distributionem plane prætererient ; teneri debet eam a mathematicis non antiquis primo inventam esse.

Ce chapitre assez étendu contient de nombreuses citations sur les gnomons, les ombres méridiennes.

De colore. XXXVI. — Color est per se visibilis lucis operadians.

Là se trouve tout ce qu'ont dit Aristote, Platon, Vitellion.

Optice liber secundus. — De visione simplice.

I. — Visio fit specie visibili extrinsecus in oculum recepta.

Dans ce chapitre se trouve l'opinion de l'auteur sur la vision ; on voit d'après le titre de la proposition qu'il partage l'idée de Vitellion. Il cite tous les passages de cet auteur sur ce sujet. Opinion d'Aristote, Démocrite, Lencippus, Epicure, Alhazen ; tandis que Euclide, Hipparque, les stoïciens, Ptolémée admettent un effluve sortant des yeux, ce que Cicéron, livre II, épitre III, appelle un épanouissement de rayon. — Ainsi, ces hommes pensaient que les rayons sortis des yeux portaient à leurs extrémités des espèces de mains pour prendre les choses visibles et rendre à la vision la sensation d'eux.

Pythagore et Platon se rapprochaient; celui-ci disait : *Id est mutuæ reflectionis;* celui-là : *Id est splendoris concursus nomine.* Agebant enim lumen ab oculis ad aliquem usque terminum egregiendo cum alieno visibilis lumine conjungi atque confundi : talique luminis utriusque conjunctione seu concursu visionem perfici.

Et l'auteur ajoute : Ex tribus de visione ratione principibus sententiis nos *primam* secuti sumus.

V. — Visio percipit situm, figuram, ac ordinem partium visibiles.

VI. — Visio percipit duobus oculis unicam visibilis speciem.

De visione magnitudinis. — XXIX. Visibile videtur proportionaliter angulo visionis. Plusieurs prop. d'Euclide sur ce sujet.

XLV. — De visione figuræ. Plusieurs prop. d'Euclide.

De visione loci. Plusieurs prop. intéressantes, entre autres celle :

LXX. — Parallela videntur quasi concurrere.

> Porticus æquali quamvis est denique ductu
> Stansque, in perpetuum paribus suffulta columnis.
> Longa tamen parte ab summa cum tota videtur
> Paulatim trahit angusti fastigia coni
> Tecta solo jungens, atque omnia dextera lævis
> Donec in obscurum coni conduxit acumen.

citation singulière de Lucrèce.

Sénèque dit aussi : « Columnarum intervalla porticus longiores jungunt. »

Cependant Vitellion ajoute qu'elles paraissent concourir, mais ne se rencontrent pas.

De visione numeri. De visione motus. Plusieurs prop. intéressantes :

XCII. — Celeriter navigandi et oblique intuenti remoriores in ripa arbores videntur aliorsum moveri.

Citation de Lucrèce :

> Qua vehimur navi fertur cum stare videtur
> Quæ manet in statione ea præter creditur ire,
> Et fugere ad puppim colles, campigi videntur
> Quos agimus præter navem, velisque volamus.

Et Virgile :

> Provehimur portu, terraque, urbesque recedunt.

XCIII. — Si sapius convertare omnia tibi videntur moveri.

Il cite plusieurs genres d'hallucinations curieuses.

A la fin de ce livre on trouve ce passage de l'auteur :

« La scénographie doit se rapporter à cette science de l'optique. Pline, livre XXXV, chap. X, la nomme *diagraphique;* Aristote, dans sa *Politique*, liv. VIII. chap. II, lui donne le nom de *graphique*. et est attribuée par ce philosophe à l'instruction de la jeunesse. »

Frédéric Commandin a laissé sur cette partie un élégant ouvrage. Les orfèvres de Nuremberg s'efforcèrent de perfectionner cet ouvrage. Il s'adresse principalement aux peintres.

Cette science a aussi ses hallucinations.

Pictor quidan Danaen ita pinxisse dicitur : ut videretur prospicienti avara puella obstupercere suspicienti jupiter ex impluvio jamjam descendere : at si e sublimi respiceres, aurea grandine conspersas regiones mirere : cujus generis tabulæ circumferatur quæ foramine uno prospectæ pontificum romanum, alio imperatorem, alio regem ostendant : prorsum autem prospectu nihil nisi confusea lineamenta repræsentent.

OPTICE LIBER LITIUS.—*De visione compositare fluxa.*

Ce livre traite, comme l'indique son titre, de la lumière réfléchie, des miroirs plans, concaves et convexes, des miroirs réunis, irréguliers, etc.

OPTICE LIBER QUARTUS. — *De visione refracta.*

Dans ce livre, il traite longuement de l'arc-en-ciel avec beaucoup de citations.

XXXVI et dernier. — Tria tantum in modo esse elemente æerem, aquam, terram.

Longue dissertation sur ce sujet, où il rapporte les opinions de Aristote, Vitellion.

Cet ouvrage de P. Ramus et Risner est un commentaire de Vitellion, ou plutôt un ouvrage fait d'après le sien ; il est très-habilement et très-géométriquement fait, très-intelligible. Étant de beaucoup postérieur à celui de Vitellion, il a profité d'idées nouvelles ; il annonce de la part des auteurs une grande érudition, non-seulement scientifique, mais littéraire ; on voit qu'ils connaissaient bien tous les auteurs anciens. Ils empruntent des citations excessivement nombreuses.

Cet ouvrage serait encore lu avec beaucoup d'intérêt. Le sujet est clairement exposé, et on peut juger que le but est bien comme son titre. *De ars bene videndi.* Ce n'est pas de l'optique moderne, quoiqu'il en porte le nom. La partie de la dioptrique et catoptrique n'est pas aussi scientifique que celles de R. Bacon, mais elle est mieux dans son sujet.

C'est un ouvrage que ceux qui veulent connaître ce sujet doivent lire ; cette lecture pourrait les dispenser de celles des auteurs plus anciens.

REISCH ET ORONCE FINÉE.

MARGARITA PHILOSOPHICÆ, rationalis, moralis. philosophiæ principiæ, duodecim libris dialogiæ complecteus, olim ab ipso autore recognita : nuper aût ab Orontion Fineo Delphinate castigata et acceta, una cum appendicibus etidem emendatis et quâ plurimis additionibus et figures ab eodem insignitis. Quorum omnium copiosus index versa contінctur pagella.

Viscerit vulnere virtus.
(BASILLÆ, 1538).

Cet ouvrage traite de toutes les connaissances humaines ; il est dans le genre philosophique et métaphysique. On y trouve quelque chose sur la perspective et l'optique.

Le livre X porte pour titre : De anima et potentiis ejusdem.

Ce livre est divisé en traités, divisés en chapitres. et a pour titre : De anima sensitiva et objecto ejus. Que sensibilia propria, communia per se et per accidens. Si substantia sentiri possit, a quo fit sensatio. De sensu activo et passivo.

Caput VI. — De visu et excellentia ejus. Quid visus? — Réponse : Est potentia positive apprehensiva visibilis in oculo mediante diaphano.

Caput VII. — De objecto visus et de luce quæ res sit, si videre possit, quid lumen et quomodo sine objecto opaco videri nequeat. Quid est lux? — Est qualitas in corpore lucido nata movere ad motum ejus in quo est, in suo esse non dependens ab aliquo extrinseco, etc.

Il cite *Dionysius*, *Augustin*, *Aristote*, *Avicenne*, *Damascenus*, *Ptolemæus*, etc., de colore.

Caput IX. — De organo visus et natura oculi.

Caput XI. — Quid radius visualis directus, reflexus et refractus. et quod perfecte rotundum proprie sit invisibile.

Caput XIII. — De natura ac diversitate speculorum, page 860; renvoi à la 75e de la 1re partie de la *Perspective*. *Or, on ne trouve pas ce sujet.*

Caput XIII. — De modo videndi, etc.

Après avoir rapporté l'opinion d'Aristote (la vision partant de l'œil), il est, dit-il, contraire à cette opinion : Ea propter nos communiorem sententiam amplectentes dicamus visionem fieri par eruptionem specierum visibilium in oculo, per modum pyramidis cujus basis in re visa, et conus in oculo est, etc.

Il traite ensuite des autres sens. Dans une gravure, il figure sur la tête la place correspondante à certaines facultés : *imaginativa*, *æstimativa*, *phantasia*.

Page 188, il cite *Albertus cur multi operuntur quæ sommant*, etc.

Les douze livres se terminent ainsi :

Philosophiæ totius rationalis, moralis et naturalis libri duodecim finiunt virescis vulnere virtus.

Ainsi on voit que c'est un ouvrage de philosophie scolastique, où on parle un peu de tout, et par conséquent de ce qui regarde la vision; il y a peu de choses sur les apparences; il ne cite pas les auteurs arabes, ni Vitellion.

L'ouvrage curieux de Reich est suivi d'un appendice de 400 pages par Oronce Finée, à la date de 1535.

Cet ouvrage est aussi très-curieux par le nombre des divers sujets qu'il traite, soit parce que l'auteur a trouvé que Reich les avait oubliés, soit pour leur donner plus de développements. Ainsi on y trouve : Græcarum et hebraiscarum literarum institutiones. De componendis epistolis compendium. De l'arithmétique. De la géométrie. La quadrature du cercle. De companus. De la musique. La cubature de la sphère. Rudimenta architecturæ positivæ, chapitre que nous examinerons plus tard ; il contient de la perspective. De la géographie. Des projections de la sphère, et enfin *Perspertivæ physicæ et positivæ rudimenta*.

Ce sont divers sujets traités par différents auteurs ; ainsi, pour la géométrie, le titre est : Joannis Cæsarii Julianensis ex Caroli Bouilli geometrici introductorii sex libris, brevis quædam recollectio (vel si mavis) epitome feliciter incipit.

Appendix in X lib., scilicet in II tractatum.

Caroli Bouilli Samarobrini, introductio in scientiam perspectivam.

C'est un recueil complet des propositions d'optique, en forme d'aphorismes sans démonstrations, avec des figures insignifiantes, sans aucune notion sur l'origine de ces propositions. Il y a 34 pages un quart sur ce sujet, renfermant sous une forme très-concise la substance d'un fort volume.

Nous analyserons dans la deuxième époque de la Perspective le chapitre intitulé : Rudiments d'architecture positive, qui est un petit traité de perspective.

HAMELIUS ET JEAN PISANUS.

Perspectiva tribus libris succinctis demio correcta et figuris illustrata. per Pascalium Hamellium mathematicum regnum lutetiæ, 1556.
Avec Oronte Fineus de speculo ustorio. 1551.

On trouve en tête du livre une lettre en forme de dédicace ayant pour titre : Nobili et generoso domino Joanni Fscherle, serenissimi R. O. Regis architecto, Georgius Hartman S. D. Elle porte la date de 1542.

Dans cette épître, après avoir fait l'éloge de la science, il parle de la mort récente de *Regiomontanus*, qui devait mettre au jour l'ouvrage d'optique de *Ptolémée*, et il ne sait, dit-il, comment il se fait que dans ce qu'il nous a laissé, rien ne se soit trouvé sur ce sujet.

« Argumentum tanti operis habemus extat et apud ejus fragmentum, quod tamen, quia unicum habemus exemplum, non ausi fuimus, propter ejus depravationem, publicare.

» Cum igitur hac in parte Reipub. literariæ non sicut optamus, subvenire possimus duxi perspectivam communem, quæ nobis pueris proponebatur, emendatam, et suo nitori restitutam publicandam. Ejus autor esse perhibetur Joannes Pisanus, olim episcopus Cameracencis. Apparet eum et virum et diligentem fuisse, etc. Hunc igitur librum, doctissime Joannes, nullis de causis tuo nomine inscribendum duxi. Primo ut in libello scolastico, qui ad quam plurimos venturus est, nostram, quam jam olim contraximus amicitiam testatam facerem, etc. »

Ainsi, il semble donc que l'ouvrage serait de J. Pisanus, et cependant l'auteur de cette lettre est *G. Hartman*, et il n'est plus question de Pisanus. Il annonce devoir faire paraître sous peu un Traité des ombres.

Cet ouvrage de perspective se divise en trois livres.

Le premier traite de la lumière et de la vision directe.

Le deuxième, des rayons réfléchis et de tous les genres de miroirs.

Le troisième, de la réfraction.

Cet ouvrage est tout entier géométrique, avec des figures, sans aucune dissertation philosophique ou autres; peu de citations. Je n'y vois que les noms d'*Aristote* et *Euclide*, *Alkendi*, *Platon*, *D. Augustin*. Il y a beaucoup d'ordre, de méthode; il traite le même sujet que *Ramus*, mais d'une manière encore plus géométrique et sans aucune de ces citations littéraires si abondantes dans ce dernier. La théorie des miroirs est très-étendue; il serait trop long d'examiner toutes les propositions de cet auteur, de les comparer avec celles de ses prédécesseurs. Elles se ressemblent beaucoup dans ces divers auteurs de cette époque; elles ont pour point de départ l'ouvrage de Vitellion, Alhazen, Alkendi, Ptolémée, Euclide.

Le livre d'Oriontius Finée a pour titre : De speculo ustorio ignem ad propositam distantiam generante, liber unicus. Ex qua duarum linearum semper appropinquantium et nunquam concurrentium colligetur demonstratio.

JOANNIS.

JOANNIS archiepiscopi Cantuariensis (Peccam). Perspectivæ communis, libri tres Jam postremò correcti ac figuris illustrati coloniæ.

Anno M D XCII — 1592.

En préface on trouve :

Opus perspectivæ communis in tres libros divisus est.

Primus liber est de luce simplici.

Secundus de radio et visu reflecto et de omni genere speculorum.

Tertius de radio et visu refracto.

La première partie se compose de 84 propositions, parmi lesquelles on remarque :

Prop. XLIV. — Mathematicos ponentes visum per radios ab oculo micantes, superflua conari.

Prop. XLV. — Radios quoscumque ab oculo micantes et super visibile orientes ad visionem impossibile est suffice.

Prop. XLVI. — Lumen oculi, naturali radiositate suæ visui conferre.

Prop. LXXXIV. — Quadratas magnitudines in distantia apparere oblongas.

Toutes les propositions de ce livre ne sont que des observations sur la vision, les apparences. Le sujet est traité très-superficiellement et beaucoup moins approfondi que dans Vitellion, les Arabes, Ptolémée et même Euclide. Cela ressemble plus à l'ouvrage de Bacon.

La deuxième partie traite de ce qui a rapport à la réflexion et aux divers miroirs. Elle contient 56 propositions.

La troisième partie renferme 22 propositions sur la lumière réfractée.

On voit que cet ouvrage est tout à fait dans le genre de celui de Bacon ; c'est un traité, *fort succinct*, des apparences et des trois manières de voir : 1° directement ; 2° par réflexion ; 3° par réfraction. Il est inférieur à celui de Bacon sur les mêmes sujets.

Il n'y a rien sur la perspective moderne.

L'ouvrage ci-contre, attribué à Peccam, est suivi d'un autre ayant pour titre :

Epitomæ totius astrologiæ, conscripta a Joanne Hispalensi hispano, astrologo celeberrimo, ante annos quadringentas, ac nunc primum in lucem edita.

Cum præfatione Joachmi helleri Lemo petrici, contra astrologiæ adversarios.

Noribergæ in officina Joannis Montani et Ulrici Neuber, anno Domini MDLVIII — 1548.

AGUILON.

Francisci Aguilonii e societate Jesu Opticorum, libri sex philosophis juxta ac mathematicis utiles.

Antuerpiæ, ex officina plantinianæ apud viduam et filios 10. Moretti.

M DC XIII.

Ouvrage in-folio de 684 pages. On remarquera le titre Opticorum, qu'il faut traduire par *des apparences*.

1° Préface. *Lectori S.* — Optice, regina omnium quas mathesis complectitur scientiarum. Optices unicam esse astronomiæ viam, orige picto (quo mathematicum notant) Egyptii indicarunt. (Plutarque. libri ultra animanta.)

Cet ouvrage de Aguilon est considérable ; il comprend tout ce qui se rattache de près ou de loin au sujet de la vision ; il est en même temps très-philosophique et géométrique.

Cet ouvrage se divise en six livres, renfermant

chacun un grand nombre de propositions. Je ne puis que donner le titre des livres.

Liber I. — De organo, objecto, naturaque visus, renfermant 106 propositions.

Liber II. — De radio optico et horoptere, précédé de 11 défin., 3 hyp. et 50 prop.

Liber III. — De communium objectorum cognitione; 60 prop.

Liber IV. — De fallaciis aspectu; 27 lemmes, 5 hypothèses. — Le chapitre se divise ainsi fallance aspectu circa, distantiam, magnitudinem, situm, figuram (angulus, circulus, quadratum, sphærea, cylindrus, conus), circa, locum, numerum, motum et quietum, transparentiam et opacitatem.

Liber V. — De luminoso et opaco; 15 défin., 15 lemmes, 3 hypoth. (de umbris).

Liber VI. — De projectionibus; 46 lemmes, 16 prænotationes. Ce chapitre contient : De orthographiæ primo projectionis genere. *Ex infinita oculi distantia.* Orthographia sphæræ descriptio (visu per æquinoctea et horizontis planum incidente. visu per utrumque mundi polum procidente. aspectu per verticem ac sphæræ centenus translatio). Umbrarum projectiones. De stereographiæ, altero projectionis genere ex oculi contactu, comprenant, sphæræ descriptio oculo in communi sectione horizontis et æquatoris constituto. Sphæræ transfusio, oculo in altero polorum constituto. Sphæræ explanatio, ex vario oculi situs. De scenographiæ, tertio projectionis genere ex justo oculi intervallo, contenant, de umbrarum scenographicis projecturis. De scenis.

Chacun de ces livres et chapitres demanderait une analyse particulière, mais le sujet est trop étendu ; nous reviendrons sur le livre VI, qui contient les théories des diverses projections, et surtout sur la scénographie ou perspective graphique. On peut voir seulement par le contenu succinct de ces livres comment ce sujet est traité, l'étendue considérable qu'il lui a donnée, embrassant tous les travaux antérieurs d'*Euclide*, *Ptolémée*, *Alhazen*, *Vitellion*; ouvrage très-curieux, très-remarquable et qui se distingue par la perfection de l'édition et des gravures.

DECHALES.

1674

R. P. Claudii-Francisci-Milliet Dechales, camberiensis e societa Jesu. Cursus seu mundus mathematicus.

Cet ouvrage, en trois volumes, renferme, *comme*

celui d'Aguilon, la réunion de toutes les connaissances qui peuvent se lier aux mathématiques. Le premier volume contient 11 traités et le deuxième 10 traités.

Le 18ᵉ a pour titre *Optica;* le 19ᵉ, Perspective, catoptrique; le 21ᵉ, Dioptrique.

Nous renvoyons pour la perspective à la deuxième époque, et nous examinerons ici l'optique, qu'il a séparée de la catoptrique et de la dioptrique.

L'optique, suivant l'auteur, est la partie la plus agréable parmi toutes les autres sciences. Elle devrait comprendre tout ce qui arrive à l'œil d'une manière quelconque. Cependant il croit ne devoir ici comprendre que ce qui concerne la vision en général et directe.

Il divise l'optique en trois livres.

Liber primus erit de visione in communi et de ejus naturæ, et proprietatibus fallaciis quantum patientur hujus scientiæ limites aget.

Secundus, de visione duorum.

Tertius, de propagatione luminis, etc.

La science de l'optique acquiert une plus grande étendue que lorsqu'elle n'avait que la signification comprise sous le nom de *de aspectibus;* les développements très-étendus de l'auteur sur la description de l'œil, dont la lumière le traverse, et arrive sur la rétine, sur la propagation de la lumière, etc., le rapprochent de l'optique moderne, surtout si l'on y réunit la catoptrique et la dioptrique. Cependant il renferme tout ce que nous avons dit être du ressort des apparences.

C'est donc encore un ouvrage intéressant à consulter sur le sujet qui nous occupe; ce serait entrer dans trop de répétitions que de rapporter toutes les propositions qu'on y trouve, dont la plupart sont les mêmes que celles déjà données dans les auteurs qui précèdent; et, en outre, comme nous voulons entrer dans quelques détails sur ces propositions, lorsque nous analyserons l'optique de Lacaille, qui semble être le dernier auteur qui a fait *des apparences* une étude particulière, nous renverrons au deuxième livre de l'auteur.

LACAILLE.

1750.

Leçons élémentaires d'Optique, comprenant la *Perspective*.

Lacaille, auteur moderne, est probablement le dernier qui, dans les ouvrages d'optique, a exposé succinctement les propositions sur cette partie de cette science qui concerne les apparences, il connaissait à fond les ouvrages des anciens sur ce sujet; il a partagé alors cette science en plusieurs parties : d'abord en optique et perspective ; mais dans l'optique il a séparé les propositions les plus intéressantes de ces auteurs anciens, en les modifiant, les changeant ou les augmentant, suivant les progrès des sciences.

Nous n'avons point à nous occuper de la partie qui traite de la catoptrique et dioptrique ; mais je ne puis résister à copier les textes de quelques-unes de ses propositions, afin de pouvoir en faire examiner le rapport avec celles des anciens.

1° L'optique est une science physico-mathématique qui traite de la lumière et de la *vision*. La lumière peut venir de l'objet à l'œil de trois manières : 1° directement; 2° brisée ou réfractée; 3° réfléchie.

3° La perspective est encore une science optique.

Axiomes :

1° La lumière tend toujours à aller en ligne droite.

2° Un point quelconque d'un objet lumineux peut être vu de tous les lieux auxquels une droite tirée de ce point peut aboutir sans rencontrer d'obstacle.

3° Un point lumineux envoie de la lumière en tous sens.

4° L'image de la surface d'un objet qui se peint sur la muraille est aussi la base d'une pyramide de lumière dont le sommet est au fond de la chambre obscure.

5° Les particules de la lumière sont extrêmement fines.

Art. I, II, III. — Propriétés générales de la lumière, des ombres.

Art. IV. — De la nature et des propriétés de la lumière, par rapport à la vision et aux couleurs.

Art. V. — Des idées que la vue occasionne dans notre âme.

Art. VI. — Des différentes apparences des objets vus de loin.

Prop. I. — Les objets égaux ou inégaux vus sous le même angle paraissent égaux.

Prop. II. — Les objets exposés de la même manière à notre vue paraissent diminuer de grandeur, à mesure qu'ils s'éloignent de l'œil.

Corol. I. — Les grandeurs apparentes ou les angles optiques des objets vus sont en raison inverse de leurs distances à l'œil, lorsque ces angles sont petits.

Corol. II. — Les parties égales d'un objet fort grand et hors de la portée ordinaire de la vue, ne paraissent pas égales.

Corol. III. — Il se peut faire que la plus petite des deux parties d'un objet paraisse la plus grande des deux.

Prop. III. — Les lignes parallèles étant prolongées paraissent concourir et former un angle à leurs extrémités.

Rem. — De là on voit :

1° Pourquoi une tour fort élevée paraît comme penchée sur celui qui du pied en regarde le sommet.

2° Pourquoi la mer paraît s'élever d'autant plus qu'elle s'éloigne plus des côtes, et qu'on la voit d'un lieu plus élevé.

3° Pourquoi, dans une longue galerie, le plafond paraît aller toujours en baissant et le parquet toujours en montant.

4° Pourquoi, quand on marche parallèlement à une avenue ou a un long mur, les parties qui sont à droite paraissent tendre de plus en plus vers la gauche; ou si on est entre deux murs ou deux rangs d'arbres, ces objets paraissent s'écarter les uns des autres à mesure qu'on en approche, etc.

Corol. — Une ligne de niveau qui est aussi au niveau de l'œil paraît toujours de niveau ; mais d'autres lignes de niveau qui seraient au-dessus ou au-dessous de celle-là doivent toujours paraître inclinées à l'horizon.

Prop. IV. — La figure apparente d'un objet est déterminée par la situation des points de cet objet qui peuvent envoyer des rayons à l'œil.

Corol. I. — Une ligne droite tellement disposée, qu'étant prolongée, elle passerait par le centre de la prunelle, perpendiculairement à la surface de l'œil, ne paraît que comme un point.

Corol. II. — Un plan tellement exposé, que l'axe de l'œil étant prolongé serait couché dessus, ne paraît que comme une ligne.

Corol. III. — Un solide qui ne présente à l'œil qu'une de ses faces paraît comme une simple surface.

Prop. V. — Un œil qui est dans le plan d'une grande ligne quelconque fort éloignée, régulière ou irrégulière, la voit comme un arc de cercle dont il est le centre.

Corol. — Une petite ligne irrégulière, vue de

loin, doit paraître une ligne droite, d'où il suit :

1° Que dans une plaine terminée irrégulièrement on croit toujours être dans un cercle; les objets élevés et éloignés paraissent être tous à la circonférence.

2° On s'imagine qu'on n'avance guère, quoique l'on marche toujours.

3° Le ciel nous paraît comme une sphère creuse dans laquelle notre œil est situé, et tous les astres sont comme attachés à la circonférence.

4° Les grandes villes et les forêts paraissent terminées en amphithéâtre, lorsqu'on les voit de loin, etc.

5° Une sphère fort éloignée, comme le soleil et la lune, ne nous paraissent que comme une surface circulaire.

6° Un polyèdre taillé à facettes paraît comme un globe, vu d'une distance médiocre, et vu de loin comme un cercle.

7° Une tour carrée ou polygone paraît ronde, ou même plate, si on la voit de bien loin.

8° On n'aperçoit pas qu'un globe qu'on voit d'assez près tourne sur son axe, s'il tourne uniformément, à moins qu'il n'ait quelques taches sur sa surface et que le globe ne tourne assez lentement.

Prop. VI.—Un œil placé dans l'axe élevé perpendiculairement au plan et par le centre d'un polygone régulier, voit que ce polygone est régulier; mais, s'il est hors de cet axe, il lui paraît irrégulier.

Corol. — Un polygone régulier vu obliquement paraît allongé, et un cercle paraît comme un ovale.

Rem. — L'objet de la perspective est de représenter géométriquement toutes les apparences expliquées dans les propositions précédentes.

Prop. VII. — Les objets situés sur un terrain exposé à notre vue paraissent d'autant plus sombres et confus qu'ils sont plus éloignés. Au contraire, ils paraissent avec des couleurs d'autant plus vives qu'ils sont plus rapprochés; d'où il résulte :

1° Que les objets un peu élevés au-dessus du terrain, tels que ceux qui sont sur les hautes montagnes, se voient bien plus distinctement que ceux qui sont au pied.

2° Que par le moyen du clair et de l'obscur, adroitement ménagés, les peintres font saillir les objets et leur donnent du relief.

Prop. VIII. — Les objets qui paraissent sombres

et confus paraissent aussi plus éloignés; d'où on voit :

1° Pourquoi, pendant la nuit, des feux clairs paraissent plus près qu'ils ne sont.

2° Pourquoi les fantômes de nuit ou même les objets proches de ceux qui voyagent de nuit, comme les arbres et les maisons, paraissent fort gros, et ces objets paraissent plus loin qu'ils ne sont réellement.

3° Pourquoi le ciel nous paraît comme une voûte surbaissée, etc.

4° C'est encore pour cela que le soleil et la lune en se levant paraissent à la vue très-gros, qu'ils diminuent à mesure qu'ils s'élèvent sur l'horizon.

Prop. IX. — Les objets paraissent d'autant plus éloignés et plus gros, qu'on voit un plus grand nombre d'objets et une plus grande étendue de terrain entre l'œil et ces objets; et réciproquement ils paraissent d'autant plus près et plus petits, qu'on voit moins de terrain entre eux et l'œil; d'où il suit :

1° Que l'horizon paraît contigu au ciel, parce qu'on ne voit rien entre l'horizon et le ciel.

2° Que lorsqu'on ne voit pas un grand vallon qui se trouve dans une plaine, les objets qui sont au delà de ce vallon paraissent tout près de nous; ils ne nous paraissent éloignés que lorsque nous arrivons sur le bord du vallon.

3° Que le soir on voit que des objets un peu élevés et bien exposés à notre vue paraissent fort loin et gros. Parce que, etc.

Prop. x. — Si deux objets inégalement éloignés de l'œil parcourent des espaces parallèles et égaux dans un même temps, le plus éloigné paraîtra aller plus lentement et le plus proche aller plus vite.

Rem. — Si les directions des vitesses ne sont pas parallèles, etc.

Prop. xi. — Un objet mu avec une vitesse quelconque paraît immobile, si à chaque seconde de temps il décrit un espace qui ne fasse dans l'œil qu'un angle de 15 à 20″; d'où il suit :

1° Que les astres paraissent n'avoir aucun mouvement sensible.

2° Que les marches des aiguilles des heures et même des minutes sur une montre sont insensibles.

Rem. — Pour que le mouvement soit insensible, il faut donc que le rapport de l'espace réel à la distance de l'œil soit comme 1 à 1200, c'est-à-dire qu'un corps qui dans une seconde ne décrit qu'un espace égal à 1/1200 de sa distance à l'œil paraît immobile.

3° Par une raison contraire, un objet qui se meut avec une vitesse extrême, comme une balle de mousquet, devient invisible.

Prop. XII. — Deux ou plusieurs objets mus en même sens, et avec une égale vitesse apparente, paraissent immobiles en les comparant à un objet fixe, et cet objet fixe paraît se mouvoir en un sens contraire avec une vitesse égale à celle de ces objets en mouvement; d'où il suit :

1° Que dans un carrosse ou dans un vaisseau, on s'imagine rester en une même place et que les objets voisins vont en sens contraire.

2° Que nous sommes portés à croire que le soleil et tous les astres tournent autour de la terre en 24 heures, et que la révolution du soleil en un an se fait réellement autour de la terre.

3° Quand les nuages vont fort vite, la lune paraît aller très-vite dans le sens opposé, et les nuages paraissent tranquilles.

Prob. — Etant donnés de position le lieu où le spectateur se croit immobile, tant de points qu'on voudra de la route réelle d'un mobile dans un plan quelconque, avec les points où l'œil du spectateur se trouve réellement aux mêmes instants, déterminer la route apparente de ce mobile.

Corol. I. — Le vrai lieu et le lieu imaginaire de l'œil, le vrai lieu et le lieu apparent de l'objet, forment toujours un parallélogramme.

Corol. II. — Si l'objet est immobile en A, sa route apparente est égale à la route réelle de l'œil et située dans un plan parallèle.

Corol. III. — Si l'objet est immobile et placé dans le lieu où le spectateur imagine son œil, l'objet paraît à l'extrémité d'un rayon égal et dans la même direction que le rayon tiré du vrai lieu de l'œil à son lieu imaginaire.

App. aux mouvements de rétrogradation des planètes, etc.

Prop. XIII. — Les objets dont les images se peignent sur les parties du fond de chaque ciel, qui ne sont pas homologues, paraissent doubles.

Rem. — Les deux images se font sur des fibres homologues, lorsqu'on regarde un objet des deux yeux par des rayons qui sont sensiblement parallèles, ou bien lorsque l'on tourne les deux yeux de la même manière vers l'objet; d'où il suit qu'un objet trop près de l'œil paraît double. Les personnes ivres voient souvent les objets doubles. Dans les pas sions excessives, comme dans la fureur, on voit quelquefois les objets doubles.

La catoptrique et la dioptrique sont essentiellement de l'optique. Nous pourrions en extraire cependant beaucoup de propositions curieuses sur les apparences. Nous finirons notre extrait en prenant encore dans cet ouvrage l'énoncé de diverses questions posées par l'auteur et qui rentrent en partie dans le même sujet.

1° Pourquoi voit-on de grandes traînées de lumière, lorsqu'on reçoit un coup à la tête dans l'obscurité?

2° Pourquoi voit-on beaucoup mieux à travers les vitres les passants dans la rue que les passants ne nous voient à travers les mêmes vitres?

3° Pourquoi, en regardant au jour la tête d'une aiguille posée près de l'œil et entre l'œil et un carton percé d'un très-petit trou d'aiguille, cette tête paraît-elle derrière le carton et renversée?

4° Pourquoi un charbon allumé, tourné rapidement, paraît-il faire un ruban de feu?

5° Pourquoi voit-on souvent un grand nombre de nuages blancs disposés en bandes circulaires peu larges, et qui se réunissent toutes à un même point dans l'horizon?

6° En regardant un lustre allumé, suspendu à une longue corde et qui tourne sur son axe, pourquoi arrive-t-il souvent que les uns soutiennent qu'il tourne dans un sens et les autres dans le sens opposé, quoiqu'on le voit du même endroit?

7° D'où vient l'éblouissement qu'on sent en passant de l'obscurité à un grand jour, et l'aveuglement en passant du grand jour dans une obscurité médiocre?

8° Pourquoi un objet posé fort près de l'œil et vu par un très-petit trou d'épingle, fait dans un feuillet de papier noirci, paraît-il d'autant plus gros qu'il est plus près de l'œil, tandis qu'en le regardant sans ce petit trou, il paraît sensiblement de la même grosseur, quoiqu'on le mette à différentes distances de l'œil.

9° Pourquoi un papier mouillé paraît-il plus gris et plus transparent?

10° Pourquoi certaines personnes voient-elles plus clair la nuit que d'autres?

11° Pourquoi les myopes voient-ils ordinairement les objets éloignés plus gros que ceux qui ont une bonne vue?

12° Pourquoi ceux qui deviennent presbytes ne peuvent-ils plus lire une écriture fine qu'en l'exposant au soleil, ou qu'en mettant une forte lumière fort près de cette écriture?

13° Pourquoi ceux mêmes qui ont la vue fort bonne croient-ils voir une espèce de visage dans la lune pleine, tandis qu'avec un télescope on n'en voit aucune apparence?

14° Pourquoi, lorsque le soleil ou une autre lumière vive éclaire le dedans d'un vase rond, voit-on en dedans de ce vase deux espèces de demi-cercles lumineux qui se joignent en forme de cœur et dont le point de réunion se rapproche d'autant plus du centre ou de l'axe du vase que la lumière se rapproche aussi de ce vase?

15° Pourquoi, en poussant une épée nue vers un grand miroir sphérique concave, fait-on peur à ceux qui se regardent dans ce miroir?

16° Lorsque le soleil, la lune ou un flambeau éclaire une eau courante, comme une rivière, pourquoi voit-on sur sa surface une très-longue traînée lumineuse, tremblante et interrompue?

17° En regardant fort obliquement dans une glace de miroir, pourquoi y voit-on cinq ou six images d'une bougie allumée et posée tout près du miroir?

18° Pourquoi, lorsqu'un bâton droit est à demi

enfoncé dans l'eau, paraît-il toujours tellement brisé à la surface de l'eau, que lorsqu'un spectateur est dans le plan de l'angle brisé, la portion qui est dans l'eau semble d'autant plus courte et d'autant plus inclinée vers le spectateur et vers la surface de l'eau, que la portion qui est hors de l'eau est plus inclinée vers la surface de l'eau du côté où est le spectateur?

19° Pourquoi les objets vus à travers une masse d'eau ou un morceau de glace de miroir un peu épais paraissent-ils plus gros, plus proches, et souvent plus clairs?

20° Pourquoi un plongeur ne peut-il voir que très-confusément les objets, lorsqu'il est dans l'eau?

21° Pourquoi les cristallins des poissons sont-ils sensiblement sphériques et solides?

22° Pourquoi ceux qui regardent un flambeau en clignant les yeux ou en pleurant voient-ils sortir du flambeau des traînées de lumière, surtout dans la partie supérieure et dans la partie inférieure?

23° Pourquoi un objet vu à travers d'un verre à facettes paraît-il multiplié à proportion du nombre des facettes?

24° Pourquoi les objets paraissent-ils si gros par le moyen de la lanterne magique?

25° Pourquoi, en regardant une bougie à travers un petit trou fait dans une plaque de métal et rempli d'une goutte de liqueur transparente qui contient de petits animaux, voit-on quelquefois très-distinctement ces animaux extrêmement gros?

Toutes ces propositions, que nous avons copiées textuellement de l'ouvrage de Lacaille, et quelques autres que nous pourrions prendre dans sa catoptrique et dioptrique, sur les apparences par réflection ou réfraction, peuvent donner une idée exacte du sujet et du but de la science que les Grecs avaient intitulée Optique, que les Romains avaient nommée Perspective, et les Arabes la science des Apparences (*de Aspectibus*).

Quoique Lacaille ait modifié plusieurs des propositions, qu'il les ait adaptées à notre époque d'après l'ensemble des perfectionnements introduits, il est facile de voir que la plus grande partie est tirée des ouvrages antérieurs sur cette science; plusieurs remontent jusqu'à Euclide; d'autres se trouveraient dans Ptolémée, Alhazen, Vitellion.

Lacaille est le dernier auteur qui se soit occupé de ce sujet. L'optique moderne a fait tant de progrès, dans ces derniers temps surtout, que, quoiqu'ayant même origine que la science des apparences, elle a fini par négliger cette sœur aînée, et enfin on a fini par l'oublier. Pendant ce temps, la perspective graphique dont nous avons à parler maintenant s'est établie, agrandie dans les temps modernes. Dans le moyen-âge, les auteurs de perspective pratique avaient toujours le soin de commencer par un exposé de cette science, qu'ils regardaient comme la théorie de la seconde; ils ne croyaient pas pouvoir séparer la théorie de son application. Peu à peu la théorie s'est réduite successivement et a enfin fini par disparaître des ouvrages de perspective pratique. Cette science est maintenant à peu près oubliée.

Dans mon ouvrage présenté à l'Institut sur la perspective-relief, j'émettais l'opinion qu'il manquait une science importante à laquelle on aurait pu donner le nom, *des Apparences;* j'ignorais complètement ce qui avait été fait sur ce sujet. J'ai donc été fort étonné, en lisant les ouvrages anciens, de retrouver cette idée émise et ayant reçu son application depuis la plus haute antiquité; il me semble en effet naturel qu'on a dû étudier les effets produits par l'apparence des objets, avant de chercher les moyens géométriques de représenter ces apparences sur les tableaux.

Cette science ensuite est-elle inutile, comme le ferait juger son abandon? Je suis bien loin de le croire. D'abord il est évident qu'elle a bien plus de généralité; ces principes ont dû servir non-seulement de base au dessin, à la peinture, mais encore à tout mode de représentation. Ainsi, le sculpteur, dans ses bas-reliefs, et l'architecte, dans toutes ses constructions, dans les décorations théâtrales, etc., ont plus souvent besoin de connaître les principes des apparences que ceux de la perspective linéaire, indispensables aux peintres. Que d'erreurs, de mécomptes n'éviteraient pas les architectes dans les décorations extérieures de nos monuments, de nos places publiques, s'ils avaient pour se diriger des principes tirés de cette science. On ne les verrait pas si souvent errer en se fiant seulement à ce qu'on appelle *le bon goût*, *tact* excellent pour l'homme de génie qui devine les principes, mais qui égare complètement ceux qui le prennent seulement pour guide et qui tombent alors dans une servile imitation de ce qu'on est convenu d'appeler *beau*.

DEUXIÈME ÉPOQUE.

Dans cette deuxième époque, la perspective va recevoir une signification différente de celle que nous lui avons donnée dans la première.

On sait maintenant que la vision se fait par les rayons lumineux qui, émanant de tous les points de la surface éclairée des corps, arrivent à l'œil de l'observateur; ils forment ainsi un cône dont le sommet est dans l'œil et dont la base est la surface visible des objets; c'est ce cône, qui a reçu le nom de cône perspectif, qui nous donne la sensation de la vision.

Si maintenant on interpose entre l'œil et les objets une surface, et qu'on détermine l'intersection de chaque rayon lumineux et de cette surface, puis qu'on suppose que chacun de ces rayons laisse à son point d'intersection la teinte et la couleur dont il est animé; il est évident que l'ensemble de tous ces points ainsi déterminés produira sur l'œil la même sensation que les objets eux-mêmes, puisqu'ils donneront un cône perspectif identique. La détermination exacte, géométrique, de cette figure, qui résulte de l'intersection du cône perspectif et de cette surface, forme la science de la perspective moderne. On a coutume de la diviser en deux parties, la première consistant à déterminer tous les points formant par leur ensemble le tracé linéaire, et qu'on appelle perspective linéaire; la deuxième, à savoir poser les teintes et les couleurs de ces points, c'est la perspective aérienne. La première est entièrement géométrique, la seconde est plutôt une science d'observation; nous ne nous occupon ici que de la perspective linéaire.

La perspective considérée sous le point de vue que nous venons d'établir, diffère sensiblement de celle des anciens; il est nécessaire d'établir ici cette différence, parce qu'elle nous donnera l'explication des vives discussions qui se sont souvent élevées entre les peintres et les géomètres au sujet de la perspective.

Les anciens, comme les modernes, considéraient bien le cône perspectif dont le sommet est dans l'œil et dont la base est la surface visible des objets, et au moyen duquel se fait la vision ; mais les anciens ne s'occupaient que de la sensation perçue, sans s'occuper d'une représentation sur un tableau. Les modernes, au contraire, s'attachent spécialement à déterminer, sur une surface qui est ordinairement plane, la figure qui doit fournir à l'œil le même cône perspectif que celui des objets, et il peut en résulter qu'un peintre et un géomètre n'en déduiront pas la même manière d'arriver à la représentation de la nature. Le peintre dira : je dois et ne puis représenter les objets que comme je les vois ou les crois voir d'après la théorie des apparences ; tandis que le géomètre répondra qu'on doit représenter ces objets par la figure qui résulte de l'intersection du cône perspectif et du plan servant de tableau ; il pourra bien en résulter quelques déformations dans certains objets dont la forme est particulièrement connue, mais cela n'empêchera pas que cette figure donnera la même sensation que les objets, puisqu'elle fournira un même cône perspectif. Interprétons ces deux opinions sur des exemples : supposons dans l'espace une sphère, le peintre dira : cette sphère me paraît un cercle, la vision se faisant par un cône perspectif tangent à cette sphère suivant un petit cercle dont le plan est perpendiculaire à l'axe qui va de l'œil au centre de la sphère; donc, conclura-t-il, on doit toujours représenter une sphère par un cercle.

Le géomètre dira, au contraire : le cône perspectif de la sphère est coupé par le plan du tableau, suivant une section conique; donc une sphère doit se représenter généralement par une section conique qui sera un cercle dans le cas seulement où le tableau est perpendiculaire à l'axe du cône. On conçoit que le peintre soutiendra que jamais une section conique ne représentera une sphère, tandis que la manière de représenter une sphère par un cercle ne peut induire personne en erreur. A ces objections, le géomètre peut répondre : si l'intersection du cône perspectif et du tableau est bien déterminée, si toutes les lignes de courbure de la surface, si les lignes de séparation d'ombre et de lumière, si la dégradation des teintes, si les points brillants, etc., sont indiqués convenablement en perspective, la figure représentera une sphère, quelle que soit la déformation donnée par la section conique, seulement il ajoutera : si l'œil avait une position invariable, fixé par un petit trou, alors l'illusion aurait lieu, quelle que soit la forme allongée que peut prendre la représentation ; mais comme un tableau n'est pas comme une anamorphose, assujetti à être vu par un seul point, qu'il doit pouvoir être regardé avec satisfaction de tous les points qui ne s'éloignent pas trop du point de vue, il en résulte qu'il ne faut pas employer des déformations trop grandes qui seraient, il est vrai, insensibles pour le point de vue unique, mais qui le seraient si on s'en écartait; d'où il s'en suit qu'il ne faut pas que les rayons du cône perspectif soient rencontrés trop obliquement par le tableau, et c'est pour cette raison que l'on pend le tableau à une distance de l'œil égale à deux ou trois fois sa plus grande dimension. Dans ces limites, la section conique diffère si peu d'un cercle, que l'œil ne s'apercevra pas de la différence. Le géomètre pourra ajouter que le peintre, par un cercle, pourra bien représenter une sphère, mais ce ne sera pas sur le tableau dont la position est donnée, ce sera sur un plan perpendiculaire à l'axe du cône perspectif, comme cela s'apercevrait facilement, si on mettait exactement en perspective les diverses lignes désignées ci-dessus tracées sur la surface.

Si on avait à représenter une série de sphères dont les centres seraient tous sur une même droite parallèle au tableau, en suivant la théorie des apparences, il faudrait donc les figurer par une série de cercles; or, on peut déjà demander si tous ces cercles seront égaux. D'après la théorie des apparences, ces cercles devraient diminuer de rayon à droite et à gauche, à partir de celui qui est le plus près de l'œil; or, évidemment, cela ne peut être ainsi.

Lorsqu'un peintre veut représenter une suite de bâtiments dont les lignes horizontales sont parallèles entre elles, il arrive, comme je pourrais en citer des exemples, que l'artiste fait concourir à droite les arêtes des bâtiments de droite et à gauche celles des bâtiments de gauche, quoique, cependant, ces droites soient, dans la nature, dans la même direction et souvent les prolongements les unes des autres, comme seraient celles de deux ailes en retour d'un même château; ces erreurs fréquentes proviennent de ce que l'artiste, en regardant les bâtiments de droite, s'est tourné avec son tableau vers eux, tandis qu'en regardant ceux de gauche, il a transporté son tableau de ce côté; il a donc pu voir les lignes de droite concourant vers la droite et celles à gauche vers la gauche, et il a représenté les choses comme il a cru les voir d'après la théorie des apparences.

Si on avait à représenter une suite d'objets terminés par deux horizontales parallèles au tableau, comme serait une ligne de soldats, en suivant la théorie des apparences, il faudrait les limiter par des lignes courbes, allant en se rapprochant vers la droite et vers la gauche, puisqu'évidemment chaque soldat paraît plus petit à mesure qu'il s'éloigne de l'œil, tandis que, d'après la perspective, ils doivent tous être de même grandeur et se terminer à deux horizontales; car alors, dans la représentation comme dans la nature, les soldats des extrémités, quoique de même grandeur que ceux vers le centre, paraîtront à l'œil plus petits, parce qu'ils seront aussi plus éloignés de l'œil.

De ces différences entre les résultats obtenus par les deux principes, plusieurs peintres en ont conclu que la perspective donnait des résultats erronés et qu'il fallait la modifier en prenant plusieurs points de vue. On conçoit cela de la part d'artistes guidés par la seule théorie des apparences; mais on est étonné de trouver de nos jours un géomètre avançant la même opinion, ne voyant pas que le sommet du cône perspectif était unique et le même dans la nature et pour le tableau.

On conçoit que la manière erronée de dessiner d'après nature de certains artistes revient à tracer leur travail sur un cylindre vertical dont l'œil serait en un point de l'axe, comme si on voulait faire un panorama. On peut admettre ensuite que ce cylindre est développé en surface plane, et alors le point de vue d'où partaient des rayons horizontaux perpendiculaires à la surface cylindrique du tableau, se développera en même temps, suivant une droite parallèle au tableau ; cela se voit pour le tableau de la Smala, d'Horace Vernet, et alors on conçoit que pour voir un tel tableau, l'œil peut se placer en un point quelconque de cette droite, regardant la partie du tableau la plus rapprochée. C'est une exception, et nous devons conclure que généralement chaque tableau n'a qu'un seul point de vue.

Nous voyons, en définitive, que la théorie des apparences peut conduire à des résultats erronés, si elle n'est pas modifiée par la perspective moderne.

Entre une perspective et un dessin, il y a des différences que nous devons signaler : une perspective est le résultat d'une opération entièrement géométrique qui exige qu'on connaisse non-seulement les positions absolues et relatives de tous les points du sujet entre eux, mais aussi leurs relations de position avec le tableau et le point de vue. Dessiner, au contraire, est représenter un sujet qui est devant les yeux, ou qui est seulement conçu exister, par le seul sentiment de l'apparence qu'il doit avoir.

Si ce sentiment des apparences était toujours bien exact, et nous venons de voir qu'il ne l'est pas, si la vue n'était pas sujette à des illusions difficiles à bien interpréter, si la main pouvait rendre exactement tout ce que l'œil voit, il est évident que la perspective et le dessin d'un habile artiste pour un même sujet devraient être identique; il n'en est jamais ainsi, parce que l'œil ou la main ne peuvent arriver à des résultats géométriques exacts comme ceux qu'on obtient par la règle et le compas. D'après ces considérations, il semblerait que pour faire un tableau, il serait indispensable de commencer par tracer exactement la perspective linéaire du sujet, et de laisser ensuite à l'artiste et au peintre le soin d'y ajouter les teintes et les couleurs en se conformant encore aux règles de la perspective aérienne. Mais malheureusement cela n'est pas toujours possible; car, pour une perspective exacte d'un sujet, il faut absolument que ce sujet soit déterminé géométriquement par des plans, élévations, sur lesquels doivent être rapportés la position du tableau et de l'œil; or, ces plans sont difficiles à obtenir, on ne peut les avoir que pour quelques objets isolés, comme par exemple des édifices où se trouvent des systèmes de lignes parallèles, ou bien des intérieurs de salles, etc. Il est en outre évident que pour ce qui tient à la représentation des figures humaines et de l'expression des sentiments, etc., pour des objets tels que des arbres, des fleurs, des vêtements, etc., qui constituent une très-grande classe des tableaux, il est impossible d'avoir des plans de ces objets. Lorsqu'un sujet présente des lointains avec des fabriques diverses, comment avoir les plans de ce pays tout entier que l'on embrasse cependant d'un seul coup d'œil? Ce serait la topographie entière de la contrée qu'il faudrait, et encore cette topographie ne suffirait-elle pas entièrement.

Il résulte que la perspective ne peut pas toujours remplacer le dessin à vue; mais il faut reconnaître qu'elle peut le diriger, en donnant à l'artiste un sentiment de perspective qui, le plus souvent, lui suffit. En effet, lorsqu'un artiste veut représenter des objets vagues, indécis, comme des arbres, des nuages, des vêtements, etc., s'il ne fait pas exactement une imitation de la nature telle qu'elle était à un moment donné, il représente quelque chose qui pourrait exister; ainsi, la nature n'étant pas devant les yeux pour établir la comparaison, le tableau peut être très-satisfaisant; mais s'il néglige le sentiment de perspective qu'il doit posséder, si les objets par exemple ne se dégradent pas en grandeur à mesure qu'ils sont plus éloignés, et suivant les lois de ces gradations, si des droites évidemment parallèles ne concourent pas, si des droites évidemment horizontales sont représentées par des droites traversant la ligne d'horizon, etc., il choquera vivement la vue.

Les principes de la perspective linéaire sont antipathiques aux artistes, cela se conçoit; l'esprit géométrique, les connaissances préliminaires qu'exige l'étude de la géométrie, ne sont pas dans la nature des artistes, ce sont des hommes qui sentent vivement, pour lesquels l'apparence qu'ils reçoivent est tout, et qui ne peuvent s'assujettir à ces opérations qui demandent une contention d'esprit sur des connaissances qui ne leur sont pas toujours familières et dont, comme nous l'avons dit, ils peuvent souvent se passer. Exiger donc de tous les peintres d'être versés dans la science de la perspective serait un obstacle qui arrêterait et dégoûterait bien vite un grand nombre d'artistes pouvant avoir beaucoup de talent; mais ce qu'on peut leur demander, ce qu'on peut leur enseigner dans les écoles, sans fatigue, c'est le sentiment de la perspective, sans lequel il ne peut y avoir de bons tableaux.

Comment vient le sentiment de la perspective? Les anciens cherchaient à y arriver par l'étude de la science des apparences, comme nous venons de le voir. Maintenant, cette science ne suffit plus, il faut y joindre celle de la perspective moderne, et on y trouvera que tous les résultats vraiment utiles, indispensables à tous les peintres sont en très-petit nombre et très-simples.

Il faut reconnaître ensuite que la vue des bons tableaux assujettis aux règles exactes, influe beaucoup sur le sentiment qui est trop souvent faussé par des préjugés enracinés dont il est difficile de se défaire sans le raisonnement; c'est ainsi que dans beaucoup de tableaux des anciens on voit qu'ils représentaient le sol par une ligne droite, de sorte que tous les pieds d'hommes, d'animaux, de tables, de chaises étaient sur une même droite horizontale. Le sentiment de la perspective est donc une chose qu'on peut acquérir facilement sans savoir à fond la perspective. Ce sentiment, il faut le reconnaître, est personnel à quelques artistes, qui imitent la nature avec une très-grande exactitude sans connaître la perspective, par une espèce d'inspiration naturelle, résultat d'un talent de bien voir et de bien rendre. Le sentiment de la perspective est plus ou moins développé, suivant les nations, les époques; l'habitude de voir de bons tableaux doit perfectionner ce sentiment; ainsi, dans les lieux où il y a des musées, comme à Paris, ce sentiment est plus développé que dans les autres pays. Les résultats donnés par la photographie, quoique non parfaitement exacts au point de vue géométrique, doivent, à notre époque, étendre beaucoup le sentiment de la perspective, il suffit à un artiste intelligent d'avoir vu de belles photographies, pour ne plus commettre les erreurs qu'il faisait auparavant.

Nous avons cru devoir nous étendre sur ce sujet, afin de faire bien comprendre les différences qui existent : 1° entre la science de l'apparence et celle de la perspective ; 2° entre faire de la perspective et dessiner ou peindre, et 3° enfin, entre la perspective exacte et le sentiment de la perspective.

Nous pouvons aborder maintenant la question de savoir si les anciens connaissaient la perspective telle que nous venons de la définir. Cette question a soulevé à plusieurs reprises de très-longues discussions.

DU DESSIN ET DE LA PEINTURE CHEZ LES ANCIENS.

L'art du dessin est aussi ancien que la civilisation, les premiers hommes réunis en société ont été conduits à tracer avec du charbon, de la craie, ou toute autre substance, ce qu'ils voyaient, ce qui se représentait naturellement dans la silhouette d'objets éclairés, sur une surface opposée. L'histoire de la jeune fille Débutade dessinant ainsi la silhouette de son amant, nous fait voir que les grecs attribuaient à l'ombre des corps l'origine de l'art du dessin.

Tous les peuples de l'antiquité la plus reculée nous ont laissé des témoignages de leur savoir dans les arts d'imitation. La peinture, qui est déjà un degré de l'art plus avancé que le dessin était connue du temps d'Homère et même à l'époque du siége de Troie, 1270 ans avant Jésus-Christ.

Ils connaissaient de même l'art de construire des bas-reliefs, des ciselures, genre de représentation qui se rapproche de la peinture. Le palladium des Troyens, le bouclier d'Achille, les descriptions qui nous sont parvenues de plusieurs armes en sont des preuves.

On trouve encore dans l'histoire que Hellène faisait de la tapisserie, qu'Andromaque en faisait aussi lorsqu'elle apprend la mort de son époux, etc.

Les Assyriens, les Chaldéens, les Indiens, les Persans, les Etrusques, les Chinois employaient la sculpture, les bas-reliefs, la peinture, les Egyptiens avaient la prévoyance de faire les sculptures en incrustation, etc.

Les Grecs et les Romains furent habiles dans l'art du dessin et de la peinture, et quoique les tableaux des grands maîtres de ce temps-là ne nous soient pas parvenus, on ne peut douter de leur mérite, par le témoignage que divers auteurs nous ont laissé sur quelques-uns de ces tableaux qui, disent-ils, faisaient une illusion complète.

Ainsi, il ne peut y avoir de doute sur la question de savoir si tous les peuples de l'antiquité savaient dessiner, peindre, sculpter ; mais s'en suit-il qu'ils connaissaient les principes géométriques de notre perspective et qu'ils les employaient dans leurs travaux? ou bien n'avaient-ils qu'un sentiment plus ou moins prononcé de la perspective? Ces questions sont difficiles à résoudre, il nous faudrait beaucoup de matériaux qui nous manquent ; on sait que la plupart des tableaux de la Grèce et de Rome n'existent plus, et ce qui nous reste n'est point des grands maîtres. Mais eussions-nous une exposition de tous les anciens tableaux, la question de savoir s'ils employaient les règles de la perspective serait difficile, elle le serait encore de nos jours d'après nos expositions ; car, rappelons que ces principes sont exactement géométriques, que par conséquent, les tableaux doivent pouvoir subir des vérifications avec la règle et le compas ; faut pouvoir retrouver la position du point de vue, la ligne d'horizon, les divers points de fuite, etc. Il ne s'agit pas ici de quelque chose d'à peu près, de sentiment de la chose, mais bien de tracés exacts qui permettent de reconstruire le tableau. Si on trouve un ou plusieurs de ces tableaux qui puissent supporter en tout point cette vérification, il y aura très-grande probabilité pour admettre qu'ils sont construits d'après des principes géométriques; mais si on ne trouve que des à peu près, il faudra en conclure que les auteurs avaient le sentiment de la perspective sans en avoir les règles, comme cela se voit souvent de nos jours.

Examinons cette question à ce point de vue, en nous servant des dessins qui nous restent de l'antiquité.

Je prends le recueil des peintures antiques trouvées à Rome, imitées fidèlement par les couleurs et le trait, d'après les dessins coloriés par Pietro Santi Bartoli et autres dessinateurs; ainsi que celui qui contient les dessins des anciens sépulcres ou mausolées des Romains et des Etrusques.

Certes, on voit quelques dessins où se trouve un sentiment de perspective; par exemple, les Noces Aldobrandine, il faut reconnaître que beaucoup de peintres actuels n'exécuteraient pas mieux la perspective de l'ensemble; cependant ce dessin ne serait pas susceptible de la vérification indiquée; ainsi le mur qui se voit vers la droite et qui se termine derrière un des personnages, n'a pas sa droite horizontale supérieure et celle du sol concourantes sur la ligne d'horizon. Il y a encore bien d'autres erreurs, mais qu'il serait trop long de signaler.

Dans les autres gravures, les fautes sautent aux yeux les moins clairvoyants ; ainsi, on voit dans plusieurs de ces tableaux les quatre pieds d'une chaise sur une même horizontale ; dans les piédestaux ou autels, les horizontales supérieures et inférieures s'inclinent toutes vers la ligne de terre.

Dans *triumphus judaicus ac triomphales Pompœ imperatori Titi*, où se trouve une longue procession de personnages, on voit que les pieds de toutes les figures sont sur une même droite, ceux des personnages de devant comme ceux des plus éloignés. Il y a quatre chevaux de front tirant un char, tous leurs pieds reposent sur la ligne droite qui sert de base au tableau.

Dans *Victoria Dacica triani*, il y a quelque chose de mieux, quoique l'observation ci-dessus soit encore applicable.

Dans *le Triomphe de Germanicus*, grande composition ; on y voit encore les pieds de quatre chevaux de front et vus de profil, et qui sont sur une même horizontale.

Dans la gravure 6, *Duc sive imperator exercitus*, on reconnaît un sentiment plus prononcé de perspective.

Ce qu'on trouve le plus souvent à reprocher à tous ces dessins antiques, c'est de ne pas mettre en perspective le sol horizontal; il est souvent représenté par une droite, et il semble, d'après cela, qu'ils n'avaient pas le sentiment de la ligne d'horizon. Cependant, avec ces défauts, les figures sont souvent bien posées, les modèles rendus avec beaucoup de talent.

De l'observation attentive de ce qui nous reste des dessins ou peintures de la Grèce ou de Rome, on peut en conclure que généralement le sentiment de perspective était peu prononcé, qu'ils ne soumettaient pas l'ensemble de leur composition à l'unité d'un point de vue, qu'ils ne mettaient pas bien en perspective le sol sur lequel se trouvent les personnages. Mais après cela, nous dirons qu'il pouvait y avoir des exceptions, que nous ne connaissons nullement les tableaux des grands maîtres, et qu'ainsi nous ne pouvons juger de leur mérite sous ce rapport. Les anciens comme les modernes cherchaient à imiter la nature, à représenter ce qu'ils voyaient, donc on peut en conclure que quelques-uns, par sentiment, ont dû arriver à des résultats satisfaisants sans connaître les règles de la perspective. L'espèce humaine n'a probablement pas changé sur ce point, le talent d'imitation a donc pu, dans ce temps-là comme actuellement, être personnel à tel ou tel individu; il a pu se perfectionner par les écoles, il a dû ainsi varier suivant les époques, avoir comme tous les arts des moments de progrès et de déclin; par conséquent, il n'y a rien d'extraordinaire d'admettre qu'il y a eu, de tous temps, des hommes qui imitèrent plus ou moins exactement la nature, et avaient ainsi le sentiment de la perspective; mais, enfin, je crois qu'il n'existe aucun dessin de l'antiquité où on puisse retrouver des règles exactes.

Cherchons alors quelques indices de ces règles dans les ouvrages des géomètres de ces époques. En consultant l'histoire, on reconnait qu'il existait alors des ouvrages sur la peinture. Ainsi on cite ceux d'Apelles et de Protogène. Pamphile, le maître d'Apelles, qui vivait 80 ans avant Jésus-Christ, avait étudié avec soin la géométrie et l'optique; or si, de ce temps, il y avait eu des principes analogues à ceux de notre perspective, il n'y a pas de doute qu'on en trouverait des traces dans Euclides et les autres géomètres qui ont fait des recueils des propositions sur la théorie des apparences. Plusieurs auteurs latins parlent de perspective, Platon par exemple ; mais rappelons que la science connue sous ce nom était faite et à la connaissance de tous ceux qui s'occupaient des arts d'imitation, qu'ainsi il est tout simple qu'il en soit question dans divers ouvrages.

Vitruve, architecte romain, qui vivait dans le premier siècle avant Jésus-Christ, est le seul auteur latin qui, dans son célèbre traité d'architecture, ait laissé quelque chose sur ce sujet. Nous croyons devoir citer les divers passages de cet auteur (Liv. Ier, p. 19, traduct. de M. Nisard).

Les représentations, ou pour parler comme les Grecs, les idées de la disposition (en architecture) se font de trois manières différentes par 1° l'ichnographie, 2° l'ortographie, 3° scénographie.

L'ichnographie consiste à tracer avec la règle et le compas dans un espace médiocre comme si c'était sur le terrain (plan horizontal).

L'ortographie représente aussi dans un petit espace, l'élévation d'une des faces, avec les mêmes proportions que doit avoir l'ouvrage qu'on veut bâtir (élévation).

La scénographie fait voir, non-seulement l'élévation d'une des faces, mais aussi le retour des côtés par le concours de toutes les droites qui aboutissent à un centre. Ces choses se font par le moyen de la méditation et de l'invention.

Par le moyen de ces trois manières, on fait une représentation parfaite et achevée de la disposition du bâtiment. »

(Texte original). — « Species dispositionis quæ Grecæ dicuntur ἰδέαι hæ sunt : ichnographia, ortographia, scenographia.

Ichnographia est circini, reguloque modice continens usus, ex qua capiuntur formarum in solis arcarum descriptiones.

Ortographia autem est erecta frontis imago modice que picta rationibus operis futuri figura.

Item scenographia est frontis et laterum abscedentium ad umbratio, ad circinique centrum omnium linearum responsus. Hæ nascuntur ex cogitatione et inventione.

Cogitatio est cura studii plena et industria, vigilantiæque, effectus propositi cum voluptate.

Inventio autem est questionum obscurarum explicatio, ratioque nova rei vigore mobili repertæ. Hæc sunt terminationes dispositionis. »

En réfléchissant sur ce passage de Vitruve, on comprend très-bien ce qu'il entend par ichnographia et ortographia. C'est évidemment le plan horizontal d'un édifice, et son élévation ou ses projections horizontale et verticale; ce qui nous apprend qu'à cette époque reculée, on connaissait la science que nous avons depuis appelée *géométric descriptive*. On ne peut même douter que cette science ne remonte à une origine plus ancienne: comment, sans elle, les peuples de la plus haute antiquité auraient-ils pu établir les projets d'édifices et construire ces monuments gigantesques de Babylone, Jérusalem, Thèbes, etc.; mais il faut reconnaître qu'on ne comprend pas aussi bien ce qu'il entend par scénographie, science qui plus tard a signifié l'art de faire des scènes, des décorations théâtrales. Ce doit être évidemment quelque chose d'analogue à la perspective, on y voit bien un moyen de représenter l'ensemble de plusieurs faces de l'édifice, on y trouve même des droites concourantes à un centre; mais tout cela ne suffit pas pour admettre que cette science fût la perspective moderne. Il est bien remarquable que dans tous les ouvrages qui nous sont parvenus des Grecs et des Romains, ce soit le seul passage où il est question de ce mode de représentation et d'où, évidemment, on ne peut tirer aucun des principes de notre perspective; et cependant ces règles sont si simples, qu'on ne peut s'empêcher de croire qu'ils en avaient connaissance, car ils savaient déterminer l'ombre d'une verticale, d'un gnomon. Ptolémée, dans son planisphère, se servait de principes analogues pour la représentation des cercles de la sphère. Or, en mettant un œil à la place du point lumineux, on avait la perspective.

On trouve encore dans Vitruve ce passage curieux relatif aux décorations théâtrales (p. 83).

« Derrière ces ouvertures, on placera les décorations que les Grecs appellent *Periactous*, à cause des machines faites en triangle qui tournent à volonté. Sur chacune des faces, il doit y avoir des ornements de trois espèces, destinés aux changements de décorations qui se font en tournant leurs différentes faces, ainsi que cela est nécessaire dans la représentation des pièces de théâtre, comme quand il faut faire paraître les dieux avec des tonnerres. Au-delà de cette face de la scène, on doit faire les retours qui s'avancent, ayant deux autres entrées, l'une par laquelle on vient de la place publique, et l'autre par laquelle on arrive de la campagne sur la scène. Il y a trois sortes de scènes, savoir : la tragique, la comique, la satyrique. Les décorations en sont différentes en ce que la scène tragique a des colonnes, des frontons élevés, des statues et tels autres ornements qui conviennent à un palais royal, etc. (Voir le texte). »

(Page 107). A propos des ouvrages écrits sur ce sujet par de plus anciens auteurs, on trouve encore :

« C'est ainsi qu'Agatharcus ayant été instruit par Eschile, à Athènes, de la manière dont il faut faire des décorations théâtrales pour la tragédie, et ayant fait un livre sur l'art de peindre, il apprit ensuite ce qu'il en savait à Démocrite et Anaxagore, lesquels ont aussi écrit sur ce sujet et principalement sur l'artifice au moyen duquel on peut, en plaçant un point à une certaine place, imiter si bien la disposition naturelle des lignes qui sortent des yeux en s'élargissant, et bien que cette disposition des lignes soit une chose qui nous est inconnue, on ne laisse pas de faire une illusion complète en représentant fort bien les édifices dans les perspectives dont on décore les théâtres, où ce qui est peint sur une surface plate paraît s'avancer en certains endroits et reculer en d'autres.

(Texte). — « Namque primum Agatharcus Athenis, Echylo docente, tragediam scenam fecit et de ea commentarium reliquit. Ex eo moniti Democritus et Anaxogaras de eadem re scripserunt, quemadmodum oporteat ad aciem oculorum radiorumque extensionem, certo loco constituto ad lineas ratione naturali respondere, uti de incerta re certæ imagines ædificiorum in scenarum picturis, redderint speciem et quæ in directis planisque frontibus sint figuratæ; alia abscedentia alia prominentia esse videantur. »

La traduction et le texte sont peu intelligibles, on pourrait les modifier en plusieurs points, ou adopter la traduction de Caylus (Tome XXIII des *Mémoires de l'Académie*), ce texte n'en sera pas plus clair; on y voit bien des droites partant des yeux en s'écartant, un certain point qu'on peut regarder comme un point de concours, ou bien ce point désigne-t-il que la position de l'œil est choisie convenablement ? Quoi qu'il en soit, on y reconnaît que l'auteur y indique l'origine des décorations de théâtre d'après certaines règles qu'il ne fait pas connaître, mais qui devaient évidemment avoir quelques rapports avec la perspective.

Des observations que nous venons d'émettre, il en résulte que les peintres chez les Grecs et les Romains, dessinaient et peignaient par sentiment, d'après nature, sans nos règles de perspective, que les plus instruits étudiaient la théorie des apparences qui devaient les guider dans leurs travaux, mais qui ne suffisaient pas pour leur éviter de faire des erreurs graves, qu'il en résultait que le sentiment de la perspective était peu répandu ; mais admettons qu'il pouvait y avoir des exceptions. On pouvait arriver par sentiment à faire des tableaux très-satisfaisants, comme cela arrive encore de nos jours. Nous comprenons même les leçons qui étaient faites alors sur la peinture, mais certes, c'est la théorie des apparences qui devait en faire le sujet.

Les anciens ne nous ont laissé que ces passages de Vitruve qui sont peu satisfaisants ; ils ont eu probablement quelques ouvrages plus clairs sur ce sujet, mais tout est perdu.

Peut-être existait-il quelques principes répandus parmi les adeptes, comme le fut au moyen âge la coupe des pierres et des bois ? Il en résulte, en définitive, que toutes ces connaissances se sont perdues dans les révolutions de l'Europe, et qu'ainsi il a fallu reprendre de nouveau ce travail comme si rien n'avait existé sur la perspective. C'est donc à l'époque de la renaissance des beaux arts et des lettres qu'il faut chercher la véritable origine de cette science.

AVERTISSEMENT.

Pour mettre de l'uniformité dans la description des diverses méthodes de perspective, et pour éviter de longues répétitions, il est nécessaire d'exposer d'abord les termes que nous emploierons pour toutes les figures. Nous désignerons donc les divers objets ainsi qu'il suit : *Fig.* 1 et *fig.* 2.

Plan S. — Celui du papier, il représente ordinairement un plan horizontal sur lequel sont situés les objets, ou leurs projections horizontales.

Plan T. — Celui du tableau, sur lequel on doit tracer la perspective ; il est ordinairement vertical. Dans la fig. 1, il est représenté rabattu sur le plan horizontal T, en tournant autour de sa trace T T. Dans la fig. 2, il est représenté en perspective.

Plan H. — Plan horizontal ou d'horizon passant par le point de vue.

Plan V. — Plan parallèle à celui du tableau, et passant par le point de vue.

Plan P. — Plan vertical principal, mené par le point de vue, perpendiculairement au tableau.

T_1T_2. — Ligne de terre, trace du tableau sur le plan horizontal S.

H_1H_2. — Ligne d'horizon, trace sur le tableau du plan horizontal passant par V.

vv_1. — Trace du plan vertical V, parallèle au tableau, passant par le point de vue.

qq_1. — Verticale principale, trace sur le tableau T du plan vertical P.

V. — Point de vue où est placé l'œil de l'observateur. Dans la fig. 1, il est rabattu sur le plan S, avec le plan V, sans sortir de ce plan.

O. — Pied de la perpendiculaire abaissée de V sur le tableau, centre du tableau.

P. — Pied de la verticale abaissée du point de vue V, sur le plan S, pied de l'observateur.

D_1, D_2. — Points de distance, situés ordinairement sur la ligne d'horizon, à une distance de O, égale à celle de O à V. — Ces points D peuvent en outre se placer sur tous les points de la circonférence décrite de O, comme centre avec OV pour rayon.

d. — Désignera la distance VO de l'œil au tableau.

h. — Désignera la hauteur VP de l'œil au-dessus du plan S.

Les lettres *a, b, c* serviront à désigner les divers points de l'objet, et celles *a', b'', c'* seront les perspectives respectives de ces points.

Lorsqu'on voudra indiquer la projection horizontale ou verticale d'un point tel que *a*, on mettra a^h, a^v.

Malgré cet avertissement, on remarquera que plusieurs figures sont des copies avec les lettres mêmes de l'auteur.

PIETRO DELLA FRANCESCA DAL BORGO SAN SEPOLCRO.

Le plus ancien auteur connu de perspective fut Pietro. Il est appelé par plusieurs auteurs le père de la perspective.

(*Extrait de Vasari.*)

« Pietro naquit au Borgo San Sepolcro, et fut appelé della Francesca, du nom de sa mère, qui resta enceinte de lui après la mort de son père, et l'aida par ses soins à parvenir au rang que sa bonne fortune lui réservait.

Dans sa jeunesse, Pietro s'appliqua aux mathématiques, qu'il n'abandonna jamais, bien que dès l'âge de 15 ans, il se fut consacré à la peinture; il fit même, dans cette science, des progrès aussi remarquables qu'en peinture.

Il exécuta, pour le prince Guidobaldo Feltio, divers petits tableaux d'une remarquable beauté, dont la plupart ont péri au milieu des guerres qui ont désolé l'état d'Urbain. On conserve encore, dans ce pays, plusieurs de ses écrits sur la géométrie et la perspective, science dans laquelle il ne fut inférieur à aucun de ses contemporains et peut-être à personne, de quelque siècle que ce soit, comme le prouvent ses ouvrages, qui renferment une foule d'admirables perspectives. Nous citerons, entre autres, un vase qu'il avait formé en surface carrée, de manière que l'on voit de derrière, de devant et de chaque côté, le fond et les bords, ce qui est assurément merveilleux, d'autant plus que les moindres détails sont exactement représentés et que les lignes des contours se raccourcissent avec beaucoup de grâce.

Pietro, comme nous l'avons dit, était grand travailleur ; il s'appliqua beaucoup à la perspective et étudia profondément Euclide. C'est à lui que l'on doit les meilleures notions sur la géométrie. Dans sa vieillesse, il écrivit sur cette science plusieurs livres qui, après sa mort, tombèrent entre les mains de Maestro Lucas del Borgo, son disciple, qui se les appropria et osa les imprimer et les publier sous son propre nom.

Les ouvrages de Pietro datent de l'an 1458 environ; il avait 86 ans lorsqu'il mourut, mais à l'âge de 60 ans il perdit la vue. Il laissa, dans sa patrie, de grands biens et plusieurs maisons qu'il avait bâties et qui furent brûlées et détruites l'an 1536. Il fut honorablement enseveli dans l'église qui était autrefois à l'ordre des Camaldules, et qui maintenant appartient à l'évêché. La plupart des livres de Pietro sont aujourd'hui dans la bibliothèque de Frédéric II, duc d'Urbin. Ils ont justement valu à leur auteur la réputation du meilleur géomètre de son temps. »

Vasari n'indique pas l'époque de sa naissance; on trouve dans un abrégé de perspective de Fielding (anglais) :

« Parmi les plus anciens écrivains qui ont prescrit quelques règles de perspective, nous trouvons Bramantino de Milan, dont l'ouvrage est daté de 1440, et Pietro del Borgo, qui adopta l'idée exacte de donner la représentation des objets comme vus à travers une table transparente placée entre l'observateur et les objets. Pietre del Borgo, quelquefois appelé Piero Borghese, ou della Francesca, était né dans Urbania en 1390, etc. Il est probable que la méthode de Borgo (dont le traité n'existe plus) est la même que celle que donna Serlio en 1540. car la méthode de Serlio est prise de Peruzzi de Sienne, qui avait étudié attentivement les écrits de Borgo, et c'est à lui, ou à Peruzzi, que nous devons la découverte des points de distance, l'usage desquels a été si élégamment augmenté dans quelques dessins de J. Cousin, le plus ancien des auteurs français sur cette dernière science. »

On trouve encore, dans l'histoire de l'optique de Priestley, chapitre sur la perspective :

« La première personne qui s'attacha à donner les règles de la perspective fut Pietro, italien; il supposait les objets placés derrière une vitre, et s'efforçait de tracer l'image qui était formée sur la surface par son intersection avec les rayons visuels. Mais il ne fit pas connaître les moyens qu'il avait obtenus, puisque l'ouvrage qu'il écrivit sur ce sujet *n'existe pas*. Il est cependant beaucoup commenté par le fameux Ignatio Danti. Sur les principes de Pietro, Albert Durer construisit un instrument au moyen duquel il pouvait tracer la perspective des objets. »

Dans la préface de la Perspective de Vignole, avec les commentaires d'Ignatio Danti, il est encore parlé de trois livres sur la perspective, écrits à la main par Pietro, et avec de très-excellents dessins, et, dit-il, « ceux qui veulent le connaître n'ont qu'à lire Daniel Barbaro, qui en a transcrit une grande partie dans son ouvrage. »

Dans la préface de Daniel Barbaro, on y trouve ce passage :

« De quelles méthodes, de quels principes se servaient-ils (les anciens)? On ne trouve rien (que je sache). Les écrivains n'ont laissé souvenir de cela. Si on voulait chercher quelques préceptes et règles, on pourrait trouver à lire quelques pratiques indiqués, sans ordre, sans fondement et sans les raisons expliquées ; ainsi les principes donnés par Pietro ne sont pas justes et ne peuvent servir qu'à des *imbécilles.* (*Perche di queste ne sono pure alcune di Pietro dal Borgo* S. Stefano *et altri, che per gli idioti ei potriano servire.*) »

Le traité de perspective en trois livres, de Pietro, dont il est parlé dans plusieurs auteurs qui le regardent comme perdu, existe encore; il était dernièrement à Paris dans les mains de M. Ravaisson. Je regrette de n'avoir pu en prendre connaissance et vérifier les assertions étranges avancées par Daniel Barbaro, et donner une idée des méthodes de l'auteur.

BRAMANTE DE MILAN.

On trouve dans le traité de perspective de Fielding :

« Parmi les plus anciens écrivains qui ont prescrit quelques règles de perspective, nous trouvons Bartollomo Bramantino de Milan, dont l'ouvrage est daté de 1440. »

Dans Vasari : « Bramantino (Agostino), ou Bramante de Milan, florissait en 1450.

Bramante vivait dans le même temps et aussi dans la ville d'Urbain, avec Borgo (Pietro del Borgo S. Sepolcro) ; il doit avoir profité de ses conseils, ainsi que de ses ouvrages et de ses écrits. »

Sebastien Serlio, dans son traité de perspective, dit :

« Bramante, qui la *ressuscita*, fut bon peintre et habile dans la perspective. »

Nous ne connaissons pas les ouvrages de Bramante. Il ne faut pas le confondre avec le célèbre architecte, le Bramante né en 1444, qui a commencé l'érection de la basilique de Saint-Pierre de Rome.

BALDASSARE DE SIENNE, ou PERUZZI DE SIENNE, ou BALTHAZAR DE PERUZZI.

Baldassare de Sienne fut un architecte célèbre, contemporain de Pietro. Suivant Paradossus, dans son traité de perspective, il fut son élève et le maître de Serlio. Baldassare est cité, dans plusieurs ouvrages, comme extrêmement habile dans la science de la perspective, dans le tracé des décorations théâtrales et pour les fêtes publiques ; il paraîtrait même qu'il s'occupait de perspective-relief ; on trouve en effet, dans Vasari, en parlant de Baldassare : « Il décora la salle avec des colonnes en perspective qui la font paraître beaucoup plus grande qu'elle n'est réellement. »

On trouve sur cet architecte, dans Vignole, p. 82 : « Et prima di tulle io porro la regolia ordinaria, che e quella di Baldassare de Sienne, scritta prima da Maestro Pietro dal Borgo a S. Sepolcro, etc. »

Dans Fielding : « La méthode donnée par Serlio est prise de Peruzzi de Sienne, qui avait étudié attentivement les écrits de Borgo, et c'est à lui ou Peruzzi que nous devons la découverte des points de distance..... »

LÉONARD DE VINCI.

Léonard de Vinci, célèbre peintre, né en 1452 et mort en 1519, est cité comme très-expert dans la perspective ; il nous a laissé un traité de la peinture; il est suivi d'un traité sur la peinture et la sculpture, de Léon-Baptiste Alberti.

Cet ouvrage de Léonard de Vinci, sur la peinture, n'est point précisément un ouvrage de perspective; il contient des conseils, des avis donnés aux artistes sur l'art de la peinture. C'est probablement cet ouvrage que Bosse critique si amèrement.

POMPONIUS GAURICUS DE NAPLES, etc.

1504.

Le titre de l'ouvrage est:

Pomponii Gaurici Napolitani, de sculptura, ubi agitur de symetria, etc., etc., et de perspectiva. 1504. In-8.

Cet ouvrage ne contient que quelques pages,

très-peu intelligibles, sur les généralités de la peinture et de la perspective.

Il est cité par Pierre Apian, dans sa traduction de Vitellion, 1535. On trouve dans la dédicace : « Non male quidem scripsit super hæc materia, Pomponicus Gauricus. »

Extrait de la bibliographie de...

« Ce petit ouvrage, dont un exemplaire sur vélin se conservait chez Fr. Reina, à Milan, est fort rare, mais selon le Troppi cité par David Clément, il en existerait une autre édition : Pisanii penes hyeronymum soucinum, 1504, in-8°, qui seroit la première. L'ouvrage a été imprimé Autuerpuæ apud Joanem Grapheum, 1528, in-8°, avec une épitre dédicatoire de Cornelius Grapheus, substituée à celle d'Aut. Placidus, qui est dans l'édition de Junte : Norimbergæ apud Joan. Petrium, 1542, in-4°, avec une épitre de Jacques Curio. — De nouveau réimprimé avec d'autres traités de Demontiosus et de Georlans, Antuerp., 1609; enfin dans le 9° vol. du thésaurus antiq. græcus de Gravius. »

LÉON-BAPTISTE ALBERTI.

Léon-Baptiste Alberti, peintre et architecte, nous

a laissé un traité de la peinture. Cet ouvrage n'a été imprimé qu'en 1511, après la mort de l'auteur, 1 vol. in-12. Depuis il en a été donné une traduction en italien, par Ludovic Dominique. Venise, 1547, in-12. Une autre en florentin, imprimée à Florence, 1550, in-fol. Autre traduction en italien, imprimée à Milan, 1804.

Cette dernière traduction contient d'abord la vie de l'auteur, par Girolamo Tiraboschi. On y trouve ce passage suivant : « Manni affirme que L.-B. Alberti est né en 1398, mais sans apporter aucune preuve ; Bocchi le fait naître dans le siècle suivant, sans dire l'année MCCCC..., mais je pense (dit l'auteur) qu'il est né dans le courant du quinzième siècle, car nous trouvons qu'il devait avoir 30 ans lorsqu'il envoya à Leonello de Ferrare sa comédie, et Leonello n'est connu que dans l'année 1440.

Je doute aussi qu'il soit de Florence.

Je compte qu'il est né vers 1414. Son père mourut en 1422. »

L'ouvrage de L.-B. Alberti se divise en deux parties : la première sur la peinture, et la deuxième sur la statuaire.

La première, sur la peinture, se divise elle-même en deux livres. L'auteur commence par donner quelques définitions de géométrie et de perspective, puis quelques idées d'optique.

L'explication de sa perspective est renfermée dans une page environ, et ne me semble pas très-claire. On y voit qu'il se sert du cône visuel, du point central, de la base du tableau et des points de distance, sans entrer dans des explications.

Notice extraite de l'Optique de portraiture et peinture de Huret, 1670, p. 104.

« ..... Le traité de la peinture, divisé en trois livres, de Léon-Baptiste-Albert Florentin, qui a été un des plus doctes peintres et architectes de son temps, et le premier qui a écrit des préceptes de la peinture, et qui même *se vante de l'avoir tirée du sépulcre et fait ressusciter*, et duquel tous les autres donneurs d'enseignements ont pris tout ce qu'ils ont écrit depuis.

Ce traité a été imprimé en latin à Norimberg, en 1511, par les soins d'un particulier, longtemps après le décès de son auteur, qui donne en la première partie dudit traité, qu'il nomme *Rudiments*, les premières règles de la perspective, qu'il nomme les *Démonstrations de la peinture*, et lesquelles il donne fort obscures et succinctes, savoir le point de vue du tableau qu'il nomme *point centrique et la pyramide visuelle coupée par l'intersection du tableau transparent*, qu'il établit être un châssis à jour querelé de filets, duquel il nomme la base *ligne jassente*, lequel châssis il nomme *voile* et desquelles choses il se dit *l'inventeur*, et *que ses amis ayant vu ce qu'il en avait fait, ont été si surpris de cette nouveauté ravissante qu'ils en sont entrés en admiration et l'ont nommé les miracles de la peinture*. Puis il dit *que les anciens peintres et sculpteurs n'en ont eu aucune connaissance, ce qui paraît par tout ce qui reste de l'antiquité, soit en peinture ou sculpture de marbre ou de bronze*.

Et en effet, il y a grande apparence que la perspective a été inconnue des anciens et antiques, tant parce qu'il ne peut se rien voir de plus mal que tous les bâtiments représentés dans les bas-reliefs de la colonne trajanne et autres bas-reliefs et médailles antiques ; que parce que Plutarque et Pline n'ont rien dit des architectures peintes ou représentations de temples ou palais, etc., desquels ils n'auraient pas manqué d'exagérer les merveilleuses fautes et déceptions, comme aussi des artifices d'optique, si ces choses avaient été connues et pratiquées de leur temps. »

Suit une critique peu juste de l'ouvrage de L.-B.-A.

FRATER LUCAS PACCIOLUS

BURGENSIS MINORITANUS ET SACRÆ THEOLOGIÆ PROFES.

1509.

Titre : *Divina proportione opera a tutti ingenii perspicaci et curiosi necessaria que crosum studioso philosop., prospect., arch., musica, etc.*

(Extrait de la bibliographie.)

Ce livre est rare ; on y remarque plusieurs figures gravées d'après les dessins de Léonard de Vinci ; il a paru sous le nom de frate Lucas da Borgo San Sepolcro : néanmoins M. Cognara a prétendu, dans son catalogue n° 341, que Petro della Francesca da Borgo San Sepolcro en était l'auteur.

Cet ouvrage contient beaucoup de figures bien faites, représentant les perspectives des corps réguliers et autres.

On y trouve aussi les proportions des lettres majuscules de l'alphabet et autres.

Vasari, page 301, en parlant de Pietro del Borgo, dit : « Dans sa vieillesse, il écrivit, sur cette matière, plusieurs livres qui, après sa mort, tombèrent entre les mains de Maestro Luca del Borgo, son disciple, qui se les appropria et osa les imprimer et les publier sous son propre nom. »

Cet ouvrage peut donc être regardé comme appartenant à Pietro del Borgo San Sepolcro.

VIATOR.

PERSPECTIVE POSITIVE DE VIATOR.

La perspective de Viator est le plus ancien ouvrage qui traite exclusivement de perspective. Il a été imprimé plusieurs fois : la 1re édition est de 1505, imprimée à Toul; c'est le plus ancien livre connu imprimé dans cette ville. Il était composé de 46 feuilles.

La 2e édition est de 1509, en 29 feuilles seulement, et plus complète cependant que la précédente; la 3e est de 1521, en 30 feuilles. Mathurin Jousse en a donné une traduction revue et augmentée et réduite de grand en petit. La Flèche, 1635.

L'édition de 1521, que nous nous sommes procurée, est en deux langues, l'une latine et l'autre en vieux français. (Exemple : *Toutefois la lu-*

mière ist pas de l'œil, mais de la clarté extérieure chéant dans celui-ci reflète comme miroir ardent, etc.)

Viator, à ce qu'il paraît, était chanoine de Toul, voire même évêque. Dans l'édition de 1635, le traducteur appelle l'auteur Viator ou Pellerin. M. Silvestre dit qu'il s'appelait Pellegrini el Viator.

Cet ouvrage contient très-peu de texte, mais beaucoup de planches bien faites, au moyen desquelles il est facile de retrouver les moyens employés par l'auteur. On y remarquera de suite que les artistes de ce temps-là savaient mettre très-exactement en perspective l'ensemble d'un édifice et l'intérieur d'une salle; on y trouve des personnages placés à différentes profondeurs et bien placés en perspective, dans plusieurs hypothèses, sur la position de l'œil.

Le texte est très-concis, sans explications satisfaisantes sur les procédés employés. Il donne, en commençant, les définitions du point principal, des tiers points, de l'horizontale ou pyramidale, de la ligne de terre, sa division, et enfin l'usage des tiers points. On est étonné de trouver dans cet ouvrage ancien, qui est un des plus curieux sur la perspective, les expressions de *ligne de terre*, horizon, etc.;

qui sont passées jusqu'à nous. Cela peut s'expliquer lorsqu'on sait que l'édition de 1635, donnée par Jousse à La Flèche, a été pendant très-longtemps un ouvrage très-répandu.

La fig. 3 va faire connaître la méthode exclusive employée par Viator, qui la donne sans explication.

En avant du tableau, ou suivant d'autres, en arrière, on trace la projection horizontale du sujet. On suppose que les hauteurs de chacun des points sont connues.

On prend sur la droite HH_1 d'horizon, c'est-à-dire sur une horizontale placée à une distance de la ligne de terre T_1T, égale à la hauteur de l'œil, sur le plan de projection ou sol, les trois points D, O, D_1, tels que $OD=OD_1$ et égale à la distance de l'œil au tableau.

De chaque point *a*, *b*, *c*, *d*, on abaisse des perpendiculaires sur la ligne de terre, et on joint leurs pieds avec le point O, qu'il appelle l'œil.

De chacun de ces pieds *f*, *g*,— comme centre avec des rayons *fc*, *fd*, *gb*, *ga*, il décrit des quarts de cercle, ou bien il porte les distances $fx=fc$, $fi=fd$, $gh=gb$, $gi=ga$, et joint les points tels que *x*, *i*, qui sont à gauche, avec celui D, qui est à droite, et ceux *h*, *i* à droite, avec celui D à gauche. La droie *i*D coupe celle *fo* en *d'*, perspective de *d*. *x*D₁ coupe la même droite en *c'*, perspective de *c*. De même *h*D coupe *go* en *b'*, perspective de *b*, et *j*D coupe la même droite en *a'*, perspective de *a*.

Pour avoir la perspective élevée en *c* et *d*, il élève en *f* une verticale *fm* égale à la hauteur donnée, et joint *m* à O ; *mo* coupe les verticales élevées en *c'*, *d'*, en *c''*, *d''*, qui sont les perspectives des points supérieurs du cube.

Il n'est pas besoin d'entrer dans plus d'explication pour comprendre que cette méthode de Viator est une de celles les plus employées de nos jours ; elle est donnée par beaucoup d'autres auteurs qui sont venus après lui, et elle est arrivée jusqu'à nous sans changement ; elle repose sur l'usage du point central et des deux points de distance D et D_1.

D'après la lecture de cet ouvrage, il n'y a pas lieu de regarder Viator comme l'inventeur de cette méthode ; il est probable qu'elle remonte à Baldazzare de Sienne ou à Pietro del Borgo. On ne trouve rien qui indique que l'auteur était géomètre, puisque tout donné est sans explication.

On remarque encore que, dans cet ouvrage, pour faire la perspective d'un édifice, il commençait par chercher celle du plan horizontal de ce bâtiment, avec cette précaution de l'exécuter sur un plan horizontal inférieur au sol, de manière à ne point gêner le tracé définitif sur le tableau lui-même; c'est un perfectionnement qu'on aurait pu croire moderne.

ALBERT DURER.

Albert Durer fut un artiste célèbre; il se distingua également dans la peinture et la gravure. Il était né à Nuremberg en 1471 et est mort en 1528; il nous a laissé plusieurs ouvrages, parmi lesquels on remarque le titre suivant :

Alberti Dureri institutionum geometricarum libri quatuor in quibus, lineas, superficies et solida corpora, ita tractavit, ut non mathesos solum studiosis, sed et pictoribus, fabris æerariis ac liquaris, lapidis, statuariis et universis demum qui circino, gnomone, libella, aut alioqui certa mensura opera sua examinant, sint summe utiles et necessarii.

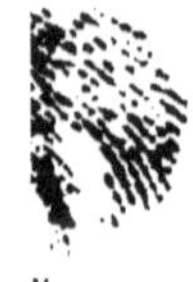

Versi olim e germanica in linguam latinam et nunc iterato editi, servato et figuris, sicut ab ipso authore expressæ fuerunt.

Cet ouvrage curieux est de 1525.

Le quatrième livre, qui. comme les précédents, donne le tracé de diverses figures géométriques, donne aussi les moyens de représenter toutes les figures en perspective.

On y lit, page 108 : « Cum jam ante corpora varia, quo pacto fierint declaraverim, nunc quoque docebe pacto facta eadem et visa in picturam veniant, atque ad in sumam simplicissimum corpus, ut est tessera, pro exemplo : Simul ostensurus cum reliquis omnibus corporibus pariter operandum esse. »

La méthode dont il se sert pour metire les corps en perspective est-très simple et suppose que l'on sache, comme en géométrie descriptive et comme l'a enseigné l'auteur, représenter ces corps par deux projections.

Voici cette méthode (*fig.* 4) appliquée à la perspective d'un cube : Albert Durer trace d'abord géométriquement les projections horizontale et verticale du cube placé sur un plan horizontal; il prend deux des faces parallèles au tableau, comme on le voit dans la fig. 4; il détermine ensuite les ombres, en se donnant la position S du point lumineux. Après cela, il prend pour plan du tableau un plan perpendiculaire aux deux plans de projection;

de sorte que ces deux traces qT et q_1T sont en ligne droite.

Après quelques observations sur la position de l'œil par rapport aux objets et au tableau, il établit la projection V^h, V^v horizontale et verticale de ce point. Ces préparatifs étant terminés, il joint la projection verticale V^v du point de vue par des droites à tous les points de la projection verticale du sujet; les intersections de ces droites, avec la trace verticale du tableau, lui donnent les projections verticales des points de la perspective. Il joint de même, par des droites, la projection horizontale V^h ou P, avec les projections horizontales de tous les mêmes points du sujet, et il obtient, par leurs intersections avec la trace horizontale du tableau, les projections horizontales correspondantes de la perspective de ces points.

Ayant ainsi obtenu les deux coordonnées de chaque point de la perspective, il peut construire sa perspective sur une feuille séparée, ou comme on le voit ci-contre, en rapportant les distances o_1, o_2, o sur l'horizontale TT, en prenant o' pour la représentation de o, et en menant par les points 2, 3, 4, 5 des horizontales et par ceux 1'. 2'. 3'. 4' des verticales, et déterminant par les intersections respectives les points de la perspective cherchée.

Cette méthode est certainement la plus ancienne; elle repose sur l'idée de l'intersection du cône perspectif et d'une vitre, idée exprimée, à ce qu'il paraît, d'abord par Pietro dal Borgo. Elle ne s'appuie sur aucun des principes de point de concours et elle donne, point par point, la perspective d'un corps sans rechercher ce qui en résultera.

Outre la méthode ci-dessus, donnée par Albert Durer, on en trouve une seconde, qui est celle de Viator. Ainsi l'auteur dit, page 178 : « Quæ usque delineavimus, in sequentibus breviore, facilioreque; via designare docebo in hunc nempe modum.» Dans cette autre méthode, il emploie deux points de distance. « Fige alium adhum oculum in ea altitudine qua prior est, verum ab eodem remotum ad quantitatem eorum qui sunt ad supra scripta fundamenta posteriores, ex illo igitur scribe duos radios ad extremitatem lineæ, etc.

Mais chez Albert Durer, comme chez Viator, les explications manquent ; on ne peut donc attribuer ni à l'un ni à l'autre l'invention de ces méthodes.

Le quatrième livre d'Albert Durer se termine par la description de deux instruments ou châssis qui servent, non-seulement à mettre un objet quelconque en perspective, mais encore à démontrer expérimentalement toutes les règles de la perspective.

Le premier se compose d'une vitre transparente placée verticalement sur une table sur laquelle, en avant, se trouve fixée, par un petit trou, la position de l'œil ; la main, armée d'un crayon, dessine sur la vitre le contour des objets vus à travers.

Le second se compose de même d'un châssis qui s'ouvre et se ferme à volonté, faisant l'office de la vitre de tout à l'heure. Un point fixe ou anneau tient la place de l'œil ; par cet anneau passe un fil tendu à cette extrémité par un poids, et à l'autre par la main de l'artiste, qui lui fait parcourir le contour et les points d'un objet très-rapproché dont on veut avoir la perspective. Un deuxième observateur marque la trace de ce fil sur le plan du châssis dans chacune de ses positions diverses.

Albert Durer ne dit pas s'il est l'inventeur de ces deux instruments, mais cela est probable, car c'est bien l'idée renfermée dans sa première méthode.

REISCH ET ORONCE FINÉE

Margarita philosophica.

Cet ouvrage est une encyclopédie des connaissances humaines à l'époque où il a été imprimé. La première édition est, dit-on, de 1486, il y a eu ensuite plusieurs éditions; mais à partir de celle portant la date 1535, il y a un appendice d'Oronce Finée, ayant pour titre :

ARCHITECTURA POSITIVA RUDIMENTA.

C'est ce chapitre que nous allons examiner.

On y trouve sur le sujet qui nous occupe, à propos d'architecture et de perspective, le passage suivant :

« Hanc autem tri partitam esse cognovimus (architectura) : et in ichnographiam, ortographiam et scenographiam distinctam : cum qualibet illarum particularior sit.

» Est enim ichnographa, fiendarum in plana forma, linealis et geometricis præsignatio, quam vulgaris vocabulo *plattam formam* appellare solent. Illam Eudoxum et Architam inchoasse, variis formis illustrasse accipimus.

» Ortographia est materialis et artificialis, juxta

ichnographia demonstrationem et geometice theoremata, rerum fabricatio : quemadmodum sunt congesta magna æd ficia, etiam sculptura et hujusmodi alia. Differt autem ab ichnographia, quæ absolute formaliter versatur in lineis punctis, superficiebus et numero. Ortographia vero formaliter et materialiter versât in lineis, punctis, superficiebus, corporibus, et maxime pondere : cujus diverse sunt dimensiones, juxta diversitatem corporis ponderosi : nam aliter servatur norma in lapideis, aliter in ligneis corporibus, aliter in metallis, cum unum punderosius existat reliquo, etc.

» Scenographia est linearum radialium, oculi, vel vmbrè dimensio : unde altitudines, longitudines, latitudines et profunditates quarum cumque rerum deprehendentur. Cui jungitur Pespectiva positiva, que disignatrix est et magistralis imitatio omnium, que fixo oculo comprehendi possunt. Ea differt a scenographia, quemadmodum distant qualitas et quantitas. Perspectiva versatur circa quale : quoniam in pengendo similitudinem curat : situm ut ratio proportionum habeatur. Orthographia porra quantitatem et qualitatem considerat. Verum enim dimissa jam ichographia et orthographia utpote, quæ magis mechanicis operationibus, quam litterarum designatione egeant). Scenografice et perspective expeditione aggrediamur, hinc initium sumentes. »

J'ai préféré de donner le texte qu'une traduction, il y a beaucoup de passages qui auraient besoin de commentaires. On y reconnaît que l'auteur parle d'après Vitruve dans le passage cité de cet auteur. Remarquons donc ici que *scenographia* est synonyme de perspective, et *perspectiva* de *de aspectibus*, des apparences.

Le chapitre suivant a pour titre : *De artificiali perspectiva, seu Architectura scenographica.*

« A fundamentis ædificatum iri, mox sensim extruendum venit corpus et lectum imponendum. Etenim (quod philosophicis speculationibus perspectum est) omnes res videntur, tanquam per lineas ab oculo egredientes, scilicet per triangulum cujus basis est res visa, ejusque diameter super partes ipsius rei visæ discurrit. Sed lux ab oculo non egreditur, verum ex lucis exterioris splendore in oculo cadente fit reflexio, quasi a speculo ignito, per quem formæ rerum concipiuntur. Quarum quidem formarum designativa expressio derivatur a puncto : qui licet individus sit, evolitur tamen et in lineam ac lineas explicatur. Ex quibus figuræ componuntur, per quas cum punctis et lineis hujusmodi via ad propositum aperitur.

» Punctus principalis in perspectiva debet ad normam oculi constitui, qui punctus dicitur fixus vel subjectus.

» Deinde linea produci ad utrumque partem et in ea duo alia puncta æque distantia a subjecto signari, propria in præsenti, remorotione in distendi visu, quæ discunt tertia puncta.

» Possunt etiam fieri in ipsa linea alia puncta, ubi apparatus edificii plurium angulorum, vel aliud quid situ diversum occurerit.

» Dicitur autem pyramidales : quia anguli seu acies pyramidum (de quibus postea dicitur) ex punctis in ea signatis deducunt. Vocatur etiam horizontalis : quia solem orientem ostendit et occidentem abscondit, et semper æquat oculum hominis ubicumque fuerit, etiam si turrit excelsum seu terræ. sive maris debet semper terminari, nisi altioris intermedii montes fuerint objecti.

» Deinde [illegible] inferior linea tahenda est quæ terræ, dicitur et in ea (si ædificium super erigi, vel dimensionis ratio concipi prætendatur) puncta partita cum circino apte aperto desploni, plura vel pauciora secundum opportunitatem propositi. Inter agendum etiam aliis punctis apparatur rerum necessariis utendum erit qui hic non designantur sed manifestabuntur per figuras. »

On trouve un peu plus loin ce passage :

« .... Nam jacentis a dexteris fit contraria, a sinistris et pendenti similiter. Omnes tamen quocumque modo fiant *concurrunt*, et invicem (sicut litteræ) operantur. Eamque anguli seu *acies* ex *punctis* in linea pyramidali *assignatis oriuntur* excepta acie pyramidis penultimo loco subsignate quæ a puncto in aerem conjecto deducitur. Si quas autem aliunde deduci oportebit, rerum fingendarum speculatio docebit. »

Suit des définitions d'angles, de figures géométriques, etc.

« .... Cœterum diversitus aspectum unum objectarium semper consideranda est, præsertim ædificiorum : nam visuntur a fronte, aut ab angulo, equaliter aut in equaliter, ex communi aut elevata sede. Et (sicut prælactim est) de presenti aut distanti visu. In personis quoque in eisdem statuendis adequanda at quantitas earum, ad magnitudinem ipsorum ædificiorum ut singula rite quadrent et industriam artificialem redoleant. »

Suit encore trois pages d'observations, il y traite

de la perspective de divers pavés, puis de celle des personnages suivant qu'on les regarde de haut, de bas ou de même hauteur, des hommes ou des enfants, etc. ; le tout sans explications théoriques et pratiques, et il ajoute :

« Proinde (supra dicitis ad effectum prætentum plane susceptis) figuræ exemplares ad inductivam descripta videantur, etc. »

Suit les figures qui portent pour titres :

1. Tetragonus erectus, cum recto circulo.
2. Mineratio tetragoni strati et circuli qui figuram ovalem reddit.
3. Tetragonus sine sphærali circumferentia.
4. Diminutio pavimenti, excepta super tetragonum.
5. Diminutio campestre planicei.
6. Mineratio personnarum ex communi sede.
7. Mineratio personnarum ex elevata sede. Horizontalis.
8. Ædificium quadrangulare a fundamento extractum, ab uno puncto, scilicet subjecto, ac recta et eversa pyramide.
9. Ædificium a forma plana eductum duobus tertiis punctis et diffusa pyramide.

(On y voit la perspective du plan fait à part.)

10. Forma plana.

Les principes sur lesquels repose ce traité sont mal exposés, cependant on ne peut méconnaître qu'ils sont assez généralement justes — les figures sont mal dessinées, mais rappellent celles de Viator, — ces perspectives de personnes, ayant l'apparence de moines ou de nonnes, sont dans Viator.

Le texte même a beaucoup de rapport — les noms de *lignes horizontales* ou pyramidales, lignes de terre, etc., sont les mêmes.

Cette perspective, séparée du plan horizontal, se remarque aussi dans Viator qui contient beaucoup plus de figures.

Je pense donc que ce traité de perspective, est probablement d'Oronce Finée, puisqu'il se trouve dans l'appendix seulement, il doit porter la date de 1535, et avoir été composé un peu après Viator, que l'auteur a dû connaître.

Après il y a, page 1405, un traité, dont nous avons déjà parlé, ayant pour titre : *Perspectiva* qu'il faut remplacer par *De aspectibus.*

SERLIO (SÉBASTIEN).

Serlio, architecte, né en 1475, à Bologne, et

mort en 1552, a composé un traité d'architecture. Le deuxième livre traite de la perspective.

L'auteur commence par diviser la perspective en deux parties, l'une, la spéculative dont Euclide a suffisamment traité, et la pratique dont il s'occupe seulement.

En parlant de perspective, on trouve ce passage : « Bramante qui l'a ressuscitée fut bon peintre et persp. Raphaël d'Urbin, Jean-Balthazar de Peruzzi, Senorp consommé en architecture, Hierome Ginga, Jules Romain, disciple du grand Raphaël, et moi j'ai passé tout le temps de ma jeunesse à suivre l'étude de la peinture et de la perspective. »

L'auteur commence par enseigner à réduire un carré en *raccourcissement*, il donne les deux méthodes que voici :

1re Méthode : Après avoir pris AG égale au côté du carré (fig. 5), il élève au point G une verticale HG égale à la hauteur de l'œil. Il prend ensuite GK ou HI égale à la distance de l'œil au tableau, il en résulte donc que GH doit représenter le profil du tableau, si le point I est l'œil rabattu.

P étant le pied de la perpendiculaire abaissée de l'œil sur le tableau, les droites AP, GP seront les directions des perspectives des deux côtés qui sont perpendiculaires au tableau.

Pour déterminer la profondeur du carré, il trace la droite ABI qui coupe la droite HG en B par lequel menant l'horizontale BC, il termine la perspective de son carré. Rien que de très-juste jusque-là ; mais lorsqu'il veut ensuite trouver la perspective d'un second carré, faisant suite au premier, il joint le point *a* au point *i* et par le point *c* d'intersection de cette droite, avec GH, il mène une horizontale, qui, dit-il, coupe les côtés AP, GP et limite la perspective de ce deuxième carré ; il commet une erreur grave, car BC sur HG représente en profondeur la droite *a*B et non le côté du carré. Pour opérer exactement, il eût fallu prendre à la suite de GA, la distance AD = AC et joindre le point D à celui *i*, puis par le point d'intersection de cette droite et de G*i* mener une horizontale.

La deuxième méthode (fig. 6), de l'auteur est aussi fautive ; il prend de même GK égale à la distance de l'œil et élève la perpendiculaire K*i* égale à la hauteur de l'œil. Il joint alors le point A avec celui *i* et par le point B où cette droite rencontre la droite GP qui est la direction de la perspective d'un des côtés du carré, il mène l'horizontale *a*B qui limite le carré. Pour obtenir un second carré, il joint le point *a* à *i* et par le point *c* ou *ai* rencontre GP il mène une seconde horizontale qui doit limiter le carré. Or, tout cela n'est pas juste, il faudrait que ce fût P*i* et non GK qui fût égale à la distance de l'œil au tableau. L'auteur a pu ne pas s'apercevoir de son erreur, parce que, malgré qu'il disait que GK était égale à cette distance, ce n'était pas moins P*i* qui dans la construction la représentait, de sorte que les résultats étaient encore satisfaisants, mais pour un point de vue plus éloigné que celui énoncé.

Plusieurs auteurs ont relevé ces erreurs et ont cherché à y remédier. Ainsi Stevin dit que dans cette deuxième figure la perspective serait faite sur un plan incliné.

Il peut y avoir aussi une erreur d'impression qui a fait mettre CK au lieu de P*i*; ce qui pourrait le faire soupçonner c'est que plus loin, il dit qu'il faut prendre le point *i* une fois et demie autant reculé qu'est la longueur AG du plan, mais il ne dit pas à partir de quel point il faut porter cette distance.

L'auteur met ensuite en perspective les diverses figures géométriques régulières, pentagone, hexagone, octogone, puis après une circonférence en abaissant des perpendiculaires et se servant des diagonales. Il donne ensuite les perspectives d'une colonne, d'une voûte d'arêtes, de voûtes cylindriques percées d'arcades, où se trouvent des plans obliques. des perspectives d'escaliers, etc. Dans ces exemples, il rapporte presque toujours les objets à un carré dont deux côtés sont parallèles au tableau. Il agit de même pour un carré oblique également incliné sur le tableau et qu'il inscrit dans un carré.

Il passe ensuite à la perspective directe des figures obliques. Voici comment il opère pour obtenir la perspective d'un carré. Il prend (fig. 7), AC=CD, puis sur la ligne d'horizon, deux points O et O_1 (*sans indiquer leur position*). Il joint A et C à O et C, D à O_1 et il dit que la figure CFGH est la perspective d'un carré. Pour en obtenir un second, à la suite du premier, il prend DE=CD et joint E à O.

Toute cette construction n'est pas expliquée clairement et ne me semble pas exacte. Pour que la figure CFGH fût la perspective d'un carré, il faudrait d'abord : 1° que le point de l'œil fût sur une circonférence décrite sur OO_1 comme diamètre et encore ce ne serait que celle d'un rectangle; pour que lès côtés CF, CH puissent représenter des côtés égaux, il eut fallu s'y prendre différemment. Il y a donc là des erreurs.

Décidément Serlio, quoique grand architecte, n'était pas géomètre, il ne donne aucune démonstration de ce qu'il prescrit. On voit qu'il avait appris ces choses, mais qu'il ne s'en rendait pas un compte exact. Ce qui a pu motiver les réflexions un peu vives de D. Barbaro.

Il met ensuite en perspective les élévations, etc.; il dit que tout cela est bien difficile, et que d'abord il ne voulait que donner les premières figures.

Il donne ensuite la construction des décorations théâtrales comme on le fait en Italie. Cet article est curieux à lire, quoique renfermant aussi des erreurs nombreuses. C'est à lui cependant que l'on doit l'idée de faire concourir les droites d'une décoration sur un plan plus éloigné que la toile de fond sans cependant comprendre la raison de cette chose.

La suite au prochain numéro.

Imp. de E. Dépée, à Sceaux.

FEDERIC COMMANDIN.

L'ouvrage que nous avons entre les mains, porte pour titre : *Ptolemai Planisphærium, Jordani Planisphærium, Federici Commandini urbanitatis in planisphærium Commentarius in quo universa scenographices ratio quam brevissime traditur ac demonstrationibus confirmatur.* — *Venetiis*, 1558.

Commandin, en parlant du phanisphère de Ptolémée, dit : « Liber enim grœcus desideratur et ci quem habemus ex arabica lingua lintina ita redditus est ut maximum negotium scit, veram scriptoris meutem elicere. » Il ajoute : « Je l'ai non-seulement lu très-attentivement, mais je l'ai compris ; il appartient à cette partie de l'optique que les anciens appelaient scenographie ; car l'opinion des mathématiciens est que l'optique se partage en trois parties principales : 1° l'optique, qui prit le nom du genre ; 2° catoptrique, 3° scénographie. Cette dernière est principalement utile aux architectes lorsqu'ils veulent représenter l'image des édifices ou autres choses... Mais par quels moyens cela se faisait? nous n'avons rien des écrivains de l'antiquité, si ce n'est le peu que Ptolémée a laissé touchant le cercle et sur lequel il ne donne aucune démonstration. »

Ce volume contient trois traités; le premier a pour titre : *Claudii Ptolemai u planetis projectio in planum*.

Cet ouvrage est, comme on le sait, l'origine de la projection stéréographique, qui est une véritable perspective.

Le deuxième a pour titre : *Jordanus de planisphæri figuratione*.

Il renferme le même sujet que le précédent avec plus de développement. Il est augmenté de quelques propriétés nouvelles de ce genre de projection. Le troisième traité, qui a pour titre : *Federici Commandini urbanitatis in phanisphærum commentarius*, est un traité de perspective fait en vue de démontrer les principes qui servent de base au système de projection employé par Ptolémée. C'est comme ouvrage de perspective seulement que nous avons à nous en occuper ici.

Sa première proposition a pour titre :

Figuram visam quemadmodum appareat in proposito plano describere.

Il donne les deux méthodes suivantes :

Pour bien les comprendre, il faut se rendre compte exactement de sa figure ; il se sert, comme en géométrie descriptive, de deux plans de projection se coupant suivant la droite qP (*fig.* 9 et 10) qui est alors la ligne de terre; il prend ensuite le plan du tableau perpendiculaire aux deux plans de projection, de sorte que ces deux traces se confondent suivant une même droite $T_1 g T_2$ perpendiculaire à la ligne de terre. Il place le point de vue V exactement dans le plan vertical de projection et à une distance VO du plan du tableau ; le pied O de la perpendiculaire VO est le point central du tableau. VP est la verticale abaissée de ce point sur le plan horizontal. Par cette disposition, on n'aperçoit que le profil Tg du tableau. Pour rendre visible ce qui sera tracé dessus sa surface, il suppose qu'il tourne autour de Tg comme charnière, de manière à se rabattre sur le plan vertical; dans ce mouvement le point O ne change pas et le point V devient le point de distance.

Cette disposition des plans est analogue, comme on le voit, à celle employée par Viator et a du donner naissance à l'emploi des points de distance ; nous verrons en effet que plusieurs auteurs anciens représentent un œil au point O, et en même temps ils en mettent un autre au point V, ou même un personnage ayant ses pieds en P.

Sans cette exposition, les méthodes données par l'auteur seraient peu intelligibles, d'autant plus qu'elles sont très-concises, sans presque de démonstration.

Première méthode, fig. 9. — Pour avoir la perspective d'un point a situé dans le plan horizontal : 1° Il mène l'horizontale ac ; il prend sur la ligne de terre $gc' = gc$ et trace la droite $c'O$. 2° Il prend $c'e = ac$ et mène le rayon visuel eV.

L'intersection de ces deux droites donne le point a' pour perspective de celui de a.

Rétablissons la démonstration: ac est une horizontale perpendiculaire au tableau, et c est sa trace sur ce plan. Dans le mouvement de rotation du tableau autour de Tg, le point c se transporte en c' et alors $c'O$ est la perspective de ac. La droite ae est inclinée de 45° sur le tableau; sa perspective aura donc pour point de concours le point de distance qui est en V. Le point *e* sera un point de la perspective de cette droite *ae*, ce sera celui du point d'intersection de cette droite *ae* et de la trace horizontale du tableau ; donc *e*V est la perspective de *ae*; donc *a'*, intersection de *c'*O et de *e*V, est la perspective de *a*.

Deuxième méthode, fig. 10. — La disposition étant la même, il abaisse les deux perpendiculaires *ac*, *ah*.

1° Il joint *a* à P et prend $gk = ge$, et $gc' = gc$.

2° Il trace la droite *h*V et par *i* il mène une horizontale *ia*.

3° Il élève une verticale ka^1, qui coupe ia^1 en a^1, perspective de *a*, et ca^1 serait la perspective de *ac*. On remarque qu'il obtient ainsi la droite c^1a^1, perspective de *ac*, sans se servir du point O par lequel elle doit passer.

Cette méthode n'a pas besoin d'explication; on voit, en effet, qu'elle est celle même de Viator, où on détermine la perspective d'un point par des coordonnées.

L'auteur trouve ensuite, fig. 8, la perspective d'un cercle de la manière suivante. Il se donne le cercle dans le plan horizontal, le centre *a* étant sur la ligne de terre. Les dispositions étant toujours les mêmes, en traçant *b*V, *c*V, il a *g* et *h* pour perspectives des points respectifs *b* et *c*, de sorte que *gh* est la perspective du diamètre *bc*. Soit *f* le milieu de *gh*, il trace *f*V qui rencontre *cb* en *m*, il élève au point *m* la perpendiculaire *ed* à *bc*. Il détermine par les méthodes ci-dessus les perspectives *i* et *j* des extrémités *d* et *e* de cette corde, et alors *gh* et *ij* sont les deux axes de l'ellipse, perspective du cercle.

L'auteur fait voir ensuite que si le cercle *a* passe par P, on aura une parabole, et s'il est plus grand une hyperbole, mais il se trompe en disant : « Si le centre du cercle n'est plus sur HP, la perspective du cercle ne sera plus un cercle, ou une ellipse, ou une parabole, ou une hyperbole, parce que, dit-il, il n'y aura plus de perpendiculaire au triangle par l'axe. »

Ses procédés pour mettre en perspective les verticales, sont un peu compliqués. On voit qu'il se sert d'un autre plan horizontal élevé à la hauteur des points, et sans généraliser, il recommence pour chacun des cas qui peuvent se présenter.

Il donne ainsi la perspective d'une pyramide

triangulaire, d'un cube, point par point, sans réflexion, ni démonstration.

Dans cette perspective, Commandin ne se sert en aucune manière des points de concours, il n'y a pas même de réflexion à ce sujet. Ses démonstrations reposent plutôt sur des proportions.

Après la perspective, se trouvent ses commentaires sur la projection employée par Ptolémée, et alors il fait voir qu'il a placé l'œil en un point de la sphère et qu'ainsi il doit avoir toujours des cercles.

La perspective de Commandin me semble lui appartenir; il ne prend rien aux auteurs qui l'ont précédé, il semble même ne pas les connaître. Il paraît ignorer l'usage des points de concours. C'est l'enfance de l'art; il ne sait pas généraliser. Son but principal est d'arriver à la perspective du cercle nécessaire pour les projections stéréographiques, mais il semble ignorer que toute section d'un cône à base circulaire est une conique. Cette perspective se ressent de son originalité même, elle est longue, diffuse et peu complète.

MÉTHODE ATTRIBUÉE A HANS LEUCKER.

On suppose qu'on a la perspective $a' b' c' d'$ d'un

carré *abcd* à côtés parallèles et perpendiculaires.

Pour avoir la perspective d'une figure quelconque *efgh* comprise dans le carré *abcd*, on abaisse de tous les sommets des perpendiculaires sur la ligne de terre et on joint les pieds à *o*. On mène des perpendiculaires sur les côtés *ab*, *dc* du carré, et par des arcs de cercle, on ramène les les points *m*, *n*, *o*, *p* sur $T_1 T_2$ ou *r*, *s*, *t*, *u*, on joint ces points à celui *o*. Ces droites coupent les diagonales respectives en des points α, β, γ, δ par où on mène des horizontales. Les intersections de ces horizontales avec les droites respectives *io*, *jo*, *ko*, *lo* donnent les points *e'*, *f'*, *g'*, *h'*..., perspectifs de de ceux *e*, *f*, *g*, *h*.

Nota. — Dans la figure on a pris *b'c'* pour perspective de *bc*, l'auteur prend *b'c'* pour perspective de *ab*; alors il faut changer la correspondance des diagonales. On obtient une autre figure pour perspective de celle *efgh*. Le point *h'*, perspective de *h*, est, ainsi que *h*, le point le plus près de la ligne de terre ; chez l'auteur, il se trouve le plus loin.

DANIEL BARBARO.

Né en 1513, mort en 1570.

L'ouvrage de M. Barbaro, en langue italienne, a pour titre : *La prati-ca-della Perspectiva di monsignor Daniel Barbaro, eletto patriarca d'Aquileia, opéra motto profitte vole a pittori, scultori et architelli. — In Venitia* 1559.

Cet ouvrage, très-intéressant, peut être regardé comme le plus ancien traité complet de perspective, il rappelle toutes les méthodes données avant lui et en ajoute de nouvelles que nous donnons ici.

La préface est remarquable, nous croyous devoir en transcrire uue partie.

« Préface. — La perspective se divise en trois belles et illustres parties, une desquelles a reçu des Grecs le nom de scénographie. Dans mes commentaires sur Vitruve, j'avais promis de m'en occuper, car elle est d'un grand et admirable usage dans l'exercice si utile des peintres, des sculpteurs et des architectes, beaucoup abandonnée, pour ne pas dire méprisée et évitée par ceux qui devraient le plus la rechrcher.

Déjà dans Athène, Eschile enseignant, Agatarche fit la scène tragique, sur laqu'elle il laissa un commentaire, duquel nous avertit et Anaxagore voulut encore écrire sur le même sujet. Nous lisons qu'auprès des Romains, les ornements et les appareils de la scène étaient en grande réputation. Avant notre âge, les peintres de cette époque laissèrent de cet art beauconp de beaux mémoires touchant des ouvrages excellents dans lesquels, non seulement les pays, les montagnes, les forêts, les édifices se voient agréablement dessinés et ombrés, mais encore les formes du corps humain et des autres animaux avec des lignes tirées à l'œil comme un centre, ainsi que cela a lieu en perspective. Mais de quelle manière, de quels préceptes se servaient-ils? Rien (que je sache) aucun des écrivains n'ont laissé de mémoire sur ce sujet. Si peu-être nous voulions chercher des préceptes et des règles, on pourrait trouver à lire quelques pratiques sans ordre, sans fondement et raison expliquée. Aussi les principes donnés par Pietro dal Borgo S. Stefano ne sont pas justes et ne peuvent servir qu'à des idiots (*idioti*). Albert Durer a laissé peu de choses sur ce sujet, quoique ingénieuses et subtiles. Plus *grossièrement* si je parlais de Serlio, mais l'un et l'autre (je dirai la cause) se sont contentés d'indiquer les préliminaires.

Les peintres de notre temps autrement célèbres et de grands noms se sont dirigés par la simple pratique, et dans leurs tableaux nous ne trouvons rien digne de recommadation ; et de leurs écrits on ne peut tirer aucun précepte. Frédéric Commandin, dans la description de la sphère de Ptolémée, a posé quelques doctes démonstrations, comme il a coutume de le faire, touchant la perspective, comme pour exciter l'ardeur des gens studieux, mais quant à la pratique, il ne dit rien que d'obscur et difficile. Puisque la raison et l'usage d'un tel art n'est pas moins plaisant et agréable que nécessaire et utile, j'ai cherché dans cette partie, comment je pourrais acquérir pour moi ce qui peut être utile à beaucoup de personnes. Aussi avec beaucoup d'étude et promptement je me suis procuré précepteurs et maîtres de toutes ces choses que je pus imaginer qui me pourraient être utiles ; c'est pourquoi je fus au-devant d'un certain Giovani Zamberto citoyen de Venise, lequel m'a servi de guide dans la pratique de la perspective et duquel j'ai appris beaucoup de choses qui me sont utiles et qui me plaisent beaucoup. Mais les choses que je désirais savoir et utiliser, il m'a fallu adjoindre les travaux de la règle avec beaucoup d'étude et de fatigue.

afin que, avec les préceptes et les raisons fournies par les mathématiques, je puisse prouver la chose qui m'était démontrée, en opérant simplement avec la règle et le compas et afin que, m'appuyant sur les lois données par la science, je puisse donner de la force à l'expérience touchant l'art. D'après cela j'ai obtenu de pouvoir exorter sincèrement ceux que la fatigue éloigne, qu'avec cette seule promesse de travailler à l'étude de la perspective et avec quelques exercices, si nous consentions à démontrer le travail, il n'y à rien de plus certain et de résultats plus exacts et rien qui puisse mieux se ramener à perfection, que cette partie de la perspective que je traite. Etant donnée la raison de savoir (comme dit Vitruve) de quelle manière un point est déterminé avec certitude, si nous devions chercher les divers points qui correspondent à une ligne donnée afin de déterminer certaines parties des édifices qu'on veut représenter de sorte que ces objets paraissent en relief; je suis persuadé qu'en trois leçons je pourrais donner la pratique et la connaissance de ce qui tient à cela. Savoir, l'œil, les rayons la distance, desquelles causes j'enseignerai si on le désire et je ferai agréablement l'expérience, si on veut et je prouverai ce que j'ai dit, encore plus promptement par les faits que par les paroles. Je commencerai, avec l'assistance divine, à satisfaire à ma promesse. »

Cette préface, écrite il y a trois cents ans, me semble, par les conseils qu'elle renferme, pouvoir encore s'adresser aux artistes de notre époque.

Le sujet embrassé par l'auteur est très considérable ; il est d'un géomètre, et traité avec beaucoup d'ordre, de méthode, de clarté. Voici comment l'auteur fait connaître le but qu'il se propose d'atteindre.

« Je traiterai de cette partie de la perspective qui avait reçu des Grecs le nom de scénographie, c'est-à-dire description de la scène, dans laquelle, par des rayons visuels partant d'un même point et modifiés suivant les distances, on peut représenter la surface des corps, etc., science utile à beaucoup d'artistes. »

Ce traité est divisé en 9 parties principales dont voici le contenu d'après l'ouvrage :

« 1° Dans la première se pose les principes et les fondements de la perspective et ce qu'il faut savoir avant de pouvoir opérer.

2° Dans le second se donnera le moyen de trouver le plan d'un corps, ce qui est appelé *iconographie*, c'est-à-dire description du plan, soit en projection (*perfetto*), soit en perspective (*digradato*).

3° Dans le troisième on fera voir comment on représente les élévations, ce qu'on appelle l'*ortographie*, c'est-à-dire description (*del dritto*),

4° Dans la quatrième on donnera la manière de représenter la scène avec les parties des édifices appartenant à l'architecture, d'où la présente science est dite *scénographie* ou description de la scène.

5° Dans le cinquième, s'exposera une belle et secrète partie de la perspective qui ne permet de voir la chose peinte, que d'un certain point déterminé. (Anamorphose.)

6° Dans la sixième, se pratique le moyen de déterminer les points et les cercles de la sphère dans le plan, suivant les anciens.

7° Dans la septième, se traitera de la lumière et des ombres.

8° Dans la huitième, se touchera quelque chose appartenant à la mesure du corps humain.

9° Dans la neuvième, se décrira plusieurs instruments pour tracer les objets en perspective, accomodés à ceux qui veulent seulement connaître la pratique de cette science.

La lecture de cette table des chapitres fait connaître tout ce qu'il renferme. Dans le premier, il y établit les fondements de la perspective, donnant l'emploi des points de concours, mais seulement pour les perpendiculaires au tableau, et les diagonales du carré; expose diverses méthodes de perspectives parmi lesquelles il y en a deux dont je donne l'explication ci-après,

Le deuxième chapitre est presqu'entièrement géométrique sur les plans.

Le troisième, fort curieux, renferme la description géométrique d'une infinité de polyèdres unis ou étoilés, — il emploie les principes des développements, des rabattements, etc. Il contient en outre les perspectives des circonférences, — des surfaces tores et annulaires, de polyèdres unis et étoilés, — et en dernier, la détermination des ombres.

Cette partie de l'ouvrage a exigé de l'auteur un grand travail pour l'exécution de toutes ces figures dont quelques-unes sont fort compliquées, On juge d'après elles, ce qu'était, à cette époque, la science que depuis on a nommé géométrie descriptive:

Dans le quatrième, il donne la description des trois scènes de théâtre, tragique, comique, satyrique (suivant Vitruve).

On lit dans ce chapitre le passage suivant:

« Pompeo Pedemont, homme industrieux et pratique, a imaginé une manière d'accorder la fabrique de la scène avec celle peinte sur le mur du fond, de sorte que la peinture paraisse fabrique c'est-à-dire à ne faire qu'une représentation. »

Ce chapitre sur les théâtres est peu étendu, le sujet n'était pas bien compris. On ignorait les principes de la perspective-relief qui en sont les bases.

Le cinquième chapitre nous fait voir qu'on s'occupait déjà des anamorphoses.

Le sixième est un petit traité de stéréographie d'après Ptolémée et ses commentateurs.

Le septième chapitre, très-court, traite de la lumière et des ombres, on y trouve l'exemple donné par Albert Durer.

Le huitième est encore une imitation de celui d'Albert Durer, sur les proportions humaines.

Enfin, le neuvième donne la description des instruments d'Albert Durer. D'après l'analyse de cet ouvrage. On voit que Daniel Barbaro a le mérite d'avoir réuni avec ordre, et une grande intelligence du sujet, toutes les méthodes connues, auxquelles il en a joint d'autres qui peuvent être regardées comme lui appartenant.

Cet auteur mériterait d'être plus connu, et d'être

lu attentivement par tous ceux qui s'occupent de géométrie et de ses applications.

Première méthode de Daniel Barbaro.

Il se sert, fig. 12, d'un carré *a b c d* auxiliaire, qu'il met d'abord en perspective; pour cela, il prend H V_1, égale à la distance *d*. Il joint V à *a*, il obtient le point *m*, par où il mène l'horizontale *m c' b'* et en outre joignant *a* et *d* à *o*, ou à *a' b' c' d'* pour la perspective de *a b c d*, il divise le carré *a b c d* en d'autres carrés, et au moyen des deux diagonales, il obtient la division correspondante dans *a' b' c' d'*, — il forme ainsi ce qu'on appelle un treillis perspectif. Après ces préliminaires, pour obtenir la perspective d'une figure pleine horizontale *e f g h*, il mène par tous les sommets des horizontales et verticales. — Il joint les pieds de ces verticales, qui sont sur la ligne de terre, avec *o*. Des points où les horizontales coupent les diagonales on abaisse des perpendiculaires sur la ligne de terre et ou joint les pieds avec *o*. Aux points d'intersection avec les perspectives des diagonales, on mène des horizontales, qui coupent les droites joignant *o* avec les points 1, 2, 3, 4, de la ligne de terre, aux points *e' f' g' h'* perspective de *e f g h*.

Pour avoir la perspective d'un parallélipipède

dont ax serait la hauteur, — on prend sur une verticale, $a'x$ égale à cette hauteur et on joint les deux extrémités à o. Puis par les par les points $e'f'g'h'$ du plan, on mène des horizontales qui rencontrent la base $a\ o$ en des points par lesquels on élève des verticales jusqu'à $x\ o$, et on obtient les hauteurs perspectives des verticales respectives à élever aux points $e\ f\ g\ h$.

On remarque que $\delta\theta = \delta\alpha$, de sorte que au lieu d'abaisser de α une verticale $\alpha\theta$, on peut décrire un quart de cercle avec $\alpha\delta$.

On voit que dans cette méthode, on ne fait point encore usage des points de concours, mais elle est l'origine de celles où l'on fait usage des échelles de de perspective; elle ressemble à la précédente de Leucker, mais elle est bien plus complète.

DEUXIÈME MÉTHODE.

On se sert d'un carré $a\ b\ c\ d$ et de sa perspective $a'b'c'd'$ qu'on sait trouver.

On remarque que dans cette figure, la droite supérieure $a'\ b'$ est perspective de $a\ b$ supérieure.

Une figure *e f g h* est à mettre en perpective; on prolonge les côtés de ce polygone jusqu'à leur rencontre avec les côtés horizontaux *a b*, *c d* du carré. On joint *a* et *b* avec des points tels que *f*, *e* et *h*. Tous les pcints tels que *j*, *k*, *l*, *m*, *n*, *o* qui sont sur *cd* ont leurs perspective *j'k'l'm'n'o'* sur la ligne de terre *a b*. — Ceux tels que *p q r*, qui sont sur *a b*. ont leur perspective sur *a'b'* aux intersections des droites menées de *o* à ces points; joignant les points qui sont sur *a b* ou *c'd'* avec ceux sur *a'b'* respectifs, on aura les perspectives de toutes les droites du sujet qui par leurs diverses intersections donneront la figure *e'f'g'h'*, pour perspective de celle *e f g h*.

On voit que la figure *a'b'c'd'* serait la perspective de celle *a b c d* mais située derrière le tableau et ayant le côté *c d* se confondant avec *c'd'*.

On peut conclure de ces deux procédés de Daniel Barbaro, qu'il savait que les droites du sujet et celles homologues de la perspective se rencontrent sur le tableau.

J. COUSIN.

Né en 1500 à Soucy, près Sens, et mort en 1590.

***Livre de la perspective* de Jehan Cousin Senonnes, maître peintre à Paris, 1560.**

C'est le plus ancien ouvrage français sur la perspective, il se compose de 68 feuillets in-folio. Les méthodes de perspective dont il se sert sont celles de Viator et Albert Durer; il emploie des projections horizontale et verticale des figures et opère avec l'usage des tiers points. Il emploie aussi pour déterminer la perspective d'un point, celles de deux droites, l'une perpendiculaire au tableau et l'autre inclinée de 45°, comme on peut le voir fig. 4.

Il construit à part, comme Viator, la perspective du plan horizontal, il se sert aussi des points de concours qu'il nomme accidentaux.

L'ouvrage contient les descriptions et les représentations en perspectives des cinq polyèdres réguliers, de diverses figures dans des positions inclinées; il donne la perspective d'un cube posé sur sa pointe, etc.

DU CERCEAU.

Leçons de Perspective positive, par du Cerceau, architecte à Paris, MDLXXVI — 1576.

Préface. — On y trouve ces paroles : « Ayant bien entendu ce petit livre vous aurez l'intelligence non-seulement de tous les livres de ceux qui ont écrit sur ce sujet, vous jugerez si les maîtres ouvriers ont mis la main et s'ils ont observé la raison et ordonnance de perspective. »

Cet ouvrage de perspective ne contient pas de démonstrations, ni d'explications, il est fait pour les jeunes artistes. Les règles de la perspective sont bien observées, — l'auteur n'est donc pas l'inventeur des méthodes dont il se sert. Il est écrit dans le genre des ouvrages modernes faits pour les peintres, il pourrait encore leur être utile.

On y trouve les expressions de *ligne de terre* — ligne visuelle ou horizontale (la ligne d'horizon), les tiers points (les trois points de concours, 1 des perpendiculaires au tableau, et 2 les deux de distance, ou des lignes inclinées de 45°). — Points accidentaux.

Peur faire une perspective, il se sert du plan géométrique horizontal des objets — il prolonge ces droites jusqu'à la ligne de terre, puis se sert des trois points ci-dessus. Pour avoir la perspective d'un point, il suppose par ce point deux parallèles à deux axes fixes qui sont la perpendiculaire au tableau et une des droites inclinées de 45°, etc.

Il donne des applications au carré, à la circonférence, etc., puis à des vis d'escalier, problèmes assez difficiles.

Presque toujours le même sujet est traité dans les trois cas, — de *face*, à *dextre*, à *sénestre*.

On voit donc que l'auteur connaissait les deux principes sur lesquels reposent la perspective. 1° Celui qui établit que les points d'intersection des droites du sujet et du tableau donnent des points de la perspective, et 2° la théorie des points de concours, non-seulement, des droites perpendiculaires au tableau, ou de celles inclinées de 45°, mais de celles ayant une direction quelconque et qui donnent les points accidentaux.

L'emploi des points de distance (qui plus tard a donné naissance aux échelles de perspective) (Desargues) suppose des notions géométriques particulières à ces points.

Du temps de l'auteur, qui ne s'annonce pas comme géomètre, il y avait des traités de perspective plus savants.

VIGNOLE.

Les deux règles de la Perspective, de Jacomo, Barozzi Vignole, avec les *Commentaires* d'Ignatio Danti. Rome 1644.

Dante commence par donner la vie de Vignole, on voit qu'il est né en 1507 et mort le 7 juin 1573. La 1re édition de cet ouvrage de perspective est de 1583, mais sa composition est antérieure à 1573, il doit probablement remonter à 1530 ou 1540.

Dans la préface de Dante, il annonce qu'il donne les deux méthodes de Vignole auxquelles il ajoute une autre règle et divers instruments. « Il m'a été nécessaire, dit-il, de démontrer plusieurs problèmes et théorèmes qui, je crois, n'ont pas été démontrés avant moi. »

On y trouve ce passage :

« Il n'est parvenu aucun livre ou écrit des artistes anciens quoiqu'ils fussent habiles, comme en font foi les représentations de la scène qui étaient en si grande réputation à Athènes et à Rome. Mais parmi les modernes celui qui a laissé des mémoires sur cet art, comme le plus ancien, avec la meilleure méthode, est maître Pietro della Francesca dal Borgo S. Sepolcro, duquel nous avons trois livres écrits à la main avec dessins très-excellents et ceux qui en veulent connaître le mérite, n'ont qu'à lire Daniel Barbaro qui en a transcrit une grande partie dans son livre. » (Ce passage ne s'accorde pas du tout avec ce que dit D. Barbaro dans sa préface.)

L'auteur cite ensuite :

« Les règles ordinaires de cet art de Sébastien Serlio qui l'avait appris de Baltazar de Sienne.

Aussi diffusément Jacomo Andreotti del Cerchio — Jean Cousin, Pietro Catano d'après Pietro dal Borgo, — Léon Baptiste Albert, — Léonard de Vinci, — Albert Durer, — Geoacchino Fortio, — Geo. Leucker, — Vuenceslas Geannizzero Noribergense, — F. Lucas, — Viator avec plus de figures que de paroles, — Commandin. Aucun, à mon avis, parmi tous ces auteurs, n'a atteint à l'excellence des deux méthodes de Vignole, pour être aussi certaines et universelles. Je tiens pour certain de son fils, qu'à la fin de ses jours, il l'avait revu et ordonné, ainsi nous devons croire qu'il est le plus complet et le plus parfait... »

L'auteur définit ainsi la perspective.

« La perspective est cet art qui a pour but de représenter en dessin, sur quelque surface que ce soit, les objets tels qu'il nous apparaissent à la vue, ou mieux qui met en dessin l'intersection de la pyramide visuelle par le plan qui la coupe. » Il donne ensuite les définitions du point, de la ligne, de l'œil Il dit : « Les lignes parallèles perspectives sont celles qui concourent dans le plan horizontal. — Définition de la ligne horizontale, ligne plane ou ligne de terre, — lignes parallèles, principales et secondaires, — figures dégradées ou perspective, — lignes diagonales, perpendiculaires etc., lignes radiales, rayons visuels, pyramide radiale. Corps lumineux, lumière primitive, corps transparents et opaques, ombres, etc.

Chapitre sur les suppositions de la perspective pratique...

Dans ce chapitre, il discute à fond la question de savoir si la vision se fait par des rayons émanant de l'œil, suivant l'opinion d'Euclide, à laquelle se rattache celle des mathématiciens anciens, ou celle qui établit que les rayons vont de l'objet vu, à l'œil ; opinion de Platon, Aristote, Hypocrate.

Ce chapitre est un commentaire du traité de perspective d'Euclide. Il expose ensuite divers théorèmes sur les transversales et sur d'autres sujets de géométrie.

Dans son premier chapitre, il avance qu'il y a plusieurs méthodes de perspective, parmi lesquelles il en expose les deux suivantes: La première plus connue, plus facile à apprendre, mais plus longue et plus ennuyeuse dans la pratique; la seconde que Dante lui attribue, est plus difficile à connaître mais plus facile à pratiquer.

Il commence par expliquer comment les deux yeux ne donnent qu'une seule image.

La première méthode déjà exposée, consiste à déterminer la section du cône visuel, par un plan, en se servant des projections horizontale et verticale de l'objet, et déterminant les coordonnées de chaque point.

Il donne ensuite la règle ordinaire de Baltazar de Sienne et de Serlio, cette méthode est mal exposée, quoique juste. Il y a là une idée première des échelles de perspective.

Il expose ensuite deux règles qu'il démontre fausses.

Il passe ensuite à la perspective sur des plafonds, des voûtes.

Le chapitre sur la perspective de la scène est assez curieux pour que nous en donnions une idée, il est imité de celui de D. Barbaro, il dit que Serlio prend deux points de vue.

Après avoir pris un espace suffisant pour le jeu des acteurs, on élève des plans verticaux sur les côtés, dirigés vers un point principal *c* qui est déterminé par l'horizontale menée par l'œil perpendiculaire au rideau (mais il ne dit pas à quelle profondeur se trouve ce point *c*). Pour tracer la perspective sur les faces obliques, il joint par un fil le point *c* avec un des points de l'angle intérieur du bâtiment, sur lequel on peut avoir les hauteurs exactes, puis il suppose un second fil passant par l'œil et touchant le premier. En prolongeant jusqu'à la face verticale oblique, on aura les points cherchés. (On voit que cela revient à faire passer par l'horizontale principale des plans visuels et à déterminer leurs intersections avec des faces verticales). Il indique ensuite les moyens de trouver les points d'intersection de l'horizontale principale, avec les faces parallèles à la toile, ce qui donne, pour chacun de ces plans, le point de concours des perpendiculaires au rideau.

Cet emploi des fils se trouve aussi dans Barbaro.

Il donne ensuite un moyen de faire des changements à vue au moyen de coulisses de forme triangulaire prismatique, tournant autour d'un axe, portant ainsi sur chaque face une perspective différente. Il cite des exemples de ce genre de décorations qu'il a vu lui-même.

Enfin il expose après, les principes de la perspective curieuse (anamorphose).

2° méthode inventée, dit Dante, par Vignole.

Cette méthode me semble la même que celle donnée par J. Cousin, où on se sert de deux droites, l'une dirigée vers le point principal, et l'autre vers le point de distance (fig. 14), mais elle est exposée très-péniblement.

Il établit ce principe général que les droites parallèles, donnent en perpectives des droites concourantes. Voici à ce sujet ce qu'il dit : « Par la figure on voit que toutes les lignes parallèles mises en perspective vont concourir en un point de la ligne d'horizon; celles perpendiculaires au tableau, vont au point de vue ; celles diagonales, au point de distance. » Puis il fait ressortir l'usage de la diagonale, du triangle rectangle isocèle, etc. (Mais il ne dit pas comment se trouvent les points accidentaux.)

C'est donc dans l'usage du point de central et du point de distance que consiste cette deuxième méthode de l'auteur.

Ce qui est vraiment nouveau c'est l'observation que, dans la perspective d'un cube, on peut se servir de quatre points de distance, comme l'indique la fig. 15, deux sur la ligne d'horizon et deux sur la verticale principale.

Pour les élévations, il se sert d'une droite parallèle à la ligne de terre élevée à la hauteur nécessaire.

Il insiste sur la nécessité de faire à part la perspective du plan, et de rapporter ensuite les points sur la ligne de terre. Puis ensuite il détermine les points de concours, mais c'est par la perspective qu'il les détermine et non par la droite menée par l'œil parallèlement au système de droites considérées.

Il enseigne les moyens de trouver la perspective d'une circonférence horizontale ou verticale pour les arcades, il recommande de faire la perspective avec deux règles, de manière à tirer le moins de lignes possibles qui embarrassent le dessin.

Ce traité de perspective avec les commentaires

de Dante est très-intéressant et se lit encore avec plaisir.

MÉTHODE DONNÉE PAR J. COUSIN ET VIGNOLE.

a b c d e figure plane, située dans le plan horizontal, à mettre en perspective. Par tous les sommets *a*, *b*, *c*, *d*, *e*... il mène des perpendiculaires sur une droite *AB* prise pour la trace du tableau sur ce plan horizontal, et par les mêmes points des droites à 45°; il rapporte sur la ligne de terre les premiers points 1, 2, 3, 4, 5 qu'il joint à *O* — il rapporte ceux 6, 7, 8, 9, 10 sur la même droite, et les joint au point de distance D et il obtient par les intersections respectives de ces deux systèmes de droite, la fig. *a'b'c'd'e'* pour perspective de celle *a b c d e*.

Il observe que s'il y a deux droites parallèles telles que *bc*, *de*, les perspectives *b'c'*, *d'e'* se couperont en un même point *k* de la ligne d'horizon; et il ajoute : on pourra s'en servir pour d'autres droites parallèles aux premières, par exemple, celles qui termineraient les faces supérieures d'un solide, etc.

Cette méthode ressemble beaucoup à celle de Viator.

DEUXIÈME MÉTHODE DE VIGNOLE.

Usage des quatre points de distances D, D_1, D_2, D_3 dont deux sont situés sur la ligne d'horizon et deux sur la verticale principale, fig. 15.

Il observe encore qu'on peut opérer en perspective avec deux points de distances sans se servir de O.

SIRIGATI.

La pratica di Prospettira, del cavalière Lorenzo Sirigati. — In Venitia, 1596.

Emploi exclusif de la première méthode, avec les deux plans. Cet ouvrage se compose de deux livres, le second ne contient que des figures.

Le premier chapitre contient d'abord quelques éléments de géométrie, pour le tracé des figures géométriques, — on y remarque le tracé (faux) de l'hexagone, qui n'est qu'approché, méthode qu'il substitue à celle d'Euclide dont il reconnaît le mérite, mais la sienne lui semble plus simple.

La méthode ancienne dont il se sert, — est bien simple, bien exposée et employée dans un grand nombre de planches bien proprement dessinées. Il donne des exemples pris dans les corps non-seulement réguliers ou géométriques, mais même irréguliers, comme un violoncelle (viole) et une guitare (lute) en se servant des deux projections orthogonales.

Le chapitre XXXIII (les feuilles ne sont pas numérotées, les planches le sont) contient le moyen de dessiner le fond de la scène, de manière qu'il paraisse faire suite avec les objets qui sont sur le devant de cette scène (palco). — Chapitre peu étendu.

Le second livre, sans texte, renferme les planches représentant en perspective des colonnes, chapitaux, temples, etc., etc., et ensuite les cinq corps réguliers, sphère (mazeco ou tore), puis toutes les formes dérivées de ces corps, avec des pointes, figures, plaines, et à jour, très-compliquées, très-difficiles d'exécution.

Les constructions sont supprimées.

L'ouvrage de Sirigati est fait principalement en vue des artistes et non des géomètres, — il n'est point savant et n'offre aucune observation importante sur la science à signaler, mais il est curieux par les planches.

GUIDO-UBALDI.

Guido Ubaldi e Marchionibus montis Perspectiva. Libri sex, citra dolum fallimur. — *Pisauri*, 1600.

L'ouvrage commence par une dédicace, puis il entre de suite en matière par quelques pages, en forme de préface, qui font connaître le but de l'ouvrage. On ne peut en rien tirer pour l'historique de la science.

Ce traité de perspective est divisé en six livres comme il n'y a pas de table de l'ouvrage, nous examinerons succinctement chaque livre.

Le 1er livre renferme 36 propositions, sous les titres de théorèmes et problèmes; quelques-unes avec plusieurs corollaires. Les premières propositions ont rapport à la théorie des apparences (*de aspectibus, opticus*), et sont tirées des auteurs anciens. Suit quelques problèmes dans lesquels il s'agit de trouver une section sur laquelle une droite donnée ait une apparence donnée. Plusieurs propositions sur des divisions de ces droites.

La 23e proposition est celle-ci :

« Si oculus parallelas lineas videt, sitque sectio parallelis lineis æquidistans; lineæ in sectione apparentes erunt interse parallelæ. »

A partir de cette 23e jusqu'à la 35e, il expose la théorie complète de parallèles en perspective ; il examine très-longuement tous les cas possibles. On a dit que Guidoubaldi n'avait déterminé cette théorie que pour les droites horizontales, c'est une erreur complète, on peut même le regarder comme ayant inventé ce nom de point de concours. Voici en effet le texte de la 32e proposition, page 43.

« Si oculus æquidistantes videat lineas, quæ cum sectione convenire possint, lineæ in sectione apparentes in unum punctum concurrent équialtum supra planum lineis parallelis æquidistans ut oculus. »

On trouve à la fin de la page : « Quoniam autem sæpe in sequentibus punctum nominare oportet, in quo lineæ in sectione concurrunt, propterea hujus modi punctum puto, nuncupabitur *punctum concursus*, etc. »

« Et comme corollaire 1 :

« Ex his perspicuum est, in sectione punctum, in quod ab oculo parallelis lineis ducitur æquidistans, esse *puctum concursus* »

Corollaire 2 :

« Ex his manifestum est, lineas quæ in sectione parallelas, quæ cum sectione convenire possint, repræsentant, omnes et idem punctum concurrere.»

La proposition 33 a pour texte :

« In eadem sectione infinitæ possunt esse puncta concursus supra subjectum planum æquealta. »

Le corollaire 2 conclut que toutes les droites horizontales auront leur point de concours sur une ligne parallèle à la section.

Et la proposition 34 dit :

« In eadem sectione infinita possunt esse puncta concursus quæ supra subjectum planum inæquales habeant altitudines. »

Et la proposition 35 ;

« In eadem sectione infinita possunt puncta concursus, in eadem recta linea existentia que supra subjectum planum inæquæles altitudines habeant. »

Ainsi on voit qu'il embrasse bien la théorie générale des points de concours, et qu'il peut en être regardé comme l'inventeur, quoique, certainement, de toute antiquité, on ait observé que, dans la nature, les droites paraissaient concourir.

Les auteurs contemporains s'étaient servis des points de distance et du point principal, qui sont des points de concours sur le tableau. Mais il n'y avait pas là une théorie générale.

Il termine ce 1er livre, qui est fort intéressant sous le rapport de cette théorie, par cette proposition qu'il traite de paradoxale.

Proposition 36 :

« In eadem recta linea infinita possunt esse puncta in quibus si oculus collocetur, æquidestantes lineæ, quæ cum sectione conveniant, in sectione, in iisdem lineis simper appareant. »

Dans le second livre, il passe à l'exposition des méthodes pratiques, que l'on peut tirer des principes établis dans le premier, pour faire la perspective des figures situées dans un même plan.

Dans les cinq premières propositions, il fait voir comment on peut déterminer les perspectives des lignes droites terminées, ou infinies, parallèles entre elles ou non, parallèles ou non au tableau. Il se sert pour cela de la trace de chaque droite donnée, et de son point de concours qu'il détermine en se servant du pied de la perpendiculaire abaissée de l'œil sur le plan de la figure, par lequel il mène une parallèle à la droite donnée, et, par le point où cette droite remonte la ligne de terre, il élève une perpendiculaire égale à la hauteur de l'œil, etc.

Chaque proposition est présentée de deux manières, avec deux figures; l'une qu'on pourrait appeler théorique, est appliquée à une figure en perspective; la deuxième, qui porte le titre (*praxis*) pratique, est accompagnée d'une figure géométrique où le tableau est rabattu sur le plan de la figure donnée, en tournant comme charnière autour de la ligne de terre.

Cette double manière de traiter chaque proposition se continue dans le cours de l'ouvrage.

Le problème de la proposition 6 a pour texte :

« Oculo dato, dataque in subjecta plano rectilinea figura in proposita sectione subjecto plano erecta figuram apparentem describere. »

« Problema vero absoluere oporteat puncto distantiæ pluribus punctis concursus. »

Or ce problème, qui porte en tête *primus modus*, est suivi de vingt-cinq manières de le résoudre.

Nous les donnons toutes à la fin de cet article

sur Guidoubaldi, non pas que nous les regardions toutes comme fort importantes ou absolument nouvelles, mais afin de faire connaître la fécondité de l'auteur, et l'étude qu'il avait faite de ce sujet.

Nous remarquerons que, indépendamment de ces vingt-trois méthodes, il commence par donner celles fondées sur les traces des droites et leur point de concours, et qu'il termine en ajoutant que s'il ne craignait d'être prolixe, il pourrait en ajouter une infinité d'autres. Alors il discute parmi celles données, celles qui sont les plus simples, les plus commodes, les plus expéditives.

Il résout ensuite les divers problèmes suivants :

1° Trouver la perspective d'un parallélogramme ;

2° Etant donné un point en perspective, trouver le point ;

3° Deux droites perspectives l'une de l'autre étant données et la ligne de terre, trouver le point de l'œil et sa hauteur ;

4° Une droite étant donnée en perspective, trouver celle d'une autre droite faisant un angle donné avec la première.

Le troisième livre a pour but de représenter les hauteurs des points et les figures solides.

Il commence par établir que la perspective d'une figure plane située dans un plan parallèle au plan horizontal, s'obtient par les mêmes procédés que si elle était située dans ce plan horizontal; il n'y a de différence qu'en ce que la hauteur de l'œil sur ce plan n'est plus la même.

Avec cette observation et les vingt-trois méthodes données il en conclut diverses manières de mettre en perspective diverses figures situées dans des plans horizontaux, puis, par suite, de former les perspectives de prismes à bases horizontales, il en conclut le cas où la base supérieure ne serait pas horizontale.

Etant donné un point d'une des arêtes de la perspective d'un prisme, trouver le point correspondant? et il en conclut qu'on peut mettre ainsi en perspective tous les solides élevés sur le plan horizontal, dont les arêtes sont verticales, et il en fait les applications à des parallélipipèdes, une pyramide, un prisme à base quelconque, avec ou sans les points de concours. — Dans les perspectives d'un cube, il se sert des tiers points.

Il s'étend ensuite longuement sur les tracés de perspective, sur un tableau qui serait incliné au plan des objets. — Il donne d'abord les procédés pour ce cas; trouver les points de concours des droites données. — Enfin des applications à des corps solides ayant des faces diversement situées.

La proposition 32, page 154, est curieuse en ce qu'elle peut être regardée comme l'origine des panoramas.

Trouver la perspective d'une figure sur un cylindre vertical.

La proposition suivante est encore plus générale, il s'agit de trouver cette perspective sur un cylindre vertical à base quelconque, — sur deux plans ou un plus grand nombre, — lorsque l'œil est au-dessous de la section, etc.

Proposition 38. — Perspective sur la surface d'une sphère. — 39. Dans l'intérieur d'un cône, — sur une surface composée.

Livre IVe. — Dans cette manière d'opérer, il y a, dit l'auteur, deux grandes difficultés, l'une de mettre en perspective, mais l'autre de savoir donner la description des corps par projection, ce que les Italiens appellent *le plan*. Mais pour se servir de ce plan, il est nécessaire de savoir déterminer les pieds des perpendiculaires abaissées de chaque point de la figure sur ce plan, et la longueur de ces perpendiculaires, pour bien connaître la position de la figure au-dessus de ce plan, afin de pouvoir ensuite la représenter en perspective.

Tel est le sujet de ce IVe livre, qui comprend la géométrie descriptive de ce temps, avec un seul plan horizontal et le rabattement des verticales. On y trouve indiquée la méthode des rabattements de chaque face d'un solide, autour d'une de ses arêtes comme charnière, il trouve ainsi les angles des faces et ceux solides, ce qui joint aux pieds des perpendiculaires et à leur hauteur, font parfaitement connaître la figure du solide donné.

Il fait les applications à divers corps réguliers, pyramide, octaèdre, icosaèdre, dodécaèdre, et ajoute qu'on peut appliquer la même méthode à tous les solides réguliers décrits par Euclides et Pappus.

Il n'y aurait plus de difficultés pour représenter en projection (plan) les courbes telles que *cercle*, ellipse et autres figures courbes, et de là passer aux perspectives de ces courbes. Cependant il croit devoir donner quelques applications à la représentation des divers cercles tracés sur une sphère, et il en conclut : « Ex his manifestum est quomodo sphera repræsentari possit, » puisque, dit-il, quels que soient les cercles donnés, ils peuvent être représentés.

Il croit devoir ajouter quelques exemples sur la perspective d'un cercle diversement situé, afin de faire connaître des méthodes abréviatives en employant les points de concours.

La proposition 23 a ainsi pour objet de trouver la perspective d'une circonférence, il mène deux séries de cordes parallèles dans le plan, et qui deviennent deux systèmes de droites concourantes, il se sert de deux points de concours, et il observe que la figure plane étant tracée en avant du tableau, il la ramène à sa position postérieure.

La figure ressemble à celle donnée par Monge pour l'intersection de deux cônes.

Il traite ainsi le cas où le plan est incliné, et il trouve la position où la perspective d'un cercle est encore un cercle. Il applique à la perspective des arcades successives, les méthodes données pour le cercle, au moyen de la perspective des diagonales.

Sa dernière proposition a pour but de trouver la perspective d'une courbe plane quelconque située dans une place quelconque.

Le cinquième traite des ombres, il établit qu'il faut considérer le corps lumineux comme un point.

alors il en conclut la manière de trouver l'ombre d'un cube sur le plan horizontal, les lignes de séparation d'ombre et de lumière sur ce corps; il examine le cas où l'ombre du parallélipipède se porterait sur une autre surface verticale. Il conclut qu'il y a deux manières de déterminer les ombres, l'une en partant du plan des objets, l'autre en ne se servant que de sa perspective et de celle du point lumineux. (Il suppose toujours le pied de la perpendiculaire abaissé du point lumineux sur le plan des objets, tombant dans la limite du dessin, ce qui n'est pas le cas général où le soleil est le point lumineux).

Dans son exposé, il donne toujours deux figures, l'une censée pour la théorie et l'autre pour la pratique, ce qui allonge inutilement le discours. Il emploie beaucoup les méthodes de rabattements, ainsi il rabat chaque plan azimuthal du soleil, passant par une verticale dont on veut avoir l'ombre, en le faisant tourner autour de sa trace.

Il fait des applications diverses: 1° à une figure quelconque terminée par des droites; 2° à un cylindre vertical, il en conclut l'ombre d'une circonférence horizontale élevée au-dessus du plan; 3° un cylindre vertical (scalene) c'est-à-dire dont la base supérieure n'est pas parallèle à celle inférieure ; 4° l'ombre d'un cône, d'une circonférence dont l'inclinaison du plan est donnée ; 5° d'un cylindre situé dans l'espace d'une manière quelconque ; 6° d'un cône situé de même ; 7° d'une sphère; 8° les ombres sur la surface concave d'un cylindre; il conclut que la courbe qui est l'ombre d'une circonférence sur la surface horizontale est aussi une circonférence ; 9° trouver l'ombre dans la surface concave d'une demi-sphère.

Ce chapitre est généralement bien traité, quoique longuement, et en outre il n'examine pas le cas où le pied de la perpendiculaire abaissée du point lumineux est à l'infini.

Le sixième et dernier livre de la perspective a pour titre *de scenis*, c'est-à-dire, des déviations théâtrales. Ce sujet avait déjà été traité par Serlio et par Daniel Barbaro ; la pratique était déjà arrivée à des résultats très-remarquables, plusieurs artistes célèbres sont connus pour avoir excellé dans cette partie; mais Guido Ubaldi en cela comme dans sa perspective, a repris à nouveau et géométriquement ce sujet, et quoiqu'il annonce qu'il ne le traitera que succinctement, il mérite notre attention, parce qu'il est traité par un géomètre et qu'on peut y trouver une idée première de la perspective relief, et qu'il regarde ce sujet comme une conséquence des principes qu'il a émis.

L'auteur, après avoir établi la représentation du plan horizontal, qui est un plan très-peu incliné, sur lequel doivent se mouvoir les acteurs, s'occupe de chercher le point de concours des horizontales perpendiculaires au plan de la scène, et il le trouve à l'intersection du plan pris pour la représentation du plan horizontal et de l'horizontale menée par l'œil perpendiculairement à la scène, il fait voir que ce point doit être celui de concours des droites horizontales contenues dans les faces des maisons perpendiculaires à la scène, et il en conclut ce que deviennent sur la scène les perspectives de ces plans, qui sont des plans verticaux inclinés passant par ce point.

Il donne ensuite divers moyens de tracer sur ces plans verticaux inclinés le tracé de toutes les perspectives des horizontales, il donne des pratiques anciennes qui fournissent des droites passant par ce point de concours, et dont les auteurs certainement, dit-il, ne connaissent pas les raisons. En supposant que le rayon visuel principal soit formé par un fil, l'ombre de ce fil sur ces faces est un de ces moyens pratiques. Sa méthode, pour obtenir les divisions de ces droites, correspondantes à celles des portes et fenêtres est ingénieuse, elle consiste dans chaque plan visuel qui passe par le rayon principal, à mener une parallèle géométrique à ce rayon principal, et à faire sur cette droite une division géométrique proportionnelle de la partie interprétée entre les deux rayons visuels extrêmes, et de trouver ensuite la perspective de ces points.

Il donne ensuite le moyen de tracer les épaisseurs des murs, les profondeurs des portes (seulement en perspectives placées sur les faces des murs); il indique fort bien la manière de trouver le point de concours des parallèles au rayon principal, pour les plans parallèles à la scène, il dit qu'il doit être à l'intersection de ces plans et du rayon principal.

Pour trouver sur les faces des murs parallèles au rayon principal les perspectives des droites parallèles à la scène, il mesure par l'œil une horizontale parallèle à la scène et cherche sa trace sur le plan de la face, ce qui est très-exact.

Pour diviser ces deux parties égales un rectangle, il se sert du point d'intersection des deux diagonales du trapèze qui en est la perspective, et il continue ainsi pour avoir les $^1/_4$, $^1/_8$ etc. Cette méthode est excessivement utile dans la pratique de la perspective, et son usage date ainsi de loin. Il se sert aussi de la diagonale pour obtenir les divisions prises sur un des côtés et transportées sur l'autre.

Lorsqu'il est nécessaire de tracer sur un même plan fuyant de la décoration, deux faces rectangulaires d'un même bâtiment, il indique fort bien le moyen d'y arriver en se servant des points de concours divers, qu'il obtient en menant par l'œil une parallèle à la direction donnée et en déterminant sa trace sur le plan de la décoration. Si ces points sont trop éloignés il conseille de transporter le plan de la décoration en un autre lieu, où on puisse prolonger à droite et à gauche les droites concourantes, avec des fils. Lorsqu'on ne peut transporter ainsi ces plans, il indique la méthode particulière de diviser proportionnellement les arêtes verticales opposées mises en perspective, et de joindre les points correspondants.

Il passe ensuite à la perspective sur la toile de fond, ce qui ne présente plus de difficultés, puisque ce plan est un tableau, il indique ensuite les moyens de dessiner les droites appartenant à des faces de maisons qui ne seraient ni parallèles, ni perpendiculaires au plan de la scène, ou dans des plans non perpendiculaires entre eux comme seraient des maisons pentagonales ou héxagonales ou autres, et même des temples ronds, et même terminées par des droites non horizontales ou verticales.

Il termine en disant : « Ainsi, on peut voir de quelle utilité la vraie connaissance des points de concours est en perspective, et quels grands avantages ils doivent procurer aux peintres, et finit par donner la division du plan horizontal, en parallélogrammes qui étant tracés en perspectives ont donné naissance aux *échelles de perspective*.

RÉFLEXIONS SUR L'OUVRAGE DE GUIDO UBALDI.

L'ouvrage de Guido Ubaldi, sur la perspective, est actuellement presque inconnu, c'est cependant une œuvre fort remarquable. C'est un des ouvrages les plus anciens, écrit par un géomètre instruit, il est préférable à celui de Daniel Barbaro, qui est antérieur.

Guido Ubaldi n'est certainement pas l'inventeur de cette science, mais il l'a reconstruite et établie sur des bases géométriques fixes parmi lesquelles on retrouve, sinon toutes les méthodes positives, au moins le germe de tout ce qui s'est fait depuis.

C'est à lui qu'il faut rapporter la connaissance générale de la théorie des points de concours qui maintenant est la base fondamentale de toute la perspective. De toute antiquité on avait bien remarqué que l'apparence des lignes parallèles étaient des lignes concourantes, c'est une des propositions d'Euclyde; mais on ne trouve nulle part l'emploi judicieux et général de cette observation pour le tracé de la perspective, comme dans Guido Ubaldi. Cette découverte seule, qui a épargné tant de peine aux dessinateurs, lui mérite notre reconnaissance.

Il a embrassé toutes les parties de son sujet, de sorte que son traité est complet, et une bonne traduction en serait encore utile de nos jours.

Son chapitre sur les ombres et la perspective des théâtres laisse peu à désirer.

Ce qu'on peut à juste titre reprocher à cet auteur, ce sont les défauts de son époque. Il passe presque toujours par tous les cas possibles avant d'arriver à celui général qui les embrasse tous. Il donne pour ainsi dire deux démonstrations de toute proposition, l'une, en s'appuyant sur une figure en perspective, et l'autre sur le tracé pratique, or presque toujours il y a répétition des mêmes termes, il est donc un peu diffus.

Dans les ombres, il suppose toujours le pied de la perpendiculaire abaissée du soleil sur le sol, à distance finie, ce qui n'est pas généralement exact. S'il n'est pas l'inventeur des échelles de Perspective, on voit par la dernière page de son livre qu'il en a donné l'idée, d'ailleurs, avant lui, on avait déjà trouvé des perspectives de carrés divisés en carreaux plus petits.

DES DIVERSES MÉTHODES DE GUIDO-UBALDI.

PREMIÈRE MÉTHODE. — *Fig.* 16.

T_1 T_2. La ligne de terre qu'il appelle la ligne de la section ;

P. Le point où tombe la perpendiculaire abaissée de l'œil sur le plan des objets;

PV. La hauteur de l'œil sur ce plan ;

abc. Une figure plane donnée, située sur le plan ;

1° Par *P*, il mène les droites *pf*, *pj*, *pk* respectivement parallèles à *ab*, *ac*, *bc* ;

2° Aux points *f*, *j*, *k*, il élève des verticales égales toutes à *PV* ;

3° Il prolonge les côtés *ab*, *ac*, *bc* et détermine ainsi *d*, *e*, *f*;

4° Il joint *l* à *g*, — *e* à *h*, — *d* à *i* et il forme la figure *a′ b′ c′*, perspective cherchée de celle donnée *a b c*, — origine des points de concours ou de fuite ; il examine, par d'autres figures, le cas où un des côtés ne rencontre pas T_1 T_2 ; pour cela, par un des points, il mène une parallèle à un des autres côtés, etc.

Pour cette première méthode il y a quatre figures.

DEUXIÈME MÉTHODE. — *Fig.* 17.

Pour avoir la perspective du point *a*, ;

1° On prend arbitrairement deux points *e* et *f*, sur la ligne d'horizon ;

2° On abaisse les verticales *fj*, *ei* et on joint *j* et *i* à *P* ;

3° On prend sur T_1 T_2 un point quelconque *g* et on mène *gb* parallèle à *Pi* ;

4° Par *a*, on mène *ab* horizontal qui rencontre *gb* en *b* ;

5° Par *a* et *b* deux parallèles, *ad*, *bc* à *Pj* dont les perspectives seront *df*, *cf* ;

6° *gb* aura pour perspective *ge* qui rencontrera *cf* en *b′* perspective de *b* ;

7° $b'd'$ parallèle à ab sera perspective de ab et son intersection avec df donnera le point a' cherché.

TROISIÈME MÉTHODE. — *Fig.* 17.

Cette méthode ne diffère de la deuxième, qu'en ce que un des deux points e ou f est pris sur la perpendiculaire abaissée de V sur le tableau. Alors le point j par exemple se trouve le pied de la perpendiculaire abaissée de P sur T_1 T_2, et Pj devient cette perpendiculaire.

QUATRIÈME MÈTHODE. — *Fig.* 18.

On demande la perspective d'un point a.

1° On détermine le point o et on prend un point f quelconque sur la ligne d'horizon, on mène la verticale fg et après Pg.

2° On prend une verticale bc quelconque, telle que $bc = ae$. — Par son extrémité b on mène bd parallèle à Pg. On joint d à f et e à o, le point b' d'intersection sera la perspective de b; — alors l'horizontale $b'a'$ sera la perspective de ab. Or la verticale ae a pour perspective oe, donc a' intersection de $a'b'$ et de eo sera la perspective cherchée du point a.

CINQUIÈME MÉTHODE.

Cette méthode ne diffère de la précédente qu'en ce que *bc* est pris sur *Po*.

SIXIÈME MÉTHODE. — *Fig.* 19.

On prend à volonté deux points *c* et *b* tels que *bd* = *ce* = *PV*.

(On remarque qu'il ne parle jamais de la ligne d'horizon.)

Par le point *a* donné, il mène *ag* parallèle à *Pd* et *af* à *Pe*; puis on joint *g* à *b* et *f* à *c*, l'intersection de ces deux droites donnent le point *a'* cherché.

Remarque. — Il ne dit pas qu'il rabat le tableau sur le plan, mais en prenant le plan pour la section.

SEPTIÈME MÉTHODE.

Cette méthode ne diffère de la précédente qu'en ce que un des points *c* ou *b* est pris en *o* sur la verticale *Po*.

HUITIÈME MÉTHODE. — *Fig.* 20.

Par *P* une droite quelconque *Pfb*, — au point *f*

la perpendiculaire *fg*, de *a* on mène l'horizontale *ab* qui rencontre *P f b* en *b* — par *a* on mène *ad* parallèle à *bP*.

On mène *PV*, *fc*, perpendiculaires à *bP*, on joint *b* à *V* qui est l'œil rabattu, on prend $fb' = fc$ et par *b'* l'horizontale *b'a'* qui rencontre la droite *dg* au point *a'* cherché. — On voit que *a'b'* est la perspective de *ab*.

NEUVIÈME MÉTHODE. — *Fig.* 21.

Par le point *a* donné, on mène une horizontale *ac* et une verticale *ab*. Par l'œil *V* rabattu, on mène *Vc* qui coupe $T_1 T_2$ en *d*, — on porte $fc' = fd$. Le point *c'* est la perspective de *c* et l'horizontale *c'a'* de *ca*. — Or, *bo* est la perspective de *ab*. Donc le point *a'* est la perspective de *a*.

« On voit qu'il fait fait usage du rabattement de l'œil.

« Pour chaque méthode, il emploie toujours deux figures, l'une en perspective pour la démonstration, l'autre pour la pratique avec la répétition de la démonstration. »

DIXIÈME MÉTHODE. — *Fig.* 22.

On prend un point *c* quelconque, tel que *cd* =

PV, on mène *Pd*, par *a* on mène *ab* parallèle à *Pd*. — On joint *a* à *P*, cette droite rencontre *TT* en *e*, en ce point on élève une verticale *ea'* qui coupe la droite *bc* au point *a'* perspective de *a*.

ONZIÈME MÉTHODE.

Le point *c* au point *o*, de sorte que *ab* devient perpendiculaire à *TT*.

DOUZIÈME MÉTHODE. — *Fig.* 23.

On joint le point *a* donné avec *P* et au point *g* on élève une verticale *ga'*. Sur $T_1 T_2$ on porte $de = dP$ et $bc = ab$. — Au point *e* on élève la verticale *ef* et on joint *c* à *f*, cette droite coupe la verticale *g a'* au point *a'* cherché.

Cette méthode est assez curieuse, elle repose sur cette considération que la droite qui joindrait *c* à *a* serait parallèle à celle qui joindrait *P* à *e*, de sorte que *f* serait le point de concours de *ca*.

On remarque que pour d'autres points, le point *f* sera le même.

TREIZIÈME MÉTHODE. — *Fig.* 24.

On a comme ci-dessus le point *f* tel que $ie = iP$

— on mène la verticale *ac* et ensuite on joint *o* à *c*. cette droite doit contenir le point *a'* cherché. On prend une verticale *bd* égale à *ac* — puis *dg* = *db* ; on joint *d* à *o* et *g* à *f* — le point *b'* d'intersection est la perspective de *b*. — L'horizontale *b' a'* donne *a'*. On voit que *bg* est parallèle à *Pe*.

Il compare fig. 25 la méthode précédente à celle donnée par d'autres auteurs, que voici. On forme un carré *m n p q*, qui comprend la figure donnée *a*. comme la figure ci-contre.

D'un point donné *a* de cette figure on abaisse les perpendiculaires *ac*, *ab* sur les côtés ; on porte *pg* = *ac*, *pf* = *ab*, et on joint *g* et *f* à *o*.

On a tiré la diagonale *m'q'd*. *go* coupe *m'd* en *h*, par *h* on mène *ha'* horizontale, et l'intersection *a'* de cette horizontale et de *fo* donne le point *a'* cherché.

Il fait voir que c'est comme si la figure donnée était derrière le tableau. Le tracé ci-contre est donné par *Barbaro*.

QUATORZIÈME MÉTHODE. — *Fig.* 26.

d est ce que nous appelons le point de distance.

Du point donné *a* on abaisse la perpendiculaire *ab*, et on joint *b* à *o*.

On porte la distance *ab* de *c* en *f*, et on joint *f* à *d*. Cette droite coupe *oc* en *g*. On mène l'horizontale *ga'*, qui rencontre *bo* au point *a'* cherché.

Cette méthode est assez simple. (Même considération que la 13ᵉ.)

QUINZIÈME MÉTHODE. — *Fig.* 27.

On mène *ab* perpendiculaire sur TT ; on joint *b* à *o*. On prend $bc = ba$, et on joint *c* à *d*. L'intersection de ces deux droites donne le point *a'* cherché.

Ceci est la méthode ancienne des points de distance.

Il explique alors que le point *o* est le pied de la perpendiculaire abaissée de l'œil sur le tableau, et que *od* est égale à la longueur de cette perpendiculaire, et qu'ainsi ces deux points sont toujours faciles à déterminer.

SEIZIÈME MÉTHODE. — *Fig.* 28.

d et d_1 étant les points de distances.

On abaisse du point *a* donné la perpendiculaire *ab*, et on porte à droite et à gauche $bc = be = ab$.

On joint *c* avec *d* et *e* avec *d*.; l'intersection de ces deux droites donne le point *a'* cherché.

DIX-SEPTIÈME MÉTHODE. — *Fig.* 29.

Par le point *a* donné on mène l'horizontale *ab*.

On joint P à *a* et V à *b*. V étant l'œil rabattu parallèlement à TT, on porte *fb'*=*fd* et *b'a'*=*fc*, et on a le point *a'* cherché.

On peut encore opérer ainsi, comme le font plusieurs.

Figure 30.

On fait tourner le plan vertical P*o* et le plan horizontal, de manière à représenter en profil le tableau; alors P deviendra en *c* et V en *d*. Alors P*o* devient la ligne de terre; soit *a* le point donné, *ab* la parallèle à P*o*, on joint *a* à *c* et *b* à *d*; la droite *bd* rencontre P*o* en *f*, et celle *ac* en *g*. Par *f* on mène l'horizontale *b'f*, et on porte à droite, ou mieux à gauche *fa'*=*gi*.

DIX-HUITIÈME MÉTHODE. — *Fig.* 31.

On projette le point donné *a* en *b*. On joint (fig. 1) *a* à P et *b* à V; on obtient les points *c* et *d*. En *c* on élève *ca'*=*fd* et on a le point *a'* cherché.

Quelques-uns, dit-il, font l'opération comme

(fig. 2), (on voit qu'il sépare la projection horizontale, de celle verticale).

D'autres forment à part (fig. 3), le point cherché au moyen des deux distances $ca' = fd$ et fc — qui sont comme on voit les coordonnées de ce point.

DIX-NEUVIÈME MÉTHODE. — *Fig.* 32.

Par des proportions, on a $\frac{a'b}{VP} = \frac{ba}{PA}$

VINGTIÈME MÉTHODE. — *Fig.* 33.

En rabattant le triangle *a*PV autour de *a*P. Sur le plan horizontal élevant *bc* perpendiculaire à *a*P et prenant $a'b = bc$, ce sera la 4me proportionnelle indiquée ci-dessus.

VINGT-UNIÈME MÉTHODE. — *Fig.* 33.

On prend PV parallèle à TT, alors *bc* est sur T_1T_2.

Dans la pratique de la perspective, on voit, dit l'auteur, qu'on se sert du pied de l'observateur qu'il appelle point de distance, ou de l'œil, ou de points de concours. Il faut se servir au moins de deux et si on voit dans quelques méthodes, se servir que d'un point, c'est que le second point n'est point vu dans la construction, etc.

Lemme:

Si une droite donnée est parallèle au tableau et

qu'elle soit divisée en parties quelconques, sa perspective sera parallèle et divisée en parties respectivement proportionnelles.

VINGT-DEUXIÈME MÉTHODE. — *Fig.* 34.

Lorsqu'on a une figure donnée, à mettre en perspective, on lui circonscrit un carré *mnpq* dont les côtés sont 2 parallèles et 2 perpendiculaires au tableau. La perspective de ce carré se trouve par une des méthodes être *p'q'm'n'*. Pour rapporter un point *a* de la figure donnée (fig. 1), on mène par ce point une verticale *cb* et la droite *mad*, qui passe par un des sommets *m*. Dans la fig. 2, on divise *p'q'* aux points *c'* et *d'* dans le même rapport que eux *c* et *d* (fig. 1), divisent *pq*. On fait de même sur *m'n'* et on a *c'b'* et *m'd'* perspectives de *cb*, *md*, donc le point *a'* est perspective de *a*.

VINGT-TROISIÈME MÉTHODE. — *Fig.* 35.

(Fig. 1), la figure donnée, dans laquelle on prend à volonté deux points *m* et *n*, cependant il faut les prendre plus éloignés de TT que la figure. (Fig. 2), la figure perspective sur laquelle on a déjà déterminé les perspectives *m'*, *n'* des deux points *m* et *n*.

Pour placer un point *a* quelconque (fig. 1). On joint *a* à *m* et *n* et on prolonge ces droites jusqu'à

TT; on rapporte ces points en perspective b' et c' et et on joint b' à n et c' à m', le point a' d'intersection est le point cherché.

Les points a' et a peuvent à leur tour servir pour déterminer d'autres points. On peut en conclure que la perspective d'une figure plane est connue, lorsqu'on connaît celles de deux points et en outre la ligne de terre relativement à ces deux points. On n'a plus besoin ni de l'œil V, ni du pied P de l'observateur.

P. S. A la suite de ces 23 méthodes, se trouvent deux pages intéressantes à lire, qui prouvent qu'il a donné les meilleurs méthodes connues, quoiqu'il y en ait un nombre infini.

STEVIN. — DE 1605 A 1608.

Œuvres mathématiques de SIMON STEVIN, augmentée par ALBERT GIRARD. — 1634.

Le cinquième volume traite de l'optique, qui se divise en trois livres : 1er, de la scénographie; 2e, de la catoptrique ; 3e, des réfractions. (Ce 3e ne ne s'y trouve pas, il n'a pas été imprimé.)

Outre cette édition des œuvres de Stevin, il y en a une en latin donnée par Suellius sous le titre d'*Hyponema mathematica*. Lugd. Bat., 1608.

Ces deux éditions ne sont pas complètes. Stevin a écrit en flamand ses ouvrages mathématiques, dont la collection a été imprimée à Leyde de 1605 à 1608.

Dans la scénographie, dite vulgairement *perspective*, il se sert des expressions, ombres, ombréages, ombragement, dans ce qui a rapport à la perspective.

Il donne ensuite les définitions: ichnographie ou plan, orthographie ou profil, relief. Ces deux plans sont nécessaires pour construire les édifices.

Il commence par démontrer que les droites parallèles deviennent en perspective des droites concourantes, etc.

Il donne ensuite une méthode de perspective, qui ressemble beaucoup à une de celles données par G. Ubaldi; nous l'exposons cependant à la fin de cette notice sur Stevin.

Théorème 5, page 533. Il démontre cette proposition intéressante; je l'exprime en d'autres termes pour qu'elle soit mieux comprise: Si le plan du tableau tourne autour de la ligne de terre et que le spectateur ou sa verticale tourne de même autour de son pied, dans le même sens que le tableau et de manière à rester parallèle au tableau; dans toutes ces positions, la perspective ne change pas; d'où il conclut que, si l'œil et le tableau sont rabattus sur le plan horizontal, il y aura encore perspective entre les points homologues; ce qui donne des simplifications dans la construction donnée ci-dessus. (Voir à la fin de la notice la nouvelle méthode qui en résulte.)

Si on prend un point au-dessus du sol, il faut aussi faire tourner sa verticale parallèlement au tableau.

On ne trouve pas facilement les figures relatives; elles sont probablement déplacées.

3e Problème. Trouver la perspective d'un point, le tableau n'étant pas perpendiculaire au sol. Il résout les divers cas, lorsque le point est sur le sol et lorsqu'il est élevé. Il se sert de la propriété signalée ci-dessus. Ce peut être, comme on voit, l'origine des figures homologiques.

Voir, page 533, l'article *Conséquence.*

Il donne une application à une espèce de clocher. Les dessins sont très-mal exécutés.

Après avoir exposé cette deuxième méthode, il s'arrête à la première comme générale et facile.

Dans les exemples qu'il donne, on voit qu'il prolonge les droites données du plan horizontal jusqu'à la ligne de terre, puis détermine les points de concours et joint les deux points.

Il se sert aussi des points de concours qui sont hors la ligne d'horizon, mais cependant il ne les détermine pas directement. Il fait aussi usage de la diagonale du carré, ce qui est une indication de l'échelle des profondeurs.

Il détermine la position où un cercle a pour perspective un autre cercle. On ne trouve pas de figure pour la perspective d'un cercle horizontal.

On voit qu'il connaissait les anomorphoses, il en dit quelques mots. Il résout ensuite quelques problèmes intéressants, tels que ceux-ci :

Trouver la position de l'œil pour lequel deux quadrilatères donnés sont en perspective (il dit même une figure de quatre ou plusieurs côtés). Il prend d'abord : 1° Un rectangle et un trapèze ayant deux côtés parallèles à la ligne de terre : il agit, comme il le dit, en sens inverse. Cas où le tableau est oblique au sol.

Page 542. Il emploie la méthode de Serlio ; il s'en sert pour revenir à la position de l'œil dans le problème ci-dessus.

Il emploie le mot *homologue* pour deux figures ayant des rapports.

2° Un parallélogramme à angles obliques, par la première méthode.

3° Un trapèze dont les côtés parallèles le sont aussi à la ligne de terre. Il fait usage d'une droite auxiliaire parallèle à un des côtés, de manière à former un parallélogramme ; il en trouve la perspective, et alors le problème rentre dans le précédent.

4° Un trapèze dont les côtés ne sont pas parallèles au tableau ; il le ramène à un parallélogramme avec deux côtés parallèles au tableau.

5° Deux quadrilatères quelconques, seulement deux côtés homologues sont parallèles à la ligne de terre. Il ramène encore ce cas à un parallélogramme par deux droites, l'une horizontale et l'autre parallèle à un côté.

Dans le premier exemple, Stevin a dit qu'il prenait une figure semblable construite sur le côté homologue, et il fait sentir que cela le conduira à la même position de l'œil.

6° Exemple, un quadrilatère dont le côté extérieur est parallèle à la ligne de terre.

7° Exemple, un quadilatère ayant entre deux angles opposés, une ligne droite parrallèle à la ligne de terre.

Il s'arrête à cet exemple pour les quadrilatères ; on voit ainsi qu'il suppose toujours connue la di·

rection de la ligne de terre. Il n'attaque pas le problème général qui consiste à mettre en perspective deux quadrilatères quelconques. Problème qui a été résolu complètement dans ces derniers temps par M. Chasles.

8e Exemple. Sur des figures ayant plus de quatre côtés; il suppose connue la direction de la ligne de terre, il fait l'opération pour un pentagone, en déterminant deux parallèlogrammes perspectifs, mais on ne le voit pas démontrer que les autres sommets se trouveront homologues.

Il ajoute que si l'on connaissait l'angle d'un côté de la figure donnée avec la ligne de terre, on trouverait facilement l'œil, etc.

Problème VII, proposition 13. Étant donné un quadrilatère quelconque comme perspective d'un parallèlogramme, trouver la position de l'œil.

Ce problème assez difficile est assez bien résolu, cependant on remarque avec son commentateur qu'il ne se souvenait pas de la proposition 33 du 3e livre la géométrie sur les segments capables, de sorte qu'il emploie un papier découpé suivant l'angle.

Problème VIII. 1er Exemple. Étant donné un quadrilatère quelconque comme perspective d'un trapèze et l'angle d'un des côtés du quadrilatère avec la ligne de terre, trouver la position de l'œil.

2° Exemple. Une figure étant la perspective d'une figure dans laquelle on sait qu'il y a deux diagonales parallèles, on suppose connu, comme dans l'exemple précédent, l'angle d'un côté de la perspective avec la ligne de terre.

Pour les figures de l'espace, il donne l'exemple d'un parallélipède, mais ensuite il déclare que le problème est infini, qu'une droite peut être la perspective d'une infinité de droites. Si cependant, dit-il, les deux droites étaient placées en perspective, on trouverait l'œil... *impossible, de même pour deux triagles donnés!* mais si les deux triangles étaient donnés en perspective, il n'y a plus qu'une solution; toujours dans l'hypothèse, ajoute-t-il, ou où connaît la direction de l'intersection des deux plans avec un des côtés des triangles (cet article ne me semble pas juste).

L'auteur termine par un résumé ou avertissement des fautes qu'on peut faire; il en tire les cinq règles suivantes :

1° Les points en ligne droite, sont en ligne droite.

2° Les lignes parallèles au tableau, sont parallèles.

3° Les figures parallèles au tableau, sont des figures semblables.

4° Les droites parallèles deviennent en perspectives des droites concourantes en un même point.

5° Divers systèmes de droites parallèles au sol, ont leurs points de concours sur une même droite.

Dans l'appendice, il cite la méthode de Serlio qui peut induire en erreur et qui a été le sujet de controverse. Stevin observe que le résultat auquel Serlio arrive, sera la perspective d'un carré sur un tableau oblique.

« Quelques-uns donnent des règles pour la distance de l'œil au tableau, 3 à 2. Je l'ai placé plus près pour ne pas agrandir les figures.

« De la perspective par carré, il y a une manière d'ombrager en usage... usage de la diagonale, des échelles. »

6° Chapitre. De la parfaite imitation de la nature Il réfute quelques objections faites à la perspective d'objets parallèles au tableau.

7° Chapitre. Du vitre. Il cite Albert Durer et sa vitre et en fait une imitation.

8° Chapitre. Traité de la perspective par nombres

Il calcule aussi par des triangles semblables, les côtés et les angles de la perspective d'un carré placé sur la ligne de terre.

Cet ouvrage de Stevin est fort remarquable, il est plus pour les géomètres que pour les artistes; beaucoup de questions rentrent dans la perspective géométrique spéculative. Il cite dans ses ouvrages Albert Durer, Serlio, Guido Ubaldi; il faut lui attribuer le procédé du rabattement de l'œil autour de la ligne d'horizon, celui de toute la figure sur le plan horizontal, ce qui a donné naissance aux figures homologiques.

MÉTHODE DONNÉE PAR STEVIN.

Soit *a* un point donné dans l'espace, a_v sa projection horizontale, on veut avoir les perspectives de *a* et a^v.

Par P on mène une droite *Pd* qui rencontre la ligne de terre en un point *d*, on élève une verticale *de* égale à la hauteur de l'œil sur le plan horizontal.

Par a_v une doite *ab* parallèle à la direction *Pb* prise arbitrairement. On joint a^v à *P* et au point *g* où cette droite rencontre la ligne de terre on élève une verticale qui coupe *be* en *a'*, perspective de *a*.

Si maintenant le point *a* est élevé sur *a'*, d'une hauteur donnée égale à *bc* ; on joint le point *c*, sur une perpendiculaire égale à *bc*, élevée au point *b*, avec *e* et l'intersection de *ce* avec la verticale *ga'* donne le point *a'* cherché.

Cette méthode diffère peu de celles données par *Guido Ubaldi*.

MÉTHODE NOUVELLE DONNÉE PAR STEVIN.

Il démontre que si les deux verticales aa^v, *VP* et le plan du tableau tournent autour de leur trace respective, sur le plan horizontal, de manière à rester toujours parallèles, dans toutes les positions les trois points *V*, *a*, *a'* seront toujours en ligne droite et cela aura lieu lorsque ces trois points a, a', V seront couchés sur le plan horizontal. — Il en résulte donc cette nouvelle construction.

1° On détermine le point *a* sur la verticale aa^v tel que aa^v égale la hauteur donnée.

2° On détermine V tel que VP égale la hauteur de l'œil et on joint V à *a*, l'intersection de cette droite avec *ce* donne le point *a'* (origine 1re des figures homologiques).

SALOMON DE CAUS.

LA PERSPECTIVE AVEC LA RAISON DES OMBRES ET MIROIRS, PAR SALOMON DE CAUS. — 1612. LONDRES.

Analyse de cet ouvrage :

Après la dédicace et la permission d'imprimer on trouve un acrostiche sur le nom de Salomon de Caus.

1° Avis au lecteur sur le but de l'ouvrage ;

2° Figures géométriques des corps réguliers ;

3° Définitions. — Ciel, rayons visuels. — Chose visible. — Ligne de terre, ligne horizontale. — ligne taillée. — Point d'éloignement ; de hauteur.

« *Ignographie* est l'assiette ou plate-forme de la chose visible. »

« *Ortographie* est un eslevement de la chose visible au-dessus de la ligne de terre. »

« *Scénographie*, description des scènes ou théâtres; raccourcissement de la chose visible. Voir Vitruve, livre VII chap. 5; les Grecs fengoyaient avec leurs peintures diverses colonnes contre les murailles, etc. »

4° Théorêmes servant à la démonstration de la perspective.

Ce sont les principes d'Euclide sur la perspective.

5° La fenêtre d'Albert Durer. Fig.

6° Perspective d'un carré. — Il se sert du plan horizontal ou ignographie, et du plan vertical perpendiculaire au tableau ou ortographie. Il mène des rayons du pied de l'homme aux divers points de l'ignographie, fait un rabattement du plan vertical ortographie sur le côté, mène les rayons visuels, ces deux espèces de rayons coupent le tableau, en des points, qui donnes ainsi, les deux coordonnées respectives de chaque point de la perspective.

Cette méthode fondée sur l'usage des plans de projection sans l'emploi des points de concours est celle d'Albert Durer.

Chap. 2. Autre forme pour mettre un carré en raccourcissement.

Il y a là quelque chose qui n'est pas clair, d'autant plus qu'il reproche une erreur aux auteurs anciens.

Suite de la même méthode, emploi de deux projections horizontale et verticale. — Projection de l'œil sur ces deux plans. — Deux perspectives sur une droite, la perspective cherchée en est la résultante. Perspective d'un cube situé dans diverses positions. — Sur la pointe. — Un piédestal avec escaliers. — Arcades. — La figure appelée Mazocco. — Une boule, un globe. — Pont-levis. Forteresse. — Un luth. — Un chapiteau. — Une fontaine. — Un jardin sur le mur d'un jardin faisant suite.

Chap. 26. Perspective extraordinaire d'un carré. (Perspective curieuse).

Chap. 30. Faire une écriture contre une muraille haute, dont les lettres paraissent de même grandeur.

Livre II. Des ombres. — Il dit que le soleil est 166 fois plus grand que la terre. — Une pièce de vers sur ce sujet.

Il détermine les effets sur les plans de projection, puis il met en perspective.

Ce qui distingue cet ouvrage c'est que nulle part il ne parle et ne fait usage des points de concours, ni de droites auxiliaires parallèles à des axes fixes, pour la détermination des points, toute sa méthode consiste à chercher la section des rayons visuels par le tableau, au moyen de deux projections orthogonales.

OPTICA AQUILONII.

1612.

Le livre six de l'ouvrage d'Aquilon a pour titre :

DE PROJECTIONIBUS.

La préface ou argumentum contient les arguments de l'auteur pour démontrer l'utilité de cette science, principalement utile aux astronomes, cosmographe, architecte, général, amiral, peintre, graveur, sculpteur, etc., il entre dans les applications à chacun.

Suivent 42 propositions sous le titre de Lemnes; sur la géométrie principalement, sur les sections coniques, dont il donne les propriétés connues de son temps, en les engendrant par la section d'un cône ou d'un cylindre par un plan; il cite à ce sujet les démonstrations d'Euclide, d'Apollonius, de Commandin, de Clavius, etc , il donne divers moyens de tracer ces courbes par points, ou par un mouvement continu au moyen d'instruments. — (Ces propositions méritent examen).

Vient ensuite le chapitre intitulé : ***Prænotationes***. Définitions. 1re définition : Quid sit projectio? 2me : Tria ad projectionem necessaria. La 10me a pour titre : ***Tria projectionum genera ex oculi transpositione***, et celle 11 : ***Triplex item projectionis genus ex ipsius plani conversione***, dont voici la conclusion — « il y a trois genres de projection :

La 1re, qu'on appelle Ortographique lorsque l'œil est à une distance infinie ;

La 2me, qu'on appelle Stéréographique, lorsque l'œil est en contact ;

La 3me, vulgairement appelée Scénographique, lorsque l'œil est placé à distance convenable, et il applique ces trois genres à l'aspect des cercles et des sphères, etc.

Page 503, chapitre spécial consacré au premier genre de projections appelé Ortographique. — Dans sa préface il rappelle à ce sujet Vitruve, l'analemne de Ptolémée, Federic Commandin son commentateur. Ce chapitre mériterait un examen étendu, il contient, page 520, le chapitre suivant :

Ortographica spheræ descriptio, visu per equinoctia et horizontis planum incidente.

Page 545 : Ortographica spheræ projectio, visu per utrumque mundi polum procidente.

Page 550 : Ortographica spheræ explanatio, aspectu per verticem ac spheræ centrum translapso.

Page 551 : Reliquorum corporum regularium ortographicæ projectiones.

Page 562 : Umbrarum projectiones. (Traité de gnomonique).

On trouve ensuite, page 572, le chapitre intitulé : De Stenographice altero projectionis genere ex oculi contactu, suivi d'une préface sur l'historique de cette question, il cite souvent Gemma Frisius. Suivent 32 propositions géométriques sur ce sujet intéressant.

Page 608 : Stereographica sphæræ descriptio, oculo in communi sectione horizontis et æquatoris constituto.

Page 624 : Stereographica sphæræ transfusio, oculo in altero polorum constituto.

Page 630 : Stereographica sphæræ explanatio ex vario oculi situ.

On voit par le simple titre des chapitres combien cet ouvrage renferme de sujets intéressants, peu connus, et qui sont le résumé des connaissances de l'époque sur ce sujet. — Nous arrivons, page 637, au sujet qui nous occupe spécialement et qui forme un chapitre ayant pour titre.

De scenographicc tertio projectionis genere ex justo oculi intervallo. Préface : on y trouve *hæc illa* est celeberrima, nobilissimaque γραμμη, id est designatio quam omnis antiquitas, ceu matrem sculptoriæ pictoriæque et his similium artium, summo semper studio coluit, etc. Nam infinitus prope modum extat scriptorum numerus, qui hoc argumentum prosecuti sunt, in quibus docti quidem pauci, indocti vero mecdianiq homines inomni arte quam plurimi, pictores, cœmendarii, lignarii, statuarii, argentarii, qui sola radiorum opticorum consideratione praxes aliquas artis sunt, assecuti, earumque usum variis in rebus ostenderunt : qui autem ex geometriæ principiis, aut ex natura visionis quidquam demonstret, est nemo præter Guidum-Ubaldum e Marchionibus montis, virum sane in mathematicis eruditum, qui hanc optices partem sex libris complexus est ; at exemplis potius quam theorematibus, aut regulis opus suum majorem quam necesse erat in modum amplificavit, etc.

Page 638 : *Præceptiones*. Il s'occupe beaucoup, dans ce chapitre, de la distance convenable de l'œil au tableau, il cite à ce sujet le passage de Vitruve dans la préface de son VIIme livre, De justo intervallo Democritem et Anaxagoram scripsisse, etc... Définition du tableau, ligne de terre, rayon principal. — Point principal. — Points secondaires. — Ligne d'horizon. etc.

De la page 643 à 673 est compris le traité de *Scénographie* ou *Perspective*.

Parmi les propositions préliminaires qu'il établit sur la perspective des droites perpendiculaires ou parallèles au tableau, on trouve, page 647, celle-ci qui semble nouvelle pour l'époque, et qui a dû servir à S. Gravesande : « Fieri potest, ut non parallela recta linea in parallelas tabula lineas transcribantur. » Et la suivante : « Locum oculo designare, unde non parallelæ datæ rectæ lineæ parallelis tabulæ lineis aspectu respondeant. » (Ce qui complète cette proposition).

Il établit ensuite la théorie des points de concours des lignes parallèles, par une suite de propositions superflues, d'autant plus qu'il dit que la géométrie confirme cette proposition plus simplement ; puis enfin il en conclut le moyen de trouver ce point de concours en employant le pied du spectateur ; etc., en passant il fait voir que le point d'intersection d'une droite donnée avec le tableau appartient à la perspective.

Il fait voir que des figures planes parallèles au tableau donnent des figures semblables, etc.

Puis, que les lignes horizontales ont leur point de concours sur la ligne d'horizon, etc.

Il donne comme un paradoxe la proposition suivante :

« Fieri potest, ut oculo transmutato eadem aquidistantis lineæ iisdem tabulæ projectaris secundum aspectus respondeant. »

Dans ce commencement il se sert de figures où le sujet et la perspective sont représentés eux-mêmes, ensemble en perspective. Maintenant il donne les méthodes pratiques (voir la description ci-après). On voit qu'il se sert beaucoup de celles de G. Ubaldi et D. Barbaro ; mais il établit ces méthodes sur des proportions. C'est peut-être celui qui a le premier utilisé ces rapports numériques entre les coordonnées d'un point et de sa perspective joints à la distance de l'œil au tableau et à sa hauteur au-dessus du sol.

Il résout ensuite 1° ce problème, de retrouver le point géométrique dont la perspective serait un point donné ; deux méthodes.

Puis 2° celui de trouver la hauteur de l'œil lorsque les autres quantités sont données ;

3° Mener en perspective une droite faisant avec une autre donnée un angle représentant d'un angle donné, (cela par les points de concours).

Pour la perspective d'un cercle, il se sert du plan fait, en avant de la ligne de terre, mais il détermine les points de deux diamètres rectangulaires en agissant comme si le cercle était placé derrière le tableau ; il se contente ainsi, par la perspective de deux diamètres et des tangentes aux extrémités, de déterminer quatre points de la figure et les tangentes.

Il trouve ensuite la position de l'œil pour que cette perspective soit encore une circonférence. Etant donnée la hauteur de l'œil, trouver sa distance.

Il termine son traité de perspective par celle d'un prisme octogone vertical dont deux faces sont parallèles au tableau. Il ajoute « on détermine les perspectives des autres corps de la même manière » (ce qui est un peu succinct).

Ce traité est accompagné de la détermination des ombres, du cône, cylindre droit ou oblique, de la sphère, etc.

Le dernier chapitre, page 682, a pour titre : *De Scenis*, c'est-à-dire des décorations théâtrales. Il rappelle à ce sujet que le nom de la science scénographique en tire son origine.

On remarque sur ce sujet, la division suivante ainsi exprimée : « Hinc vero omnem cernendi modum in opticam, anopticam, et catopticam distributum legimus, ut est apud cælium Rhodiginum, lib. XV, cap 4, qui opticam vocavit illam videndi rationem, qua aciem directe in horizontem intendimus ; anopticam vero illam quæ suspectamus, catopticam illam quæ despectamus. »

On y trouve aussi : « Le premier soin dans la description des décorations est de trouver le point principal, et le second de déterminer les points secondaires (ou de fuite) auxquels les lignes obliques doivent tendre ; car rien n'apporte autant de secours à cet art que la connaissance de ces points vers lesquels concourent les droites parallèles.

MÉTHODE DONNÉE PAR AQUILON

1612.

Pour avoir la perspective d'un rectangle ABCD, il donne les trois méthodes suivantes.

1° Il prend $ac = aF$, puis cd égale à la distance

de l'œil au tableau ; il joint *d* à *o* et par *c* il mène *cF'* parallèle à *do*. Cette droite rencontre la perpendiculaire *oa* en *F'* perspective de *F*. Par ce point *F'* il mène donc une horizontale et joignant *A* et *B* avec *o*, on a *ABC'D'* pour la perspective de *ABCD*.

2° On prend *Ab*=*Ac*=*aF* ; en *b* on élève une perpendiculaire *bg*, puis sur la ligne d'horizon *ogef* on prend *gf*=la distance de l'œil au tableau. On joint *A* à *f*. Cette droite coupe la verticale *bg* en *h* par où l'on mène l'horizontale *hF'C'D'*, comme ci-dessus pour le reste.

3° On prend *oe*=la distance de l'œil au tableau; on joint *A* à *e* et *b* à *o*, l'intersection de ces deux droites donne le point *i* qui est de même sur la droite *C'D'*.

Pour la perspective d'une figure plane horizontale, il se sert 1° du point de concours des droites données et de leur trace comme G. Ubaldi.

Ou, 2° comme Barbaro, il enveloppe la figure dans un carré dont un côté est la ligne de terre et il rapporte chaque joint de la figure à ce carré, soit en menant par le point considéré, une horizontale et une verticale, ou une verticale et une droite passant par un des sommets du carré.

3° Ou en joignant le point avec les deux sommets du carré.

Puis ayant mis le carré en perspective, il obtient facilement les autres droites qui servent à déterminer les divers points.

SAMUEL MAROLAIS

PRINCIPE D'OPTIQUE OU PERSPECTIVE ETC. EN LATIN. — AMSTERDAM 1633. — D'APRÈS NICERON 1614.

1re PARTIE, DE LA SCENOGRAPHIE.

1° Perspectiva est ars, que contemplatur omne objectum per rem quedam transparentem, quam radii visuales penetrant, in illa terminati.

2° Scenographia aut pictura est représentatio apparenticæ objecti, in superficie plana quam sectionem vocamus.

De même, dit l'auteur, que la géométrie, se divise en trois parties, 1° mesure des longueurs, 2° mesure des surfaces, 3° mesure des volumes, de même la scénographie ou peinture se divise en trois parties : 1° ichnograhie, ortographie, scenographie, et de même que la mesure des longueurs, des surfaces et autres, sont appelées géometrie, de même, l'ichnographie et l'ortographie sont appelées peinture ou scénographie et par d'autres *perspective*.

3° Ichnographia est delineatio formæ planæ aut planum supra quod figura scenographica est constituta in naturali, — ou, ichnographia est représentatio basis aut plani cujusdam corporis in sectione quando illa est parallela aut equidistans eidem plano.

4° Ortographia est delineatio faciei aut antérioris partis structura, œdificis ant corporis quæ vocatur quoque profilum, — ou, etc.

5 Ligne d'horizon; — 6° point de vue; — 7° points de distance; — 8° points de contingence; — 9° ligne de base; — 10° hauteur de l'œil; — 11° point de distance naturel; — 12° hauteur de l'œil.

Suite de propositions ou théorèmes avec corollaires, s'appliquant à chaque cas, pour les perspectives de droites parallèles.

Il se sert des plans et des points de distance; 2me méthode connue.

Description d'une espèce de pantographe.

Il donne des méthodes arithmétiques par des proportions, mais les figures ne paraissent pas d'accord avec le texte.

Explication pour tous les cas suivant la coutume ancienne.

Mettre un cercle en perspective de manière à avoir un cercle; des problèmes divers de perspective sur deux plans faisant angle, ou sur un cylindre.

Il donne comme abréviation, l'indication de se servir des points de concours et de ceux d'intersection avec le tableau, les moyens de trouver ces points.

Trouver la perspective de la circonférence par cette méthode

2me PARTIE.

De la scénographie des corps.

Il se sert des deux plans de projection. Met en perspective la projection horizontale puis obtient la hauteur des verticales par la *méthode* connue.

Description d'un instrument propre à faire la perspective. Il doit être fort embarrassant, d'un usage difficile, ne vaut pas celui de P. Niceron.

3me PARTIE.

La théorie et pratique des ombres.

4me PARTIE.

De quelques abréviations, *supputations*, et constructions nécessaires, il se sert beaucoup des calculs de proportion.

L'ouvrage de Marolais est très-remarquable, fait par un bon géomètre et contient presque toutes les méthodes connues.

MÉTHODE DONNÉE PAR MAROLAIS, PAGE 13.

1614.

Pour avoir la perspective d'un point *a* donné dans le plan horizontal, il abaisse la perpendiculaire *af* sur la ligne de terre et joint *f* à *o*, il prend sur la verticale principale le point D_2 tel que OD_2 égale la distance de l'œil au tableau, il regarde ce point comme un point de distance, et non comme le point de vue rabattu. Il joint *a* à D_2 et l'intersection de cette droite avec *fo* donne le point *a'* cherché.

Si on a une droite *acd*, on aura sa perspective en prolongeant cette droite jusqu'à son point *b* d'intersection avec la ligne de terre et en joignant ce point avec *a'* on aura *ba'* perspective de *ab*.

Si cette droite *ab* était divisée aux points *c*, *d*, en joignant ces points *c*, *d* avec D_2 les intersections de ces droites avec *a'b'* donneraient les points *c'*, *d'* pour les perspectives de *c* et *d*.

MÉTHODE DONNÉE PAR MAROLAIS, PAGE 19.

1614

Pour avoir la perspective d'une droite *ab*, on prolonge de même cette droite jusqu'en *b*. Par le point P, c'est à dire le pied de l'observateur, on mène Pg parallèle à *ab*, au point *g* on élève la perpendiculaire *gh* jusqu'à la ligne d'horizon en *h* et on joint *b* à *h*.

Un point se détermine par l'intersection de deux droites.

Cette dernière méthode est donnée par Guido Ubaldi.

Il a aussi donné une méthode de résoudre tous les problèmes de perspective par des calculs arithmétiques résultant de proportions.

JEAN UREDEMAN FRISIUS.

PERSPECTIVA THEORICA ET PRATICA

Hoc est opus opticum absolutissimum : continens ædificorum, templorum, pergularum aliarumque structurarum perfectissima fundamenta, icones atque delineamenta juxta veterum ac recentiorum autornm doctrinam accurate exaratum. — Studio atque opera Joannis Uredemani Frisii multis vero notis illustratum per Samuelem Marolais mathemat. d. Amstelodami. MDCXXXIII — 1633.

Nota. — Les gravures de l'ouvrage portent les dates 1604 et 1605. On voit, page 1, ligne 10 : « ut in præfatione dictun est; » ce qui fait voir qu'il y avait une préface qui manque.

L'ouvrage est divisé en trois parties.

La 1re contient l'exposition des XLIX—49 planches de l'ouvrage, sans explication des principes de la perspective.

Ces figures représentent des sujets divers très grands et détaillés, mis en perspective, avec les droites de construction, les points de concours, etc. On peut donc suivre les constructions de l'auteur qui semblent être bien d'accord avec les principes de perspective. Les sujets sont curieux en ce qu'ils représentent un très-grand nombre d'édifices, d'ensemble et de détails d'architecture, de personnages mis en perspective dans diverses positions.

La 2e partie a pour titre :

Perspectiva pars II, Exhibens artis prœcepta argumenta circa œdificia et architecturœ decora, brevem denique, sed dilucidam, linearum et fundamentorum descriptionem.

1632 (La 1re partie porte 1633).

Le texte de trois feuilles contient l'explication de 23 figures nouvelles, d'applications de perspective, à des sujets de plus en plus compliqués.

La 3me partie, qui est revue et illustrée par Samuel Marolais, porte pour titre: Joannis Uredemanni Frisii Architectorum sui seculi facile principis Architectura; continens quinque ornamenta architecturœ scilicet atticum, ionicum, doricum, corinthium et compositum, item regulas, démonstrationes ac figuras perfectissimas.

Opus mathematicis, architectis, pictoribus ac lapicidis per utile ac necessarium.

Studio atque opera sumni mathematici.

Samuelis Marolais, recognitum atque illustratum.

Cette 3me partie contient encore 29 figures dont une partie sur les ordres d'architecture, et les autres sur des perspectives de grands et nombreux édifices.

L'ouvrage entier renferme plus de 100 planches et peu de texte, il est fort remarquable sous le rapport des planches et des sujets d'architecture qu'elles représentent en perspective. Elles font voir que l'auteur appliquait très bien les principes de la perspective à toutes sortes de sujets, fort nombreux et représentant des ensembles, de grands édifices ; mais le texte n'est pas assez développé, pour contenir l'exposition bien claire des principes que l'auteur emploie dans chaque figure.

Samuel Marolais qui a revu l'ouvrage de Frisius, a bien senti ce qu'il manquait à cet ouvrage et cela à pu le conduire à écrire lui-même un traité de perspective très-complet et contenant aussi un très-grand nombre de planches qui semblent être dessinées et gravées par le même artiste.

SINTAGMA.

In quo variæ eximiaque ex prescripto optice exhibentur : in primus incessarium et utile opus omnibus artis perspectivæ cultoribus prœcipue pictoribus, statuariis, sculptoribus, lœlatoribus lapidicis. architectis, omnibusque quorum studium in delienatonie consistit. Amstellodami apud Joannem jansonium bibliopolæ. Ao 1618.

(Ce titre est détaché du corps de l'ouvrage).

La première page est une gravure comme frontispice portant au milieu ce titre :

RERUM ET URBIS MSTELODAMENSIN HISTORIA.

In qua Hollandiæ primum atque indé Amstelandiæ, oppidique, natales exodia, progressus, privilegia, statuta, eventaque mirabilia cum novis urbis incrementis commerciisque ac navigationibus, longinquis, aliaque ad politiam spectantia, additis sus loco tebulis æri inci ad hæc usque tempora, observata annorum serie accurate omnia deducuntur. Auctore 10 H. Isaccio Pontano. Accidunt sub calcem auctores vetustores duo nunquam editi quorum nomina et seriem versa pagella indicabit. Amsterodami sub carre vigilanti excudit judocus hondius. an. D. 1614.

(On ne conçoit pas cette espèce de frontispice qui n'a pas de rapport à l'ouvrage, à moins que ce ne soit mis là, comme un exemple des résultats qu'on peut obtenir par la perspective.)

« Préface aux amateurs de perspective (optices). Parmi beaucoup d'auteurs, et des plus remarquables, qui traitent de la perspective, en Italie, en Gaule, en Allemagne, en Belgique; Samuel Marolais mérite de grandes louanges. Cui vix alius e tento numero est, qui paria facere possit (absit dicto invidia) quam Joannes Uredemannus Frisius... »

Après cette préface se trouve une page seule de texte renvoyant ceux qui veulent des explications. à l'ouvrage de S. Marolais.

L'ouvrage ne renferme ensuite que des gravures représentant des perspectives de corps réguliers et de tous leurs dérivés à pointes, tant pleins que creux, de même pour la sphère avec tous ses grands cercles et des dérivées très-ornées. La figure qu'ils appelaient mazico c'est la surface annulaire avec ses dérivées à pointes, etc.

Cet ouvrage renferme 70 planches admirablement dessinées, sur les sujets les plus difficiles et les plus compliqués de la perspective.

La 1re planche contient sur la perspective d'un tétraèdre, l'indication de ses procédés d'exécution. On voit qu'il commence par exécuter les projections horizontale et verticale du corps, qu'il met ensuite en perspective par la méthode de Viator ou des tiers points.

Parmi ces 70 planches, il y en a 7 consacrées à des espèces de grandes vignettes, ou *frontispice d'ouvrage*, et qui sont très-remarquables sous le rapport de la composition et du dessin, et qu'on pourrait regarder comme modernes.

La plus grande partie des corps mis en perspective, sont placés sur des piédestaux ou bases, formés eux-mêmes de la réunion de corps réguliers mis en perspective.

Ouvrage très-curieux et qui a demandé beaucoup de patience et d'habileté pour se reconnaître dans toutes les facettes très-nombreuses de ces corps.

ACCOLTI.

L'ouvrage de perspective d'Accolti a pour titre en italien : Lo inigauno de gli occhi.

PROSPETTIVA PRATICA DI PIETRO ACCOLTI. A FLORENSA 1625.

Préface... La perspective se divise ordinairement en théorie et pratique, cette dernière seule est traitée ici. Les anciens et des écrivains modernes ont écrit diversement sur la première. Je me suis seulement occupé de la partie pratique; voir Vitellion (di questa facotta l'antiquo maestro). Sur la vision il donne les deux explications et renvoie à Eliodore Laris, cap. 12; à Teon Aless. Aristote, livre II, De anima, cap. 12; testo 121 et 124 du même livre, De sensu ac sensili, cap. 2. Galeno, livre VII, précept. Hyppocrate. Vitellion, propositions 5 et 6, livre III, et presque tous les auteurs modernes.

1er chapitre. Les deux premières méthodes d'Accolti sont celles données par Serlio; moyen de se passer du point de distance; il se sert des points des demi ou tiers de distance. C'est le premier exemple de cette méthode, on peut donc le regarder comme l'inventeur de ce moyen de rapprocher les points de distance.

Il donne aussi le moyen de faire de la perspective par des nombres obtenus par des proportions.

Il se sert ensuite des perspectives de points obtenus, pour en obtenir d'autres, c'est encore une méthode.

Il donne comme nouvelle méthode la 1re de *Durer*, au moyen des deux plans de projection; il expose ensuite la méthode de Viator par des quarts de cercle, etc.

Suit la perspective des plans inclinés. Exemple. Perspective d'un miroir incliné.

2me chapitre. Traite de la perspective des corps solides, des corps réguliers; — des escaliers; — des voûtes; — de croix inclinées, etc.

Il donne la description d'un instrument de perspective, puis après la perspective des théâtres (à ce sujet il critique Sirigati, chap. 43 de sa perspective, qui dit pouvoir construire une scène pour une certaine ligne donnée. Opinion, dit-il, contraire aux 20me et 39me propositions du 4me livre de Vitellion ; il renvoie aux 23me et 26me propositions de Vitellion sur la plus petite et plus grande distance de l'œil). Cette partie est bien mieux traitée que dans Serlio.

Le 3me chapitre traite des lumières et des ombres.

Il reproche aux meilleurs auteurs de perspective de n'avoir pas traité cette partie, il cite à ce sujet D. Barbaro, Guido-Ubaldi, Sirigati, il traite aussi dans ce chapitre de la dégradation dans les lumières et les ombres. — Des pénombres, cet article peut être regardé comme nouveau et appartient à l'auteur.

On trouve chez cet auteur l'article suivant.

Fausse démonstration et moins vraie doctrine de Vitellion touchant l'oblique passage de la lumière.

« Quelque grande que soit l'autorité de *Vitellion*, *unique et principal chef de l'école de perspective*, etc.... in cujus verbis nullis jurare tenetur. Prop. 38, 40 du livré II.

Voici les propositions qu'il soutient fausses.

1° Per centrum circularis foraminis, radio luminoso oblique incidente, superficiei densi corporis, substractio superficiei foraminis ; lumen incidens erit figura sectionis pyramidalis, cujus major diameter erit in superficiei erecta super superficiem fenestræ et super superficiem corporis substrati.

2° Prop. 41. Per medium quadrati foraminis, radio oblique incidente superficiei densis corporis, substrate superficiei foraminis, lumen incidens erit figura altera parte longior, suis angulis æqualiter arenatis cive.

Chapitre sur la gnomonique, — le tracé d'une méridienne ; il traite aussi d'une manière très-succincte des réflexions et réfractions.

Recherche des ombres sur un corps à jour. — assez compliqué, etc.

Cet ouvrage d'Accolti est peut-être inférieur à Serlio pour la pratique de la perspective et pour celle des théâtres; mais il est plus savant et d'un homme qui a étudié à fond l'ouvrage de Vitellion dont il attaque cependant plusieurs propositions.

Sa théorie sur la lumière, la détermination des ombres et pénombres, la dégradation des teintes, l'emploi des points, des demi, quarts, etc., de distance, méritent d'être étudiés.

Les figures ne sont pas bien exécutées ; elles ne sont pas faciles à comprendre. Il fait usage de deux yeux, l'un vers lequel tendent les droites perpendiculaires au tableau, et l'autre placé à l'un des points de distance.

Page 85, il indique le moyen de passer d'une perspective au plan géométral ; opération, dit-il, utile aux ingénieurs des fortifications.

DESARGUES

né à Lyon en 1593 et mort en 1662.

Le célèbre et profond géomètre Desargues, l'un des fondateurs de la géométrie moderne, cultivait aussi les applications de cette science aux arts ; on trouve en effet, dans un de ses écrits, cette phrase : « *J'avoue franchement que je n'eus jamais le goût à l'étude ou recherche, ni de physique, ni de géométrie, sinon en tant qu'elles peuvent servir à l'esprit d'un moyen d'arriver à quelque sorte de reconnaissance des causes prochaines des effets des choses qui se puisse réduire en acte effectif, ou bien en commodité de la vie qui soit en usage pour l'entretien et conservation de la santé, soit en leur application de la pratique de quelque art, et m'étant aperçu qu'une bonne partie d'entre les pratiques des arts, est fondée en la géométrie, ainsi qu'en une base assurée, entre autres celles de la coupe des pierres en l'architecture, étant pour cela nommées pratique du trait geométrique ; celle des cadrans au soleil, comme il appert de la chose et du lieu. Celle de la perspective, en l'art de la pourtraicture, ainsi qu'il se voit de la manière dont elle est déduite, et du mot perspective. Desquels arts ayant considéré l'excellence et la gentillesse, je fus touché du désir d'entendre, s'il était possible et les fondements et les règles de leurs pratiques, telles qu'on les trouvoit et voyoit lors en usage ; où je m'aperçus que ceux qui s'y adonnent, avoient à se charger la mémoire d'un grand nombre de leçons diverses pour chacune d'elles, et qui par leur nature et condition produisoient un embarras incroyable en leur entendement, et loin de leur faire avoir de la diligence à l'exécution de l'ouvrage, leur y faisoit perdre du temps, surtout en celle de la pourtraicture si belle et si estimable entre les inventions de l'esprit humain, où la plupart des peintres et des ouvriers travail-*

loient comme à l'aventure et en tâtonnant, sans guide assuré et par conséquent avec une incertitude et fatigue inimaginables. Le désir et l'affection de les soulager, si je pouvois aucunement, de cette peine si laborieuse et souvent ingrate, me fit chercher et publier des règles abrégées de chacun de ces arts, desquelles il apparaîtra, comme je l'espère, de la vérité, qu'elles sont purement de ma pensée, nouvelles, démonstratives, plus faciles à comprendre, apprendre et effectuer et plus expéditives qu'aucune de celles d'auparavant; quoi qu'en aient voulu jargonner les envieux plagiaires, etc. » Tels sont les sentiments qui animaient Desargues, lorsqu'il écrivit ses traités sur la coupe des pierres, la gnomonique, la perspective.

Nous n'avons qu'à nous occuper ici de ses travaux sur cette dernière science.

Desargues nous a laissé plusieurs écrits sur la perspective, ce sont des ouvrages de très-peu d'étendue, mais qui n'en renferment pas moins, dans leur concision, l'exposé d'une méthode simple, destinée à faire époque dans cette science. Elle est exposée d'une manière claire, mais succinte, donnant les principes généraux et laissant à d'autres le soin d'en tirer toutes les conséquences. Ce fut son élève et ami, le célèbre graveur Abraham Bosse, qui se chargea de développer sa méthode dans des ouvrages plus étendus qui renferment alors beaucoup d'autres idées que Desargues lui avait communiquées.

Le premier ouvrage de Desargues sur la perspective avait pour titre : « *Méthode universelle de mettre en perspective les objets donnés réellement, ou en devis, avec leurs proportions, mesures, éloignements, sans employer aucun point qui soit hors du champ de l'ouvrage, par G. D. L. (Girard Desargues, Lyonnais), imprimé à Paris en* 1636. (Le privilége, était, dit-on, de 1630.)

Cet imprimé in-folio, qui était composé de une ou deux feuilles au plus, est perdu, et l'ouvrage le serait lui-même, si Bosse ne l'avait ajouté à la fin de sa perspective de 1648, sous le titre de : *Exemple de l'une des manières universelles du S. G. D. L. touchant la pratique de la perspective, sans employer aucun tiers point de distance, ni d'autre nature, qui soit hors du champ de l'ouvrage.* »

C'est donc là que nous le prenons, pour en faire l'analyse; il est renfermé dans 14 pages, et se termine par « *à Paris, en may*, 1636, *avec privilége.* Ce qui confirme que c'est bien l'ouvrage de Desargues, cité par divers auteurs.

On y trouve d'abord de nombreuses définitions des mots en usage en perspective, parmi lesquels il s'en trouve de nouveaux de son invention, par exemple, il donne le nom d'*assiette*, d'un sujet, à ce qu'on appelle son plan horizontal. Après ces définitions, il ajoute : « En cet art il est supposé qu'un seul œil voit d'une même œillade le sujet avec son assiette, et le tableau, disposés l'un au droit de l'autre, comme que ce soit ; il n'importe si c'est par émission de rayons visuels, ou par la réception des espèces émanées du sujet, ni de quel endroit, ou lequel des deux il voit devant ou derrière l'autre, moyennant qu'il les voit tous deux facilement d'une même œillade. Il est encore supposé que celui qui pratique cet art, entend la façon et l'usage de l'échelle à faire une assiette du sujet avec son élévation ; et dans cet exemple il est supposé qu'il entend quelle chose c'est qu'on nomme communément perspective. » L'auteur expose ensuite sa méthode sur une figure que nous donnons ici (*fig.* 39.)

L'idée fondamentale de Desargues, est de *pratiquer la perspective, conformément au géométral*, c'est-à-dire de faire voir que lorsqu'on connaît assez la géométrie pour savoir faire le plan, l'élévation et le profil d'un sujet ; on en en sait assez pour faire sa perspective, et cela par les moyens analogues à ceux employés pour faire ces plans.

Pour exposer sa méthode, considérons trois plans de projection :

1° Celui horizontal, sur lequel le sujet est supposé placé ;

2° Le plan du tableau, que l'on suppose toujours vertical.

3° Un plan perpendiculaire aux deux autres et nécessairement vertical.

Ces trois plans sont donc rectangulaires entre eux.

Il est évident maintenant que si l'on connaît les distances de chacun des points d'un sujet, à ces trois plans, ce sujet est complétement déterminé de forme et de position, et qu'on peut en construire sur chacun de ces plans, une projection, de manière à avoir son plan, son élévation, son profil ; et réciproquement avec ces plans, on peut reconstruire le sujet lui-même.

Comme il n'est pas généralement possible de construire ces plans de la grandeur du sujet, on les fait ordinairement plus petits, et on se sert alors d'une échelle de parties égales, ayant un rapport déterminé avec les mesures usuelles, c'est ce qu'on appelait une *échelle de petits pieds*. Cette échelle étant construite, on voit comment on peut passer du sujet à ces trois plans, et réciproquement de ces plans au sujet lui-même, et il faut remarquer que la même échelle sert nécessairement pour chacun des trois plans.

Les distances d'un point à ces trois plans, sont ce que nous appelons maintenant les coordonnées de ce point; de sorte que l'on dit qu'un point est déterminé par ses trois coordonnées. Ce que se propose Desargues, est de faire voir que ces trois coordonnées suffisent aussi pour donner la position en perspective de ce même point; seulement, au lieu de se servir d'une échelle de petits pieds, composée de parties égales; il emploiera des échelles de parties inégales, dites alors *échelles de perspective*; et au lieu d'une seule, il en faudra deux. Une perspective étant une figure plane, deux coordonnées suffisent pour déterminer, sur ce plan, la position d'un point. On voit en outre, que dans le sujet, les deux coordonnées parallèles au tableau, variant de grandeur en perspective dans les mêmes proportions, il n'y aura besoin que d'une même échelle pour les deux coordonnées.

Voici maintenant comment Desargues expose sa méthode sur un sujet fort simple. Dans son exemple, il s'agit de mettre en perspective une espèce de cage, dont on connaît toutes les dimensions. La figure 39, composée de deux parties (*fig.* 1 et 2), représente le plan de cette cage et sa perspective (*fig.* 2). (Le point T, à gauche sur la base, manque.)

On commence, dit-il : Par trois espèces de préparations, l'une qui regarde le sujet, et se fait au plan de son assiette (*fig.* 1), et les deux autres concernent l'apparence du sujet (*fig.* 2), et sont faites communément au tableau même.

On suppose (*fig.* 1) que la figure *iklm* représente le plan du sujet, et qu'on a de plus, par un plan d'élévation, ou de profil, ou même par des nombres, les élévations de chaque point de ce sujet au-dessus du plan horizontal.

La première opération consiste à tracer sur ce plan d'assiette, une droite *ab*, qui représente la trace du plan du tableau sur ce plan ; il est entendu que cette droite est prise d'une grandeur et dans une direction convenables, relativement au sujet à représenter.

La deuxième opération consiste à tracer perpendiculairement à la droite *ab*, celle P*c*, représentant la perpendiculaire abaissée du pied de l'observateur sur le tableau. La longueur P*c*, qui représente la distance de l'œil au tableau, est prise convenablement par rapport à la dimension *ab* du tableau ; on voit dans la figure qu'elle est double de *ab*.

PV, représente la hauteur de l'œil au point de vue V au-dessus du plan d'assiette. Cette hauteur est ici représentée rabattue sur le plan horizontal, en la faisant tourner autour de son pied, perpendiculairement à P*c*.

La troisième opération sera d'élever en un point *a* une perpendiculaire *ag* à la base *ab* du tableau ; on peut prendre pour ce point *a* un point quelconque de la droite *ab* ; dans l'exemple, on prend l'extrémité *a* de la base ; on pourrait prendre aussi bien celui *b* de l'autre extrémité, ou le prolongement de la droite P*c*. Dans tous les cas, cette perpendiculaire est parallèle à P*c*.

On regarde ensuite *ab* et *ag* comme deux axes auxquels on rapporte tous les points remarquables du plan du sujet.

La quatrième opération consistera donc à abaisser de tous les points remarquables, des perpendiculaires sur l'axe *ag*, à mesurer avec l'échelle des parties égales, ou échelle de petits pieds qui a servi à construire l'assiette, toutes les longueurs de ces perpendiculaires et celles des distances de leur pied respectif au point *a* ; on a donc alors deux des coordonnées de chaque point du sujet, la troisième est supposée connue par un plan d'élévation.

Telle est la première préparation faite au plan du sujet.

Les deux autres préparations, se font sur le plan du tableau, soit donc (*fig.* 2 de la *fig.* 39), le plan du tableau.

1° On trace sur ce plan, une droite horizontale T_1T_2, aussi longue que possible. (Le point T est oublié sur la figure.) Elle représente la base du tableau, qui sur le plan fig. 1, est figurée par *ab*. Entre *ab* et T_1T_2, il y a un rapport quelconque de grandeur.

2° Dans fig. 1, la base *ab* contenant 12 unités de mesure, (pieds, mètres, etc.) On divise la longueur T_1T_2 aussi en 12 parties égales. Chacune d'elles peut se supposer divisée en parties plus petites, par exemple, le pied en 12 pouces, etc., on a alors sur T_1T_2, l'échelle fondamentale du tableau, échelle de parties égales ou petits pieds, et qui sert à construire sur ce tableau toutes les parties du sujet qui se trouvent dans son plan et qui par conséquent ne changent pas en perspective.

3. Aux extrémités T_1 et T_2, on élève des verticales T_1H_1, T_2H_2 qui représentent les limites du tableau.

4° Sur ces verticales, on porte, à partir de la base T_1T_2, la hauteur de l'œil au-dessus du plan horizontal, hauteur qui (*fig.* 1) est représentée par PV ayant

4 p. 1/2. Cette hauteur de 4 p. 1/2 étant prise (*fig.* 2) à l'échelle tracée sur T_1T_2 et dont les numéros des divisions sont indiqués au-dessus de T_1T_2.

5° On trace la droite H_1H_2 qui joint ces deux points, et on a la ligne d'horizon, ligne qui résulte, comme on le voit par la construction, de l'intersection du plan du tableau par un plan horizontal mené par l'œil.

6° Sur cette ligne d'horizon H_1H_2 on place convenablement le point O, qui représente le pied de la perpendiculaire abaissée de l'œil sur le tableau, dans la fig. 1, le point *c* représente la projection horizontale de ce point.

7° On abaisse du point O la perpendiculaire O*c* sur la base T_1T_2, de manière à diviser ainsi le rectangle $T_1T_2H_1H_2$ en deux autres T_1cOH_1 et T_2cOH_2.

Construction des échelles de perspective. (Pour ne pas compliquer la fig. 2, nous donnons cette construction, fig. 40, où, pour en faciliter l'intelligence, nous avons agrandi l'échelle fondamentale du tableau, dont les divisions 1, 2, 3, ne sont indiquées que sur la partie droite et écrites au-dessus de T_1T_2. De plus, nous y avons supposé que la distance de l'œil au tableau était de dix unités de mesure, au lieu de 24, afin d'agrandir ces divisions).

Dans cette fig. 40, la distance de l'œil au tableau

est de six unités de mesure, prise à l'échelle fondamentale du tableau ; mais, quelle que soit cette longueur, on la représente par la distance H_1O ou son égale O6 de la ligne T_1T_2 ; et cela quel que soit le rapport qui puisse exister entre H_1O et cette distance de l'œil au tableau, le point O pouvant être en un point quelconque de la ligne d'horizon et même en dehors. Il en résulte que $H_1O = O6$ représente ici 6 pieds.

Huitième opération. On divise O6 en six parties égales, dont les divisions sont marquées, fig. 40, en dessous de T_1T_2, de sorte que chacune de ces divisions représente un pied, puisque O6 a 6 pieds, qui est la distance de l'œil au tableau.

On peut ensuite subdiviser un ou plusieurs de ces pieds en unités plus petites, par exemple ici, en douze pouces, etc.

Neuvième opération. Dans le rectangle H_1OT_16 on trace deux diagonales T_1O, H_16. Il est évident que la droite T_1O est la perspective de celle *ag* du plan d'assiette du sujet. Le point marqué 6 sur cette droite T_1O et qui est l'intersection de ces deux diagonales, indique le perspective d'un point de la droite *ag* (*fig.* 1) éloigné de la base d'une distance égale à six pieds, c'est-à-dire à celle de l'œil au tableau. Par ce point

6 on mène une horizontale 6*d* qui, prolongée jusqu'aux limites H_1T_1 H_2T_2, donnera deux points qu'on peut aussi numéroter d'un 6. Cette horizontale 6*d* rencontre la verticale O6 au point *d* qui, joint à celui H_1 donnera, par son intersection avec T_1O, le point 12, représentant un point éloigné de la base de 12 pieds ou de deux fois la distance de l'œil au tableau; en menant ensuite du point 12 une horizontale 12-*b* et du point *b*, où elle rencontre la verticale du point O, si on trace bH_1, on aura le point 24 par son intersection avec la diagonale T_1O, et ainsi de suite; de sorte qu'on aurait sur cette diagonale une division indiquant des distances égales à une, deux, trois fois celle de l'œil au tableau. Ces mêmes divisions, au moyen des horizontales menées par chacun de ces points, donneraient sur les montants verticaux T_1H_1—T_2H_2 des divisions correspondantes et qui serviront au même usage et embarrasseraient moins le tableau que si on les indiquait sur la diagonale T_1O. Dans le rectangle T_1H_1O6, au lieu de joindre les points successifs *d*, *b*,... au point H_1 pour avoir sur T_1O la division ci-dessus, on aurait pu joindre par des droites, les points où les horizontales rencontrent le point vertical H_1T_1 avec le point O, et alors elles auraient donné, sur l'au-

tre diagonale $H_1 6$, une division correspondante.

Pour avoir sur une de ces diagonales, celle par exemple $T_1 O$, les divisions intermédiaires entre une et deux, deux et trois, etc... distances de l'œil au tableau, on divise, comme nous l'avons dit, la base $T_1 6$ en six parties ou pieds et un de ces pieds en pouces, etc., et on joint chacune de ces divisions au point H_1, et on obtiendra alors sur $T_1 O$ les divisions correspondantes; de sorte que l'éloignement ou profondeur d'un point du plan d'assiette étant connue, on peut de suite, sur le tableau, connaître une horizontale qui contient la perspective de ce point. Desargues appelle donc échelle des éloignements la figure qui résulte des constructions ci-dessus.

Remarquons qu'il ne faut pas confondre les deux divisions qui sont sur la base $T_1 T_2$ du tableau, l'une en dessus, est l'échelle fondamentale du tableau, et l'autre en dessous, formée aussi par des parties égales, sert à construire les éloignements.

Dixième opération. Pour construire la seconde échelle de perspective, il suffit de joindre un point quelconque de la ligne d'horizon, celui O par exemple, avec chacune des divisions de l'échelle fondamentale. Cette construction, exécutée dans la fig. 40, à droite de la figure, est ce que Desargues appelle l'échelle des mesures. On voit, en effet, que les droites O1, O2, O3,... sont les perspectives de droites parallèles, par conséquent toutes les droites telles que *d* 1 2 3, qui sont parallèles à la base, sont donc divisées en parties égales aux points 1, 2, 3,... de manière que les longueurs $d_1 d_2 d_3$ représentent en perspective 1 pied, 2 pieds, 3 pieds, etc., à la profondeur à laquelle se trouve le point *d*, et ainsi des autres. En divisant un des pieds de la base fondamentale T_1T_2 en pouces, etc., et joignant de même les points de division à celui O, on aurait les divisions correspondantes d'un des pieds de chaque horizontale. Cette échelle de mesure servira non-seulement pour les horizontales, mais pour les verticales et plus généralement pour toutes les droites parallèles au tableau qui sont à même éloignement de ce tableau.

Alors sont achevées les deux préparations qui concernent la perspective et qui se font sur le tableau. Desargues ajoute :

« Ces deux échelles des éloignements et des mesures pour la perspective, peuvent au besoin être faites ailleurs et disposées autrement au tableau, même en nombre comme innombrable, de manières différentes qui reviennent toutes à la même chose, et au moyen du rapport ou de la correspondance qu'il y a de l'une de ces deux échelles à l'autre, on fait ce que l'on désire en perspective. »

Nous ferons remarquer que Desargues ne donne pas ici les raisons de la construction de ses échelles de perspective.

Il est facile maintenant de comprendre la construction de la perspective dans son exemple, fig. 39. Il nous suffira de la donner pour un point, par exemple celui m, dont les trois coordonnées sont 17 — 1 1/2 — 10.

Dans la fig. 2 (de celle 39) nous supposerons que les deux échelles de perspective sont construites d'après les principes ci-dessus, mais pour des grandeurs différentes de celles de la fig. 40. Cela étant, voici comment on obtient la position perspective du point cherché.

D'abord il faut avoir la perspective de la projection m de ce point. Or, l'éloignement de ce point de la base du tableau étant 17, on cherche sur cette base le point 17 de la division qui est indiquée en dessous de T_1T_2, on joint ce point à celui H_1 par une droite qui coupe la diagonale T_1O (qui représente en perspective la droite ag du plan) au point e. Par le point *e* on mène une horizontale, et nécessairement la perspective du point *m* est sur cette droite.

Le point *m* est à 1 1/2 de la droite *ag*, on prolonge l'horizontale ci-dessus *emfg* à travers l'échelle des mesures et alors on a, sur cette droite, pour la profondeur du point *m*, la grandeur de l'unité de mesure et de ses subdivisions. On prend alors la longueur 1 1/2 de ses unités, qu'on porte de *e* en *m*, et le point *m* ainsi obtenu est la perspective cherchée.

La troisième coordonnée est 10, alors on élève au point *m* une verticale, et sur cette verticale, à partir de *m*, on porte une longueur de 10 unités prise sur la même horizontale *emfg*... à l'échelle des mesures.

On procédera de même pour tout autre point, au moyen de ses trois coordonnées.

Telle est la méthode de Desargues, sur laquelle nous nous sommes étendu, parce que c'est une des plus employées, par certains praticiens, à cause de sa simplicité. Elle est, en effet, remarquable 1° par sa généralité, 2° parce qu'elle donne le moyen, par l'emploi de ces deux échelles de perspective, de trouver ce que deviennent, en perspective, les trois coordonnées de chaque point; 3° parce qu'il renferme toute sa construction dans l'étendue du tableau, n'ayant pas besoin des points de concours souvent fort éloignés. Enfin, parce qu'elle n'exige, pour être comprise, que la connaissance de quelques éléments de géométrie.

A côté des avantages que présente cette méthode, il est bon d'en signaler aussi les inconvénients.

1° Elle se prive de cette belle théorie des points de concours, qui donne tant de facilité et d'exactitude dans les constructions de perspective.

2° Elle exige d'avoir les trois coordonnées de chaque point, par rapport à trois plans donnés; ainsi les dimensions d'un sujet ne suffisent pas, il faut connaître la position de chacun des points remarquables du sujet relativement aux trois plans ci-dessus, ce qui exige évidemment la construction exacte des plans, élévations, profils. Or, pour faire un plan, il y a des problèmes divers sur les directions et les longueurs des droites, qu'il faut savoir résoudre d'abord géométriquement pour ensuite transporter les résultats en perspective.

3° Enfin, elle exige qu'on trace géométriquement les effets d'ombre, de lumière, etc., sur ces plans géométriques, pour les avoir ensuite en perspective. Ces observations étaient nécessaires pour comprendre diverses modifications à introduire pour compléter cette méthode.

Malgré que Desargues, dans sa méthode, n'utilise pas la théorie des points de concours, il en reconnait néanmoins le mérite; aussi il la donne à la suite de sa perspective comme annexe, disant : « Il est vrai qu'enfin c'est une fourmilière de grandes propositions abondantes en lieu. » Il l'explique complétement et donne même cette proposition intéressante, indiquée déjà par Stevin, c'est qu'un faisceau de droites concourantes en un point, devient, en perspective, un faisceau de droites parallèles, lorsque la droite qui va de l'œil au sommet du faisceau, est parallèle au tableau. Il termine cet article par cette espèce de problème, dont il ne donne pas ici la solution.

« Ayant à pourtraire une coupe de cône plate, y mener deux lignes dont les apparences soient les essieux de la figure qui la représentera. »

Dans un autre écrit de Desargues, de 1640, il revient sur sa méthode de perspective. Cet ouvrage a pour titre :

Brouillon d'un projet d'exemple d'une manière universelle du S. G. D. L., touchant la pratique du trait à preuves pour la coupe des pierres en architecture; et de l'éloignement d'une manière de réduire au petit pied en perspective comme au géo-

métral, et de tracer tous quadrans plats d'heures égales au soleil.

Il y expose de nouveau sa méthode et fait voir la conformité qui en résulte, dans la construction d'une perspective ou d'un plan géométral. Cet exposé ne contient rien de nouveau sur ce sujet; il est moins concis et cependant moins intelligible. Il cite les noms de plusieurs de ses élèves qui ont appris sa méthode en peu d'heures, Buret maître menuisier-sculpteur, Bosse, graveur, de La Hire peintre, et Hureau maître maçon.

Il répond, dit-il, à deux espèces de personnes: « 1° A celles qui ont rejeté sa méthode de perspective faute de l'entendre; 2° à celles qui l'entendent, mais qui assurent qu'elle ne contient aucune chose nouvelle et qui ne fût déjà imprimé et en usage. »

En 1642, il parut à Paris un ouvrage de perspective ayant pour titre : *La perspective pratique nécessaire à tous peintres, graveurs, sculpteurs, architectes, orfèvres, brodeurs, tapissiers et autres se servant du dessin. Par un Parisien, religieux de la Compagnie de Jésus.*

Plusieurs auteurs, et notamment Niceron dans sa perspective, admettent que l'auteur de ce livre est un nommé Du Breuil.

Dans sa préface, l'auteur cite Desargues parmi les noms des hommes qui ont traité dans leurs écrits de la perspective, et dont il s'est servi pour composer ce volume. On voit, en effet, page 117, un chapitre ayant pour titre : ***Dispositions pour faciliter la manière universelle du sieur G. D. L.*** (Girard, Desargues, Lyonnais). L'exposition qu'il donne de la méthode de Desargues et de la construction de ses échelles est très-peu intelligible. Il se sert du même exemple de Desargues et de la même figure, avec quelques fautes de copie.

Il paraît que l'auteur avait négligé de prévenir Desargues et de lui demander l'autorisation de cette copie de son ouvrage. Desargues se fâcha et, comme l'ouvrage en lui-même était susceptible de fortes critiques, sans compter les erreurs données dans sa méthode, il fit imprimer et afficher, sur les murs de Paris, deux écrits dont l'un commençait par ces mots : ***erreurs incroyables***, etc., et l'autre par ceux-ci : *fautes et faussetés énormes*, etc.; enfin il fit imprimer aussi et distribuer dans Paris un petit livret avec figures, intitulé : ***Six erreurs***, fol. 2 (voir Avis charitables et autres). Dans ces écrits, Desargues se plaignait vivement qu'on eût copié sa méthode sans l'en prévenir, et qu'on l'eût fait avec si peu de soin et d'entente du sujet. Il relevait alors les erreurs capitales contenues dans cet ouvrage.

Ces brochures sont malheureusement perdues, nous n'en connaissons le contenu que par les écrits de ceux qu'elles attaquaient. Elles seraient fort intéressantes non-seulement parce qu'elles nous feraient connaître sa manière de juger et d'entendre sur ce sujet, mais parce qu'on voit qu'elles donneraient aussi quelques renseignements sur sa manière de travailler.

Ces critiques de Desargues ne restèrent pas sans réponses, Du Breuil, ou mieux, l'éditeur Melchior Tavernier, fit paraître contre Desargues une suite de libelles dont nous parlerons plus tard. (Voir plus loin les articles sur Du Breuil, Curabelle, Alleaume, Vaulejard, etc.

Les idées de Desargues sur la perspective ne sont pas toutes renfermées dans ses écrits originaux; il faut lire les ouvrages de son élève et ami, le célèbre Abraham Bosse. Nous renvoyons à son article pour continuer ce sujet; mais, pour suivre l'ordre des découvertes, il nous faut prendre les dates de l'impression des ouvrages; ainsi, avant de passer à Bosse, il nous faut parler de quelques autres auteurs, notamment de Du Breuil.

DU BREUIL

—

A la Bibliothèque Impériale, sur la première édition de cet ouvrage, on trouve écrit à la main, au bas de la page qui contient le titre : « *Ex dono Joan. du Breuil, soc. Jesu.* » Niceron et plusieurs auteurs, donnent ce nom de Du Breuil.

L'ouvrage de Du Breuil a pour titre :

« *La perspective pratique nécessaire à tous peintres, graveurs, sculpteurs, architectes, orfèvres, brodeurs, tapissiers et autres, se servant du dessin,* par un Parisien, religieux de la *Compagnie de Jésus* ; Paris, 1642, chez Melchior Tavernier et François Langlois dit Chartres. »

Dans la préface, il annonce qu'il a divisé son livre en cinq parties :

« La première contenant les définitions, etc.

« La deuxième donne les méthodes de raccourcir des plans de plusieurs manières, etc.

« La troisième, enseigne à faire les élévations de plusieurs corps, etc.

« La quatrième, où l'on verra toutes les mesures

que doivent avoir les figures, tant aux perspectives qu'à toutes sortes de tableaux, etc.

« La cinquième et dernière partie, est un petit traité des ombres naturelles, tant au soleil et au flambeau, qu'à la chandelle et à la lampe. »

On trouve un peu plus loin, dans la préface, ce passage :

« Le premier que j'ai trouvé avoir donné quelque jour à cette science, est Georgius Reich Allemand, au dixième livre de ses œuvres ; depuis lui, Viator, chanoine de Toul, qui a donné quantité de bonnes figures, mais trop peu d'instruction. Après celui-ci, est venu Albert Durer, excellent homme, qui en a laissé quatre règles et principes parmi ses œuvres, au quatrième livre de sa géométrie ; Jean Cousin en a fait aussi un livre, où il y a plusieurs bonnes choses. Depuis eux sont venus Daniel Barbaro, Vignolle, Serlio, du Cerceau, Sirigati, Salomon de Caus, Marolais, Vredement, Vriesse, Guidus Ubaldus, Pietro Acotly, le sieur de Vaulezard, le sieur Desargues, et nouvellement le R. P. Niceron, minime, lesquels j'ai vus tous les uns après les autres admirant leur étude et leur travail, pour servir le public, m'estimant bien honoré d'imiter ce qu'ils ont fait, et d'être l'inconnu copiste de leurs œuvres ; outre ceux que je viens de nommer, il y en a beaucoup d'autres que je n'ai pas eu le bien de voir, pour ne les avoir pu recouvrer, etc. »

La préface est suivie d'une table instructive pour trouver les pièces qui doivent servir à faire quelque perspective que ce soit. »

Le privilége du 18 février 1639, est accordé à Melchior Tavernier qui était l'éditeur de l'ouvrage, et qui s'adjoignit le sieur François l'Anglois, dit Chartres.

Cet ouvrage in-4, se compose de 150 planches accompagnées de 150 pages de texte; une pour chaque page, sur quelques-unes il n'y a que quelques lignes explicatives de la planche, sans démonstrations, lesquelles, dit-il, les embrouilleraient plutôt que de les éclaircir. »

L'auteur, commence dans les premières pages par donner les définitions de ce qu'il appelle l'horizon, la ligne de terre, le point de vue, ou point de perspective, point oculaire, ou point principal — des points de distance, des points accidentaux.

La méthode principale de l'auteur, et qu'il emploie convenablement, est celle très-connue, qui consiste à déterminer la perspective d'un point situé sur le plan horizontal, en abaissant de ce point, une perpendiculaire sur la ligne de terre, et à joindre le point d'intersection avec le point principal, — puis ensuite de porter sur la ligne de terre, à droite ou à gauche du pied de cette perpendiculaire, sa longueur, et de joindre le point ainsi déterminé, avec le point de distance opposé; l'intersection de cette droite avec la perspective de la perpendiculaire, sera le point cherché.

Si l'auteur s'était renfermé dans cette méthode, son ouvrage eût été fort élémentaire sans doute, puisqu'il ne s'occupe principalement que des figures dont les droites sont parallèles ou perpendiculaires au tableau; mais alors il ne se serait pas attiré la critique violente qu'en a faite Desargues. Nous sommes obligé de faire connaître un très-grand nombre de fautes capitales contre les règles de la perspective qu'on rencontre dans cet ouvrage.

« *Page* 30. — Plan d'un carré vu d'angle. »

Le sommet A du carré, étant pris sur la ligne de terre, il joint ce point A aux deux points de distance; puis il porte à droite et à gauche du point A, sur la ligne de terre, le *double du diamètre AB* et des extrémités, il tire des droites aux points de distance opposés. On ne comprend pas ce *double*; s'il entend par *diamètre*, la diagonale du carré et non son côté, sa construction serait encore exacte, et donnerait la perspective d'un carré d'une dimension double; mais dans la figure qui est au-dessous, il ajoute : si on veut faire voir quatre autres petits plans aux extrémités des angles, il faut mettre la largeur sur la ligne de terre, au-dedans de la longueur du plan, ou côté du carré, et tirer de ces points des droites aux points de distance. Construction évidemment fausse et qui indique que l'auteur ne connaissait pas les points de concours des cordes qu'il eût dû employer.

« *Page* 111. — Pour les bâtiments vus d'angle. »

Ici se trouve la même erreur et encore plus prononcée.

D'abord, dans la figure d'en haut, il joint un des sommets B de ce bâtiment, qui se trouve sur la ligne de terre, aux deux points de distances, puis porte à droite la *largeur BA* de ce bâtiment, et joint le point A au point de distance opposé, et à gauche, sa *longueur Bc*, et joint C à l'autre point de distance, il porte sur BA et Bc, la *largeur* des portes et fenêtres, et de toutes les divisions il tire des droites aux points de distance, tout cela est évidemment faux de principes.

Dans la figure d'en bas, il suppose le bâtiment vu d'angle, mais dans une position oblique différente. Il fait le plan du rectangle, le met exactement en perspective, puis prolonge les droites perspectives ainsi trouvées, d'un côté jusqu'à la ligne d'horizon, où il obtient les points de contours des côtés ; et de l'autre jusqu'à la ligne de terre, qui lui donne les quatre points N, I, M, X, et il dit, entre I et M il faut mettre les mesures de celles que l'on veut au côté IL et tirer de tous ces points de division, des droites au point (*de concours*) trouvé sur la ligne d'horizon. Tout cela est faux, l'auteur ne connaissait pas ce sujet.

Pages 117. — Disposition pour faciliter la manière universelle du sieur G. D. L. (Girard, Desargues, Lyonnais.)

Dans ce chapitre, l'auteur veut expliquer la construction des échelles de Desargues, mais il le fait d'une manière si peu intelligible, qu'on voit qu'il ne comprenait pas ce sujet et on conçoit la colère de Desargues de se voir aussi mal compris.

Page 118. — « D'une manière universelle pour pratiquer la perspective sans mettre le point de distance hors le tableau, au champ de l'ouvrage, mise au jour par le sieur G. D. L. »

Cet exemple est celui donné par Desargues dans son petit traité dé 1636, avec quelques fautes de copie, qui lui sont reprochées par Desargues.

Page 132. — « Des ombres prises au soleil. »

Ce sujet est encore mal traité et a été vivement critiqué. Voici ce qu'il dit : « Il n'y a qu'à se déterminer le lieu de soleil et le point de dessous, pour tirer les lignes d'un angle et faire toutes les autres lignes parallèles à celle-là. » S'il parlait d'un plan horizontal géométral, rien de mieux ; mais dans sa figure, il figure le soleil, détermine le pied de la perpendiculaire abaissée du centre sur le plan horizontal, joint ce point à un des angles du plan et par les autres mène *en perspective*, des droites parallèles. On voit donc qu'il ne comprenait pas cette détermination des ombres. Toutes les figures suivantes sur les ombres au soleil sont sur le même principe. Il est tellement persuadé du parallélisme de ces ombres en perspective que, page 140, il donne la description d'un instrument appelé fausse équerre ou sauterelle, pour tracer ces parallèles.

L'ouvrage est terminé par une table de dix pages sur le contenu de sa perspective pratique ; ce qui fait bien voir qu'il ne devait y avoir qu'un seul volume.

Cet ouvrage de Dubreuil offrait, comme on le voit, prise à la critique. Aussi Desargues fit-il placarder dans Paris, des affiches commençant par ces mots : « Erreurs incroyables... » Fautes et faussetés... où il relevait tout ce qu'il y avait trouvé de défectueux. Un petit livret avec figures et démonstrations intitulé : « *Six erreurs de pages,* » de Desargues devait rouler sur le même sujet.

Telle est l'origine de cette querelle qui, commencée en 1642 n'était pas terminée en 1679, et dans laquelle prirent part d'un côté Desargues et son disciple Bosse, et de l'autre Dubreuil, Curabelle, plusieurs professeurs de l'École des Beaux-Arts, qui voulurent forcer Bosse à renier les principes de son maître, et enfin Huret, graveur et rival de Bosse.

Dubreuil fit paraître d'abord une petite brochure, ayant pour titre : « *Diverses méthodes universelles ou nouvelles en tout ou en partie pour faire des perspectives avec la liberté de mettre la distance pour éloignée qu'elle puisse être où on voudra sur l'horizon du tableau ou champ de l'ouvrage, et même sans aucun point que celui de l'œil. Le tout avec une très-grande justesse, promptitude et facilité. Tirées pour la plupart de la Perspective pratique* (Dubreuil). *Ce qui servira de plus de réponse aux deux affiches du sieur Desargues contre ladite Perspective pratique* 1642. »

Dans cette brochure, l'auteur se reproche d'avoir attribué à Desargues une certaine méthode, et il ajoute : « Pour éviter le blâme d'avoir ôté l'honneur à qui il appartenait et l'avoir donné à celui qui ne le mérite pas, je promets publiquement qu'à la deuxième impression, je mettrai le sieur Alleaume pour auteur, ou le sieur de Vaulezard qui prétend l'avoir mis en lumière et le sieur G. D. L. cherchera peu après telle place que le désir de gloire qui le pique lui indiquera, et demeurerai avec cette satisfaction d'avoir ôté de mon livre l'erreur la plus incroyable et la faute la plus énorme qui s'y rencontre, etc. »

Il parut à cette époque 1642 une petite brochure de 18 pages, sans nom d'auteur, ayant pour titre : *Avis charitables sur les diverses œuvres et feuilles volantes du sieur Girard, Desargues, Lyonais, etc.* (Voir l'article sur Desargues, où ce titre est donné en son entier) et qu'on peut attribuer à Dubreuil ou mieux à Melchior Tavernier. Ce petit ouvrage renferme : 1° Une adresse au lecteur sur les ouvrages de Desargues où il parle du nettoyement des Brouillons et leçons de ténèbres pour lequel il n'est pas besoin d'un balai si bien lié, ni de tant d'ordre et de lumière. »

2° « L'extrait de deux lettres de M. R., touchant les erreurs prétendues dans le livre de la perspective pratique. Où on voit que l'auteur cherche à pallier les erreurs plutôt qu'à les nier.

3° « Une réponse à un ami, contenant un examen d'un brouillon projet, donné au public depuis quelques années *en çà* par le sieur Desargues, sur le fait particulièrement d'un exemple, qu'il propose d'une manière universelle touchant la pratique du trait à preuve pour la coupe des pierres en l'architecture. »

Cette réponse, en 12 pages, est un examen des diverses œuvres de Desargues. Un des articles a pour titre : « Examen léger de la pratique de la perspective du sieur Desargues. » Ce n'est absolument qu'une critique amère et violente contre Desargues et ses procédés.

Un autre a pour titre : « Examen léger de la pratique de faire des cadrans. »

Et le dernier le plus étendu : « Examen de la pratique du trait des voûtes du sieur Desargues. »

Toutes ces critiques semblent faites fort légèrement et annoncent seulement un auteur fort irrité contre Desargues, qu'il accuse d'avoir copié sa méthode dans l'ouvrage d'Alleaume ou celui de Vaulezard.

Il faut lire la réponse virulente de Desargues à ces attaques ; dans sa reconnaissance qui est en tête de l'ouvrage de Bosse sur les cadrans solaires.

Dubreuil semble, à cette époque, avoir fait connaissance de Curabelle, autre détracteur violent de Desargues et avoir entrepris avec lui l'extension de son traité de perspective. Les ouvrages de Curabelle sortent de la même imprimerie de Tavernier et Chartres.

En 1647, parut un second volume de la perspective de Dubreuil avec ce titre :

« Seconde partie de la perspective pratique, qui donne une grande facilité à trouver des apparences de tous les corps tant réguliers qu'irréguliers... penchés, renversés, inclinés et déclinés comme l'on voudra, soit qu'ils reposent sur terre, ou qu'ils soient suspendus en l'air.

Par un religieux de la compagnie de Jésus.

A Paris, chez Melchior Tavernier, etc., 1647.

En 1649 parut le troisième et dernier volume, ayant pour titre :

« Troisième et dernière partie de la perspective pratique, où se voient les beautés et raretés de cette science, avec les méthodes pour la pratiquer sur toutes sortes de plans et les effets admirables des trois rayons droit, réfléchi et brisé.

Par un religieux de la compagnie de Jésus.

A Paris, chez. . . . . . 1649.

Enfin en 1651, Dubreuil donna suite à son projet de faire une autre édition de son premier volume, avec le même titre, seulement il met par un religieux, au lieu d'un parisien, de la compagnie de Jésus.

A Paris, chez la veuve François Langlois dit Chartres, 1651.

Cette deuxième édition du premier volume diffère considérablement de la première. D'abord, dans la préface, en parlant des auteurs de *perspective*, il cite Reich allemand, Victor chanoine de Toul, Albert Durer, Jean Cousin. Depuis eux sont venus Daniel Barbaro, Vignole, Selio, Ducerceau, Sirigati, Salomon de Caus, Marolais, Uredeman, Uriesse, Guidus Ubaldus, Pietro Acolty, le sieur de Vaulezard, le père Niceron, *Alleaume*, le sieur *Curabelle*, très-savant dans la théorie et la pratique comme il appert par ses œuvres.

Ainsi on voit que l'auteur a supprimé le nom de Desargues pour y substituer celui d'Alleaume. On y remarquera ensuite cette addition du nom de Curabelle avec une note très-louangeuse de ses œuvres qui nous sont inconnues ; ce qui donne à supposer que Curabelle qui était plus géomètre que Dubreuil, a participé dans ce traité de perspective pratique en trois volumes que nous allons maintenant examiner.

Le premier volume de cette nouvelle édition est celui de la première, entièrement corrigé des fautes et erreurs signalées par Desargues ; il est augmenté d'une perspective dite militaire (c'est celle que nous appelons cavalière). Le volume contient alors 172 pages au lieu de 160.

L'auteur a supprimé complétement le chapitre sur Desargues. Ce chapitre, avec les suivants, forme dans la deuxième édition, le traité VI, sous le titre de : Perspective sans mettre la distance hors du tableau, etc., qui est celui d'une de ses brochures.

Dans ce traité, l'auteur expose le moyen de mettre en perspective un sujet par le moyen des coordonnées de chaque point ; il expose l'usage des points de 1 1/2, 1 1/3... distance. La construction des échelles, — il donne le moyen de trouver les divisions de l'échelle des profondeurs d'une manière assez simple, et il ajoute : « Ainsi le milieu sera le point à profondeur égale à la distance ; celui au 2/3 seral égal à une profondeur double; 3/4 à une profondeur triple, etc.; » très-juste. Il observe aussi que les hauteurs peuvent se prendre sur l'horizontale.

Pour avoir la position d'un point de distance, on sait qu'il faut porter sur la ligne d'horizon, à droite ou à gauche du point central O, la distance de l'œil au tableau. L'auteur dit : lorsque cette distance sort du tableau, on porte alors la partie qui dépasse le cadre, de l'autre côté du point O, et on se sert de ces deux extrémités. » On voit, en effet, que cela revient à porter cette distance sur la ligne d'horizon, à partir d'un point quelconque.

Il donne encore un moyen simple de tirer une droite vers un point de la ligne d'horizon trop éloigné.

Le deuxième volume est divisé en six traités.

Le premier contient les définitions : — Description de la fausse équerre ou sauterelle, son usage.

Le deuxième traité, des pièces inclinées dont les faces sont parallèles au tableau. Sa méthode simple consiste à faire la perspective du plan supposé horizontal, puis à faire tourner la pièce parallèlement au tableau.

Le troisième traité, des pièces inclinées de diverses manières. Il dit « que dans le deuxième traité, on pouvait se servir des devis, mais qu'ici il faut avoir le plan et l'élévation qui servent à leur donner, par les méthodes connues : 1° la perspective du plan, et 2° la perspective des hauteurs. » Il fait voir l'usage des points de concours *aériens* et terrestres. Il les détermine par le tracé perspectif de deux droites passant par le point et non *à priori*; il commence par donner les moyens d'avoir les plans, etc.

Le quatrième traité s'occupe des solides soutenus en l'air; il opère comme ci-dessus.

Le cinquième traite des polyèdres en perspective, vus diversement. Ce chapitre curieux donne les perspectives de tous les corps réguliers et de leurs dérivés, pleins ou à jour.

Le troisième volume traite de la perspective des plafonds et des voûtes. Ce chapitre, très-étendu, plus curieux qu'utile, mériterait cependant de fixer l'attention des architectes.

Le traité II de ce volume s'occupe des perspectives qui doivent être vues de haut en bas.

Le traité III, des perspectives sur des plans inclinés ou déclinés. Il y a un chapitre assez curieux intitulé : « Pour élever une maison en perspective de telle sorte qu'on y verra tous les étages qu'elle aura et les départements de chacun d'eux, les uns après les autres. »

Traité IV, des pièces détachées; — des perspectives de théâtre. Il expose la disposition des décors sur des châssis ordinaires, puis sur des châssis en triangles mobiles (comme chez les anciens) ; divers emplois de châssis coulants ou de machines tournantes. — Perspectives sur des plans parallèles aux rayons de l'œil.

Le traité V, traité d'optique ou des effets admirables du rayon direct sur les plans unis, pyramidaux, coniques et irréguliers, tant convexes que concaves. (Perspectives curieuses.)

Traité VI, des rayons réfléchis, dans les miroirs, dans l'eau, etc.

Traité VII, de la dioptrique... Il contient des procédés divers pour des images irrégulières, etc.

Résumé.

Cet ouvrage est extrêmement curieux pour l'époque : nous n'avons même actuellement rien d'aussi complet. Il montre qu'on s'occupait plus alors de la perspective que maintenant. Il contient un grand nombre de gravures très-convenablement exécutées et qui font bien comprendre le sujet. — Le texte ne contient pas, il est vrai, de démonstrations; mais les figures y suppléent très-bien. Cet ouvrage n'a pas la prétention d'être savant; il devrait être dans la bibliothèque des peintres. — On y trouve cependant quelques procédés fondés sur la géométrie et qui annoncent un géomètre. Ce qui étonne le plus, après avoir lu ce livre, sans nom d'auteur, c'est qu'il soit attribué à Dubreuil, auteur connu de la première édition du premier volume, ouvrage qui a été si vivement attaqué, et il faut ajouter, avec raison, par Desargues. Il y a lieu de supposer que Curabelle, qui avait composé un traité d'optique, qui a fait un examen des œuvres de Desargues, qui était géomètre, comme le prouvent divers travaux qui lui sont attribués sur la coupe des pierres et autres, irrité au dernier degré contre Desargues, a mis son talent au service de Dubreuil, de sorte qu'ils ont refait en commun ce nouveau traité de perspective pratique, en faisant disparaître le premier volume attaqué, afin de donner tort aux critiques de Desargues. Ce premier volume de la première édition est maintenant très-rare, de sorte que ceux qui examinent l'œuvre de Dubreuil en trois volumes, doivent être étonnés des critiques amères qu'il a suscitées, et qui ne s'adressent qu'au premier volume de la première édition.

ALLEAUME ET MIGON

LA PERSPECTIVE SPÉCULATIVE ET PRATIQUE.

« Où sont démontrés les fondemens de cet art, et de tout ce qui en a été enseigné jusqu'à présent. Ensemble la manière universelle de la pratiquer, non-seulement sur le plan géométral et sans tiers point dedans ni dehors le champ du tableau, mais encore par le moyen de la ligne, communément appelée horizontale.

« De l'invention du feu sieur Alleaume, ingénieur du roi, mise au jour par Etienne Migon, professeur ès-mathématiques.

« Paris, 1643, in-4., chez Melchior Tavernier et François Langlois dit Chartres. »

On trouve à la suite du privilége, une cession faite par Migon, aux sieurs Tavernier et Chartres, libraires, elle se termine ainsi : « Achevé d'imprimer pour la première fois, le quinzième jour de mai 1643. »

A la fin de l'ouvrage, on trouve ces paroles de Migon : « Je ferai voir à ceux qui le désireront, le manuscrit du sieur Alleaume, et donnerai l'impression qui fut faite sur icelui, ***mot pour mot***, dès l'année 1628, (et que j'ai depuis achetée) pour être distribuée gratuitement à tous ceux qui achèteront celui-ci. » Deux lignes avant, on trouve « combien que j'aye contribué en cet ouvrage plusieurs choses qui ne leur doivent pas être désagréables. »

Dans le privilége du roi, demandé par Migon, se trouve l'indication d'un privilége du 27 février 1628, pour permis d'imprimer un ouvrage intitulé : ***Introduction à la perspective, ensemble, l'usage du compas optique et perspectif***, de l'invention de feu sieur Alleaume, notre ingénieur, qui a été trouvée avec d'autres mémoires, après sa mort. Ce privilége est accordé aux sieurs P. Recolet et C. Hulpeau, libraires. Le sieur Hulpeau étant mort, le sieur Migon aurait acheté des héritiers les susdits mémoires et ledit compas de perspective de l'invention dudit sieur Alleaume ; ensemble ledit commencement d'impression, contenant les six feuilles cotées A, C, D, E, F, G, avec toutes les figures taillées en bois, par transport du 21 janvier 1641..... joint qu'il a beaucoup ***augmenté*** ledit livre, lequel contient à ***présent*** les démonstrations et les fondements universels de toute la perspective, qu'à ce sujet il intitule : ***Perspective*** *spéculative et pratique*, etc., 6 janvier, 1643. »

En lisant attentivement cet ouvrage, on s'aperçoit, en effet, que les feuilles de A jusqu'à H, formant la première partie de l'ouvrage, diffèrent sensiblement de celles de la deuxième par la manière dont sont tracées les figures et par le fond du sujet. De sorte qu'on peut en déduire que la première partie seule est d'Alleaume, et que la deuxième est de Migon.

De ce que les six premières feuilles ont été imprimées en 1628, il n'en résulte pas que l'ouvrage fût en vente et que Desargues pût en avoir connaissance, puisqu'en définitive l'ouvrage n'a été mis au jour qu'en mai 1643. Or, la perspective de Desargues étant de 1636, il n'a donc pu copier celle d'Alleaume et Migon de 1643.

L'ouvrage ne contient que la perspective d'une figure plane, contenue dans un plan inférieur ou supérieur à l'œil; il indique seulement que les constructions seraient les mêmes si la figure était tracée sur un plan incliné ou sur un plan vertical.

L'ouvrage se divise en deux parties : la première renferme d'abord les définitions; ensuite viennent les huit propositions suivantes, formant des chapitres.

1° Perspective des droites perpendiculaires à la ligne de terre.

2° Perspective des droites parallèles à la ligne de terre.

3° Perspective de droites parallèles à la ligne de terre et équidistantes.

4° Réciproque de la proposition : 1° Les droites qui, sur le tableau, passent par le point de l'œil sont les perspectives de droites perpendiculaires sur la ligne de terre.

5° Point de concours des droites parallèles horizontales.

6° Angle que fait, avec la ligne de terre, une droite dont la perspective donnée passe par l'intersection de la ligne de terre et la verticale principale et concourt en un point de la ligne d'horizon.

7° Des droites perspectives concourantes en un point de la ligne d'horizon, qui coupent des droites parallèles à la ligne de terre, sont les apparences d'autant d'autres lignes droites dans le plan horizontal, lesquelles feront l'une sur l'autre des angles égaux entre eux.

La figure qui accompagne cette proposition représente en perspective les deux échelles de perspective, mais dans le texte il n'est pas question de son usage comme échelle.

8° Proposition : étant données deux droites en perspectives, déterminer l'angle que font les droites du plan horizontal dont elles sont la perspective.

La deuxième partie, que nous attribuons à Migon, est précédée de l'avertissement suivant.

« Ce que nous avons traité jusqu'ici est tiré de la théorie de la perspective, et contient les fondements universels d'icelle et les raisons des diverses apparences de toutes sortes d'objets vus de quelque point et dans quelque place que ce soit.

« Il contient aussi les fondements de la pratique que nous enseignons ci-après. On y remarquera pareillement les fondements des différentes pratiques de tous les auteurs qui ont traité de cet art, comme aussi on en tirera l'intelligence des termes dont nous nous servons en ce livre, qui sont un peu différents de ceux desquels ont usé les auteurs qui ont écrit de la perspective ; à quoi nous n'avons été aucunement contraints, pour une plus claire intelligence de la pratique que nous y enseignons, laquelle on trouvera d'autant plus facile qu'*elle est nouvelle et différente de toutes celles qu'on a vues jusqu'à présent.*

Ce titre est loin de faire connaître le contenu de

cette deuxième partie et des principes nouveaux qu'elle renferme. Elle a elle-même peu de rapport avec la première.

« Cette pratique de la perspective, consiste en la préparation du tableau, ou superficie sur laquelle on veut travailler.

La préparation du tableau s'étend à trois choses. La première concerne la base, la seconde, ses côtés ou montants, et la troisième, la ligne du niveau de l'œil. »

Nous allons exposer, le plus succintement possible, ces trois préparations sans nous assujettir aux expressions de l'auteur et à ses données.

Soit $T_1T_2T_3T_4$ le rectangle limitant le tableau (fig. 43, 1re préparation. — On divise la base T_1T_2 en autant de parties égales qu'il y a d'unité dans ce qu'on doit représenter de T_1 à T_2; on suppose, fig. 43, que ce soit en douze parties, chacune d'elles sera donc l'unité fondamentale de la construction. On trace la ligne d'horizon H_1H_2 à une distance de T_1T_2 égale à la hauteur de l'œil, au-dessus du plan horizontal exprimée en unités de l'échelle fondamentale ci-dessus, soit $3^{u},5$.

On mène ensuite une verticale qO, soit à moitié, soit plus ou moins rapprochée de l'un des côtés que de l'autre. Le point O d'intersection de cette verticale et de l'horizontale est la projection du point de vue.

2° préparation sur les côtés. — On porte sur la base T_1T_2 de T_1 en M la distance T_1M égale à la distance de l'œil au tableau, je suppose dans la figure que ce soit de 9 mètres. En M on élève la verticale *mn*. On joint le point H. aux divisions 10, 11, 12, de la ligne de terre, ces droites rencontrent celle *mn* en des points, par lesquels menant des horizontales, elles seront la perspective de droites horizontales du sujet, éloignées de la ligne de terre de un, deux, trois... mètres. Ces horizontales couperont les côtés verticaux du cadre, en des points qu'on cotera successivement des n°s 1, 2, 3... Si les divisions de T_1T_2 ne peuvent se prolonger au delà de T_1, pour avoir des points plus éloignés que 3. On mènera par le point *g*, ou la droite $H_1$12 coupe *mn*, l'horizontale *defg*... qui coupera les lignes $H_1$11, $H_1$10, $H_1$9 aux points *f*, *e*, *d*, tels que *ef* = *fe* = *ed* égale à un mètre, à la profondeur où se trouve le point *g*. Portant donc, à droite du point *g*, une de ces distances telle que *ef*, autant de fois que cela se pourra, et joignant ces divers points à H, on aura d'autres droites qui couperont *mn*, en des points par lesquels menant des horizontales, on aura sur les côtés, les points qui porteront les nos 4, 5, 6, etc., et ainsi de suite. On efface toutes les droites de construction, en laissant sur les côtés les divisions obtenues, qui seront inégales, et diminuant à mesure qu'on s'éloigne de la ligne de terre.

Cette construction donne évidemment une échelle de perspective des profondeurs. Quel que soit l'inventeur de cette échelle, elle est présentée ici assez clairement. Seulement, remarquons que l'auteur pour ne pas sortir du tableau, prend la distance T*m* de l'œil, au tableau plus petite que sa largeur 12 m., de sorte que le point *m* se trouve entre le point T_1 et T_2, tandis que si cette distance était égale à deux fois cette largeur, ce point *m* serait en dehors. Par la méthode de Desargues, il n'y a pas cet accident à rencontrer, mais il faut alors tracer sur T_1T_2, deux échelles de parties égales.

La troisième préparation est la plus curieuse, parce qu'elle me semble ingénieuse et nouvelle.

Considérons le plan d'horizon dont la trace sur le tableau est la droite H_1H_2, faisons tourner ce plan autour de cette trace de manière à le ramener sur le plan du tableau, alors le point de vue viendra dans ce mouvement se rabattre en V à une distance VO du point O, sur la verticale VO, égale à la distance de l'œil au tableau. Cela étant, du point V comme centre, avec un rayon arbitraire, on décrit un quart de circonférence qu'on divise en 90°, à partir du rayon VO; on prolonge les rayons de ces divisions jusqu'à la ligne d'horizon et on marque aux points d'intersection les degrés correspondants, à partir de 0°. On porte à gauche les mêmes divisions qu'à droite et le tableau sera entièrement préparé.

A la suite de cette préparation, l'auteur entre dans des considérations sur la position de l'œil en avant du tableau, elles sont peu justes; on voit que l'auteur veut chercher la position de l'œil pour laquelle la figure perspective diffère moins de celle donnée.

Le tableau étant préparé, l'auteur résout ainsi les 9 problèmes suivants :

1° On veut avoir la perspective d'un point donné à 5 m. de profondeur et à 4 à gauche du plan vertical.

On met une règle sur les deux chiffres 5 des côtés verticaux; on joint le point 2, qui sur T_1T_2 est à 4 m. de *q*, avec *o*, et le point d'intersection *a* est le point cherché.

Au lieu de se servir d'une seconde règle, il perce le point O d'un trou par lequel passe un fil retenu en

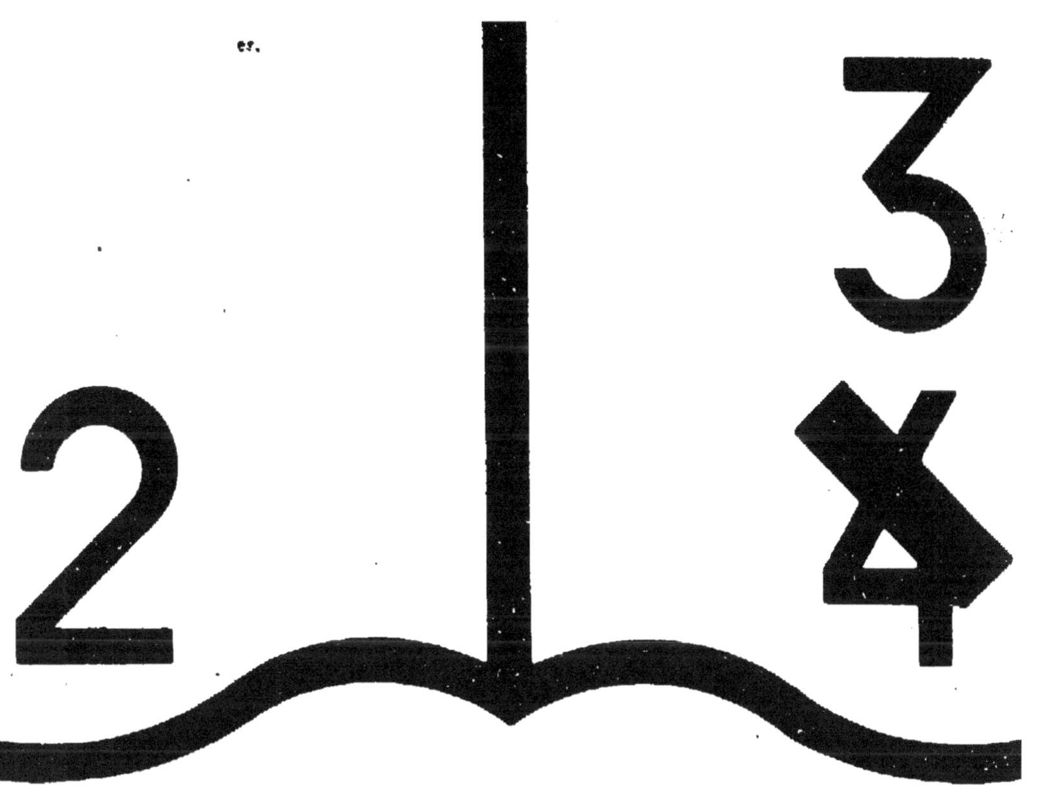

Pagination incorrecte — date incorrecte

NF Z 43-120-12

ce point par derrière ; en tendant ce fil, et le faisant ici passer par le point 2, il obtient le point *a*.

2° Étant donnée sur le tableau la droite *ab*, on demande, quel est l'angle que fait avec la ligne de terre, dans le plan horizontal, la droite dont elle est la représentation ?

On prolonge *ab* jusqu'à la ligne d'horizon, elle la rencontre au point 40, donc cette ligne faisait avec la ligne de terre un angle de 90° — 40° = 50°.

3° D'un point donné sur le tableau, mener une parallèle à une droite donnée ?

On prolonge la droite donnée jusqu'à la ligne d'horizon et on joint le point donné, à ce point d'intersection, ce sera la droite cherchée.

4° D'un point donné mener une droite faisant avec une autre donnée sur le tableau, un angle donné.

On prolonge la droite donnée jusqu'à la ligne d'horizon, on regarde le point de division, et de ce point on compte sur cette ligne autant de degrés qu'il y en a dans l'angle donné, on joint le point ainsi trouvé avec celui donné et on a la droite cherchée. On voit que ce problème peut avoir deux solutions.

5° Une droite étant donnée sur le tableau, trouver sa grandeur sur le plan horizontal ?

Si la droite est parallèle à la ligne de terre, on joint ses deux extrémités à un même point de la ligne d'horizon ; les deux droites étant prolongées jusqu'à la ligne de terre, déterminent, entre les deux points d'intersection, la longueur cherchée de la droite.

Si la droite, telle que *ai*, n'est plus parallèle à la ligne de terre, on peut procéder avec les méthodes suivantes. 1° On détermine la grandeur des coordonnés des extrémités *a* et *i* de la droite. On prend les différences, et alors la racine carrée de la somme des carrés de ces deux différences est la longueur cherchée de la droite. Ou bien, on peut graphiquement construire cette longueur, qui sera l'hypothénuse d'un triangle rectangle dont les deux différences seront les côtés de l'angle droit.

Voici encore une autre méthode fort intéressante, parce qu'elle conduit à la considération du point de concours des cordes, invention qu'on doit, il me semble, attribuer à Migon.

On prolonge la droite donnée *ai* jusqu'à la ligne d'horizon; dans la figure on trouve qu'elle rencontre cette droite au point 40° de la division des directions; d'où il suit que la droite *ai* représente une droite faisant, avec une horizontale, un angle de

$90° - 40° = 50°$. Si on joint le point *i* avec le point 25°, cette droite *hi* 25 fera donc avec celle *ai* un angle de $40 + 25 = 65°$. Or, cette droite *hi*, passant par le n° 25°, représente donc une droite faisant avec une horizontale un angle de $90° - 25° = 65°$. Donc si par le point *a* on mène l'horizontale *ah*, le triangle *hia* sera la représentation d'un triangle isocèle dans lequel l'angle *iha* est égal à celui *hia*; d'où il résulte que les côtés *ai* et *ah* représentent des côtés égaux. Maintenant *ah* étant une horizontale, sa grandeur se déterminera facilement, comme nous l'avons indiqué ci-dessus, donc la longueur sera déterminée.

6° Par un point donné *a*, sur le tableau, mener une droite *ai* d'une grandeur et d'une direction données?

Si la direction de cette droite doit faire, par exemple, un angle de 50° avec l'horizontale, elle fera avec la verticale un angle de $90° - 50 = 40°$. On joindra donc le point *a* avec le point 40°.

Par le point *a*, on mène l'horizontale *ah*, sur laquelle on détermine, à partir de *a*, la longueur *ah*, représentant celle donnée. La somme des angles d'un triangle étant de 180°; dans un triangle isocèle dont l'angle au sommet serait de 50°, chaque angle à la base serait donc de $\frac{180 - 50}{2} = 65°$; joignant donc ce point *h* à celui 90° — 65 = 25°, il en résultera le triangle isocèle *aih*, et par suite le côté *ai* = *ah*, ce qu'il fallait trouver.

7° Porter sur une droite donnée une longueur donnée? même moyen que le problème ci-dessus.

8° Une droite étant donnée, la diviser suivant une raison donnée?

9° Prolonger une droite donnée d'une quantité qui soit à la partie connue dans une raison donnée?

Ces trois derniers problèmes étant très-simples, n'ont pas besoin d'explication.

L'auteur ajoute « que les neuf problèmes précédents sont tout ce qui peut se rencontrer dans la réduction de quelque superficie que ce soit, en perspective. Lesquels problèmes nous avons, non-seulement, enseignés à pratiquer dans le plan horizontal, mais encore dans un autre plan parallèle à icelui et élevé au-dessus, et même d'un plan vertical, etc. »

L'auteur termine par ces deux applications.

1° Étant donné un plan géométral, contenu de tant d'angles ou de côtés qu'on voudra; construire son apparence perspective dans le tableau.

2° Trouver, dans un tableau, l'apparence de quelque figure rectiligne que ce soit, par la connaissance qui sera donnée de ses angles et de ses côtés.

La solution de ce premier problème me semble devoir être attribuée à Desargues, avec l'invention des échelles.

Mais la solution du second problème, plus important peut-être que le premier, doit être attribué à Migon, avec la considération du plan d'horizon rabattu, la division des directions, et l'emploi du point de concours des cordes; inventions qui permettent de construire la perspective d'une figure plane sans en faire le plan géométral.

Ces inventions, dues à Migon, me semblent être une des découvertes les plus importantes dans la science de la perspective.

VAVLEZARD.

ABRÉGÉ OV RACOVRCY DE LA PERSPECTIVE PAR L'IMITATION.

« Dans lequel est traité du moyen de changer une perspective en une autre semblable, ayant la distance et hauteur de l'œil; comme aussi les distances ou enfoncements des objets plus grands ou moindres que leurs semblables en la primitive; ensemble l'invention d'approprier deux ou plusieurs perspectives ou parties d'icelles en une même et sous une même distance à l'œil.

« Le tout par l'aide du compas de perspective; imprimé en 1631, duquel la division d'icelle a servi à celui (Desargues) qui se vante d'avoir l'unique secret et les manières universelles de la perspective.

« Cet œuvre est utile et les préceptes sont infaillibles pour mettre en perspective tous les objets qui se presentent et les représenter comme les choses naturelles.

« Par le sieur Vavlezard.

« Paris, 1643. »

Dans l'avis au lecteur, qui est en tête de l'ouvrage, on voit que Vavlezard avait l'intention de donner au public un traité universel de perspective plus simple que ceux connus. « Ayant dessein, dit-il, de donner au public quelques pièces de perspectives propres pour orner et prolonger les salles, galeries, promenoirs et autres lieux de plaisir, comme aussi d'autres par le moyen desquelles on pourra réparer les défectuosités d'un bâtiment ou autre édifice (c'est-à-dire par apparence), comme quand un logis est séparé d'un autre et qu'il se voit un grand pan de muraille sans ouvertures, ou bien que le logis est sans jardin, et que la distance de l'œil et éloignement des objets étant limités, on ne pourrait les accommoder en tous lieux, j'ai fait précéder (ces ouvrages) de ce traité. »

Il est beaucoup à regretter que Vavlezard n'ait point donné suite à ses idées; nous ne connaissons point, en effet, d'ouvrage de Vavlezard sur le sujet qu'il indique.

Cet ouvrage se divise en plusieurs parties ou chapitres.

Le premier renferme 10 propositions élémentaires de géométrie servant à la perspective.

Le deuxième porte pour titre : « Abrégé ou racourcy de la perspective par l'imitation. Définitions. »

Ce chapitre contient 14 articles sur l'exposition des lignes, des points, des plans qui entrent dans une perspective, et à la suite se trouvent 17 articles qui sont comme un résumé des principes de la perspective.

Viennent après, et formant la plus grande partie de l'ouvrage, 17 propositions avec les démonstrations, elles sont assez intéressantes pour en donner ici les sujets.

« Proposition I. — Étant donnée quelque perspective que ce soit, trouver sa ligne horizontale et e point de l'œil.

« Proposition II. — Étant donnés le point de l'œil et la ligne horizontale, trouver la distance de 'œil.

« Proposition III. — Étant donnée une perspective, trouver sa ligne de base ou horizontale, comme aussi les bases de chacun des objets représentés en icelle.

« Proposition IV. — Étant donnée une perspective, trouver les élongements de chacun des points ou angles d'un objet, en son naturel, derrière le plan d'icelle, duquel la représentation ou scénographie est dans la même perspective.

« Proposition V. — Étant donnée une perspective,

réduire les représentations ou scénographie étant en icelle à l'objet naturel, par le moyen duquel elles ont été décrites au plan de la perspective et lequel elles représentent.

« Proposition VI. — Trouver le point de lumière duquel les ombres d'une perspective donnée sont causées.

Prop. VII. Une perspective étant donnée, en faire une autre, dans laquelle soit représentée la scénographie des mêmes objets que la donnée représente, avec même distance de l'œil, mais de direction différente.

A la suite de cette proposition se trouve, « déclaration des parties du compas optique ou de perspective. »

C'est la description d'un compas de proportion avec des divisions de parties égales, et d'autres inégales, il dit : « *Nous réservons exprès la construction de ce compas au traité que nous ferons, en bref, de l'usage et construction du compas de perspective tant particulier qu'universel.*

Prop. VIII. — Changer les lieux de l'apparence d'un objet en une perspective proposée.

« Prop. IX. — Changer la projection des ombres causées par les corps, desquels les lieux ont été changés en la perspective.

« Prop. X. — Étant donnée une perspective, en faire une autre, laquelle représente les mêmes objets et en semblable disposition, mais que la distance de l'œil, au respect de la hauteur d'icelui, soit différente de la distance de l'œil de la primitive, au respect en icelle.

« Prop. XI. — Étant données plusieurs perspectives différentes, en faire une autre laquelle soit composée des parties d'icelle.

« Prop. XII. — Étant donnée une perspective, en faire une autre dérivée d'icelle, de laquelle la hauteur de l'œil soit différente de la hauteur de l'œil de la primitive.

« Prop. XIII. — Réduire une perspective, du petit au grand comme au contraire les grandes en petites.

« Prop. XIV. — Étant donnée quelque objet en grandeur et position sur la base d'une perspective, la ligne horizontale de l'œil, le point d'icelui et de la distance; donner la scénographie ou apparence de l'objet.

« Prop. XV. — Etant donné un plan pour celui d'une perspective avec la ligne horizontale et le point de l'œil en position, mais la distance de l'œil, la grandeur de la disposition de l'objet en grandeur et comparaison des parties du plan seulement, décrire la scénographie du même objet.

« Prop. XVI. — Etant donnée la perspective de quelque objet que ce soit, donner celle de l'ombre qu'il cause, soit par la présence du soleil, ou de quelque autre lumière.

« Prop. XVII. — Etant proposée une perspective à faire, avec l'objet, donner l'apparence par le moyen d'un instrument. »

(La description de cet instrument est très-peu intelligible).

Les 16 propositions dont nous venons de donner les titres sont fort curieuses et mériteraient un examen plus détaillé que celui que nous pouvons leur consacrer ici.

Après ces propositions vient un chapitre ayant pour titre :

« De la manière de mettre en perspective toutes les choses naturelles, par l'imitation seulement, sans se servir des règles de la géométrie, »

Ce chapite s'adresse, comme on le voit, aux peintres et dessinateurs, qui « font en perspective des fautes telles que les plus ignorants les peuvent reconnaitre.

« J'ai été poussé, dit-il, à faire le petit abrégé suivant, afin que les apprentis en l'art de la peinture qui comprend sous soi, les peintres, graveurs et architectes et autres qui se mêlent de dessin, ne tombassent désormais en telles fautes : icelui contiendra succinctement tout ce qu'il faut observer pour faire paraître les choses, ou hautes, ou abaissées, contenues ou de lignes droites ou de courbes, etc. « *Ce que nous mettrons par préceptes qui seront tels.* »

Suivent 24 articles, ou propositions utiles aux peintres.

L'idée de ce chapitre est excellente et les préceptes qu'il renferme pourraient être encore recommandés aux dessinateurs de nos jours qui ne savent par les règles de la perspective.

L'ouvrage se termine ici, mais il est suivi d'un appendice sur l'abrégé ou raccourci de la perspective, touchant la construction du compas; nous croyons devoir en donner l'explication, parce qu'elle servira à éclaircir un point de l'histoire de la perspective, à savoir : quel est l'inventeur de l'échelle des profondeurs, ou, comme l'appelle Vavlezard, du compas optique ou de perspective.

La figure 44 est une copie exacte de celle de Vavlezard, laquelle est accompagnée, dans son ouvrage n° 12, de 8 pages de texte exposant la construction de ce compas, sans explications, ni application.

En voici un extrait, avec quelques explications :

Sur une lame de cuivre, ou d'autre matière, bien plane et unie, on trace une droite AB aussi grande qu'on voudra faire la ligne optique du compas. Aux extrémités A et B on élève des perpendiculaires EAD et B*c*. De part et d'autre du point A, on porte 10 parties égales de grandeur arbitraire, et du point B en C sur la ligne BC on porte 6 de ces parties, afin dit-il, que le point C représente le point de l'œil ; par conséquent BC représente la distance de l'œil au tableau prise à l'échelle formée sur EAD et il observe que si chacune de ces parties représente 10, auquel cas AD en contiendrait 100, alors BC en représenterait 60.

Le but de l'auteur, on le voit, est de diviser perspectivement la droite AD en considérant le point A comme étant sur la ligne de terre EAD et le point B comme le centre du tableau, ou la projection de l'œil sur ce plan.

Pour faire cette division, il joint le point D à celui C ; cette droite DC coupe celle A B au point F qu'il numérote du chiffre 100. Par le point F il mène l'horizontale GF qui coupe BD en G. la droite CG coupera AB au point R qu'il numérote 200. L'horizontale zRα détermine sur BE et BD les points Z et α qui seront aussi déterminés par les droites DFZ et EFα. Il prolonge la droite Rα, et porte sur cette droite à partir de α trois fois cette distance Rα jusqu'en L.

Il joint le point B à tous les points de divisions de la droite EAD et à ceux de RL.

La droite GIC, donne par son intersection avec la droite BE le point I, par lequel menant l'horizontale IMHN, le point M est marqué 300. Prenant MH = 2 fois MT et joignant H à C, il obtient le point O numéroté 500. Sur l'horizontale OVP il prend OP = 5 fois la partie comprise entre le point O et celui où elle coupe BD, il a le point P qu'il joint à C et qui donne sur AB, le point Y marqué 1000, il trace l'horizontale YX. S'il joignait X à C il obtiendrait le point 1500; mais il veut de suite obtenir 5000. Pour cela il eût fallu prolonger YX de manière à pouvoir porter sur cette droite 8 fois YX, puisque YX représente 500 parties; et joindre le point ainsi trouvé avec C. Mais ce point étant trop éloigné, l'auteur détermine sur BC le point Q tel que BQ = 1/8 BC, alors joignant X à Q, il détermine sur AB le point β qu'il marque 500 *b* et qui est le même que celui qu'il aurait obtenu par l'autre construction. Ce moyen est ingénieux.

Pour avoir ensuite des divisions intermédiaires, par exemple, celles de A en K, il trace la diagonale DK ou AS qui rencontre les droites qui de B vont aux divisions de la base EAD, en des points par lesquels il mène des horizontales qui donnent sur AK les divisions cherchées. De même pour les autres, comme on peut le voir sur la figure 44.

L'auteur termine ainsi la construction de son compas :

« Voilà donc sommairement la façon de graduer et diviser la ligne optique de notre compas, lequel on peut faire d'une grandeur à discrétion, et lors on peut faire valoir les divisions, telles parties des premières qu'on voudra sans s'astreindre aux nombres que nous avons donnés, observant néanmoins en l'ordre des subdivisions ce que nous avons dit ici. Au reste, la ligne étant ainsi divisée, elle vous servira pour graduer quelque compas que vous voudrez pourvu que les lignes qui représentent la ligne optique, n'excèdent ni défaillent à la grandeur de AB, portant sur icelles les divisions de la même AB, observant que le point B convienne au centre du compas. Pour la ligne des parties égales, nous n'en disons rien, d'autant que sa division est aisée et facile et que le moins entendu en la géométrie la peut diviser; c'est pourquoi nous finissons cette construction en attendant que nous en donnions une plus ample en la perspective universelle. »

Il est évident que ce compas optique est celui que Desargues désigne en disant : « qu'il a traîné sous la presse depuis tant d'années imcomplet et sans précepte pour en travailler proportionellement, voire qu'on ne lui ait pas donné sa dernière façon. »

La division donnée de sa droite AB est exacte et forme bien une échelle des éloignements ou des profondeurs, applicable à tous les dessins qui auront la longueur AB pour hauteur de l'œil au dessus du plan horizontal et pour distance de l'œil au tableau, le nombre d'unités indiqué ici ; par conséquent elle peut convenir à des tableaux, ayant ces données communes, mais différents par l'échelle fondamentale du tableau. Au moyen d'un compas de proportion sur lequel serait tracée, sur les deux branches, cette division, elle pourrait servir pour tout autre tableau, où la distance de l'œil au tableau restant la même; sa hauteur au dessus du sol varierait; car en effet si A′B′ est cette nouvelle valeur de AB, on voit qu'il suffit d'avoir sur A′B′ une division proportionnelle à celle sur AB, ce qu'on obtient facilement par ce compas de proportion.

De plus, avec ce compas de perspective, sur un dessin sur lequel AB est la distance de l'œil au dessus du sol, on peut de même obtenir les divisions sur toute droite de ce plan comprise entre la ligne d'horizon et la ligne de terre et résoudre plusieurs des problèmes donnés par l'auteur.

D'après cette analyse très-succincte de cet ouvrage de Vavlezard, on voit qu'il renferme des propositions fort intéressantes sur des sujets de perspective; mais ce n'est point le traité de cette science qu'il se reservait de faire, et dans lequel il aurait donné les explications qui manquent ici.

L'auteur était géomètre ; mais d'après les figures, on doit croire qu'il était très-peu dessinateur, on ne peut rien voir de plus mal fait, ce ne sont que des brouillons faits à la main et sans emploi de perspective.

On a encore de cet auteur un autre ouvrage ayant pour titre : « *Perspective cylindrique et conique. On traite des apparences vues par le moyen de miroirs cylindriques et coniques, soit convexes ou concaves : Ensemble la construction et position des figures objectées au même miroir, afin que leurs apparences soient conformes à la volonté. Par I.-L.-S. de Vavlezard*, mathématicien. — Paris, 1630. »

C'est encore un ouvrage très-curieux et savant ; mais dont l'analyse entraînerait trop loin; voici son contenu comme il l'indique dans son avertissement aux lecteurs.

« Premièrement, vous y trouverez les définitions du cylindre et du cône tirées d'Euclide, quelques maximes et axiomes d'optique et catoptrique tirés de divers auteurs. Secondement, j'ai divisé le traité en deux : l'un du miroir cylindrique et l'autre du conique : la première partie est subdivisée en deux, en théorèmes qui montrent les affections du miroir cylindrique au respect des objets, et en problèmes pour la construction des figures objectées au même miroir cylindrique. La deuxième est subdivisée pour le miroir conique ainsi qu'au cylindrique. Voilà ce que contient cette œuvre. Au reste vous serez avertis qu'à cause qu'en la description de figures pour ces miroirs, on se sert de beaucoup de lignes, j'ai appelé celles qui sont semblables à d'autres, leurs homogènes; voilà sommairement ce que j'ai fait en ce traité. Recevez-le en gré et corrigez les fautes sans passion. Adieu.

BATTAZ

—

ABRÉVIATION DES PLUS DIFFICILES OPÉRATIONS DE PERSPECTIVE PRATIQUE, par Nicolas Battaz, doyen de N.-D. d'Annecy, 1644.

Voici encore un ouvrage intéressant sur la perspective, je regrette de ne pouvoir en donner une analyse plus détaillée laquelle m'entraînerait à des répétitions continuelles.

Voici le contenu succinct de cet ouvrage :

Dans sa préface au lecteur, il cite, comme auteurs Philander en ses commentaires sur Vitruve. — Albert Durer peintre et *géométrien* excellent. — Jean Paul Lomazzo Milanais. — Vignole commenté par Ignace Danti.

L'auteur commence par ces mots : « Je ne prétends pas m'amuser aux démonstrations, puisque j'écris en un temps qui abonde en doctes mathématiciens. »

Le livre est divisé en propositions. Dans les premières, l'auteur donne l'usage du point, qu'il appelle accidental, où doivent aboutir en perspective toutes les droites parallèles ; l'usage des points de distance et comment on peut les remplacer lorsqu'ils sont trop éloignés ; il donne à la suite l'emploi d'un compas de réduction à 4 branches, il explique clairement l'utilité du point accidental des *raccourcissements*, c'est le point de concours des cordes, signalé déjà dans Alleaume et Migon, dans Desargues. Il fait ensuite des applications à la perspective d'un carré dans diverses positions, horizontale et inclinée. Toutes ces propositions sont très-bien exposées.

L'auteur donne ensuite la perspective des circonférences, il cite à ce sujet la méthode de Vignole par des panneaux. La méthode qu'il expose est très-bonne et peu connue (je la ferai connaître à la fin de l'article), il en fait des applications à la base d'une colonne, donne le moyen de représenter en perspective, le tore ; il s'occupe ensuite des lignes de contour du cylindre et à ce sujet renvoie à la 17e proposition d'Euclide, il en fait une application à la perspective d'une certaine ovale décrite par des cercles.

Autre méthode de mettre en perspective une circonférence : elle est ingénieuse, quoique sans démonstration, il est facile de trouver la proposition géométrique qui lui sert de base.

La proposition suivante est une méthode générale et nouvelle de perspective, je crois devoir aussi la reproduire.

De la proposition VII à celle XII, l'auteur s'occupe de la perspective d'un cercle dans diverses positions, par la détermination de chaque sommet, sans l'emploi des points de concours.

De la proposition XII à XVI, mêmes problèmes par l'emploi des points de concours. Toutes ces méthodes sont fort ingénieuses, mais ne sont que des cas particuliers de la proposition générale de mettre de suite en perspective un cube dans une position quelconque.

Suit une application à la perspective d'une croix, avec l'examen des divers cas qui peuvent se présenter.

XVIII. — Proposition où il démontre qu'on peut se servir d'une infinité de points de distance; elle est fort intéressante et peu connue.

XIX. — Application à la croix ci-dessus.

XX. — Exposition d'un instrument très-facile pour faire de la perspective.

XXI. — Perspective sur les voûtes. L'auteur dit que Ignace Danti commentateur de Vignole en a touché quelque chose. — Sa méthode est très-simple; elle consiste à interposer entre la voûte et l'œil, une perspective plane du sujet et à prolonger les rayons visuels jusqu'à la voûte.

XXII. — Autre méthode sur le même sujet. — Perspective sur le sol.

XXIII. — Avis aux peintres qui négligent de s'instruire en perspective.

« Fin. Louange à Dieu et à la très-sainte Vierge. »

MÉTHODES DIVERSES DE BATTAZ

1° Soit *fig.* (45) *ab* une droite, située dans le plan horizontal, à mettre en perspective. 1° On détermine la droite *cd* symétrique de celle *ab*, par rapport à la ligne de terre T_1T_2. 2° V étant le point de vue rabattu, en faisant tourner le plan d'horizon autour de H_1H_2, on prend, sur une verticale, V_1O = VO, on a ainsi, sur la verticale principale, deux points de distance V et V_1. 3° On joint les extrémités *a* et *b* de la droite *ab* avec le point V et celles *c* et *d* respectivement symétriques, avec V_1 ; les droites respectives se coupent aux points *a'* et *b'* qui sont les perspectives de *a* et *b*, de sorte que *a'b'* est la droite cherchée. On remarque en outre qu'elle doit, étant prolongée, passer par le point *m* où les deux droites symétriques *ab*, *cd* se coupent.

On voit que cette méthode s'étend à toute figure plane. Ainsi ayant dans le plan horizontal, une figure quelconque, il suffit de plier la feuille sur laquelle est tracée cette figure, en prenant pour pli la ligne de terre T_1T_2 tracée, et de piquer ou décalquer la figure donnée.

Cette méthode est ingénieuse et nouvelle.

On peut se servir du même procédé pour déterminer la perspective d'une circonférence horizontale dont on a déjà la perspective du diamètre parallèle à la ligne de terre. Soit *ab fig.* (45 à droite,) la perspective de ce diamètre ; on décrit sur *ab* comme diamètre, une circonférence, sur laquelle on prend à volonté des points deux à deux symétriques *c*,*k* — *d*,*h* — *e*,*j* — *g*,*h*. On joint les uns au point V, les autres symétriques au point V_1, et les intersections des droites respectives, donnent des points de la perspective la circonférence. On voit ainsi que chaque couple de points symétriques, donne deux points de la courbe.

Cette application est seulement indiquée par Battaz. On trouve facilement la raison de cette construction.

Nous avons vu que déjà Marolais, Vignole, s'étaient servis de ces deux points V et V_1 comme points de distance, pour les diagonales des faces verticales d'un cube.

2° Pour avoir la perspective d'un carré *cbcd*, (*fig.* 46) il commence par le construire géométriquement en prenant le point V qu'il appelle point de distance, pour un des sommets de ce carré. Il prend ensuite pour ligne de terre provisoire une droite S_1S_2; il prolonge les droites *ab*, *ad* qui forment deux côtés de ce carré, jusqu'aux poins *i* et *j*, où elles rencontrent la ligne d'horizon; il a ainsi les points de concours des côtés.

Du point *d* comme centre avec *da* pour rayon, il décrit le quart de cercle *de*, il mène la corde *ae* qui, prolongée, donne le point de concours des cordes *ae*, *bf*, *eg*.

On rapporte sur la ligne de terre T_1T_2 en e', f', d', *g'*, *h'* les points *e*, *f*, *d*, *g*, *h*. En joignant *d'* aux points *i* et *j* on a la direction perspective de deux côtés du carré. En joignant ensuite les points *e'*, *f'*, *g'*, à celui *k*, on détermine les sommets *a'*, *b'*, *c'*, de ce carré.

L'auteur donne à la suite un grand nombre de moyens pour mettre un cube en perspective, dans diverses positions.

3° Pour obtenir la perspective d'une cironférence, on commence par déterminer celle *ab* du diamètre parallèle au tableau (*fig.* 47.) Du point V (qu'il regarde toujours comme un point de distance,) comme centre, il décrit une circonférence; il joint V aux points de distance D et D_1 et partage le quart de cercle *em* en 8 parties égales, *e*, *f*, *g*, *h*, *i*, *j*, *k*, *l*, *m*; il trace les rayons V*e*, V*f*, V*g*, et prolonge ces droites jusqu'à la ligne d'horizon; il détermine aussi à droite et à gauche du point *o* les points 2,3,4, il joint *a* et *b* à D et D_1 et détermine ainsi la droite *cd* correspondante au diamètre vertical; puis en joignant convenablement les quatre points *a*, *bc*, *d*, avec ceux 1,2,3,4, on détermine, par les intersections respectives, 16 points de la courbe qui est la perspective de la circonférence.

Cette méthode est appliquée à la perspective de la base d'une colonne.

4° L'auteur dit qu'en perspective on peut se servir d'une infinité de points de distance. D'abord il observe à ce sujet que tous ces points sont situés sur une circonférence décrite du point O comme centre avec O D pour rayon. Ainsi soit *a* (*fig.* 18) un point déterminé en perspective, en joignant *b* à O et *c* à D_1. Considérons maintenant le point D_2 comme un autre point de distance situé sur cette circonférence. On mène par *b* une parallèle *bd* à la droite OD_2 qui joint le point O à celui D_2 et prenez $bd = bc$ et tracez la droite dD_2, elle passera de même par le point *a*.

Résumé. — Par l'extrait succinct que je viens de donner de l'ouvrage de Battaz, on peut juger de son mérite ; il traite comme on le voit de tous les cas difficiles de la perspective, et donne plusieurs méthodes de son invention dont quelques-unes sont intéressantes. Le seul défaut qu'on peut signaler et qui est commun à presque tous les anciens auteurs, c'est de ne pas généraliser et de donner trop de cas particuliers qui finissent par embrouiller les explications.

L'auteur vivait du temps de Desargues, Vavlezard, Alleaume, Migon; il ne parle d'aucun d'eux. De sorte qu'il est difficile de savoir celui qui a emprunté à l'autre; il ne parle pas des échelles ; mais à qui attribuer la découverte du point de concours des cordes?

Cet ouvrage serait encore consulté avec fruit de nos jours.

I. CVRABELLE

—

EXAMEN DES ŒVVRES DV Sr DESARGVES, par I. Cvrabelle. — Se vend chez F. L'Anglois, dit Chartres. — Paris, 1644.

Dans l'extrait du privilége du roi, on trouve :

« Par grâce et privilége du roi, il est permis à Jacque Cvrabelle de faire imprimer et vendre un cours d'architecture par lui composé, divisé en quatre tomes; le premier desquels contient la stéréotomie, ou section des solides, appliquée à la coup des pierres, et son appendice des quadrans, tant par rayon d'incidence que de fraction et réflexion. Le second comprend l'optique universelle, tant théorique que pratique, avec son appendice de l'Echométrie et musique. Le troisième est, des organes universels pour les poids et mouvements, tant des choses solides qu'humides, et son appendice des spiritales hydrauliques, et le quatrième, les ornements et propositions d'architecture, tant nécessaire que décorable ; avec un appendice de l'architecture militaire et annotations sur la civile. De plus un examen des œuvres du sieur Desargues Lyonnais etc. — 4 Décembre 1643. »

Malgré les termes de ce privilége, et quoique Dubreuil cite le sieur Curabelle très-savant dans la théorie et la pratique comme il appert par ses œuvres, nous sommes porté à croire que ce grand ouvrage de Curabelle en quatre volumes et auquel il renvoie souvent dans le cours du livre n'a jamais été imprimée mais ce que nous pensons, c'est que la partie optique a pu servir, comme nous l'avons déjà dit, à composer le traité en 3 volumes de la perspective pratique de Dubreuil.

Nous ne connaissons de Curabelle que l'ouvrage

cité, que nous allons analyser parce qu'il se rattache à la perspective.

On trouve d'abord, en tête de cet ouvrage, un avertissement au lecteur, curieux comme style et commençant par ces mots : « Voici le premier essai et comme un échantillon des fruits que mon esprit par la culture des sciences a produit, depuis que j'ai commencé à opérer par le moyen de la raison, jusqu'à maintenant etc. »

« Première partie, comprenant l'examen de son brouillon de la coupe des pierres, imprimé en 1640 et de son livre des mêmes matières imprimé en 1643 depuis le commencement d'icelui livre jusqu'à la planche 97. »

« Seconde partie, et suite de l'examen du livre de la coupe des pierres du sieur Desargues, à commencer à la planche 97 et finir où finit le dit livre. »

Ce titre prouve d'abord que Curabelle ne connaissait de Desargues sur la coupe des pierres, que ce brouillon projet de la coupe des pierres de 1640 dont un exemplaire se trouve en ce moment à la bibliothèque de l'Académie des Sciences. et l'ouvrage de Bosse, 1643.

Mon but n'est point d'analyser cette partie de l'ouvrage de Curabelle, seulement j'observerai ici, que l'examen porte en grande partie sur l'ouvrage de Bosse imprimé en 1643 et ayant pour titre :

« La pratique du trait à preuves de M. Desargues Lyonnais pour la coupe des pierres en l'architecture. Les planches et figures indiquées par Curabelle, sont bien celles de cet ouurage avec les numéros qu'il indique ; ainsi il n'y a pas à douter que dans ce temps-là ce 1er volume de Bosse représentait exclusivement les idées de Desargues. Curabelle ne cite même point Bosse. Cet examen occupe 65 pages in-4° avec 28 figures insérées dans le texte de l'ouvrage, il comporte en tout 81 pages.

Page 66, on trouve un chapitre ayant ce titre : « Est adjoint l'examen de l'une des prétendues manières universelles du sieur Desargues, touchant la pratique de la perspective etc. imprimé en 1636; ensemble un petit livret traitant la même matière imprimé en 1643, comme aussi de ses cadrans et du moyen de placer son style ou axe, inséré en son brouillon de la coupe des pierres, imprimé en 1640.

Revenons à l'examen de la méthode de perspective de Desargues par Curabelle. Nous donnerons les griefs et nous ferons suivre chacun d'eux d'une réponse.

1° « Que la manière de perspective dudit sieur

n'est autre que celle des anciens, comme du Serlio, de Jean Cousin, de Daniel Barbaro, de Baptiste Benedict, de Ducercio, de Marolais, sinon en deux exceptions défectueuses. »

La réponse est facile : nous avons déjà fait connaître que Desargues n'avait jamais eu la prétention d'avoir inventé la perspective ; mais seulement d'avoir employé une méthode universelle se rapprochant des constructions géométrales ; or il n'y a rien de semblable dans les auteurs cités.

Les deux exceptions défectueuses, dit l'auteur, proviennent de ce que 1° les anciens « n'ont approché leur point d'éloignement dans le tableau qu'afin d'en faire mieux entendre les fondements ! et 2° qu'ils n'ont travaillé sur un géométral grand comme leurs ouvrages que pour ne pas tomber dans l'erreur où conduit une commune mesure ou échelle, ainsi qu'on le peut voir dans le devis ou petit plan géométral de la susdite cage de Desargues, quoique tournée à la bienséance des nombres, ce qui en effet arrive rarement et néamoins *gi* qui est nombre 4 1/4 doit être 4 1/2. »

Il est possible que l'erreur de 4 1/4 pour 4 1/2 soit réelle, mais en vérité, les objections ne sont pas sérieuses et ne méritent pas de réponse.

« Que ledit sieur devait faire voir l'origine et fondement de la règle d'approcher l'éloignement, puisqu'elle est si facile. »

Il est vrai que tous les auteurs de cette époque, ne donnent pas les fondements ou démonstrations de leurs propositions, c'est un tort commun à beaucoup d'autres et qui les rend souvent peu intelligibles. Mais ici, ce n'est pas le cas, car Desargues donne ensuite quelques propositions fondamentales de la perspective.

« Que le sieur Alleaume s'est servi de la commune mesure de l'échelle d'éloignement pour réduire en perspective sans sortir du tableau qui est purement la manière dudit sieur. »

L'on ne saurait nier « (ce que chacun peut voir et savoir), qu'en 1628 il a été imprimé un traité de perspective du sieur Alleaume, opérant par des échelles, tant d'angle, que d'éloignement et sans sortir du champ de l'ouvrage, qu'il avait appliqué son échelle d'éloignement à un compas de perspective que le sieur de Vavlezard a depuis pratiqué dans un petit livre de perspective imprimé en 1631 etc. »

Voir sur ce sujet ce que j'en ai dit à l'article Alleaume et Migon et à celui sur Vavlezard.

Il donne à la suite « la construction de l'échelle

d'éloignement selon les anciens. » Or il dit : *les anciens auteurs ci-devant cités.* — je ne sais où il prend sa citation, car ce serait la construction de Desargues ; mais elle me semble plutôt de Curabelle qui d'ailleurs l'expose fort mal.

« Manière risible des propositions dudit sieur touchant la perspective. »

Il cite cette phrase du brouillon projet de la coupe des pierres de 1640 « où ledit sieur ayant loué sa prétendue manière de perspective ; conclut entre autres mots, qu'icelle donne la connaissance de ce qui fait *reposer*, *agir*, *respirer*, *vivre*, *veiller*, *dormir*, tant en l'illuminé qu'en l'ombre etc. ce qui fait paraître, *frais*, *meurtri*, *fort*, *faible*, *sec*, *tendre*, *gras*, *maigre*, *dur*, *mol*, etc.

« Que la manière dudit sieur pour la pratique du trait pour la coupe des pierres est de la même production que la manière de pratiquer la perspective. »

Il passe ensuite à l'examen du petit livret de perspective dudit sieur Desargues adressé aux théoriciens et imprimé en 1643.

« Qu'il y a manque aux démonstrations des planches 114, 115 du petit livret de perspective. »

Il est à remarquer que les planches 114, 115, sont celles 143, 144, de la perspective de Bosse 1648 ;

car en regard de chaque planche, en tête du texte explicatif, l'imprimeur à laissé les mots 114 *planches* 115 *planches* etc. Ce qui prouve que ce petit livret de Desargues de 1643 est bien celui que l'on trouve dans Bosse; seulement, comme la première figure indiquée par Curabelle commence par 112, il faut reconnaître que les figures de ce petit livret devaient faire suite à celles d'un autre ouvrage de Desargues, ou que celui-là était plus étendu.

Le manque aux planches 114, 115 consiste en ce que Desargues, au lieu de faire sa division de l'échelle d'éloignement sur la perpendiculaire à la ligne de terre passant par le point central, la donne sur une droite inclinée allant de la ligne d'horizon à la ligne de terre, et alors Curabelle dit : qu'il n'a pas démontré que cette ligne peut avoir diverses inclinaisons. De plus, icelles planches cy dites n'ont aucune hypothèse ni règle de construction et partant sont nulles, comme n'ayant aucun fondement de les construire. Mais comme ledit sieur, à la fin d'une réponse à causes et moyens d'opposition etc. du 16 décembre 1642, remet d'en donner la clef, quand la démonstration de cette grande proposition nommée la Pascale verra le jour, et que ledit Pascal peut dire que les quatre premiers livres d'Apollonius sont ou bien un cas, ou bien une conséquence immédiate de cette grande proposition; dont j'en laisse la glose à la liberté du lecteur. » il ajoute à la suite :

« Mais quant à l'égard du sieur Desargues, cet abaissement d'Apollonius ne releve pas ses leçons de ténèbres, ny ses événements aux atteintes que fait un cône rencontrant un plan droit auquel a suffisamment répondu le sieur de Beaugrand, en l'année 1639 et imprimé en 1642, en telle sorte que le public, depuis ledit temps, est privé desdites *leçons de ténèbres*, qui étaient tellement relevées, au dire dudit sieur, qu'elles surpassaient de beaucoup les œuvres d'Apollonins, ainsi qu'on pourra voir dans la lettre dudit sieur de Beaugrand, imprimée l'année ci-dessus. »

Suit une démonstration fort peu intelligible de ce qu'il regarde comme manquant aux figures 114, 115.

« Que les figures de perspective des planches 114 et leurs suivantes, sont absolument fausses, et qu'il a été fort improprement adressé aux théoriciens tant pour ce chef qu'à raison de l'échelle. »

Cette observation mérite examen. Dans la figure 114 et suivantes, Desargues prend au géométral une droite inclinée sur la ligne de terre, sur laquelle il porte des divisions égales à celles tracées sur cette ligne de terre; par conséquent, ces divisions n'indiquent pas des éloignements comptés sur une perpendiculaire au tablean. Il s'en suit que le sujet se trouve rapporté à des axes de coordonnées obliques, ce qui peut très-bien se faire; mais alors il est évident que, pour avoir la perspective de ces deux échelles, il ne faut pas se servir du point central déterminé par une perpendiculaire à ce plan, mais bien du point de fuite de la direction sur laquelle sont comptés les éloignements, et prendre pour distance de l'œil au tableau, celle de l'œil à ce point et alors les constructions des échelles de Desargues seront exactes. Or, dans le texte de la page 112, Desargues a soin d'observer : « quand je dis une ligne de front, j'entends une parallèle à la ligne de terre; quand je dis une fuyante, j'entends une parallèle à l'axe adopté. Vous savez que l'angle des deux conduites est connu. » Angle connu veut donc dire qu'il peut bien n'être pas droit, tout cela n'est pas, il faut l'avouer, bien expliqué par Desargues, et a pu induire en erreur Curabelle, qui a cru qu'avec ces deux conduites obliques, il opérait comme si elles étaient rectangulaires suivant l'habitude ordinaire.

« Que les échelles d'angles ne sont pas générales

ni tant nécessaires que les échelles d'éloignement. »

Cette observation est juste. Il dit dans cet article : « Ledit sieur fait espérer, par l'écrit du feuillet 2, qu'il donnera quelque autre échelle d'angles plus parfaite que celle-ci, ni que celle du sieur Alleaume. » On ne sait pas, d'après cela, si c'est Desargues qui cite Alleaume, ce qui prouverait alors qu'il connaissait cet ouvrage lorsqu'il a composé son livret de 1643.

« Que le compas de perspective est peu utile en perspective. »

Cela est encore possible, mais ne s'adresse pas positivement à Desargues.

« Rétablissement à la rupture du compas optique contre le proposé dudit sieur. »

Desargues, dans l'écrit de la feuille 119, en parlant du compas optique, dit : « Avec une ligne divisée en parties inégales, et conséquemment pour une situation particulière, qu'il confirme et réitère en l'écrit du feuillet 2, où il dit : lequel ne saurait être que pour une rencontre particulière. » Curabelle veut faire voir le contraire. Nous nous sommes expliqué là-dessus à l'article sur le compas de Vavlezard.

En résumé, il n'y a rien de sérieux dans l'examen de Curabelle, et on juge de suite que cet ouvrage a été fait dans un but de dénigrement, et avec des formes peu convenables et peu polies. — Je pense qu'il en est de même des autres parties de l'ouvrage, dont l'analyse m'éloignerait trop de mon sujet.

Il est à remarquer que Curabelle renvoie souvent à son traité d'optique, que nous ne connaissons pas, et qui, probablement, n'a pas été imprimé.

Desargues, profondément irrité de cette attaque injuste et passionnée, se fâcha sérieusement ; on peut juger de sa colère par la phrase suivante, extraite de sa reconnaissance de l'ouvrage de perspective de Bosse ; en parlant de ses ouvrages, il dit : « Quoy qu'en ayent voulu jargonner les enuieux, plagiaires et gens qui n'estant capables que de prendre les conceptions des autres, et non de rien approfondir ou produire d'eux-mesmes ; et qui voulans estre estimez capables de tout, ne peuuent souffrir de voir vne inuention nouuelle d'aucun autre. Et nonobstant ce qu'vne melancholie pasle et bazannée, ou d'enuie, ou d'orgueil, ou d'ignorance, ou suiuant l'apparence, de tous les trois ensemble, pour esblouir, abuser et tromper le public, sous prétexte d'*examen* de mes œuures, a vomy noirement allencontre sans aucun sujet, de son infection et malignité véneneuse, par des impostures diffamatoires, faussetez calomnieuses, suppositions, falsifications, menteries, larcins et autres allégations ridicules, hors de propos et plus qu'extravagantes; et finalement par des iactances visionnaires et chimériques, desquelles saletez et bauarderies le compilateur ayant paru comme insensible aux touches de la conscience et de l'honneur d'un chrestien, allant après cela peut-estre à l'autel, sans une préalable réconciliation avec son prochain griefuement offencé de telles entreprises. J'auois essayé les voyes honorables, etc.... je ne propose plus qu'il hazarde aucune chose du sien, pour la deffense de ses impostures et desseins honteux, de frauder les ouvriers de son art et autres. Mais je m'offre de lui payer cent pistoles, qu'il a fait mine de vouloir gagner en cette occasion; et plus grand nombre, s'il le désire, selon ma puissance, au cas exprès, que je ne démontre géométriquement, pour ce qui est du fait de la géométrie, que hors une faute d'impression qui n'importe rien au reste de l'œuvre, et qu'il n'a pas mesme entièrement corrigée; de tout ce que sa mélancholie aduste et ennuyeuse, ou orgueilleuse malignité, s'est voulu mesler de reprendre, au livre de M. Bosse et à mes originaux, tant du trait de la coupe des pierres, des cadrans, que de la perspective et notamment sur le cahier cy-joint, de propositions curieuses et qui paroist, il y a quelques années, sous d'autres chiffres de pages, qu'en ce volume ; il a repris mal à propos, que ce qu'il a publié contre, est ou faux, ou ridicule et impertinent; qu'il a pris de moy, ce qu'il veut dire auoir esté de l'ordinaire et aussi l'ancienne qu'il met amendée suiuant mon projet, fera pour vne mesme pièce, la moitié plus d'opérations de la regle et du compas avec cette ancieune qu'auec la nostre; le tout au dire des gens d'authorité, non suspects et bien entendus en la géométrie qui, seuls, peuuent estre juges capables de ces choses et non pas les massons comme il voudroit faire accroire; en quoi son humeur peruerse, etc... » (Paris, 1747, Desargues.)

Je regrette de ne pouvoir mettre en entier cette reconnaissance un peu trop longue, mais intéressante sous plusieurs rapports.

Cette querelle entre Desargues et Curabelle s'envenima au point d'être déférée au parlement.

On trouve dans un écrit de Curabelle, intitulé : « Faiblesse pitoyable dv sieur G. Desargues employée contre l'examen de ses œuvres. » Des détails très-circonstanciés sur cette querelle et ce procès. Entre autre choses curieuses, on y trouve que Desargues, « pour prouver son dire, il gagerait cent mille livres à consigner devant notaires et au dire d'excellents géomètres d'Hollande et d'Espagne et par autorité et assistance du parlement afin cela fust notoire à toute l'Europe et mesme fit ce deffy au sieur Langlois dict Chartres, marchand libraire qui vend le dit examen et lui donna charge de le dire au sieur Curabelle. »

Curabelle « lui fit dire que cela estoit possible à tous de proposer une gageure de cent mille liures; mais que de les consigner, cela étoit particulier et que pour cent pistoles, il les pouuoit consigner entre les mains des notaires, et passer acte contenant que tous les articles du dit examen sont, et seront soustenus précis et véritables. »

Il dit, un peu plus loin : Desargues « n'osa paraistre, mais il envoya un nommé Bosse partie intéressée, comme ayant à ses frais fait imprimer l'ouvrage dudit Desargues, et n'ayant d'autre charge que de faire signer au sieur Curabelle un petit billet, contenant : » « Si le sieur Curabelle veut soustenir tout ce qui est dans l'examen qu'il a fait de mes œuures, moy, Desargues, soustiens que non, au dédit de cent pistoles, etc. »

Il en résulta l'écrit suivant :

« *Articles et conventions pour soustenir l'examen*

des œuvres du sieur Desargues par Jacques Curabelle, ainsi qu'il suit :

Premièrement. — Que les articles contenus au liure intitulé, Examen des œuvres du sieur Desargues, sont et seront maintenus précis et véritables, mais que quelques-unes des figures peuvent être réduites en moins de lignes, ce qui se verra dans la stéréotomie dudit Curabelle, comme estant son propre lieu, ou dans l'agitation des conférences.

Que le sieur Desargues posera par escrit son dire contre le dit examen ainsi que ledit sieur Curabelle l'a cy dessus posé précis, et en la conférence ledit Desargues fournira ses défenses et objections par escrit deux jours auparavant la dite conférence desdites questions pour y être considérées par le dit Curabelle et y respondre en la dite conférence.

Que les deux cents pistoles seront mises en dépost entre les mains d'un notaire ou greffier de l'escritoire etc. »

Suivent les divers conditions de cette étrange convention ; cette pièce est suivie des deux billets suivants.

« Je soubs signé dis que toutes les démonstrations tant à la figure, qu'en l'escrit de l'examen du sieur Curabelle sont toutes précises et véritables sans exception; et que partie de celles des œuures du sieur Desargues sont fausses, au dédit de cent pistoles que le dit Curabelle est prest à consigner et payer, acte devant notaire et au dire d'excellents géomètres et jurés massons de Paris. Fait double ce 3 mars 1644. Ensuite le sieur Desargues en escrit et signe aussi un qui contient, et moi Desargues soustiens qu'en mes œuures et de Monsieur de Bosse où est ma reconnaissance, hors une faute en l'impression d'une page, qui n'importe à rien au reste de l'œuure et qui n'a pas été entièrement corrigée; au surplus de ce qu'il veut se mesler d'y reprendre, il le reprend tant mal à propos, et il est faux qu'en aucune de mes démonstrations des règles de la coupe des pierres, de perspectives, de cadrans, il y ait aucune erreur, à peine de cents pistoles au dire des sauants géomètres et en si bonne compagnie qu'on sçaurait proposer, et offre d'en passer acte par deuant notaires et consigner entre leurs mains, à Paris ce 3 mars 1644. »

Suivent les phases du procès, l'indication des divers libelles publiés de part et d'autre sur ce sujet; enfin l'indication d'un arrêt du parlement « obtenu le 4 mai au dit an, faisant signifier au dit Curabelle que les parties en viendroient parler sommairement deuant monsieur de la Noue, etc.

Puis vient l'exposition présentée par Curabelle des points en litige, etc., avec une figure.

Page 6. — «Ensuite de ce, le sieur Curabelle présenta une requeste à Nos seigneurs du parlement, remonstrant que l'affaire de question ne se pouvait traiter sommairement veu l'importance de la matière, ains qu'elle méritait d'estre meurement délibérée, il fut dit, soit communiqué à la partie, ice qu'estant fait le 12 may fut ordonné, *que les parties en viendroient au premier jour*, etc.

Nous ne trouvons rien sur l'espèce de ce procès. (*Voir les Œuvres de Desargues réunies, analysées et nouvellement publiées.*)

A. BOSSE

Né en 1611. — Mort en 1678.

Bosse, célèbre comme graveur, fut un disciple des plus fervents de Desargues ; il consacra une partie de sa carrière à publier et enseigner les méthodes de son maître sur la coupe des pierres, le tracé des cadrans solaires et la perspective. Il défendit courageusement les idées qu'il avait reçues de lui sur ces diverses branches d'application de la géométrie aux arts. Nommé professeur de perspective à l'école des Beaux-Arts, il y enseigna la méthode de Desargues; mais il y éprouva de vives contrariétés, on voulut le forcer à renoncer à cette méthode; il préféra donner sa démission de professeur, plutôt que de renoncer à ses convictions.

Bosse a laissé plusieurs ouvrages sur la coupe des pierres, le tracé des cadrans solaires, la perspective, l'architecture, et quelques opuscules où il expose ses différends avec ses détracteurs parmi lesquels se trouvait le peintre Lebrun, et où il fait connaître tous les travaux de Desargues.

Parmi ces ouvrages de Bosse, il faut distinguer les trois, sur la coupe des pierres, le tracé des cadrans solaires et la perspective, et qui portent en tête une reconnaissance signée de Desargues, certifiant que le contenu de chacun de ces ouvrages est conforme à ce qu'il a voulu prendre la patience d'en ouïr et concevoir de ses pensées. Aussi, ces trois ouvrages furent-ils regardés comme de Desargues, et, en conséquence, attaqués par ses détracteurs. Desargues aussi, de son côté, les défendit comme les siens propres. Aussi Bosse dans la préface a-t-il soin, de son côté, de dire que toutes les pensées sont de Desargues, et que lui n'a fourni que « sa plume et son burin. » Nous n'avons à nous occuper que de ceux qui traitent de perspective.

L'ouvrage le plus considérable de Bosse, sur ce sujet, a pour titre : « Manière universelle de M. Desargues pour pratiquer la perspective par petit-pied, comme le géométral. Ensemble les places et proportions des fortes et faibles touches, teintes ou couleurs. « Paris, 1648, in-8, avec privilége. »

Ce privilége est pris au nom de G. Desargues, qui a instruit Bosse, et il a la date de 1643; il est pris pour les trois traités, qui ne devaient faire qu'un seul et même ouvrage.

Ce traité de perspective est divisé en deux parties; la première est consacrée spécialement à l'exposition de la méthode que nous avons donnée à l'article Desargues, mais ici avec tous les développements que pouvaient recevoir ce sujet, de manière à le mettre à la portée de tous les praticiens.

L'ouvrage entier renferme 344 pages de texte, et cette première partie 199, dont les 58 premières sont consacrées à des généralités sur la perspective et sur l'excellence de la méthode de Desargues. Ce n'est donc qu'à la 59e page que commence l'exposition de cette méthode, qui est donnée dans 110 pages de texte, accompagnées de 110 planches ou figures, une page de texte pour chaque planche. Comme nous avons déjà analysé les principes sur lesquels repose cette méthode, il ne nous reste qu'à ajouter quelques renseignements sur le contenu de cette première partie, elle est divisée en deux chapitres : l'un sur la perspective, l'autre sur la détermination des ombres.

Bosse, de même que Desargues, est sobre de démonstrations, il expose les constructions sans donner d'explications. — Mais le sujet est assez simple pour qu'on puisse aisément suppléer à ce qui manque. Il s'étend longuement sur la construction des échelles de perspective et sur tous les cas particuliers qui peuvent se présenter; puis il en fait l'application pour mettre en perspective divers corps simples dont il se donne les plans géométraux. Parmi ses planches, on remarque la centième, consacrée à faire voir comment on peut mettre en perspective des personnages réduits à des axes allant d'une jointure à l'autre. — Dans la cent-unième, il donne une construction neuve pour diviser perspectivement une droite donnée en perspective, suivant des rapports connus. — Les 106, 107 et 108e planches donnent le moyen de tracer des perspectives sur des surfaces horizontales, comme sur les plafonds ou le sol.

Le deuxième chapitre a pour titre : « De l'ombre et ombrage à toutes sortes de lumières. » On remarquera qu'il entend par *ombre* toute la partie de l'espace derrière un corps, où ne peut pénétrer de rayon lumineux ; et par *ombrage*, ce que nous désignons par ombre portée.

Il critique fortement plusieurs auteurs, et particulièrement la perspective pratique de Dubreuil, sur sa manière de déterminer les ombres au soleil « en mettant, dans l'étendue du tableau même, le perspectif du luminaire, de son élévation et de son assiette au plan de l'assiette du sujet ; » sans faire attention que le pied de la perpendiculaire abaissée du centre du soleil sur le sol est à l'infini. Cette critique est fort juste, mais il en est une moins fondée, c'est celle qu'il adresse à ceux qui mettent le point de concours des ombres des verticales sur un plan horizontal, en un point de la ligne d'horizon, parce que, dit-il, ils ne donnent pas un moyen de limiter ces ombres, sans se servir de points qui soient hors du tableau.

Dans sa perspective, et dans la détermination des ombres, on voit partout qu'il prohibe l'emploi des points de concours, comme étant presque toujours en dehors du tableau.

La méthode de Bosse, pour les ombres, est donc comme pour son sujet, de déterminer les coordonnées des points principaux et de les mettre en perspective, d'après sa méthode.

La deuxième partie de la perspective de Bosse a pour titre : « De la règle de la pratique de la perspective pour les places et proportions des fortes et faibles touches, teintes ou couleurs. »

On ne peut être plus diffus que l'auteur dans l'exposition de ce sujet, qui n'occupe pas moins de 107 pages de texte et 14 planches, sur une chose que Desargues a indiquée en quelques lignes, comme nous le verrons ci-après.

Le traité de perspective, rédigé par Bosse, devait se terminer à la page 310, mais on trouve, page 311, la note dont voici un extrait : « Comme j'avois gravé la plus grande partie des planches de ce livre il y a plusieurs années, je voulus, sur les discours avancés là-dessus mal à propos contre M. Desargues, ne laisser paroître en public, ainsi qu'un enfant perdu, le cahier qui vient en suite; avec cette différence, que les pages y estoient cotées depuis 112 jusques à 119, au lieu que, pour quelque raison, je lui fais tenir ici le rang auquel il est. » On voit donc qu'il s'agit d'un ancien ouvrage publié par Bosse, dont on a extrait ce qu'il donne ici. Cet ouvrage a dû être publié en 1643, peu après l'apparition de la perspective d'Alleaume. Il devait être assez volumineux, puisque les planches suivantes y étaient cotées de 112 à 119; il nous est inconnu.

Ce cahier qui suit, formé de 32 pages, est fort cucurieux, c'est un recueil de divers mémoires que nous croyons devoir attribuer à Desargues.

Le premier est un petit traité de perspective adressé aux théoriciens, écrit dans le but évident de faire voir que la méthode de Desargues, au moyen de quelques explications et additions, pouvait servir (comme celle d'Alleaume), à résoudre en perspective tous les problèmes qui peuvent se présenter, sur les longueurs et les directions dans la construction d'un plan géométral ; nous croyons donc devoir attribuer ce mémoire exclusivement à Desarguos, non à Bosse qui, dans sa perspective, n'a jamais rien dit qui ait rapport aux procédés indiqués dans ce mémoire. Nous croyons donc devoir entrer dans quelques détails sur ce sujet, notamment sur la construction d'une espèce d'échelle d'angle, qui est différente de celle d'Alleaume.

La première proposition de ce mémoire est l'exposé des raisons qui ont engagé Desargues à préférer la construction des échelles de perspective à l'emploi du compas optique. La deuxième expose succinctement la construction des deux échelles de perspective; et la troisième est une application de sa méthode, au moyen de ses échelles. Ces propositions ne sont que des répétitions de ce que nous avons trouvé dans Desargues et dans Bosse, mais voici les titres des propositions suivantes, qui font connaître les moyens de résoudre divers problèmes, sur les directions et les longueurs, par le moyen des échelles.

1° Par un point d'assiette perspectif donné de position, mener une droite dont la géométrale soit parallèle à la géométrale d'une droite d'assiette perspective, donnée aussi de position.

2° Étant donnée de position une droite d'assiette perspective, trouver l'angle de sa géométrale avec la géométrale d'une de front.

3° Par un point d'assiette perspectif donné de position, mener une droite dont la géométrale fasse un angle donné avec la géométrale d'une de front.

4° Par un point d'assiette perspectif donné de position, mener une droite dont la géométrale fasse angle donné avec la géométrale d'une autre droite perspective aussi d'assiette donnée de position.

5° Le même d'une manière moins commune.

6° En une droite d'assiette perspective donnée de position et d'un point donné en elle, faire un segment dont le géométral soit d'une mesure donnée.

7° Par un point d'assiette perspectif donné de position, mener une droite dont la géométrale fasse angle donné avec la géométrale d'une autre droite perspective aussi d'assiette et donnée de position, et soit d'une mesure donnée.

8° En une droite d'assiette perspective, donnée de position et d'un point donné en elle, faire un segment dont le géométral ait raison donnée au géométral d'un segment donné en la même droite et tenant au même point.

Toutes ces propositions sont précisément celles que Alleaume ou mieux Migon, dans sa perspective, résout avec élégance et simplicité, au moyen de son échelle des directions et du point de concours des cordes. Desargues veut donc faire voir ici, que sa méthode donne aussi facilement la solution de ces divers problèmes, sans employer les points de concours, au moyen de ses échelles de perspective.

Malgré cela, Desargues voulut avoir aussi une

échelle d'angle. Nous croyons devoir en exposer ici la construction et l'emploi, quoique nous la regardions comme moins simple que celle d'Alleaume.

Soit, figure 11, $T_1T_2T_3T_4$ le tableau. D'un point quelconque *a* de la ligne de terre T_1T_2, comme centre, on décrit une demi-circonférence de rayon arbitraire. Si P est le pied de l'observateur, il est évident que PT_1, PT_2, représentent les traces horizontales de deux plans verticaux, passant par l'œil et par les deux côtés verticaux T_1T_4, T_2T_3 du tableau. On divise la demi-circonférence ci-dessus en degrés, et on trace les rayons de chacune de ces divisions. Une partie de ces rayons, tels que *a*.30, *a*.45... couperont les traces PT_1, PT_2 en des points tels que *b* et *c* dont les perspectives doivent nécessairement se trouver sur les côtés verticaux T_1T_4, T_2T_3 formant le cadre du tableau. Pour avoir la position perspective de ces points, on rabat le plan vertical, passant par PT_1, en le faisant tourner autour de cette trace horizontale PT. Dans ce mouvement, l'œil se rabat en V sur la droite PV perpendiculaire à PT_1; le côté T_1T_4 du cadre se rabattra de même suivant une perpendiculaire élevée en T_1 à cette même trace PT_1. Joignant ensuite le point V à ces divers points *b*, *c*, par des droites, elles couperont cette ligne du cadre aux points *b'*, *c'*, qui seront les perspectives de ceux *b, c*... De même, pour ceux situés sur l'autre côté. Comme les rayons *a*.30, *a*.45, de la circonférence, finiraient par rencontrer trop loin et trop obliquement les côtés PT_1, PT_2 prolongés, on s'arrête à un point tel que *c*, par lequel on mène une horizontale, dont on aura la perspective $c'c'_1$, ne joignant pas par une droite, celles des deux extrémités *c* et *c'*. Cela étant, au lieu de continuer à déterminer les points d'intersection des divers rayons du cercle avec PT_1, PT_2, il prend ceux *d, e, f* où les rayons *o*.60, *o*.70, *o*.80... remontent cette horizontale *cc*. Joignant ensuite les points *d, e, f* avec le point P, par des droites, elles couperont la ligne de terre T_1T_2 en des points *d', e', f'* qui seront les projections horizontales, sur cette base du tableau, des perspectives de ces points. De sorte que si, sur le tableau, on rapporte la position de ces points et que, par chacun d'eux, on élève une verticale, elles rencontreront l'horizontale $c'c'_1$ ci-dessus, en des points qui seront les perspectives de ces points *d, e, f*.

Soit maintenant, figure 42, le tableau avec son cadre, mais qui est représenté ici plus en grand que dans la figure 41.

1° Sur la base T_1T_2 on rapporte la position du point *a*, centre du cercle.

2° Sur les côtés verticaux T_1T_4, T_2T_3, on rapporte les points *b*, *c*, déterminés ci-dessus.

3° On trace la droite $c'c'_1$, perspective de celle *cc*, et on y rapporte les points *d'*, *e'*, *f'*, déterminés ci-dessus.

5° On joint le point *a*, centre du cercle, avec ces divers points *d'*, *e'*, *f'*, par des droites qu'on prolonge jusqu'aux côtés du cadre, ou jusqu'à la ligne d'horizon.

6° Aux extrémités de tous ces rayons, tant sur les côtés verticaux que sur la ligne d'horizon, on inscrit les degrés correspondants du cercle, et on aura alors l'échelle d'angle de la pensée de Desargues.

Voici maintenant son usage, figure 42. Supposons qu'on veuille mener en perspective par le point *q*, une droite, dont la géométrale correspondante fasse, avec la ligne de terre, un angle de 70°. On joint le point *a* à la division 70°, marquée sur le cadre, et évidemment cette droite *a*. 70° est la perspective d'une droite parallèle à celle cherchée; il ne s'agit donc plus que de savoir, par le point *q*, mener en perspective une droite parallèle à celle-là et sans se servir du point de concours. Pour cela, il trace l'horizontale *qh* et, au moyen de son échelle de front, il détermine la longueur qu'elle représente à la profondeur où se trouve le point *q*, puis alors, sur une autre horizontale *ij*, menée à une profondeur quelconque, il porte, à partir du point *j*, sur cette horizontale, la longueur *ij* correspondant au même nombre de mesure trouvé pour *qh*, mais pris sur l'échelle de front à la nouvelle profondeur du point *j*; la droite *qi* est donc la droite cherchée. On voit aussi que réciproquement, la droite *qi* étant donnée au perspectif, on trouvera l'angle que fait la géométrale, correspondant avec la ligne de terre. Il résout alors facilement les problèmes suivants.

9° Étant donnée une droite perspective d'assiette, trouver l'angle que fait sa géométrale avec la géométrale d'une de front.

10° D'un point d'assiette perspectif donné de position, mener une droite dont la géométrale fasse angle donné avec la géométrale d'une de front.

11° En une droite perspective donnée de position et d'un point donné en elle, faire un segment dont la géométrale soit d'une mesure donnée.

Nous croyons devoir rapporter ici le moyen employé par Desargues pour résoudre ce problème, qui a une certaine importance, car il s'agit de l'emploi du point de concours des cordes, qui constitue une véritable découverte en perspectiv et que nous avons déjà trouvé dans Alleaume.

Soit, figure 42, *qi*, la droite donnée en perspective sur laquelle il s'agit, à partir du point *q*, de porter une longueur *qi* représentant un certain nombre d'unités de mesure. Voici comment il opère :

1° Par le point *q* il mène l'horizontale *qh* et prend cette longueur égale à celle donnée, prise à l'échelle de front, et suivant la profondeur du point *q*.

2° Il détermine l'angle de la géométrale correspondante à *qi*, avec la ligne de terre, il est ici de 70°. On ôte cet angle 70° de 180, on a 110° dont la moitié est 55°.

3° Par le point *h*, on mène alors en perspective une droite dont la géométrale fasse, avec la géométrale de front *qh*, du côté de *qi*, un angle égal à cette moitié 55°, de ce reste de deux angles droits. Cette droite coupera *qi* au point *i* tel que *qi* est de la mesure du géométral de *qh*.

Sur le même fondement, on trouve la grandeur du géométral d'un segment donné en la droite *qi*, connue de position.

12° Sur un point d'assiette donné de position, mener une droite dont la géométrale fasse angle donné avec la géométrale d'une autre droite d'assiette perspective donnée de position et soit d'une mesure donnée.

Ces douze propositions de Desargues sont fort intéressantes, et sont résolues d'une manière ingénieuse, en les ramenant à l'emploi de ses échelles de perspective; mais les solutions données par Alleaume et Migon me semblent plus simples et doivent être antérieures à ce mémoire.

Le second mémoire de ce cahier est précisément la reproduction du traité de perspective de Desargues de 1636, et dont nous avons donné l'analyse à l'article Desargues.

Le *troisième* mémoire a pour titre : *Proposition fondamentale de la perspective.* C'est une question de géométrie dont Desargues tire, comme conséquence, les propositions fondamentales de la perspective.

Le *quatrième* a pour titre : *Autre fondement encore du trait de la perspective, ensemble du fort et du faible de ses touches ou couleurs.*

Ce quatrième renferme deux parties distinctes : premièrement, sur la perspective, où il fait voir, dans une figure 47, qu'on a les relations suivantes entre les lignes et points du sujet et leurs perspectives.

« Comme P*b* géométrale, est à la géométrale aussi PT, ainsi TH perspective, a la perspective aussi H*b'*; et *ab*, géométrale, a la perspective *a'b'*;

« Et que, comme Pb, géométrale, est à la géométrale aussi Tb, ainsi TH est à la perspective aussi Tb'.

« Lesquelles choses, dit-il, et autres semblables, ont toujours été connues pour un fondement général de la pratique de la perspective. »

La seconde proposition de ce mémoire, est de déterminer le fort ou le faible du trait d'une perspective suivant que ce trait représente des points ou des droites plus ou moins éloignées du tableau; il arrive à cette conséquence que, connaissant la force du trait, teinte ou couleur avec laquelle on représenterait un objet situé dans le tableau même, il fau atténuer ou diminuer la force de ce trait, la puissance de la teinte ou couleur, qu'elle soit faible ou forte, blanche ou foncée, proportionnellement aux accroissements donnés par l'échelle de front, suivant les diverses profondeurs du sujet. Cette idée de Desargues était neuve de son temps; mais maintenant elle n'est qu'une petite partie du problème de la perspective aérienne.

Le cinquième mémoire a pour titre : ***Fondement du compas optique.*** Il y donne l'explication de la construction en perspective, fondée sur l'emploi du compas de proportion, et il formule ainsi le résultat :

« Comme la distance de l'exemple est à la distance

où commence la division, ou bien où se fait l'ouverture fondamentale du compas optique ; ainsi l'esloignement de l'exemple, est à l'esloignement qu'il faut prendre sur ce compas en cette ouverture pour servir à cet exemple. »

Le cinquième mémoire est suivi de trois autres sur des propositions purement géométriques.

Tous ces mémoires sont évidemment de Desargues, et doivent, il me semble, porter la date de 1643.

Le quatrième ouvrage de Bosse a pour titre : *Sentiment sur la distinction des diverses manières de peinture, dessin, gravure, et des originaux d'avec les copies. Ensemble du choix des sujets et des chemins pour arriver facilement et promptement à bien pourtraire.* — Paris, in-12, 1649.

Ce petit ouvrage s'adresse particulièrement aux artistes et ne traite qu'accidentellement de la perspective, il est intéressant à lire pour les avis et conseils qu'il leur donne.

Le cinquième ouvrage de Bosse est une suite de son traité de perspective de 1648, il a pour titre : *moyen universel de pratiquer la perspective sur les tableaux ou surfaces irrégulières.* — Paris, 1653.

Cet ouvrage ne porte pas la reconnaissance de Desargues, cependant, dans l'avertissement, qui est en tête, il est dit : « Ayant été instruit par mondit sieur Desargues de la manière de la faire, etc... » Ce qui fait voir que cet ouvrage renferme encore les pensées de Desargues.

Après trente-neuf pages de longues dissertations sur le sujet, suit l'exposé des moyens de tracer la perspective d'un sujet sur des plans diversement inclinés et ensuite sur des voûtes.

Sa méthode est assez intéressante pour que nous la reproduisions. Supposons d'abord qu'il s'agisse de représenter un sujet donné sur un plafond plat, qu'on peut supposer horizontal, ou plus ou moins incliné. « Il s'agit, dit-il, de représenter sur cette surface ce sujet de manière que le plafond et ce qu'il représente, paraisse faire suite aux surfaces des pieds droits, ou murs qui limitent la salle, pour un point de vue choisi convenablement dans cette salle.

Pour cela, il commence par tracer sur la surface verticale du pied droit ou mur que l'on suppose prolongée au-dessus de ce plafond, une perspective du sujet ; c'est ce qu'il appelle le tableau *modèle*. Il fait observer que la construction de cette perspective se fera par les mêmes procédés connus, quoique l'œil et la ligne d'horizon soient fort au-dessous de la base du tableau.

Cette perspective étant construite, on voit que sans l'interposition du plafond, elle représenterait le sujet pour le point de vue choisi; il ne s'agit plus que de faire sur la surface du plafond la perspective de ce tableau modèle. Pour cela, il couvre la surface de ce tableau de ce qu'on appelle un treillis, formé par des horizontales et verticales équidistantes, et il cherche le treillis perspectif correspondant sur le plafond, ce qui formera les échelles de perspective de ce plan. Une verticale élevée de l'œil, c'est-à-dire une parallèle au tableau modèle, étant élevée, elle perce la surface du plafond en un point qui sera, pour ce plan, la projection du point de vue, de même que dans un tableau vertical, ce point s'obtient en menant de l'œil une perpendiculaire à ce plan. Ce point étant connu, en le joignant aux divers points de division de la base qui sont communs et à ce plafond et au tableau modèle, on a déjà la perspective de toutes les verticales du treillis du tableau modèle, ce qui constitue l'échelle de front; on aura ensuite, par la méthode de Desargues, l'échelle de profondeur, qui sera formée par des horizontales parallèles à la base du tableau, et qui seront les perspectives de celles du treillis du tableau modèle. Ce treillis perspectif étant construit, on pourra, s'il est formé de droites assez rapprochées, copier dans chaque trapèze, ce qui est contenu du sujet dans celui correspondant du tableau modèle, ou bien mieux exécuter avec ces échelles la perspective exacte du tableau modèle. Il observe en effet, que cette construction est la même que sur un tableau vertical en supposant que le tableau modèle devienne, ou soit considéré comme un plan horizontal, ou d'assiette d'un sujet.

Ayant conçu sa construction pour un plafond plat, il sera facile de concevoir celle pour une surface régulière ou même irrégulière, formant voûte d'une salle ou galerie.

Supposons d'abord que cette surface soit un cylindre à arêtes horizontales, formant une galerie, cette voûte étant par conséquent portée sur des pieds droits.

On suppose la surface du pied droit prolongée au-dessus de la base de cette voûte, et on construit dessus ce prolongement le tableau modèle, que l'on divise par un treillis géométral. Par l'œil, on élève une verticale qui perce la voûte en un point qui est le point de vue; puis il joint, par des fils tendus, ce point de vue à chacune des divisions de la base du tableau modèle. Si on suppose par l'œil, et par ce de point de vue, c'est-à-dire par cette verticale un faisceau de plans, passant successivement par chacune des verticales du treillis du tableau modèle, ces plans couperont la surface de la voûte, suivant des courbes représentant les perspectives de ces verticales. Pour obtenir ces courbes, il indique le moyen suivant. Il place au point de vue, à la place de l'œil, une forte lumière et il trace alors l'ombre de ces ficelles sur la voûte, ce sont les courbes cherchées; elles passent toutes par le point de vue. Il sera facile, par une opération simple, d'obtenir sur une de ces ficelles, et par suite sur la courbe correspondante de la voûte, les points de divisions qui sont les perspectives de ceux du treillis géométral du tableau d'une des verticales; alors, ayant une de ces courbes ainsi divisée, il suffira de mener sur la surface courbe, et par chacun de ces points, des horizontales qui seront des arêtes du cylindre, et seront nécessairement les intersections de cette voûte par un faisceau de plans passant par les arêtes horizontales de la division du treillis modèle. On aura donc, sur cette voûte, une figure formée de trapèzes dont deux côtés sont des droites horizontales, et les deux autres des courbes, et chacun d'eux est la perspective d'un des carrés du treillis modèle; de sorte, qu'avec un peu d'adresse, on peut copier dans l'un ce qui est dans l'autre, etc.

On voit maintenant comment il faut opérer, pour toute autre surface, régulière ou irrégulière, simple ou composée, etc. — Il faut chercher la position la plus convenable du plan sur lequel on doit tracer le tableau modèle. Ce tableau étant construit d'après les principes de la perspective, on le couvre d'un treillis formé par deux systèmes de droites rectangulaires, et on cherche ensuite l'intersection, avec la surface donnée, des plans menés par l'œil et par les droites de ce treillis géométral, et on obtient un treillis perspectif correspondant, formé par des lignes, droites ou courbes, simples ou brisées, formant des figures correspondantes aux carreaux du treillis modèle; on multiplie les divisions, autant qu'il est nécessaire, pour pouvoir copier ensuite à vue la partie du sujet compris dans chaque carreau, dans la figure correspondante.

Bosse termine cet ouvrage par des considérations sur la sensation que doit éprouver l'œil, suivant que les objets qui sont à représenter, vont en s'éloignant du tableau, et suivant que les surfaces sont plus ou moins obliques par rapport aux rayons visuels. On a vu que Desargues et Bosse, dans son grand ouvrage, avaient traité ce sujet ; et que Desargues avait formulé ce principe : que le tracé des lignes en perspective doit, pour la teinte ou couleur, suivre le rapport de l'échelle de front.

Bosse ici examine d'abord une suite de plans parallèles au tableau, et il dit que par suite de l'air interposé, il y a diminution des teintes ou couleurs, suivant que ces plans sont plus éloignés. Mais Bosse ajoute que d'après l'avis de plusieurs savants, comme il s'agit de petites surfaces qui décroissent comme le carré de la distance, il croit qu'il faut prendre plutôt ce rapport que celui des distances donné par Desargues; à ce sujet, il décrit plusieurs expériences qu'il a faites avec des lampes ayant plusieurs mèches, et qui lui ont fait voir que la diminution de l'illumination était bien comme le carré des distances.

Il examine ce qui arrive sur un plan parallèle au tableau, et il dit que, quoiqu'il y ait un point de ce plan plus près de l'œil, il n'en faut pas moins représenter ce plan par une teinte uniforme dans toutes ses parties, parce que les distances de l'œil aux divers points du tableau sont dans le même rapport que sur le plan du sujet.

Ensuite il s'occupe de l'obliquité des rayons visuels sur la surface d'un objet et il dit que la sensation produite sur l'œil par les rayons qui émanent de ces surfaces diminue avec leur obliquité, qu'ainsi il faut y avoir égard dans leur représentation, et que cela doit servir à faire tourner les corps ronds en affaiblissant les parties fuyantes. Il cherche même à donner des lois en employant des sinus.

On voit que ces observations sont le commencement des principes de la perspective aérienne, mais il n'examine pas l'effet de l'obliquité des rayons solaires sur une surface, donnant lieu aux points brillants, etc.

Malgré les bonnes raisons qu'il alléguait, il dit cependant, page 69 :

« Ayant escrit à M. Desargues, à Lyon, où il est à présent depuis quelques années, sur ce sujet de l'illumination et de la vision, il m'a convié de mettre en quelque lieu de ce traité ce qui suit :

« Quant à la règle de pratique du fort et du faible, qu'il a eu sa raison de la fonder sur la réciproque d'entre ses distances ou pieds de front, et non de leurs quarrés ou de leurs solides, comme d'autres peuvent faire ayant peut estre aussi raison. »

On trouve une trente-deuxième et dernière planche ajoutée et qui est de 1669, avec un texte explicatif mis au bas de la figure, par lequel il cherche à expliquer sa méthode de perspective pour les voûtes, « pour quelques particuliers qui ne l'avoient pas comprise. »

Vers l'année 1648, lors de la fondation de l'académie des Beaux-Arts, Bosse fut invité par les membres de cette académie de vouloir bien venir y enseigner aux étudiants la méthode de perspective qu'il avait exposée dans son traité de perspective; Bosse accepta courtoisement cette demande, et, pendant plusieurs années, il y enseigna gratuitement cette science, avec de notables succès. Pour le récompenser, trois années après, les membres de cette académie le nommèrent *académiste honoraire pour y avoir séance et voix délibérative en ses assemblées*. Mais peu de temps après, il se fit un ennemi du peintre Le Brun, qui avait été un des fondateurs de l'académie et qui, en 1669, en fut le directeur. Il avait critiqué un certain tableau du Christ, de ce peintre, qui ne put lui pardonner, cette critique venant d'un géomètre.

La querelle s'envenima et on s'en prit à la géométrie et surtout à la méthode de Desargues, comme donnant des résultats erronés. Bosse défendit avec beaucoup de courage le mérite de son maître et de sa méthode. On vint jusqu'à lui refuser l'autorisation de mettre le nom de Desargues à cette méthode; en homme d'honneur, il refusa, donna sa démission, et cessa ses leçons à cette académie.

Quelques années après sa démission, Bosse crut devoir faire imprimer ses leçons à cette académie. Cet ouvrage a pour titre :

Traité des pratiques géométrales et perspectives enseignées dans l'Académie royale de la peinture et sculpture, très-utiles pour ceux qui désirent exceller en ces arts et autres, où il faut employer la règle et le compas. (Paris, 1665, in-8. — 140 pages, avec 67 planches.)

Cet ouvrage, comme presque tous ceux de Bosse, se trouve divisé en deux parties : la première comprend 47 pages de texte sans figures, sur les généralités de la science, et la seconde contient les figures, ayant chacune en regard une page de texte explicatif.

En enseignant la perspective aux élèves de l'académie, Bosse s'aperçut bien vite que ses élèves n'avaient point assez de connaissances en géométrie pour comprendre, non-seulement sa perspective, mais encore pour savoir construire les plans géométraux d'un sujet; il fut donc obligé de leur donner quelques notions préliminaires de géométrie suffisantes pour leur faire construire d'abord la représentation géométrale des corps. Après l'exposé de quelques éléments d'Euclide, il leur donna les notions sur la géométrie descriptive de ce temps-là.

Ces principes préliminaires étant donnés, il expose la méthode de perspective de Desargues et la construction de ses échelles de perspective, leur emploi, etc.

Il serait trop long d'analyser tout ce qui est contenu dans cet ouvrage, nous y ferons remarquer seulement :

1° Les reproches qu'il adresse aux peintres et principalement à ceux qui établissent deux ou trois points de vue dans un même tableau.

2° Ses observations sur ceux qui se mêlent de faire des bas-reliefs sans savoir la perspective et qui alors font de grandes méprises, etc.

3° Sur les erreurs qui se commettent touchant le coloris, son affaiblissement et ses effets;

4° Sur la manière de dessiner d'après nature ;

5° Sur la manière de lever le plan d'un terrain;

6° Sur la manière d'obtenir les coordonnées des divers points remarquables d'un personnage réduit à des axes et dans diverses positions.

Les figures 64 et 65 sont consacrées à la construction des bas-reliefs. C'est le premier géomètre qui ait cherché à introduire de la géométrie dans ce sujet; mais soit que Bosse n'ait pas bien compris la méthode que lui avait enseignée Desargues, soit que ce problème ne fût pas encore complétement résolu, la solution qu'il donne n'est point exacte, on voit qu'il commence par réduire *géométriquement* le plan de son sujet en profondeur, avant d'y appliquer la perspective. (Nous devons renvoyer pour ce sujet à notre traité de perspective-relief.)

Cet ouvrage de Bosse se termine, comme l'indique la table, « par quelques particularités qui peuvent estre en quelque sorte nécessaires et utiles. »

1° Discours sur le témoignage que j'ai jugé devoir rendre de la probité et capacité à moy connuë de feu M. Desargues, et sur les mauvais procédés de quelques malins envieux et jaloux de son savoir.

2° Des remarques faites sur un traité attribué à Léonard de Vincy et d'autres écrits et libelles.

3° Un extrait de l'acte que m'ont donné ces messieurs de l'Académie.

4° Un ordre donné à messieurs de l'Académie pour l'éducation de ses élèves ou étudiants.

Ce premier discours est fort intéressant, Bosse commence par défendre vivement le mérite de Desargues, attaqué sur divers points ; il fait connaître tous ses travaux et passe en revue les reproches qui lui sont adressés ; il rappelle l'offre de Desargues, de donner 100 pistoles à celui qui prouvera la fausseté de tout ou partie de ses œuvres, et ils n'ont osé profiter de l'argent qui leur a été offert. Ils sont donc réduits, ajoute-t-il, à jeter leur venin en cachette et à décrier mes traités par des bruits sourds et des pratiques conformes à leur esprit et à leurs manières, et même aux sentiments qu'inspirent l'envie et l'ignorance dans les âmes basses qu'elles possèdent.

Bosse s'élève, dans le second article, contre le traité de peinture attribué à Léonard de Vinci, et qu'on oppose, dit-il à ses ouvrages ; « et s'il l'attaque, ce n'est que par la nécessité de défendre la vérité et mes ouvrages, que mes envieux jaloux ont voulu malicieusement ravaler et rendre méprisables par l'opposition de ce traité, qu'ils prétendoient mettre au-dessus de tous les autres sans même être assurés de ce qu'ils avançoient, et pour une infaillible preuve de cela, il n'y a qu'à voir un petit livret imprimé en cette sorte, intitulé : *Lettre du sieur Bosse à un sien ami sur ce qui s'est passé entre lui et quelques messieurs de l'Académie*, par lequel on peut voir des choses très-malignes et très-grossières.

Mais puisque j'ai le bonheur d'avoir contribué, avec feu M. Desargues, au profit que le public doit tirer de nos traités, et que j'en connais l'excellence, j'aurais trahi ma propre conscience si j'avois souffert qu'à faute d'avertissement, les menées de tels esprits fissent, au préjudice du public, prévaloir à mes traités celui de Léonard de Vinci qui, en nombre de circonstances, leur est de beaucoup inférieur. »

Suit une critique raisonnée, longuement motivée de cet ouvrage de Léonard de Vinci, il y trouve un grand nombre d'erreurs.

Un autre ouvrage de Bosse a pour titre :

Le peintre converti aux précises et universelles règles de son art, avec un raisonnement abrégé au sujet des tableaux, bas-reliefs et autres ornements que l'on peut faire sur les diverses superficies des bâtiments, et quelques avertissements contre les erreurs que de nouveaux écrivains veulent introduire dans la pratique de ces arts. (Paris, 1667, pl. in-8, privilége de 1653.)

Sous ce titre, l'ouvrage que nous avons ici contient diverses pièces intéressantes, l'une n'a pas de pagination, l'autre une différente de celle de l'ouvrage ; elles ne sont pas de même date.

La première pièce, composée de 15 pages sans pagination, a pour titre :

A. Bosse au lecteur. — *Sur les causes qu'il croit avoir eues de discontinuer ses leçons géométrales de perspective dedans l'Académie royale de peinture et sculpture, et même de s'en retirer.* (Paris, 1666.)

Dans cette brochure, on voit combien Bosse fut affecté des injustes attaques qu'eurent à subir ses ouvrages et ceux de Desargues, de la part de plusieurs membres de cette Académie des beaux-arts, et principalement de M. Le Brun. Il y expose très au long les causes de sa mésintelligence avec ce célèbre peintre, et comment la vanité de ce dernier ayant été froissée, il critiqua maladroitement, devant les élèves, la méthode de Bosse, lui préférant, disait-il, celle de Léonard de Vinci. Nous ne reviendrons pas sur ce sujet, qui se termina par la retraite de Bosse de cette académie.

Bosse termine par les citations suivantes :

« Bref, la lettre imprimée sans autre nom d'auteur que celui d'écolier de l'Académie, distribuée chez M. Le B. (Le Brun). L'extravagante copie de perspective du sieur I le B (Bicheur ou Picheur), dédiée à M. Le Brun ; celle du R. P. B. A. (père Bourgoin), mal nommée la perspective affranchie; le faible libelle du sieur C. dit de F. (Chauveau dit de Fleurs) et sa fausse et particulière pratique des jours et des ombres. Puis les ridicules énoncés dans les boufils écrits du sieur G. H. G., dit le P. G. (Grégoire Huret), ont été autant de dards enflammés du malin contre moi et mes écrits, que, Dieu merci! j'ai repoussés et éteints avec la seule vérité, ce qui, comme je crois, arrivera, Dieu aidant, à tous ceux qui en useront ainsi et qui, enflés de la bonne opinion qu'ils ont d'eux-mêmes, après qu'on les a instruits gratuitement, paient d'ingratitude et de méconnaissance ceux qui leur ont fait du bien. »

La deuxième brochure, de 19 pages, 1668, a pour titre :

Lettres écrites au sieur Bosse, graveur, avec ses réponses sur quelques nouveaux traités concernant la perspective et la peinture.

Cette brochure contient d'abord deux lettres de M. Du Boccage, l'une à Bosse, l'autre à l'Académie, où il demande qu'on veuille bien lever les doutes que la lecture de divers ouvrages nouveaux sur la perspective, et la vue de plusieurs dessins et tableaux ont fait naître dans son esprit, car, dit-il, « il me semble qu'à suivre leurs maximes et leurs exemples, il s'en suit qu'un peintre ne doit pas se servir des règles de pratique géométrales ni perspectives, et que cela ne doit se faire qu'à vue d'œil et suivant le génie du peintre, et le tout par un long usage, etc. »

Nous ignorons si les membres de l'Académie de peinture répondirent à Duboccage, mais Bosse donne dans ce mémoire sa réponse. Il s'agissait du traité de perspective en vers latins de Du Fresnoy, et de plusieurs autres écrits, notamment ceux de Grégoire Huret; nous croyons devoir rapporter ce qu'il dit sur ce dernier dont nous analysons plus loin l'ouvrage de perspective : « Vous avez vu, sans doute, les écrits volants du sieur G. H. (Grégoire Huret), graveur, par lesquels il rejette l'usage de la géométrie et de la perspective en l'art de portraiture et peinture, disant qu'elles ôtent l'esprit et le génie du peintre, et que la règle de la perspective y fait des dépravations, puisqu'elle n'est propre à représenter que quelques cubes ou tels supposés vus (dit-il) par un pertuis; mais comme il est d'humeur à ne se départir jamais d'une chose qu'il a avancée, soit vraie, soit fausse, il le faut mettre au nombre des incurables, etc. »

Bosse ajoute ensuite : « Pour l'article où vous

dites souhaiter savoir si les peintres font bien de mettre plusieurs points de vue dans leur tableau, etc. Je crois, comme vous, que c'est une erreur, et qu'un peintre ne peut que passer pour ignorant en son art, d'en user de la sorte; il y a néanmoins des gens dévoués à soutenir le contraire, et qui disent hautement que ce serait une honte qu'un peintre, qui a acquis une haute réputation en sa profession, s'il avouait d'en avoir ignoré les principes; mais il faut attendre que le temps les guérisse de cette mauvaise honte en détrompant le public de leurs erreurs. »

Suit une critique de l'estampe de *la Bergère*.

Après cette brochure commence, avec une nouvelle pagination, l'ouvrage formant le sujet du livre, avec ce titre : *Entretiens familiers d'une personne de qualité curieuse de l'architecture, de la peinture et de la sculpture, avec un architecte, un peintre et un disciple en l'art de la portraiture et peinture sur des particularités de ces beaux-arts*.

Ce titre indique assez bien le contenu de cet ouvrage, dans lequel Bosse, sous une forme dramatique, fait vivement sentir les nécessités pour les peintres de connaître les règles de la perspective. Ce petit ouvrage de 56 pages est intéressant; on y retrouve une réfutation des diverses erreurs que commettent souvent les peintres; puis aussi des conseils sur le goût que le peintre donne au disciple.

A la suite se trouve un chapitre ayant pour titre : « Raisonnement abrégé sur les tableaux, bas-reliefs et autres ornements, que l'on peut placer et faire sur les diverses superficies des bâtiments, 1665. »

L'auteur termine par un catalogue des livres qu'à divers temps il a mis au jour par impression. »

On trouve encore à la suite, sans pagination, une brochure de quatre pages.

RENÉ GAUTHIER
SIEUR DE MAIGNANNES, ANGEVIN

—

TITRE. — INVENTION NOUVELLE ET BRIÈVE POUR RÉDUIRE EN PERSPECTIVE, PAR LE MOYEN DU CARRÉ, TOUTES SORTES DE PLANS ET CORPS COMME DES ÉDIFICES, MEUBLES, ETC., SANS SE SERVIR D'AUTRES POINTS, SOIT TIERS OU ACCIDENTAUX QUE DE CEUX QUI PEUVENT TOMBER DANS LE TABLEAU ET SANS AUTRE DESSIN QUE SUR *iceluy* AVEC PEU DE NOMBRES MESURES ET TRANSPORTS; ET CE PAR QUATRE DIFFÉRENTES MANIÈRES.

A la Flèche, 1648, in-4°, imprimé par G. Griveau. Cet imprimeur donne cet ouvrage comme *recouvert*, de sorte qu'il doit être plus ancien. — On voit dans la préface de l'auteur « qu'il se croit obligé de prévenir le lecteur d'une *volerie* qui lui aurait été faite de plusieurs planches ou exemplaires des figures de la première et de la quatrième manière de ce traité pour les faire imprimer selon une lettre qu'il a reçue de sept. 1646.»

Ce traité de perspective, comme ceux de cette époque, est très-obscur; toutes les méthodes, les constructions sont données sans démonstration, de sorte que la lecture en est extrêmement fatigante, puisqu'il faut rechercher à chaque instant les explications.

L'auteur donne ces quatre méthodes comme nouvelles, nous croyons devoir les exposer comme étant ingénieuses, quoique peut-être plus compliquées que celles connues.

Les deux figures 50 et 51 sont relatives à la même méthode. Dans la figure 50, le tableau est désigné par le rectangle ABT_1T_2 et dans la figure 51, par le rectangle abT_1T_2.

H_1H_2 ligne d'horizon dans les deux figures et T_1T_2 la ligne de terre.

Soit abT_1T_2, dans les deux figures, un carré horizontal ayant la ligne de terre pour base. Dans la figure 50, ce carré est rabattu en avant du tableau et dans la figure 51 il est rabatiu en arrière et se confond avec le tableau.

P est le pied de l'observateur, ou mieux le pied de la perpendiculaire abaissée de l'œil sur le plan horizontal. Ainsi, dans les deux figures, le plan horizontal des objets est supposé en avant du tableau, mais rabattu sur ce tableau dans deux sens différents.

On demande d'abord la perspective du carré abT_1T_2 :

1° On trace les droites T_1O, T_2O;

2° On Joint P à T_1, et a à Q; le point d'intersection est le point m. La verticale ma' par son intersection avec la droite T_1O donne le point a pour la perspective de celui a. Par suite la figure $a'b'T_1T_2$ est la perspective cherchée du carré abT_1T_2.

On demande ensuite la perspective d'un point C, situé sur aT_1 :

1° On voit d'abord que ce point cherché doit être sur T_1O;

2° On joint le point *c* à celui Q, cette droite coupe la ligne PT_1 au point *n*; la verticale élevée de ce point *n* rencontre la droite T_1O au point *c'* cherché.

On demande la perspective d'un point *d*, situé d'une manière quelconque sur le plan horizontal:

1° On trace l'horizontale *dc* et la verticale *dq*;

2° On joint *q* à O;

5° Le point *c*, ayant pour perspective celui *c'*, l'horizontale *c'd'* coupera la droite *qo* au point *d'* cherché. — On aurait pu déterminer *d'* comme on a déterminé *a'*; on joindrait *p* à *q* et *d* à Q, et la verticale élevée du point *p* d'intersection, donne le point *d'* cherché par son intersection avec *qo*.

AUTRE MÉTHODE.

Les données et les résultats sont les mêmes, figures 52 et 53, que dans la méthode précédente : figures 50 et 51.

Après avoir déterminé, comme dans la méthode précédente le point *m*, puis celui *a'* perspectif de *a*;

on prolonge la verticale ma' jusque nD sur la ligne d'horizon. Ce point D va servir comme un point de distance.

On demande maintenant la perspective du point c, situé sur aT_1? — La verticale ma'D remonte T_1T_2 en r. On joint le point a à celui r, et par c on mène cs parallèle à ar; on joint s à D, et l'intersection de cette droite sD avec T_1O donne le point i cherché.

On demande la perspective d'un point quelconque d, situé dans le plan horisontal. On agit comme dans la première méthode. On mène la verticale qd, et on joint le point q à celui o. On trace l'horizontale dc. On détermine, comme ci-dessus, la perspective c' du point c, et l'horizontale $c'd'$ donne le point d'' cherché.

On demande la perspective d'un point e, situé sur T_1a, à une distance double de celle aT_1:

On joint le point r à celui o, et du point f d'intersection avec $a'b'$, on mêne Df qui coupe $a'o$ en e', perspective de ce point e. On aurait ainsi la perspective d'un second carré, formé sur ab, à la suite du premier, puis de même celle d'un troisième, etc.

REMARQUE.

On voit qu'en prenant sur T_1T_2, à partir du point r, $rg = Tr$, et joignant g à D, cette droite passera par le point e'. En portant successivement une, deux et trois fois cette distance T_1r, à partir de r, et joignant ces divers points à celui D, on obtiendrait, sur T_1O, les divers points, tels que celui e', appartenant à la suite des carrés en perspective.

Si on divise la droite T_1r en autant de parties égales que T_1T_2 contient d'unités, on aura une échelle qui pourra servir à trouver les perspectives d'horizontales situées à des profondeurs quelconques données.

On arrive ainsi à la méthode de Desargues, qui ne diffère de celle-ci qu'en ce que Desargues prend arbitrairement les points D et r sur une même verticale.

CH. BOURGOING

—

LA PERSPECTIVE AFFRANCHIE.

Contenant la vraie et naturelle pratique jusqu'ici inconnue et jugée impossible par laquelle l'on peut représenter toutes sortes de figures planes ou solides; droites ou inclinées, et leurs ombres pareillement par leurs propres lignes, et en faire une infinité de semblables de toutes grandeurs et en tout lieu, par un seul et même moyen, sans tracer ni supposer le plan géométral ordinaire avec la théorie familière.

Par le R. P. Charles Bourgoin, augustin de la communauté de Bourges. —A Paris, 1661, Privilége du 3 août 1680. — Petit in-folio, 154 pages, un texte gravé sur une écriture fine. — 54 planches intercalées dans le texte.

Le volume que nous tenons, appartient à M. M. Chasles, il porte sur la feuille du titre, la signature de J. C. Thibault 1819; ce qui fait voir qu'il a fait partie de la bibliothèque de ce savant professeur de perspective; il contient, sur les marges des notes au crayon, d'une très-belle écriture et qu'on doit aussi attribuer à Thibault. La même écriture se retrouve dans des notes semblables qui se trouvent sur un exemplaire de Bosse, appartenant aussi à M. Chasles; nous pensons donc qu'il faut les attribuer au même savant.

L'ouvrage du père Bourgoin est peu connu; il faut l'attribuer d'abord, à ce qu'il est pénible à lire par suite d'une écriture souvent très-fine, très-serrée et peu correcte; mais il est difficile à comprendre par plusieurs raisons qui ressortiront de son analyse.

Le livre commence par une dédicace au Nonce du Pape monseigneur Célie Picolomini, c'est un exemple curieux du style emphatique de ce genre: ainsi, sur le mérite de la perspective on y trouve cette phrase... « Ce sont donc les sciences mères des arts qui nous donnent cet avantage entre lesquelles la perspective semble tenir le premier rang, voir même pouvoir seule achever et finir cette divine image, parce qu'elle nous rend tout-puissant, en ce qu'elle nous donne le pouvoir de représenter toutes choses voire encore d'avantage, d'autant qu'elle nous apprend à figurer non-seulement tout ce qui a été créé de visible en ce monde, mais aussi l'invisible, comme l'enfer, les anges et Dieu même, le possible comme les fourmis de la grandeur des éléphants, et les espèces et individus qui pourraient sortir du néant par le bénéfice de la création; et l'impossible comme les chimères; outre cela elle est excellente en ce qu'elle donne le moyen de faire des objets du sens le plus parfait et le plus admirable de tous les sens. Pour moi, je confesse que sa beauté naturelle m'a autant charmé que ses innocents artifices m'ont subitement deçeu, et l'affection que je lui ai portée m'a rendu sensible au déplaisir de la voir maltraitée jusqu'au point que d'être réduite sous l'infâme esclavage du plan géométral. Avec beaucoup de peine et de travail j'ai cherché les moyens de l'en délivrer, quoique quelques savants eussent publiquement assuré qu'il était impossible; enfin par la faveur du ciel, je suis venu à bout de mes prétentions, je l'ai retirée de cette insupportable servitude, je l'ai mise en possession de sa liberté et rendu jouissance des droits de sa noblesse, ce qui fait qu'elle n'est plus farouche, ni sauvage comme auparavant, mais affable et familière à tout le monde etc. »

Il est curieux de lire un peu plus loin, que sa perspective n'a rien à craindre, puisqu'il la met sous la protection de Mgr Celius Piccolomini dont l'anagramme est *Luces inimico Poli* c'est-à-dire qu'il illumine l'ennemie du ciel, puis ensuite que les armes de sa famille ressemblent à Jésus-Christ, etc.

La préface est intéressante parce qu'elle fait connaître le but que se propose d'obtenir l'auteur. Nous avons déjà rapporté que Desargues, par une lettre imprimée à Paris le 25 juillet 1657 et qui avait été lue à l'académie royale par Bosse, proposait de donner mille francs à l'auteur d'une méthode de perspective préférable à la sienne; l'auteur dit donc « que c'est pour prétendre au prix que M. Desargues, homme savant et généreux à proposé, qu'il a composé ce livre. Au sujet de cette lettre, il dit : Par là vous pourrez connaître quatre choses : la 1re est la proposition du prix, la 2e la condition qu'il y apposa, la 3e la satisfaction qu'il recevra d'être surmonté sur ce sujet, et la 4e comme il estime sa manière la meilleure qui soit et qui puisse être; et moi de cette dernière je tirerai la 1re et la plus évidente conclusion que l'on puisse déduire, que si ma manière est meilleure que la sienne. elle est, selon son jugement, la plus parfaite du monde et qui puisse être inventée, et partant je mériterai le prix, et ce livre l'approbation de tous ceux qui daigneront le lire, et l'honneur en appartiendra à Dieu seul qui ne permettra jamais qu'une créature se l'arroge impunément. »

Puis l'auteur commence à démontrer en 6 points la supériorité de sa méthode sur celle de Desargues, et à exposer en 9 points, l'excellence de cette méthode et le perfectionnement qu'il y ajoute, et il termine en disant : « Après quoi, je pense que les raisonnables seront contents, les difficiles satisfaits, les envieux muets et Dieu glorifié. »

L'ouvrage est partagé en tableaux synoptiques, comprenant tous les cas divers qui peuvent se présenter, chacun suivi d'explications très-peu intelligibles. L'auteur change complétement les significations des mots employés en perspective, de sorte qu'au premier abord, tout est inintelligible ; ce n'est qu'après avoir compris les expressions dont il se sert qu'on peut lire cet ouvrage, et que nous allons expliquer pour ceux qui voudront le lire.

A la ligne de terre, il donne le nom de *pédale;* *costals,* sont les côtés du cadre.

Le point de vue *réel* d'une droite est le point de cette droite située à l'infini, et le point de vue *feint* est celui où la parallèle à la droite menée par l'œil rencontre le tableau, c'est donc ce que nous appelons le point de fuite de la droite.

La ligne de vue *propre* d'un plan est de même, la droite de ce plan située à l'infini, et la ligne de vue *feinte* est celle qui résulte de l'intersection du tableau et du plan mené par l'œil, parallèlement à celui considéré; on voit que c'est ce que nous appelons la ligne de fuite du plan, contenant les divers points de fuite des diverses droites qui sont dans ce plan, ou dans d'autres plans parallèles, points que l'auteur appelle les points de *vue feints*.

Le point de distance réel est celui où est situé l'œil, et le point de distance *supposé* ou *transporté* sur le papier est celui destiné à remplacer, dit-il, le point de vue réel dont on ne peut pas se servir parce qu'il est en l'air. Ainsi, il faut bien comprendre que ce point de distance *supposé*, n'est point celui connu en perspective sous ce nom ; c'est ce que devient l'œil réel lorsqu'on le suppose rabattu sur le tableau, en faisant tourner le plan qui détermine la ligne de fuite, autour de cette droite comme charnière; c'est ainsi que, si on considère le plan horizontal qui détermine la ligne d'horizon, en faisant tourner ce plan autour de cette ligne d'horizon, l'œil viendra se placer sur une verticale passant par le point principal et à une distance de ce point égale à celle de l'œil au tableau. L'auteur apprend à déterminer, par trois méthodes, ce rabattement de l'œil pour une ligne de fuite quelconque, et sur ses figures il indique ce point par le dessin d'un petit œil, de sorte que sur une figure il y a autant de ces yeux qu'il y a de lignes de fuite, et comme on le voit chaque œil sert à déterminer, sur sa ligne de fuite relative, les divers points de fuite des droites contenues dans les plans correspondants à cette ligne de fuite.

L'auteur donne alors la manière de déterminer les points de fuite des côtés d'un triangle, d'un rectangle, d'un pentagone, etc.

La méthode de l'auteur consiste donc à employer les divers points de concours; il fait la perspective d'une figure contenue dans un plan ayant une direction quelconque comme si elle était dans un plan horizontal, dont la ligne de fuite serait la ligne d'horizon, il trouve par la même méthode les perspectives de figures contenues dans des plans perpendiculaires au premier, ou même faisant un angle donné; il faut reconnaître que cette méthode est très-générale, mais elle est si mal exposée, qu'elle n'a pu être comprise que de peu de personnes.

Sa détermination des ombres est aussi générale, il apprend à déterminer celle d'une droite quelconque, sur un plan ayant une direction aussi quelconque, par la même méthode que ci-dessus.

Sous les ombres solaires, il détermine fort exactement le point de fuite des rayons lumineux, ce qu'il appelle leur point de vue; puis celui de l'ombre de perpendiculaires à ce plan; il fait connaître l'usag de la ligne de fuite des plans passant par le soleil et par une suite de droites parallèles, droite qui doit contenir le point de fuite de l'ombre de ces droites, sur une place quelconque, point qui sera à l'intersection de cette ligne de fuite et de celle du plan considéré.

L'auteur, dans sa préface, était allé au-devant de l'objection suivante faite à sa méthode; que, se servant exclusivement des divers points de concours, elle ne pouvait être employée lorsque ces points étaient trop éloignés, et par conséquent en dehors du cadre; à cela il répondait que, dans ce cas, il avait la précaution de faire un tracé de sa perspective, dans de petites dimensions, de manière à avoir à sa disposition une grande partie de ces points de fuite; puis après, il transformait ce degré du petit au grand, sur le tableau donné; ce moyen était peu satisfaisant, comme l'observe judicieusement M. Thiébault dans les notes marginales au crayon; c'est pour cela que l'auteur ajoute à la fin un chapitre ayant : « *Titre II :* Trois pratiques différentes pour faire la perspective en petit et en grand, par les propres lignes et sans plan géométral, de telle distance que l'on voudra, sans chercher les points de vue hors du grand ou du petit tableau et sans faire le dessin des figures. »

Ces trois pratiques consistent à tracer des droites qui se dirigent vers ce même point de concours éloigné; ces méthodes sont ingénieuses.

L'ouvrage se termine par les vers suivants :

L'AUTEUR A SON LIVRE

« Parcourez l'univers bannissant toute crainte,
Le monde ni l'enfer n'auront sur vous atteinte;
Car les plus grands efforts de la témérité
Mettent les armes bas devant la vérité. »

La méthode du père Bourgoin me semble renfermer des choses nouvelles et utiles; mais elle est si mal exposée, si peu intelligible, que je pense que l'auteur n'aurait pas dû recevoir le prix proposé par Desargues.

364. — Ligny. — Imprimerie A. Varigault.

NICERON.

(Né en 1661, mort en 1664).

Il existe deux ouvrages de perspective de Niceron, le premier en latin a pour titre :

R. P. Joannis Francisci NICERONIS Parisini, ex ord. minim. Thaumaturgus opticus seu admiranda.

Optices per radium directum; catoptrices per reflexum è politis corporibus, planis, cylindricis, conicis, polyedris, poligonis et aliis : Dioptrices, per refractum in diaphanis.

In quibus præter scenographiæ seu perspectivæ communis fundamenta, praxes facillimas et demonstrationes, exhibita etiam ex illius prescripto omnis generis solida regularia simplicia et composita, et irregularia multiformia, polyedra, stellata, perforata, nec non architecturæ civilis et militaris diagrammata et alia in graphide spectacula non injucunda : certissimæ quoque et expeditissimæ dantur regulæ, pro triplici videndi ratione directâ reflexâ et fractâ, figuras et imagines quascumque deformes et improportionatas in quacumque superficie delineandi, ita ut ex certo spectatæ puncto videantur venuste proportionatæ, picturæque et symetriœ legibus non dissonœ; imò et cuicunque objecto dato simillimæ.

Opus curiosum et utile Pictoribus, Architectis, Statuariis, Sculptoribus, Cælatoribus, et quibuscumque aliis, quorum opera in delineandi studio posita est.

Pars prima. De iis quæ spectant ad visionem directam.

Ad eminentissimum cardinalem Mazarinum. Lutetiæ parisiorum. MDCLXIII. cum privilegio Regis.

Le privilége du Roi porte la date : 12 *mai* 1646, et au bas est énoncé : « achevé d'imprimer pour la première fois le 2 août 1646.

Il s'ensuit donc que l'impression de cet ouvrage remonte à l'année 1646, quoique le titre ci-dessus porte la date de 1663. Ce qui fait penser qu'il y a eu plusieurs éditions, malgré que le titre ne l'indique pas.

Le second ouvrage de Perspective de Niceron est en français et a pour titre :

La Perspective curieuse du Révérend P. Niceron minime, divisée en quatre livres.

Avec l'optique et la catoptrique du R. P. Mersenne du même ordre, mise en lumière après la mort de l'auteur.

Œuvre très-utile aux peintres, architectes, sculpteurs, graveurs, et à tous autres qui se mêlent du dessin.

A Paris M.DC.LXIII. Avec privilége du Roi.

Le privilége du Roi porte, comme l'autre, la date de 1646, mais en bas il y a achevé d'imprimer pour la première fois le 25 novembre 1651.

Il en résulte que malgré la date ci-dessus de 1663, ce second ouvrage a été imprimé en 1651, pour la première fois.

Les deux ouvrages portant au titre, tous les deux, la date de 1663, il semble en résulter qu'il y a eu à cette époque une réimpression des deux ouvrages.

Le texte des deux premiers livres de l'ouvrage en français est évidemment composé d'après l'ouvrage en latin ; cependant il n'est point une traduction littérale ; il y a des différences notables que nous indiquerons en faisant l'analyse de ces ouvrages.

Les 42 planches des premier et deuxième livre sont absolument les mêmes dans les deux ouvrages; celui en français en contient 10 autres sur les sujets des autres livres.

En outre des planches, il y a quelques figures intercalées dans le texte. Ces deux volumes sont in-folio, le premier de 222 pages et le second, celui en français, n'en contient que 191 quoiqu'il y ait deux livres de plus que dans le premier. — L'optique et catoptrique du P. Mersenne, qui est à la suite, porte une pagination différente et contient 134 pages.

Après la table des matières, dans les deux ouvrages, se trouve le portrait de l'auteur représenté devant la perspective d'un polyèdre régulier étoilé, posé sur une de ses pointes et ayant au bas cette inscription, « F. Joan. Franciscus Niceron delinea Romæ anno sal. 1642, ætatis suæ 29.

Ce portrait porte au bas cette inscription :

R. P. Jannes Franciscus Niceron ex ordine minimorum, egregijs animi dotibus et singulari Mathezies peritia celebris, obiit aquis sextiis 22 septembre an Dûi 1646, ætat 33.

Ære micat mentis vis ignea, vultibus ore,
Ars tibi quid fingis Lux Niceronis erat.

L'édition latine contient de plus que celle française, 1° une dédicace au cardinal Mazarin, et 2° l'éloge de l'auteur. Ce dernier article contient la vie de l'auteur, on y trouve :

« Immortuus est hinc autor operi anno natus 33. Apud aquas Sextias die 22 septemb. an 1646, depositum quod mortale fuit in æde suis ordinis B. Virgini de sede, alias de accessu, seu de Lassis sacra in aquensis uburbio.

Niceron étant mort le 22 septembre 1646, n'a pu diriger que l'impression de l'édition en latin, imprimée pour la première fois, le 2 août de la même année. L'impression de l'édition en français de 1651 a donc du être composée par un autre savant sur les papiers de Niceron; on y remarque des abréviations, des changements d'idées qui forcent d'admettre que le travail de Niceron a été modifié et qu'ainsi, s'il y avait des erreurs, on les aura corrigées. C'est ainsi qu'on peut expliquer que dans cet ouvrage, on parle de la perspective de Bosse qui a paru en 1648 et que Niceron ne pouvait connaître tandisque Bosse dit page 171 de sa perspective : « Le R. P. Niceron qui en aurait eu des premiers l'exemplaire en don (celui de 1636 de Desargues) n'a laissé dix ans après d'en donner une dans sa perspective en latin ; sur le fait du luminaire à distance infinie, laquelle est en partie fausse, et qu'il dit avoir eue de M. Chauveau, professeur de mathématiques, avec ce qu'il dit ailleurs dans le même livre contre la vérité, que cette manière cy de perspective par le petit pied comme le géométral, est dedans les œuvres de Danti sur Vignole et de Pietro Acolti, de quoi je me rapporte aux intelligens qui verront ces œuvres et ce traité. » Or, on ne voit pas d'erreurs dans la détermination des ombres de Niceron et l'opinion sur les œuvres de Desargues est exprimée différemment dans l'ouvrage en latin et dans celui en français.

L'ouvrage de Niceron en latin et en français est précédé d'une préface qui est en partie la même, mais la fin de celle en latin a été supprimée dans l'édition française, il ne parle que d'une édition en latin et dans cette partie supprimée, il dit que si

Dieu lui donne la vie et la santé, il donnera le troisième et le quatrième livre qui sont dans l'édition française. Ces deux livres ont donc été copiés d'après ses manuscrits. L'ouvrage latin et français commence par un chapitre ayant pour titre : Préludes géométriques. — Définitions nécessaires pour l'intelligence de cette perspective.

Il contient quelques propositions fort élémentaires de géométrie. Nous avons dit que l'ouvrage est divisé en livres :

Le premier livre de l'édition latine a ce titre un peu long :

Liber primus. Perspectivæ praticæ principia complectens, tradensque methodum universalem ad delineandas ex præscripto optices cuiuscumque generis figuras planas et solidas, etiamsi subjectum planum penitus non attingant, aut in puncto solum vel linea contingant : ad hujus methodi explicationem adhibentur exempla geometrica quinque corporum regularium et exhibentur quædam alia solida regularia composita, irregularia, multi forma, polyedra, stellata, perforata, nec non architecturæ civilis et militaris diagrammata ; quin et additur methodus proposita objecta delineandi in data sectione absque eo quod unqmam necesse sit ad collocaudum distantiæ punctum extra tabulam excurrere; paucis autem hæc omnia et breviter per praxes facillimas explicantur, certissimisque et clarissimis demonstrationibus illustrantur.

Le titre du premier livre de l'édition française a ce titre plus abrégé :

Le premier livre de la perspective curieuse, contenant les principes de la perspective, et une méthode générale pour raccourcir ou mettre en perspective toutes sortes de figures plates et solides, encore qu'elles ne touchent le plan qu'en une ligne, ou en point, vérifiés par exemples es cinq corps réguliers et en quelques autres.

Ce premier livre, dans les deux éditions, se trouve partagé en chapitres ayant pour titres : Définitions, Axiomes, Prosposions. Seulement le texte est beaucoup raccourci dans l'édition française.

Les définitions sont relatives au sujet de la perspective et à toutes les droites et les lignes employées.

Les axiomes, au nombre de 12, sont ceux connus tirés de la science des apparences et remontant à Euclide :

L'exposition de la science de la perspective se fait dans les 37 propositions. Les 35 premières sont employées à exposer la méthode de l'auteur qu'il dit avoir empruntée à la perspective de Vignolle, elle consiste simplement dans l'emploi du point principal et des deux points de distance, ce qu'on appelle les tiers-points méthode que nous avons déjà exposée ; on sait que, dans cette méthode, pour avoir la perspective d'un point a situé sur le plan horizontal, on abaisse, sur la ligne de terre, la perpendiculaire ap, puis sur cette ligne, on porte à partir de p, la longueur $aq = ap$, on joint ensuite le point p au point central O et le point q à celui de distance D qui par rapport à celui q est de l'autre côté de la droite pO. L'intersection a' du rayon pO et de celui qD est la perspective du point a. Si en ce point a il y avait une perpendiculaire aA, on aurait sa perspective, en élevant en p une verticale située alors dans le tableau, égale à aA et joindre son extrémité A au point O. Au point a' élevant une verticale, elle rencontrera la droite Ao au point A' perspective de celui A.

Toute la perspective de Niceron consiste donc dans l'exposition de ce principe qu'il applique à divers corps réguliers et irréguliers. Au sujet de la pyramide, il accuse plusieurs auteurs de s'être trompés *lourdement*, notamment Albert Durer, J. Cousin, Marolais, l'auteur de Syntagma, dans l'ortographie de la pyramide, « car, dit-il, tous d'un commun accord donnent pour la hauteur du tetraèdre mis perpendiculairement sur l'un de ses angles solides, une ligne égale à la grandeur de la perpendiculaire tirée de l'un des angles du plan ABC sur le côté (de ce triangle) qui lui est opposé : l'erreur est assez manifeste en ce qu'ils n'ont considéré que l'inclinaison des côtés du tetraèdre sans prendre garde qu'en cette constitution trois de ses faces sont aussi inclinées sur ce plan. »

L'auteur ne se sert aucunement des divers autres points de fuite et cela avec intention, car, p. 31, il dit : « Il y a encore des points contingents ou accidentaux dont nous ne dirons rien, parce que l'on peut absolument s'en passer en cette méthode, et parce que je ne désire ici rien mettre des principes de la perspective commune, que ce qui est précisément nécessaire pour l'intelligence de ce traité, afin de ne point ennuyer le lecteur en lui présentant ce qu'il pourrait avoir vu ailleurs. »

Les deux propositions 36 et 37 sont relatives à l'exposition de la méthode même de Désargues, mais elles sont précédées d'appréciations différentes dans les deux éditions. Nous croyons devoir les rapporter toutes les deux ; comme touchant à la question de priorité d'invention de cette méthode.

Edition latine. « De quo possem et ego, sicut alii, praxim aliquam non omnino usitatam adinvenire et in medium proferre, mutando videlicet non nulla, immo forsitan et addendo faciliora ad ea quæ tum veteres, tum recensiores nobis proposuere; melius tamen visum est hic in compendium adducere quæ pro ista praxis magis commoda et expedita judicavi in méthodis illis universalibus, de quibus tam vehemens inter eos qui se illarum authores dicunt aborta controversia est : Paradigma igitur seu exemplum unum dilineabo de solidis illis regularibus, quæ scenographicè à nobis jam adumbrata vidisti in præcedentibus hujus libri propositionibus; si tamen prius animadvertero non esse adeo novam et prioribus Perspectivæ practicæ, scriptoribus, ut volunt plurimi, praxim istam scenographicè delineandi objectum quodcumque datum ex quavis distantia, in sectione data, etiamsi in illa distantiæ punctum secundum mensuras reales non possit collocari, absque eo quod necesse sit aliquo modo extra tabulam in operatione excurrere. Non est inquam praxis ista adeo nova, ut volunt ex recentioribus nonnulli, quando quidem et de ea P. Ignatius Danti scripsit nonnihil in suis ad Barocii Perspectivam commentariis et ipsius methodum trahit in annotationibus ad regulæ primæ capitulum sextum, ut patebit studioso lectori qui volet citatum consulere. Petrus Accoltius nobis Florentinus in suo opere, cui titulus est, *inganno de gli occhi*, etc., edito Florentiæ anno 1625, satis dilucidum et amplum discursum instituit et quomodo in dicto casu scenographicis utendum delineationibus declarat capitulis 18, 19, 20, 21 et 22. Ab eo tempore nostros inter gallos habuimus D. Aleaume qui de ea methodum spécialem, cum usu circini optici ad hunc effectum constructi nobis reliquit : Potuit videri ab omnibus quod anno 1628, ex relictis defuncti memoriis extractum posthumum opus podiit, cum titulo, *Introduction à la perspective, ensemble l'usage du compas de perspectives,* etc. Verum nescio qua de causa, sive ex eorum incuria qui opus instanrandum suscepe-rant, sive ex librariorum penuria, qui typis mandare debebant, id operis mansit imperfectum; ita ut prædictas memorias. D. Aleaume cum ipsius methodo denuo instauratas et suis ornatas demonstrationibus acceperimus a D. Migon anno 1643, sub titulo, *Perspective spéculative et pratique où sont démontrés les fondements de cet art et de tout ce qui en a été enseigné jusqu'à présent. Ensemble la manière universelle de la pratiquer, non-seulement sans le plan géométral et sans tiers-points, dedans ni dehors le champ du tableau; mais encore par le moyen de la ligne communement appelée horizontale, de l'invention du feu sieur Aleaume ingénieur du roi,* etc... De Vaulezard in suo opusculo quod vocat, *Abrégé ou raccourcy de la perspective par l'imitation,* edito 1631, similiter agit de circino optico, cujus beneficio objecti dati scenographia invenitur, absque eo quod realis distantiæ punctum extra tabulam collocare necesse sit. Anno 1636 D. Desargues in lucem protulit libellum cui titulum posuerat, *Methode universelle de mettre en perspective les objets donnés réellement ou en devis, avec leurs proportions, mesures, éloignements, sans employer aucun point qui soit hors du champ de l'ouvrage.* Postea vero etiam anno 1642, P. Du Breuil, Parisinus Societatis Jesu author libri qui titulum habet, *Perspective pratique et nécessaire à tous peintres, graveurs, etc.* Addidit quoque tractatulum ad eumdem effectum cum hoc titulo : *Diverses méthodes universelles et nouvelles en tout ou en partie pour faire des perspectives avec la liberté de mettre la dis-*

tance, pour éloignée qu'elle puisse être, en quel lieu on voudra sur l'horizon du tableau ou champ de l'ouvrage, etc.

Verum quia paucis ab hinc annis, hæc occasione, magna inter authores oborta dissentio est, et tumultus non leves excitati, dum quotidie novi in lucem prodeunt libelli, quibus alii in alios invehuntur et de istis methodis altercantur ; nolim ulterius indagare quisnam eorum potiori jure authoris illarum nomen sibi vendicare queat ; sufficiat mihi indicasse quid de iis singuli scripserint, ut possit lector studiosus pro suo desiderio illorum opera consulere et rem definire ex suo sensu ; noverit interim non esse, ut diximus, adeo recens inventum, ut satis palet ex dictis supra et sequenti propositione non valde nova aut difficili, in qua, velut, in fundamento apertè et manifestè comprehenditur. »

Voici le passage correspondant de l'édition française : « Corollaire. Après avoir lu ce que dit Accoltius et Danti sur Barocius aux lieux que cite l'auteur, j'ai enfin trouvé que M. Desargues est celui qui a proposé, et demontré la manière universelle de pratiquer le perspectif sur devis et par mesures comptées d'un bout à l'autre, sans avoir besoin de sortir du tableau pour quelque rencontre que ce soit : ce qui est conforme à la manière de pratiquer le géometral de la même chose.

« Or il n'y a rien d'approchant ou de semblable dans les susdits auteurs, non plus que dans les fragmens attribués à M. Aleaume et imprimés par le soin de M. Migon, ou dans le Compas optique du sieur Vaulezard, ou enfin dans tous les autres qui ont écrit de la perspective jusqu'à présent, car ce qu'en a dit le FDB dans ses livres est copié de la maniere universelle que fit imprimer le dit sieur Desargues dès l'année 1636, et puis dans un cahier particulier il y a plusieurs années, tiré du livre entier de sa perspective que M. Bosse a fait imprimer; dans laquelle il a ajouté une seconde partie contenant la règle de placer et de proportionner les touches et les couleurs diverses qui perfectionnent le perspectif, dont on n'avoit encore rien donné au public.

« Mais ceux qui ont lu et compris la manière universelle de M. Desargues, où l'on n'employe aucun point hors du champ de l'ouvrage, achevée de mettre en lumière par l'excellent graveur Bosse l'année 1647, confessent qu'elle surpasse en abrégé de pratique tout ce qui en a été donné jusqu'à présent, et qu'il avoit raison de pratiquer tout ce qui en a été donné jusqu'à présent, et qu'il avoit raison l'an 1636 de se dire l'inventeur de la méthode universelle, etc. Outre qu'elle contient la raison des places et les proportions des fortes et faibles touches, teintes ou couleurs tant claires que brunes, ce qui rend le corps de la pratique de cet art complet, et dont aucun n'avoit traité jusques à présent. »

Ce passage, comme on le voit, diffère totalement de celui de l'édition latine; il ne peut être de Niceron, mort en 1646, et qui n'a pu connaître l'ouvrage de Bosse, de 1647. On peut en conclure que l'édition française a été revue, corrigée et abrégée par un autre que Niceron. Nous pensons même qu'il y a des changements dans l'édition latine faits depuis sa première impression.

A la fin du premier livre, dans l'édition française, on trouve, sous le titre d'avertissement, ce passage intéressant qui n'existe pas dans l'édition latine :

« Avertissement. — Ceux qui voudront voir les essais de plusieurs qui ont travaillé à la perspective, peuvent lire avec profit ce qu'en a donné Jean-Baptiste Benoist, depuis la 119e page jusques à la page 140; et je conseille tant aux mathémati ciens qu'aux philosophes de lire cet auteur, soit que l'on aime les problèmes arithmétiques, dont il parle dans le susdit traité de perspective, ou que l'on fasse état des mécaniques, auxquelles il donne beaucoup de lumière, en montrant qu'Aristote s'est trompé dans les solutions de plusieurs de ses questions mécaniques.

« Si ceux qui trouvent quelque chose de nouveau dans les arts et dans les sciences, en faisoient part au public comme lui, plusieurs les imiteroient, et nous aurions maintenant mille belles choses tant dans les mathématiques que la philosophie, qui se perdent journellement; ce qui arrive aussi quelquefois, bien que les auteurs fassent imprimer leurs pensées et leurs inventions, à cause qu'ils écrivent d'une manière trop briève ou trop obscure, laquelle ne pouvant pas être entendue est méprisée : par exemple le sieur Desargues a donné un projet des coniques très-universel; mais il a usé de termes qui, n'étant pas ordinaires, ont rebuté plusieurs : et le seul remède pour faire lire ce traité avec profit et plaisir à ceux qui aiment la perspective, est de le prier qu'il l'étende un peu et qu'il le rende plus intelligible à toutes sortes de personnes.

« On désirerait aussi que M. Descartes fît sa philosophie par proposition, afin qu'on vît les raisons de mécanique qui lui servent d'appui, et que les démonstrations linéaires contraignissent d'embrasser ce qu'il croit pouvoir démontrer. Et parce qu'il y a grande multitude de proportions arithmétiques qui n'ont point été trouvées ; par exemple s'il y a des nombres parfaits qui se puissent trouver en d'autres proportions ou analogies que celle de 2, 4, 8, etc., comme dans l'analogie 1, 3, 9, 27, etc., et par quelle méthode on peut savoir cela ; s'il y a des nombres dont les parties aliquotes fassent le sextuple, le millecuple, etc, ou s'il n'y en a point, comme quoi il se peut démontrer. Il faudrait prier M. Fermat de donner cette partie qu'il a cultivée très-particulièrement, puisque feu M. de Sainte-Croix, qui avoit merveilleusement travaillé sur ce sujet, ne nous en a rien laissé ; ou finalement persuader à M. Frénicle qui a été, comme je crois, le plus avant en cette matière, qu'il fît imprimer plusieurs excellens volumes qu'il a composés sur ce sujet. » Nous ne connaissons pas ce J.-B. Benoist.

Dans l'édition, la proposition 37 est suivie d'un appendice ayant pour tite : « *De genere quodam projectionis, quod procedit ex indefinitâ oculi distantiâ altitudine vero gradum* 45. »

Ce chapitre traite des trois espèces de projections suivant le 6e livre d'Aguillon ; il comprend près de 2 pages dans l'édition latine, et il est réduit à quelques lignes dans l'édition française, où il dit : que puisque son livre (d'Aquillon) est commun, il n'est pas nécessaire de le copier.

Après cet appendice se trouve encore un chapitre intitulé : Synopsis, ou abrégé des axiomes et des propositions qui servent pour la pratique de la perspective.

Il contient neuf espèces de théorèmes qui forment le résumé de sa perspective. Il n'y est nullement question des principes des points de concours.

Le second livre de l'ouvrage de Niceron est consacré à la perspective curieuse ou anamorphose. Le titre de ce deuxième livre dans l'édition latine est :

« Thaumaturgi optici seu perspectivæ curiosæ, liber secundus. In quo agitur de illo projectionis genere quod fit in planis obliquis, traduntur que modi quam plures exquisiti et expediti, quibus, intra terminos directæ visionis, quædam fiant designationes in quibuscumque superficiebus regularibus et irregularibus; quæ quidem directo intuitæ, deformes quoad se appareant, multarum tamen et diversarum rerum distinctas species exhibeant, et ex determinato puncto spectatæ, picturæ et symetricæ legibus non dissonas, at cuicumque proposito objecto simillimas imagines repræsentant. »

Voici celui de l'édition française, il est un peu plus court :

« Le second livre de la perspective curieuse.— Auquel sont déclaréz les moyens de construire plusieurs sortes de figures appartenantes à la vision droite, lesquelles hors de leur point sembleront difformes et sans raison, et vues de leur point paraîtront bien proportionnées. »

Ces titres font bien connaître le sujet contenu dans le second livre. Niceron indique dans la préface qui est en tête de son ouvrage, que sa première intention avait été de composer seulement un traité de perspective curieuse, qui est renfermée dans les trois derniers livres de cet ouvrage : « Je prévoyois, dit-il, que, par ce moyen, je pourrais rendre la perspective plus recommandable, et que je la ferais aimer à ceux qui l'ont négligée jusques à présent, pour n'y avoir vu que des épines, et qu'en leur proposant ces nouveautés et ces gentillesses, comme les plus beaux attraits de cette science, je la leur pourrais faire rechercher avec ardeur pour leur contentement en de semblables pratiques. »

Il fut conduit à ajouter le premier livre sur la perspective commune, pour, dit-il, réparer des fautes qu'il signale dans divers auteurs.

Il a été conduit à lui donner, d'après sa première intention, le nom de thaumaturgus opticus, synonyme de magie, miracle, merveille de la perspective, et enfin en français celui de perspective curieuse.

La perspective curieuse ou des anamorphoses n'était point à l'époque de Niceron une science nouvelle ; nous avons déjà indiqué que divers auteurs plus anciens de perspective, en traitaient dans leurs ouvrages ; en dernier lieu, Vaulezard avait fait un petit traité spécial sur ce genre de perspective ; ce livre de Niceron n'en est pas moins curieux à plus d'un titre. Ainsi on y voit que Niceron était habile dans ce genre. Il avait construit un ouvrage dans l'église de son couvent de la Trinité à Rome, et à celui de Paris, où l'on voyait saint Jean l'Évangéliste, représenté écrivant son apocalypse dans l'île de Pathmos, « dont vous voyez, dit-il, ici le prototype duquel la perspective a été prise et mise obliquement sur la muraille de la galerie de notre couvent de la place Royale. » On y voit « que cette susdite galerie étoit longue de 54 pieds, que l'image de saint Jean a sa perspective longue de 54 pieds quoique la muraille sur laquelle il étoit peint n'avoit que 8 pieds de hauteur, et que le point de l'œil soit éloigné perpendiculairement dudit mur de 5 pieds, et du pavé de 4 pieds et demi.»

Il cite plusieurs ouvrages de ce genre : ainsi, dit-il : « J'en ai vu de cette façon deux assez gentilles, l'une est le pied de saint Mathieu, peint en la voûte de l'un des offices de notre couvent de Vincennes-les-Paris, qui semble toujours avancer sa partie antérieure hors le fond de la voûte, vers celui qui la regarde, en quelque part qu'il se mette pour le voir ; l'autre est un tableau peint à frais dans une chapelle de notre couvent de la Trinité du Mont-Pincius à Rome, auquel est représentée une descente de croix, où le christ qui en est la principale figure est tellement disposé, qu'étant vu du côté gauche, il semble couché et incliné sur le travers du tableau, et son pied semble faire une saillie du même côté ; et, étant vu de l'autre côté, tout son corps paraît presque droit, beaucoup plus dans le raccourcissement, et ce pied qui paraissoit faire sa saillie du côté gauche, semble avancer vers le droit; on en peut voir l'effet au grand autel de notre église de la place Royale, où nous avons une copie de ce tableau assez bien faite. »

L'auteur de ce tableau de la Descente de Croix, est Daniel Ricciarolle de Volterre, qui a fait un autre tableau de l'Assomption de Notre-Dame, qui est peint à frais dans une autre chapelle de la dite église de la Trinité du Mont-Pincius, où l'on remarque que sous les figures des apôtres, il a représenté la plupart des excellents peintres de son siècle. Il ne s'est pas seulement rendu recommandable en la peinture, mais encore admirable en ses sculptures, esquelles il a si fort excellé que l'excellent Michel Ange Buanarota, estimé le premier de son temps en cet art, le tenait pour son plus fort antagoniste; et pour marque de son estime, il lui déféra l'entreprise du grand cheval de bronze de dix coudées et pesant 25,000 livres, qu'il jeta à Rome es-thermes de Constantin. » On voit à la suite que ce fut lui qui fit la statue de Sa Majesté Louis-le-Juste, qui fut placée à la place Royale à Paris.

L'auteur distingue deux espèces de perspectives curieuses: « On fait, dit-il, de certaines images, lesquelles, suivant la diversité de leur aspect, représentent deux ou trois choses toutes différentes, de sorte que étant vues de front, elles représentent une face humaine ; du côté droit une tête de mort et du côté gauche quelqu'autre chose différente ; ces images ont été en estime, encore qu'il n'y eut pas grand artifice à les dresser : mais elles sont maintenant rendues si communes, qu'on en voit partout, d'autant qu'il n'y a pas d'autre subtilité pour ce faire que de couper deux images d'une même grandeur, par petites bandes selon leur longueur, et de les disposer sur un même fonds (lequel peut être une troisième image), d'égale grandeur avec elle, en sorte que toutes les bandes qui appartiennent à une image tombent sous un aspect et toutes les autres qui appartiennent à l'autre image, sous un autre : c'est pourquoi je ne m'y arrêterai pas, vu que c'est chose de peu de conséquence et pour laqu'elle il n'est pas nécessaire d'avoir aucune connaissance de la perspective et de ses effets, comme des autres que nous allons proposer. »

Tout le reste du livre est consacré à cette autre partie, qui consiste à trouver l'intersection d'un cône perspectif, par un plan très-incliné à son axe, ou par une surface, conique ou cylindrique, intérieure ou extérieure, une pyramide, ou même des surfaces irrégulières. Nous ne nous étendrons pas non plus sur ce sujet qui est peu en faveur aujourd'hui. A la fin de ce livre se trouve un chapitre intitulé: Scenographum catholicum sive instrumentum universale. Ad obeundas exartis prescripto quascunque delineationes scenographicas accomodatum. — Qui est traduit par : La description et l'usage de l'instrument catholique ou universel de la perspective.

Ce chapitre commence ainsi :

« Il y a un grand nombre d'instruments pour faire des perspectives, comme sont ceux que Danti donne sur la troisième règle de la perspective de Barocius; Marolais et les autres en donnent aussi de différents. Mais parce que M. Hesselin, conseiller du roi et maître de la chambre aux deniers, l'un des plus rares hommes du monde, et dont toute la maison est un cabinet perpétuel, où l'on voit tout ce que l'on peut trouver ailleurs de plus rare et de plus excellent, m'a communiqué un instrument particulier sans en avoir vu l'usage en aucun lieu ; après l'avoir monté de toutes ses parties et considéré qu'il peut servir à toutes sortes de perspectives, j'en veux ici expliquer la construction ; après avoir averti qu'Albert Dürer est le premier qui s'est servi du treillis, ou de la fenêtre au lieu du tableau, qu'il explique dans ses œuvres ; dont Barbarus parle et Danti sur le troisième chapitre de la première règle de Barocius, où il apporte plusieurs instruments dérivés de ladite fenêtre, aussi bien que celui que je décris, dont on tient que Louis Cygolus, excellent peintre de Florence, est l'inventeur ; c'est pourquoi j'y ai marqué L et C pour signifier son nom. »

C'est sur le principe de cet instrument de Louis Cygolus qu'est fondé le diagraphe de M. Gavard, mais qui est perfectionné à ce point qu'il a permis à l'auteur de copier très-exactement les tableaux de la galerie de Versailles. Ce chapitre est suivi d'un autre ayant pour titre :

Traité de la lumière et des ombres.

Ce chapitre est peu développé, et comme il le dit en tête, « parce que je n'ai pas le loisir de m'étendre beaucoup sur ce sujet, je donnerai seulement les principaux fondements d'où l'on pourra tirer tout le reste. »

L'auteur commence par des définitions et suppositions sur la lumière et les ombres ; viennent ensuite neuf propositions, ou problèmes, sur les ombres.

Le premier problème et le plus important, consiste à trouver l'ombre d'une verticale, ou, comme il le dit, d'un *baston*, sur le plan horizontal, lorsqu'il est éclairé par un point lumineux ou par le soleil. Son procédé consiste : 1° à joindre le pied de la verticale qui est sur le plan horizontal, avec le point de concours sur ce plan, de l'ombre des verticales ; et 2° à joindre le sommet de la verticale avec la perspective du point lumineux : l'intersection de ces deux droites prolongées limite l'ombre cherchée. Le point de concours de l'ombre des verticales sur le plan horizontal est, comme il l'observe, au pied de la perpendiculaire abaissée du point lumineux sur ce plan. Lorsque le point lumineux est le soleil, il dit bien qu'alors ce pied de la perpendiculaire se trouve sur la ligne d'horizon.

Il en déduit l'ombre sur ce plan de divers corps, tels qu'un parallélipipède, un tetraèdre, un cylindre. Il en conclut aussi les ombres sur un autre corps composé de plans horizontaux et verticaux. Tout cela me semble très-exact, et, à l'exception de quelques légères erreurs de lettre, je n'y trouve rien à reprendre ; cependant, nous avons fait connaître que Bosse, dans la *Perspective* de Desargues, dit (page 171) : « que sur le fait du luminaire à distance infinie, laquelle est en partie fausse, et qu'il dit avoir eue de M. Chauveau, professeur de mathématiques ; de plus, dans l'édition française, on trouve cette remarque (page 145) : « Il faut remarquer que M. Desargues a repris quelque chose de la pratique pour le deuxième cas (celui du soleil) dans la page 171 de sa *Perspective*, à la pl. 114 ; mais puisque cette pratique vient d'un professeur de mathématiques que j'ai nommé ci-dessus, c'est à lui à voir ce qui en est. » Cette remarque ne prouve pas que l'auteur fût bien certain de l'exactitude de sa méthode. On trouve dans l'édition française, page 143 : « Or, tout ceci est seulement pour les ombres faites par un point de lumière ; mais quand il est question des rayons du soleil qui brillent de toutes parts, il est plus difficile ; et parce que M. de Fleurs, excellent analyste, m'a communiqué la méthode dont il use pour cette sorte d'ombres, je la mets ici de son consentement. » Le même passage se trouve aussi dans l'édition latine, mais plus au long ; il y donne à ce professeur le nom de Chauveau dit de Fleurs : « ce qui confirme l'observation ci-dessus, qu'il ne comprenait pas très-bien la méthode qu'il employait et qui est exposée comme presque tout le reste de l'ouvrage, sans démonstration. »

Le chapitre se termine par cette neuvième et dernière proposition : mettre en perspective l'ombre des corps illuminés par la lumière d'une fenêtre : — dans cet article, on voit qu'il distingue fort bien l'ombre pure de la pénombre, qu'il appelle ombre diminuée. Le second livre dans l'édition latine se termine par la promesse qu'il fait de donner : « Hujus operis partem in thaumaturgo catoptrico et dioptrico » lorsque ses nombreux travaux et sa santé lui permettront. — Vient après : « Catalogus authorum qui ex institu de perspectiva artificiali seu practica scripserunt. » Ce catalogue n'est point dans l'édition française.

L'édition française contient, à la suite du deuxième livre, « Le troisième livre de la *Perspective curieuse*, — auquel il est traité des apparences des miroirs plats, cylindriques et coniques, et la manière de construire des figures qui rapportent et représentent par réflexion toute autre chose que ce qu'elles paraissent étant vues directement.» Puis ensuite :

« Le quatrième livre de la *Perspective curieuse* — auquel il est traité de cette dioptrique inventée depuis peu de temps, par laquelle, sur le plan d'un tableau où seront descrites plusieurs figures ou portraits dans leurs justes proportions, on en peut faire voir une autre différente de toutes celles qui sont au tableau bien proportionnée, et semblable à quelque objet ou portrait donné. »

Ces titres font connaître suffisamment le contenu de ses livres ; il y a des choses fort curieuses ; l'auteur cite les auteurs qui se sont occupés avant lui de ce sujet, — divers exemples de ce genre de travail curieux. — A propos de ceux qui ont perfectionné les lunettes, il cite Galilée, Daza, de Dominis, Kepler, Sirturus, M. Des Cartes dans sa *Dioptrique ;* Hevel eschevin de Dauzic, le P. Rheita capucin, Fontana, Eustachio Divino, Torricelli, Maufredo Milanais, les sieurs de Goulieu, de Meru et plusieurs autres.

Sur le contenu du quatrième livre, il dit que personne n'en ayant encore rien écrit, il donne la méthode comme lui appartenant. Nous ne pouvons entrer plus avant dans l'exposition de toutes les observations qu'il contient sans étendre par trop cet ouvrage ; nous le recommandons à ceux qui s'occupent de ce genre de curiosité, peu appréciée aujourd'hui.

L'ouvrage de Niceron se termine ainsi :

« Avertissement. Il faut premièrement remarquer qu'on a oublié de mettre à la fin de la 35e proposition du premier livre, que la figure et la méthode qui suit dans la 36e, a été prise des œuvres de Desargues, qui aurait fait imprimer une feuille particulière de ce sujet, avant la publication de sa perspective.

« Secondement, que le P. Niceron avoit dessein de faire des traités accomplis du rayon droit, réflechi et rompu, afin de donner un ouvrage entier au public ; ce qu'il pouvoit faire aisément, si Dieu lui eût prolongé la vie. A quoi l'on peut ajouter les 3 volumes du P. du Breuil, qui donnent la manière de faire toutes sortes de perspectives pour toutes sortes d'arts et de métiers, avec des figures si bien tracées et gravées, qu'il semble qu'on ne doive rien désirer de mieux en cet art ; dont si l'on aime la belle théorie et la pratique, il suffit de lire et de comprendre tout ce qu'en a donné le sieur Bosse au nom de l'auteur... etc.

« Louange à Dieu auteur de toutes choses.»

Nous avons cru devoir faire connaître cette justice un peu tardive rendue à Desargues et Bosse, par celui qui a continué l'œuvre de Niceron.

Le volume contient, à la suite des quatre livres de Niceron, l'optique et la catoptrique du Révérend Père Mersenne, minime, nouvellement mise en lumière après la mort de l'auteur.

Cet ouvrage, qui porte une autre pagination, fait cependant partie de ce volume; car il est énoncé dans le titre même du volume. Le P. Mersenne est mort dans l'année 1648, et l'impression est de 1651. Dans une note sur Niceron, tirée de la *Vie de Descartes,* par Baillet, page 301, tome II, on trouve ce qui suit :

« La mort de ce jeune religieux fut comptée pour une des pertes considérables de la république des lettres ; il travailloit actuellement sur son *Thaumaturgue optique* auquel il n'eut pas le loisir de mettre la dernière main. Le père Mersenne voulut rendre ce dernier devoir à son confrère et son ami, il se chargea de corriger, non seulement ce que le P. Niceron avoit déjà fait en latin et en françois, mais de suppléer encore à ce qui pouvait manquer pour sa perfection. Ses autres occupations et deux ans de vie qui lui restoit ne lui donnerent pas le loisir de pousser l'ouvrage à sa fin ; et il fallut charger M. Roberval de cette commission à la mort de ce père. »

Cette note explique donc bien :

1° Que Niceron, Mersenne et Roberval, participèrent à la rédaction de ces deux ouvrages;

2° Qu'il doit y avoir des dates différentes dans les publications de ces deux ouvrages.

Il est à remarquer cependant que dans le catalogue des auteurs qui ont écrit sur la perspective qui se trouve à la fin du *Thaumaturgus opticus,* Paris, 1646, on y indique, sous la date de 1638, un ouvrage de Niceron, intitulé : « La perspective curieuse, ou magie artificielle des effets merveilleux de l'optique, par la vision directe, etc.,» titre qui diffère sensiblement des deux ouvrages cidessus.

GRÉGOIRE HURET.

1640 à 1680.

Grégoire Huret fut un dessinateur et graveur habile; il prend, comme on le voit en tête de son grand ouvrage, le titre de dessinateur et graveur ordinaire de la maison du Roi et de l'Académie royale de peinture et de sculpture; il fut contemporain de Abraham Bosse, graveur comme lui, avec lequel il eut de très-vives discussions sur le mérite de leurs œuvres, et principalement sur la science de la perspective qu'ils cultivaient également. On sait que Bosse consacra une partie de son existence à enseigner la méthode de perspective de Desargues; pendant quatre ans, il fit gratuitement des leçons sur ce sujet, aux élèves de l'École des Beaux-Arts; il en fut récompensé par le titre de membre de l'Académie de peinture et de sculpture; mais un peu après, il se trouva devant une opposition puissante de la part des peintres qui n'entendaient pas la géométrie et à la tête desquels se trouvait le peintre Le Brun. Ennuyé et fatigué des contrariétés qu'on lui fit éprouver, il se retira volontairement et cessa ses leçons, préférant conserver ses convictions dans l'infaillibilité des procédés géométriques de perspective de Desargues, que de transiger avec les artistes auxquels ces procédés de la géométrie répugnaient.

Huret, au contraire, quoique ayant étudié la géométrie, prit le parti des peintres et voulut prouver que la géométrie n'avait rien à faire dans les portraits des hommes et des animaux, et même que dans les dessins d'architecture, les principes que la géométrie indiquait, avaient besoin d'être modifiés.

Le premier ouvrage de Huret est du 2 mars 1665 et a pour titre : « Exposé d'une règle précise pour décrire le profil élevé du fût des colonnes. » Cet ouvrage fut critiqué dans le *Journal des Savants*, du 2 mars 1665. G. Huret fit, le 5 mars 1665, une réponse à cet article du journal. Cet écrit fut suivi de cinq avis, donnés le 4 avril de la même année, aux auteurs de ce journal, ainsi qu'à un écrit sans nom adressé aux curieux de l'architecture, dans lesquels il annonce qu'il donnera les règles et moyens de trouver « les diminutions des figures, etc., en un quelconque enfoncement requis au moyen de la seule ligne horizontale, et de réduire les plus superbes architectures en perspective, sans aucun plan géométral, ni aucun point de distance, soit dehors, ni *dedans* le tableau ; comme encore de trouver l'enfoncement perspectif d'une quelconque grandeur géométrale *incommensurable* à la distance et à la base du tableau, sans se servir d'aucun point de distance, ni d'aucune diagonale de carré perspectif; laquelle manière, dit-il, a cinq avantages considérables, sur toutes celles données ci-devant. »

Ce sont probablement ces premiers écrits de Huret qui donnèrent lieu aux critiques amères de Bosse, que nous avons déjà citées, et qui firent dire à ce dernier que Huret était un incorrigible avec lequel il n'y avait rien à dire.

Ce fut pour répondre à ces critiques et satisfaire à ses promesses qu'il fit paraître l'ouvrage suivant ayant pour titre :

« Optique de Portraiture et Peintvre
en deux parties. »

La première est la perspective pratique accomplie, pour représenter les somptueuses architectures des plus superbes bâtiments en perspective par deux manières. Dont la première montre les moyens pour arriver à une précision accomplie, mais qui ne sont enseignez que pour donner connaissance à l'esprit, et *non pour estre pratiquez si on ne veut*. Et en la seconde sont les plus briefs et faciles moyens qui ayent esté publiez jusques à présent, pour estre généralement pratiquez, et le tout sans employer aucun point de distance ni plan géométral.

La deuxième partie contient la perspective specvlative, sçavoir les démonstrations et déclarations des secrets fondamentaux des règles ou moyens contenus en la première partie. Ensemble les plus curieuses et considérables questions qui ayent esté proposées jusques à présent sur la portraiture et peinture avec leurs solutions.

Par Gregoire Hvret, desseignateur et graveur ordinaire de la maison du Roy, et de l'Académie Royale de peinture et sculpture.

Paris 1670. avec privilège. »

Le privilège du dernier janvier 1670 est accordé, non-seulement pour l'ouvrage ci-dessus, mais aussi pour un second, ayant pour titre : « La gnomonique spéculative et pratique, contenant les règles pour faire les cadrans astronomique, Babylonique, Italique et antique Judaïque, et tous les cas qui leur sont appliqués; et pour un troisième volume ayant ce titre: « La section des solides, spéculative et pratique appliquée à l'architecture, pour les constructions précises des traits de la coupe des pierres, ou voussoires de toutes sortes de voûtes, avec la déclaration entière des secrets fondamentaux desdits traits. »

Nous croyons que *ces deux* derniers ouvrages n'ont jamais été imprimés. Nous remarquerons dans le titre un peu long du traité de perspective, ce passage curieux: « Les moyens pour arriver à une précision accomplie, mais qui ne sont enseignés *que pour donner connaissance à l'esprit et non pour être pratiqués si on ne veut.* » On voit que l'auteur se ménage l'appui des artistes qui ne veulent pas admettre les règles géométriques de la perspective, puisque cette précision n'est pour être pratiquée que si on veut.

Nous allons voir que tout l'ouvrage renferme une suite de contradictions entre les méthodes précises, exactes, et qu'il reconnaît lui-même pour telles, et celles employées par les artistes.

Cet ouvrage est in-folio, de 159 pages, accompagnées de 8 planches en taille douce, renfermant

62 figures, plus 2 grandes gravures servant de frontispice, le tout gravé par l'auteur.

Après le premier frontispice se trouve un *avertissement nécessaire au lecteur*, dans lequel l'auteur expose le but qu'il s'est proposé dans la composition de ce traité. « C'est, dit-il, de faire connaître à fond aux étudians en l'art de la portraiture, les règles et autres moyens qui leur sont véritablement utiles et qui leur sont absolument nécessaires, tant pour la théorie que la pratique de cet art...et qu'ils les puissent discerner d'une quantité de fausses et imparfaites qui leur sont proposées dans la plupart des traités faits jusques à présent au sujet du même art, un desquels publié en 1665, intitulé : *Leçons données dans l'Académie royale de peinture et de sculpture, par A. Bosse,* contient nombre de faussetés, outre celle du titre qui est comme injurieux à Messieurs de ladite Académie, etc. » Suit une diatribe contre Bosse, ses méthodes et ses ouvrages. — Ainsi, il ajoute : « L'honneur de ladite Académie s'en trouverait notablement intéressé, si elle ne faisait connaître aussi publiquement par quelqu'un de son corps, les *erreurs* et *faussetés* non-seulement des leçons contenues audit traité de 1665, mais aussi des œuvres dudit auteur, pour faire voir qu'elles sont absolument indignes d'être enseignées dans son école, à ses élèves, et c'est à quoi je m'emploie vers la fin de ce traité, comme y étant non-seulement obligé pour l'intérêt de la vérité et les motifs ci-dessus, mais encore parce que cette royale Académie a reçu le deuxième serment que j'ai fait au roi, de servir fidèlement Sa Majesté, etc. »

Tout l'ouvrage est monté sur le même ton d'animosité contre Bosse, et fait voir que cet ouvrage n'a été entrepris que pour se venger des reproches un peu vifs que Bosse avait faits de ses opinions et de ses œuvres.

L'ouvrage est divisé en deux parties, chaque partie en sections dont la première contient 182, et la seconde commence à 183 pour finir à la section 370.

Voici le résumé succinct, fait d'après l'auteur, du contenu de cet ouvrage :

Du commencement à la section 52, l'auteur donne les moyens pour trouver les diminutions des figures, etc., en un quelconque enfoncement requis, au moyen de la seule ligne horizontale, et de réduire les plus superbes architectures en perspective, sans aucun plan géométral, ni aucun point de distance, soit dehors ni dedans le tableau ;

comme encore de trouver l'enfoncement perspectif d'une quelconque grandeur géométrale incommensurable à la distance et à la base du tableau, sans se servir d'aucun point de distance, ni d'aucune diagonale de carré perspectif.

De la section 53 à 182, il donne « la manière de pratiquer la perspective par les plus accomplies et ponctuelles règles qui aient été données jusques à présent. » Lequel, dit-il, « fera connaître la défaillance des règles qu'on a ci-devant publiées pour complètes, et qu'elles sont arrêtées en tous les beaux cas de perspective qui est un art géometrique, lequel (suivant toute apparence) a été inconnu à tous les peintres et sculpteurs de l'antiquité, n'ayant été découvert que du temps de Léon-Baptiste-Alberti Florentin, qui a été le premier de tous les peintres et architectes modernes, et qui est le premier qui a écrit de l'art de perspective et de l'intersection du tableau qu'il nomme voile. »

Dans cette partie se trouve, selon l'auteur, « la manière de donner les jours et les ombres par règles et raisonnemens... qu'il fait suivre de celles des réflexions des apparences des objets sur la surface des eaux, des miroirs et autres corps polis et des réfractions, etc. »

Dans la deuxième partie, dit l'auteur, « je prétends prouver et démontrer ce que j'ai avancé en l'avant-propos de ma règle précise pour décrire le profil élevé du fût des colonnes, et de suite, le 5 mars 1665, en ma réponse aux premiers auteurs du *Journal des Savants*, et en mes cinq avis (à eux donnés) le 4 avril audit an, scavoir que la géométrie n'a aucun pouvoir en la portraiture de tous les animaux, arbres, fleurs, paysages et autres sujets compris de superficies courbées irrégulièrement ; et quoique cette proposition ait jusqu'à présent semblé insoutenable à plusieurs géomètres, je suis assuré que la lecture de ce traité leur fera changer d'opinion, puisqu'il leur fera voir que la manière que la géométrie leur suggère de proposer aux peintres, scavoir de ne pas dessiner le naturel comme les yeux le voient, mais qu'il faut trouver sur les tableaux par les règles de perspective ; les vrais points auxquels ils seroient coupés par les rayons d'apparences des sujets naturels, en venant pour se rendre à l'œil du regardant, puis, dis-je, qu'il leur fera voir que ladite manière (quoique entièrement géométrique et démonstrative), ainsi que je le démontre, section 229, est néanmoins absolument impraticable, principalement en grand, et de plus serait si pernicieuse, si elle pouvait se pratiquer, qu'elle serait capable de faire mépriser et rejeter tous les tableaux, et conséquemment perdre et anéantir l'art de portraiture et peinture, ainsi qu'il sera prouvé et démontré aux sections 187, 198 et 217, 218, 223. »

« De suite j'entre dans les artifices d'optique, etc. »

« Je fais voir qu'en ce qui concerne la représentation des objets, la géométrie et l'art de la portraiture tendent à deux buts différents. »

« Comme on voit, plusieurs traités faits pour enseigner l'art de portraiture et peinture (autre que ceux des sieurs Cousin, Daniel Barbaro, et du sieur Bosse, desquels je fais voir les faussetés ou nullités, sections 231 et 347), j'ai cru être obligé d'en examiner quelques-uns des plus estimés pour en faire connaître le peu de valeur et la nullité, puérilité ou fausseté de leurs préceptes par où on pourra aisément juger des autres. Je commence, section 264, par celui de L.-Baptiste Albert, comme le premier et le plus savant des auteurs qui ont écrit, et duquel les autres ont pris la plus grande partie de ce qu'ils ont dit; puis je poursuis par J.-P. Lomazze, puis Léonard de Vincy, et je finis par Du Fresnoy, comme le dernier et le plus récent. De plus, pour satisfaire ceux qui veulent tout voir, je trouve la manière de trouver des points perspectifs, au moyen des compas optiques et de proportion, comme aussi de trouver des angles perspectifs au moyen des échelles d'angles, etc. »

« Le surplus de cette deuxième et dernière partie est employé principalement à déclarer et démontrer les secrets fondamentaux de toutes les règles de pratique données en la première partie, et de suite à faire voir les défauts de la manière de perspective du petit pied, donnée par le sieur Bosse, sur les pensées de feu sieur Desargues, etc., etc. »

Suit l'examen des divers ouvrages de Bosse et de Desargues, et particulièrement du Traité des sections coniques de ce savant, ouvrage dont on ne connaît en ce moment qu'une copie faite par le géomètre De la Hire.

La lecture de l'ouvrage de Huret fait voir qu'il avait étudié la géométrie, qu'il connaissait la théorie des sections coniques, qu'il avait lu les ouvrages d'Apollonius, de Pappus, de Midorge, et le Traité des sections coniques de Desargues. Mais l'ouvrage n'en est pas moins un assemblage confus de propositions, les unes vraies, les autres complètement erronées, provenant de sa mauvaise manière d'envisager la perspective; il en résulte que les critiques très-vives répandues dans tout l'ouvrage contre les œuvres de Bosse et de Desargues sont sans valeurs, malgré que quelques-unes soient justes.

G. Huret commence par donner la définition de la perspective. On voit qu'il considère d'abord les résultats comme provenant de l'intersection d'un cône perspectif par la surface d'un tableau, mais il s'empresse d'ajouter « qu'elle ne peut rien contribuer à la construction des figures humaines et d'animaux, etc., si non pour la seule diminution de leur hauteur, suivant les divers enfoncemens requis, laissant au surplus la liberté aux peintres de les dessiner sans aucune dépravation, sur le tableau, ainsi que les yeux les voyent, c'est à dire à la seule conduite des yeux et du jugement. » Première erreur.

La section 2 contient la définition de l'horizontale du tableau et son usage. Or, on voit encore ici que l'auteur ne se rend bien compte des lignes de fuite, des points de fuite; il conclut que la mer étant le plus parfait plan horizontal, c'est lui qui donne la plus parfaite horizontale par son intersection apparente avec le ciel. Deuxième erreur que nous ne relèverions pas, s'il n'en tirait pas des critiques injustes contre Bosse ; ainsi, il dit que les terres étant plus élevées que la mer, un horizon qui se termine par des terres, fussent-elles très-basses, doivent toujours être figurées au dessus de la ligne d'horizon, ce qui n'a pas lieu dans plusieurs figures de l'ouvrage de Bosse.

Les sections 4, 5, 6, 7, ont pour titre « Pour trouver la position et diminution des figures sur un tableau de paysage au moyen de la seule ligne horizontale. » — Sa méthode est fort simple : la ligne horizontale est élevée sur le plan horizontal d'une hauteur égale à celle de l'œil du regardant au-dessus de ce plan ; de sorte que si, en un point quelconque situé entre la ligne horizontale d'un tableau et la ligne de terre, on élève une verticale représentant un personnage ; ses yeux, s'il est debout, devront se trouver sur cette horizontale ; or, la hauteur de l'œil est d'environ 4 pieds et demi ; de sorte que la distance trouvée entre le pied de cette verticale et la ligne d'horizon représentera 4 pieds et demi, ce qui permettra d'en conclure la longueur du pied et de ses divisions à la profondeur de ce point, qui servira pour le tracé des diverses lignes à la même profondeur. Il donne par suite, dans une figure, la représentation de personnages à diverses profondeurs et en diverses positions ; mais lorsqu'il veut placer sur mer des vaisseaux, il se trouve embarrassé, et alors il ajoute : « lorsque les navires sont si éloignés que l'on ne peut voir le corps du vaisseau qui semble caché sous l'horizon, cela se fait à jugement. »

Dans les sections 8 et 9, il veut prouver que les figures ainsi posées et proportionnées sont bonnes à voir de toutes distances et de tous côtés, pourvu que la hauteur de l'œil soit conservée.

Voici une des erreurs les plus graves de Huret, erreur qui se retrouve dans un traité de perspective moderne.

L'auteur prétend ici, et dans le cours de l'ouvrage, qu'un tableau fait pour un point de vue, s'il est regardé d'un autre point, plus près ou plus loin du tableau, la vue sera toujours satisfaite; mais qu'alors le sujet représenté par ce tableau variera suivant la distance où on se placera du tableau pour l'examiner.

Tout tableau doit représenter l'apparence d'un sujet pour un point de vue donné, de quelque point que soit regardé le tableau. Ce ne peut pas être le même sujet pris d'un autre point de vue, puisque les positions respectives des diverses parties du sujet ne seraient plus les mêmes ; ce ne serait donc que la représentation d'un sujet fantastique qu'il faudrait supposer compris dans le même cône perspectif, où toutes les proportions entre les largeurs et profondeurs seraient modifiées de manière à ne plus être un objet existant. Les saillies ne seraient plus faciles à comprendre. Nous ne pouvons nous étendre sur cette absurde prétention ; l'auteur lui-même (section 41) reconnaît ses défauts, car il dit, en parlant d'une galerie, « il n'y aurait donc que les corps saillants tant de la voute que des murs de côtés qui couvriront trop ou trop peu les massifs de la voute ou desdits murs sur lesquels ils sont posés ; mais ce deffaut ne fera aucun mauvais effet à l'œil, et de plus sera si petit qu'il ne pourra être connu qu'à peine et par les plus intelligens. »

Les sections 10 et 11 ont pour titre : « Pour connaître la qualité des enfoncemens desdites figures, etc. »

Etant pris sur le tableau un point quelconque qu'on considère comme étant sur le sol, son enfoncement se trouve, selon l'auteur, en comparant la distance de ce point à la ligne de terre; à celle à la ligne d'horizon, le rapport sera celui de la distance réelle d'enfoncement, à celle de l'œil du regardant au tableau ; et alors c'est là qu'il ajoute ; cette distance variera donc avec celle de l'œil au tableau. On conçoit que, réciproquement, la distance de l'œil au tableau étant connue, on trouvera la position d'un point dont l'enfoncement est connu.

La section 23 a pour titre : « Manière d'élever (en un quelconque enfoncement) une quelconque grandeur et qui soit inclinée suivant une quelconque inclinaison et obliqueté, le tout requis à discrétion. »

C'est-à-dire trouver la perspective d'une droite dont on connaît l'inclinaison sur le plan horizontal et l'angle que ferait le plan vertical qui la contient, avec le tableau. Ce problème est assez bien résolu ; il était assez difficile ; nous croyons devoir donner sa solution.

On se propose (fig. 54) de mener par un point quelconque du plan horizontal dont a est la perspective, une droite perspective dont la longueur vraie est T_1m, faisant avec le plan horizontal un angle donné, et dont le plan vertical qui passe par cette droite fait, avec le plan du tableau, un angle connu.

Par le point *a*, on élève une verticale ; on prend sur le cadre la verticale T_1m ; on joint le point T_1 à celui *c* ; on prolonge cette droite jusqu'à son intersection en *o* avec la ligne d'horizon ; on joint *o* à *m*, et la verticale *ab* est la représentation perspective d'une verticale de la grandeur donnée T_1m.

On considère maintenant le plan vertical de la droite cherchée, et qui nécessairement passe par cette verticale *ab* ; on suppose ce plan tournant autour de *ab* comme charnière, de manière à devenir parallèle au tableau ; alors, dans cette position, si on mène la droite *ad*, faisant, avec l'horizontale *ac*, l'angle donné de la droite avec le plan horizontal, et qu'on prenne *ad*=*ab*, alors cette droite *ad* serait la perspective de la droite de longueur donnée dans la position parallèle au tableau.

Soit maintenant *ak* la direction perspective de la trace du plan vertical de la droite ; direction qu'on peut obtenir facilement. Il faut maintenant faire tourner le plan *dac* autour de sa charnière *ab* pour le ramener dans la direction donnée *ak*. Dans ce mouvement, chaque point de la droite *ad* décrit un cercle horizontal. Si du point d on abaisse sur le plan horizontal la perpendiculaire dd', son pied d' décrira une circonférence située dans ce plan horizontal, et dont la perspective est facile à déterminer. Cette circonférence perspective rencontre la droite ak en k par lequel on élève une verticale kk'.

La droite $d'o$ représente la perpective de la tangente à la circonférence au point d', cette droite est la projection de celle do. Soit menée, par le point k l'horizontale kj rencontrant la droite $d'o$, prolongée en ji; par ce point j élevant une verticale, elle rencontrera la droite do prolongée au point j', par lequel menant l'horizontale $j'k'$, elle rencontrera la verticale kk' au point k'; de sorte que la droite ak' sera la perspective cherchée de la droite.

Cette méthode, quoique un peu compliquée, est fondée sur des considérations géométriques très-exactes.

Voici encore un article que je crois devoir faire connaître en le simplifiant et le modifiant.

Sect. 26 et 27. — Titre : « Manière de trouver (sans faire aucun carré) l'enfoncement perspectif d'une grandeur géométrale donnée à discrétion et de laquelle la raison qu'elle a, tant avec la distance géométrale qu'avec la base du tableau, ne peut-être connue par nombre. »

On se propose, fig. 55, de déterminer sur une droite T_2O, représentant une perpendiculaire à la ligne de terre, un point m dont la distance à la ligne de terre est connue. Soit aT_2 cette distance, on la porte sur la ligne de terre de T_2 en a. Si le point de distance D était connu, il suffirait de joindre le point a à celui D et l'intersection de cette droite avec celle T_2o, donnerait le point m cherché. Pour éviter de se servir du point de distance D, voici la méthode de l'auteur : il porte sur la ligne de terre, à la suite du point a, la longueur ab égale à la distance de l'œil au tablau ; il joint le point b à celui H_1 sur la verticale du point T_2 à son intersection avec la ligne d'horizon ; puis par le point a il trace ac parallèle à bH_1 qui détermine sur T_2H_1 le point c, par lequel il trace l'horizontale cm qui rencontre la droite T_2o au point m cherché. On voit, en effet, que $\frac{md}{me} = \frac{cT_2}{cm} = \frac{T_2a}{ab}$; c'est-à-dire que la distance du point m à la ligne de terre, est à celle de ce point à la ligne d'horizon, comme l'enfoncement donné est à la distance de l'œil au tableau.

De même que le point D se trouve très-loin, en

dehors du cadre, la même chose arrivera pour le point *b*; mais il a soin d'ajouter qu'on doit prendre dans ce cas T_2a, et *ab* égales aux tiers, quart des longueurs vraies et même au 20me, au 30me, pourvu que ce soit de même proportion pour les deux, et alors on arrivera au même résultat.

La section 28 est consacrée à démontrer « cinq avantages considérables qu'a ladite manière sur toutes celles données ci-devant. »

Malgré les éloges qu'il donne à sa méthode, il convient à la fin de cet article que « s'il faut trouver un grand nombre de moyens enfoncemens voisins les uns des autres et commensurables ou non à la distance, etc., ainsi qu'il arrive en la réduction perspective des ordres d'architecture et autres cas semblables, il en faut nécessairement venir aux grands carrés, desquels les diagonales donneront aussi tous lesdits enfoncemens avec autant de précision et beaucoup plus de promptitude qu'aucune autre manière qui a été donnée jusqu'à présent, sans y comprendre celle du petit pied ou distance réduite du sieur Bosse qui est entièrement défaillante pour tous les cas. »

On voit que l'auteur est obligé de revenir à l'emploi des carrés perspectifs et de leurs diagonales, comme les auteurs plus anciens.

On ne conçoit pas trop ce que l'auteur veut dire lorsqu'il fait des distinctions si nombreuses et répétées, des longueurs commensurables et incommensurables avec la distance, etc.

L'auteur se perd lorsqu'il veut donner la perspective des surfaces courbes ; on voit qu'il ne comprend pas la détermination de leur contour apparent, pour lui le contour apparent du tore et ses sections planes sont des ellipses ! et sa détermination de la perspective du contour apparent de la sphère n'est pas exacte. Nous ne pouvons continuer l'examen de cet ouvrage, section par section, cela nous entraînerait trop loin.

La première partie se termine par la détermination des ombres, etc.; elle est accompagnée de l'examen des nombreuses erreurs qui, *dit-il,* se trouvent sur ce sujet, dans les ouvrages de Bosse.

La seconde partie, comme la première, est une réunion de nombreuses erreurs et de quelques propositions géométriques exactes.

L'idée qu'il veut faire prévaloir d'abord c'est que, section 212, « la géométrie n'est d'aucune utilité pour la portraiture des figures humaines et des animaux, fleurs, arbres, et autres sujets naturels compris de superficies courbées irrégulièrement. « Voici ce qu'il ajoute à ce sujet : « Cette proposition a été par moi avancée dès le 8 janvier 1665 en l'avant-propos de ma règle précise, pour décrire le profil élevé du fût des colonnes, contre laquelle les premiers auteurs du *Journal des Savants* du deuxième mars 1665, dressèrent son 4e article, auquel je fis réponse le 5 mars, à laquelle ils n'ont fait aucune réplique, ni à mes cinq avis que je leur donnai le quatrième avril, sinon un petit discours imprimé sans nom d'auteur, adressé aux curieux de l'architecture, de la peinture et perspective, qu'ils firent distribuer dans l'Académie royale de peinture et sculpture, le samedi 30 mai, auquel je fis une autre réponse le 8 juin, le tout audit an 1665. »

Il cherche à démontrer ensuite, section 213, « qu'en ce qui concerne la représentation des sujets naturels sur les tableaux, la géométrie et l'art de portraiture tendent à deux buts différents et quels ils sont. » Et qu'aussi, section 211 : « Les figures de tous animaux et autres sujets compris de superficies courbées irrégulièrement doivent être portraites après le naturel comme les yeux les voyent, et chacun de leur point direct particulier posé sur l'horizontale, ainsi qu'il a été fait jusques à présent. » Vient après une suite d'articles sur les erreurs de Bosse et par suite de Desargues sur ce sujet, et là-dessus il donne sept principales impossibilités de pratiquer ladite manière de Bosse. Puis continue d'attaquer les diverses opinions de Bosse, non-seulement sur la perspective, mais sur un sujet fort opposé ; savoir si les chevaux nageaient ou ne nageaient pas ! — Nous ne suivrons pas l'auteur dans toutes ses divagations.

Les sections 264 et 267 sont consacrées à des remarques sur des traités de peinture. 1° Celui de Léon-Baptiste Albert. — 2° Sur les deux traités de Jean-Paul Lomazze, de Léonard de Vincy, de l'art de peinture de Charles-Alphonse du Fresnoy, traduit en français et mis au jour en 1668. Ces critiques sont justes et s'accordent avec les opinions émises par Bosse dans divers passages de ses ouvrages.

Voici encore, section 269, une proposition originale de l'auteur : « C'est qu'il faut dessiner en un jour d'atelier les objets qu'on veut représenter en pleine campagne; et, section 270, que les figures qui sont copiées après les sujets naturels de relief, qui sont exposés au grand jour libre à découvert, ne peuvent être que mal dessinées et peintes, en ce qui est de leurs jours et ombres, et de tout ce qui en est exprimé et la raison pourquoi.» La raison à la quelle on ne s'attendait peut-être pas, c'est que le mouvement du soleil ne permet pas au sujet de conserver longtemps les mêmes clairs, les mêmes ombres.

Dans les sections 271 à 278, il expose très-peu clairement la construction du compas optique et celui de proportion, leurs usages dans la perspectives, leurs inconvénients; la construction des échelles d'angle et leurs défauts, et en particulier de l'échelle de Desargues.

Dans la première partie, il ne donne point de démonstration des constructions. Ces démonstrations se retrouvent ici données à partir de la section 295, sous le titre : Secret de.....

Les sections 299 à 329 sont consacrées aux sections coniques, leurs figures, leurs propriétés, leurs constructions au moyen d'une reglette, — sur la détermination des diamètres conjugués, des axes; cette partie contient quelques propositions connues mais intéressantes; l'auteur y emploie même l'algèbre pour certaines propriétés de ces courbes.

La section 330 a pour titre : « Secret de la manière dite sect. 139 de modérer les dépravations des architectures perspectives aux tableaux qui ont trop de largeur pour la reculée du regardant. »

Son secret consiste à établir divers point de concours pour des mêmes alignements, etc.

L'auteur consacre la fin de l'ouvrage à examiner les *défaillances et faussetés* de la manière de perspective du sieur Bosse et de Desargues. C'est une diatrible souvent mal fondée, de ces deux auteurs.

La section 360 a pour titre : « Brève récapitulation des *absurdités* que le sieur Bosse a mis dans ses traités suivant les pensées qu'il a reçu du feu sieur Desargues et conclusion sur le sujet de ce discours. »

Nous croyons devoir rapporter l'article en entier. « Car qui sera celui qui osera prétendre en l'art de portraiture, etc., s'il croit tout ce que ledit sieur Bosse a dit dans ses traités, aux endroits mentionnés en celui-ci sect. 217, 224, 226 233, 344, 347, 348, 356, 357, 358 et 359, scavoir, qu'il faut premièrement scavoir parfaitement la géométrie, puisqu'il faut portraire et peindre après le naturel une figure entière et sans remuer la prunelle de l'œil, et que de plus, il ne faut pas dessiner les objets comme l'œil les voit, mais qu'il en faut trouver les infinis points d'apparence sur le tableau par des infinis aplomb et élévations géométrales, qu'il faut après enfoncer en perspective, pour trouver les contours des figures en même depravation qu'ils se trouveroient sur la transparence, puis faire autant d'échelles de commune mesure de couleurs qu'on veut employer de couleurs différentes pour après peindre les figures par règle d'arithmétique, faisant une addition ou soustraction pour chaque coup de pinceau. Plus faire les devis par toises, pieds, pouces, etc., de toutes les grandeurs géométrales des objets perspectifs qu'on aura à représenter, pour en rendre un compte exact à tous ceux qui verront le tableau ; et enfin pour comble de difficulté, se rendre capable de remettre en son véritable géométral un tableau composé de divers objets perspectifs.

Sect. 361. « Or de là on voit quel préjudice c'est faire à un jeune écolier, que de lui faire perdre son temps à la lecture de tous ces traités qui sont remplis de tant de contradictions, de faussetés et d'absurdités, qu'ils ne sont capables que de le porter dans l'erreur ou de lui ôter le courage et faire tout abandonner. Et c'est pourquoi il a été jugé à propos de faire voir publiquement les absurdités desdites pensées ou sujétions, ensemble la portée de l'esprit dudit sieur Bosse, etc., afin que non-seulement les jeunes étudiants en l'école de l'Académie royale de peinture et sculpture, mais aussi tous autres qui pourroient avoir été étourdis et intimidés par la lecture desdits traités, puissent devenir assez clairvoyans pour en connaître à fond les erreurs et par conséquent reprendre cœur et suivre les bons moyens ordinaires, possibles et raisonnables, qui ont été pratiqués jusqu'àprésent. »

Les dernières sections de l'ouvrage sont consacrées particulièrement à l'examen des divers ouvrages de Desargues.

La section 362 a pour titre : « Remarque sur la proposition géométrique donnée par le sieur Desargues sur le fondement de la perspective, démontrée sur la planche 151 dudit traité de perspective de 1648 du sieur Bosse. »

Section 460. « Fausses conclusions faites par le sieur Desargues sur ladite planche 151 touchant les points qu'on dit être unis en un. »

Sect. 365. « Quels sont les points qu'on peut

dire ou imaginer être unis ensemble. » Après une critique plus ou moins fondée, il ajoute : « mais ces rêveries ne sont pas les premières dudit sieur Desargues, puisqu'en 1640 il a dit en un cahier intitulé *Brouillon projet pour la coupe des pierres,* que si la règle de perspective sert à faire *agir, reposer, vivre, dormir, respirer,* etc. Ce qu'il repète encore en son traité des fortes et faibles touches de 1648, p. 206, auquel il a encore fait les fausses conclusions dites sect. 349 de ce traité. Comment encore le sieur Bosse dit en son traité des leçons de 1665, page 139, que M. Pascal fils a écrit, que le sieur Desargues a fait voir *que les parallèles sont toutes semblables à celles qui aboutissent en un point et qu'elles n'en diffèrent point,* ce qui est non-seulement contraire à la 35ᵉ définition et au 14ᵉ axiome du prem. des Élem. mais aussi à la véritable connaissance de tout le monde, etc.!! »

Section 366. « Que ledit sieur Desargues a aussi affecté de se rendre obscur en son traité de la coupe des pierres de 1643 et quelques remarques dessus. » Dans cet article, il parle de son *Traité de coupe des pierres,* qui n'a, je pense, jamais été imprimé.

Section 367. « Ridicule démonstration du

sieur Bosse, pour montrer aux peintres comme il faut représenter les airs ou cieux de leurs paysages. »

Section 368. « Remarque sur la démonstration donnée par le sieur Desargues audit traité de 1648, pl. 152. »

Section 369. « Secret fondamental du traité des coniques du sieur Desargues, intitulé : *Leçons de ténèbres,* et *Brouillon-projet,* ensemble quelques considérations dessus. »

Cet article est assez curieux, parce qu'il s'agit d'un ouvrage de Desargues peu connu actuellement.— D'abord, on peut en conclure que les *Leçons de ténèbres* et le *Brouillon-projet,* etc., roulent sur le même sujet ; il expose clairement le but de Desargues dans ces ouvrages, qui était de passer des propriétés du cercle, base d'un cône, à celles de la courbe résultant de la section du cône par un plan, et il ajoute : « Voilà la principale visée qui a donné lieu au dit sieur Desargues de charger de raisons composées les touchantes et coupantes la section en son dit Brouillon-projet qu'il a laissé imparfait, et auquel pour but commun des rectangles égaux, il ajoute sur les principales coupantes un point qu'il nomme *souche,* dont la dite coupante est l'arbre et les autres points les ramées, qu'il distingue par des brins qu'il accouple et découple, etc., ainsi qu'il engage et dégage ses souches réciproques..., etc., lesquelles choses il a ainsi nommées extraordinairement de noms champêtres pour tâcher de faire croire qu'il n'avoit jamais vu Apollonius, Papus, etc., et n'aurait jamais tiré aucune lumière d'eux, en conséquence de ce que son procédé est autre que le leur ; ce qu'il n'empêche pas qu'il ne leur doive toute la lumière de sa première connaissance en cette matière et de l'industrie qu'il y emploie, comme il doit aussi à la perspective la visée de l'ordre et du chemin qu'il a suivi. » Et un peu plus loin : « C'est pourquoi cette méthode (de Desargues) est comme une espèce de matrice (ou selle à tous chevaux) qui se peut approprier, comme par un même procédé sur toutes les sections coniques généralement.....»

Malgré le ton moqueur de l'auteur, reconnaissant le mérite de l'ouvrage de Desargues, il ajoute :

« Or voilà ce que cette nouvelle manière a de plus considérable et je suis si porté à honorer ce que les auteurs français produisent de bon, que je dis que si une semblable pensée étoit venue auparavant à quelqu'un de ceux qui ont donné des éléments coniques, il ne l'aurait pas laissée en arrière, parce que cette manière (qui est la meilleure des œuvres du dit feu sieur Desargues) est si deprise et différente de celle d'Apolionius Papus, etc. (et même en quelque façon plus universelle), qu'il me semble qu'elle valoit la peine d'être manifestée. »

« Aussi le dit sieur Desargues en a fait son capital par les louanges qu'en 1640 il s'est fait donner en la thèse de Monsieur Pascal fils, intitulée *Essai pour les coniques ;* et c'est aussi par cette même méthode et en conséquence de cette thèse qu'il a fait les trois dernières propositions géométriques qu'il a mis à la fin du dit traité de perspective de 1648, et comme encore celle pour le fondement de la perspective, page 336. pl. 151 du dit traité. »

« Néanmoins il faut remarquer qu'on ne pourra trouver par la dite méthode ce qui se trouve par celle d'Apollonius Pergeus, savoir un si grand nombre de propositions si ingénieusement et différemment démontrées et cela par des industries et subtilités merveilleuses..., etc. »

On trouve encore un peu plus loin ce passage :

« Comme encore que la dite manière est si embarrassée, que quoique le dit sieur Desargues n'aie fait qu'une petite partie des éléments coniques en son Brouillon-projet, il a été contraint d'y faire un errata (et apparemment après coup), lequel contient presque autant de pages que la neuvième partie de l'œuvre, et s'il y en a encore d'ommises, mais comme elles sont moins importantes, elles peuvent aussi bien passer pour fautes d'impression que celles du dit *errata*, ainsi que six fautes qui sont en la dite thèse de 1640, quoiqu'elles y corrompent partie des hypothèses ou côtés des plans rectangles qui doivent constituer les raisons et propositions qui servent aux démonstrations; mais comme elles ne sont faites que pour les intelligents, ils voyent bien ce qui y doit être mis comme aussi ce que les droites P, Q, et N, O manquent en la première des trois figures, n'est que du fait du tailleur en bois. »

« Mais puisque ledit sieur Desargues et M. Pascal fils (son disciple en cette matière) n'ont pu achever durant un si long temps ces éléments coniques, on peut raisonnement croire qu'ils y ont trouvé tant d'embarras et tant de répétitions à faire, principalement pour les deux hyperboles opposées et encore plus pour les quatre conjuguées que la lassitude les a contraints d'abandonner la méthode et l'ouvrage, lequel suivant toute apparence demeurera à jamais imparfait et enveloppé dans les ténèbres que son titre lui donne, et que son auteur a aussi donné (autant qu'il a pu) au principal secret de la dite méthode, afin de n'en avoir aucune obligation à la perspective, comme il a aussi changé tous les termes antiques d'Apollonius, etc., pour ne luy avoir aucune obligation de sa connaissance des coniques, et faire croire qu'elle lui avait été naturellement infuse, en ayant usé de même envers l'ancienne manière traditive de la coupe des pierres, etc.; en quoi on voit qu'il a été aussi ingrat écolier envers ceux qui l'ont instruit, qu'il a été depuis désagréable, obscur et inutile maître envers ceux qu'il a prétendu instruire pour n'avoir eu les conditions ni les intentions nécessaires, et telle qu'il va être dit. »

Le livre se termine par la section 370, ayant pour titre :

« Quelles sont les conditions d'esprit de ceux qui enseignent les sciences ou les arts, soit par écrit ou de vive voix, et quelle doit être leur intention envers les lecteurs ou disciples. »

En résumé, on voit que l'ouvrage de G. Huret a

été conçu et exécuté dans le but de déprécier, par tous les moyens possibles, les ouvrages de Bosse et de Desargues ; plus de la moitié des pages de ce livre renferme des critiques très-vives et même grossières des œuvres et des propositions soutenues dans les divers ouvrages de Bosse. Les erreurs nombreuses que nous avons relevées dans Huret font voir le peu de confiance qu'on doit avoir dans les appréciations qu'il porte sur cet auteur. Nous ne pourrions, sans nous étendre trop loin, examiner la valeur de chaque critique.

ANDRÉ ALBERT.

ANDREÆ ALBERTI DUO LIBRI P. R. 3. O R DE PERSPECTIVA CUM ET PRŒTER ARITHMETICAM INVENTA, POSTERIOR DE UMBRA AD EAM PERTINENTE. NORIBERGÆ APUD PAULI FURSTY. B. M. VIDUAM ET HEREDES, 1671. — (Dans le frontispice, on remarque les figures de la géométrie, de l'optique, de l'arithmétique ; puis les indications, TEMPUS ET HORA, ARCHITECTURA OMBRA.)

Cet ouvrage est en latin et porte pour titre : *Optices* ou *Optica ;* il ne contient pas de table ; il est divisé en deux livres suivis d'un appendice « in qua continetur nova inventio. »

Le premier livre contient cinq chapitres. Le premier chapitre a pour titre : « De facultatibus oculi et quid sit linea fundamentis ; » le deuxième : In qua docetur qua distantia punctum oculi poni debeat ; » le troisième chapitre : « In quo vulgaris regula et alice vice utiles delineationis optica ostenduntur. »

La première méthode qu'il décrit est celle de Viator, au moyen des points de distance et du point central. La seconde est celle d'Albert Dürer par les rayons perspectifs coupant le tableau. Ces méthodes sont clairement données, mais sans démonstration. Il examine le cas où la perspective devrait être plus grande que la projection, en plaçant le sujet devant le tableau.

Il se sert des expressions anciennes, *orthographia*, *iconographia*, *scenographia*. L'auteur connaissait donc bien la géométrie descriptive ; ses figures sont ainsi données par les deux projections.

Le chapitre 4 a pour titre : « Agit de figuris opticos quæ altiores sunt puncto oculi. »

Le chapitre 5 : « In quo delineatio optica per arithmeticam juxta regulam proportionum computas docetur. »

Dans ce chapitre, l'auteur donne les moyens de calculer arithmétiquement les coordonnées des points d'une perspective. On y remarque qu'il ne se sert pas de notations algébriques; cependant, on voit qu'il réduit en tables le calcul arithmétique des coordonnées. Il se sert du système décimal, comme étant, dit-il, plus commode que celui duodécimal: il emploie cependant des fractions ordinaires. Il remarque que cette méthode peut être employée dans les cas où les projections orthogonales ne seraient pas connues, mais qu'on connaîtrait seulement leurs dimensions. Il se sert aussi des tangentes des angles, pour établir ses calculs.

La date de cet ouvrage est de 1671; il a donc été imprimé après ceux de Desargues et de Bosse; l'auteur ne semble pas les connaître. On trouve plus d'analogie entre cet ouvrage et ceux d'auteurs plus anciens, tels que Marolais, Aquilon.

Le deuxième livre a pour titre: « De umbra et ejus proprietatibus. » On ne trouve pas l'observation que les rayons solaires peuvent être considérés comme parallèles, et ainsi avoir en perspective un point de concours. Pour lui, le pied de la perpendiculaire abaissée du soleil sur son plan horizontal est toujours sur la figure. Il examine les cas où un corps est éclairé par deux ou trois lumières. Il résout ces divers problèmes par l'arithmétique. Il traite aussi des réflexions dans l'eau, mais d'une manière fort succincte et sans explication.

Le dernier chapitre a pour titre « Appendix interpretis in qua continetur nova inventio modi facillimi (quod in vulgari modo impossibile est) nihil ultra spacium ipsius requirentes, figuræ cujus vis optice delineandæ, cum quibusquam annotæ amiculis adi psum authoris scriptum. » C'est une méthode pour se passer des points de distance. Voici cette méthode :

Il suppose (fig. 56) qu'on a primitivement la perspective d'un carré horizontal, comprenant le plan du sujet à mettre en perspective. Soit T_1 T_2 t_1 t_2 la perspective d'un carré dont la profondeur est représentée en perspective par bT_2. On prend, sur la diagonale T_2t, la distance $T_2a = T_2b$, et on mène ac parallèle à OT_2. Du point central o, on trace cd parallèle à la diagonale T_2t ; on a ainsi $cd = aT_2 = bT_2 = th$. On ne laisse subsister dans la figure que la droite cd. On veut maintenant placer en perspective un point du plan dont la distance au côté droit du carré est T_2p, et sa profondeur est

T_2f. Le point cherché est évidemment sur la droite pO. On trace ensuite la droite fO qui rencontre *cd* en n ; la profondeur cherchée est *nd*. On voit, en effet, que *nd*=*mg* qui serait cette profondeur en se servant de la diagonale T_2D ; car on a mg : th=nd : cd, or *cd*=*th* donc *nd*=*mg*. En menant l'horizontale *mq*, on aura le point *q* cherché. On voit ainsi que, par l'usage de la droite *cd*, il ne se sert plus des diagonales et des points de distance.

MILLIET DECHALES.

R. P. CLAUDII FRANCISCI MILIET DÉCHALES, CAMBERIENSIS E SOCIETATE JESU, CURSUS SEU MUNDUS MATHEMATHICUS LUGDUNI 1674.

Milliet Déchales est né en 1621, et mort en 1678. Il est l'auteur de cet ouvrage, en trois vol. in-fol., écrit en latin.

Le deuxième volume contient 10 traités :

1° De la coupe des pierres, en 5 livres.
2° Architecture militaire 7

3°	Hydrostatique	1 livres.
4°	De fontibus es fluviis	1
5°	De machinis hydrolicis	1
6°	Navigation (article très-estimé)	6
7°	Optique	3
8°	Perspective	6
9°	Catoptrique	3
10°	Dioptrique	3

Les traités 7, 8, 9, 10 ont des rapports avec le sujet qui nous occupe ; nous en ferons donc l'analyse.

Les 7, 9, 10 qui tiennent à l'optique ont été examinés dans la première époque de la perspective.

De sorte que nous ne nous occuperons ici que de la perspective. Voici son introduction.

« Quoique la perspective paraisse devoir comprendre tout ce qui arrive à l'œil et à la vision, l'usage a réduit cette science aux procédés employés pour former sur un tableau des images des objets produisant sur l'œil une vision semblable ; d'où il suit que toute peinture appartient à la perspective.

« Comme il serait trop long de procéder par l'art et les règles pour beaucoup de corps irréguliers, elle les renferme dans un cadre plus étroit ; elle ne s'applique qu'à dessiner les corps terminés par des droites, ou qui peuvent s'y ramener.

« Je la partage en plusieurs parties.

« Dans la première seront les fondements de la science ; après avoir établi les suppositions, j'établirai toute la science sur trois théorèmes principaux.

« Le second traitera principalement du plan horizontal, et je dessinerai, par la méthode perspective, l'ichonographie de tous les corps.

« Le troisième traitera des élevations.

« Le quatrième s'occupera des points appelés accidentels.

« Le cinquième, des plafonds et des voûtes.

« Le sixième, de la perspective sur plusieurs tableaux séparés, et de la réflexion et des ombres.

« Le septième propose un instrument très-utile dans la pratique. »

Livre Ier. — Après avoir donné les suppositions et 15 définitions, il passe à l'exposition des trois théorèmes fondamentaux.

1° La perspective de droites horizontales parallèles au tableau sont des droites parallèles.

2° Si on mène par l'œil une droite parallèle à

des droites données, et qu'on détermine le point d'intersection de cette droite et du tableau, la perspective de toutes ces droites passera par ce point.

3° Soit une transversale *ab* coupant deux parallèles *ac*, *bd*. Si par un point *c* de l'une on mène des droites *cd*, *ci*, à des divisions de l'autre, ces droits *cd*, *ci* couperont la transversale *ab* aux points *f*, *e*. Si maintenant on fait tourner les deux parallèles *ac*, *bd*, autour des points *a* et *b*, de manière à rester toujours parallèles entr'elles, et si on joint de même le point *k*, qui est le point *c*, à ceux *g* et *h*, qui sont ceux *d* et *i*, les droites *kg*, *kh*, passeront toujours par les mêmes points *f* et *e* déterminés ci-dessus.

(Ce théorème me semble appartenir à l'auteur ; il a été employé ensuite par plusieurs autres, et en particulier par Lambert.)

L'auteur termine en disant : De ces trois propositions découle naturellement presque toute la perspective ; le reste peut s'en déduire comme corollaire.

Suivent 21 autres propositions sur les parallèles, les distances, pour lesquelles il se sert du point de concours principal et des points de distance.

Sa proposition 20 est une conséquence de son

troisième théorème fondamental : « *ab* est la pers. de la droite horizontale *cb* ; — *b* est sa trace, *a* son point de concours. Si on voulait avoir la perspective d'un des points, tel que *f*, de cette droite *bc*, il faudrait, sur la figure, joindre le point de vue V à *f*, et le point *g* d'intersection avec *ab* serait le point cherché ; mais en vertu du théorème 3, on peut prendre $db = df$ et $ae = aV$, et joignant *d* à *e*, on aura, par l'intersection avec *ab*, le même point *g*.

Après ces 24 propositions, l'auteur termine : « atque hac fondamenta sufficiant quare ad praxes veniamus. »

Liber secundus.

Ce livre, comme les suivants, est tout pratique, et les méthodes sont des conséquences des théorèmes établis.

De même, dit-il, qu'en architecture on commence par établir le fondement ou plan, il va commencer par enseigner la manière la plus facile de mettre en perspective l'ichnographie ou plan géométrique, soit que le corps repose sur le plan objectif ou qu'il en soit éloigné ; de sorte qu'il est nécessaire de savoir établir par la géométrie ce plan et de connaître les hauteurs des divers points.

Il fait des applications à un carré, pentagone,

eptagone, circonférence et diverses espèces de pavement, etc.; il se sert du point principal et des points de distance, suivant la deuxième méthode.

Déchales, qui vivait après Desargues, a donné aussi la méthode que quelques-uns ont appelée universelle et qui consiste à trouver la perspective d'un point, lorsqu'on connaît les deux coordonnées de ce point, suivant Desargues ou Aleaume, et il observe qu'elle est la même que celle ancienne, il en fait l'application à un carré. Il donne l'usage des points de demi-distance, la manière de trouver les diagonales sans les points de distance. — Il démontre que toutes les méthodes employées pour les figures situées dans le plan de projection sont les mêmes, non-seulement pour tout autre plan horizontal, mais pour tout plan perpendiculaire au tableau.

Livre trois. — Scénographia.

Par son premier théorème, il établit que toutes les longueurs situées dans un plan parallèle au tableau varient dans les mêmes proportions en passant en perspective, et de là en conclut les moyens de mettre en perspective les hauteurs des corps ; il en fait des applications diverses, donne le tracé des fenêtres, portes, arcades, droites et obliques, des escaliers rectangulaires ou ronds, — des figures humaines. Enfin, il termine par trouver la perspective d'un point dont on connaît les trois coordonnnées.

Livre quatre. — Des points accidentaux et des corps inclinés. Il examine minutieusement tous les cas possibles d'inclinaison des faces d'un solide ; il se sert de son troisième théorème, qui, en définitive, revient au point de concours des cordes.

La proposition XI a rapport à la perspective sur un tableau incliné. Les prop. 12, 13, 14 ont pour but de mettre en perspective un parallélipipède dans une position quelconque. On voit qu'il se sert des trois points de concours et de leur point de distance respectif.

La prop. XV contient la solution du problème suivant : « Etant donnée la perspective d'une droite, trouver le lieu des points de concours des perpendiculaires à cette droite. »

Prop. XVI. — Etant données les perspectives des deux droites rectangulaires, trouver le point de fuite d'une troisième droite perpendiculaire aux deux autres (plus courte distance).

Prop. XVII. — La perspective d'une droite ne peut aller jusqu'à son point de concours, mais elle peut en approcher de plus en plus.

(On voit apparaître dans cette proposition les considérations de l'infini.)

Suivent plusieurs autres propositions intéressantes sur la perspective de figures dont les inclinaisons des faces sont données, — posant sur le sol, ou suspendues.

Le livre cinq contient la perspective sur les plafonds et les voûtes.

La prop. x et suivante a pour titre *De correctione,* c'est à dire de la correction de l'apparence de diverses parties des édifices. Ainsi, la proposition xv a pour titre *Aulam et porticum majorem reddere,* et celle et dernière xvi : — Ædificium integrum ita delineare ut omnesque partes etiam interiores appareant (par des surfaces se superposant).

Le livre six traite des perspectives sur des plans séparés, comme dans les décorations théâtrales, des ombres, — d'un instrument.

Il ne dit que très-peu de chose sur les décorations théâtrales; il indique la nécessité de déterminer le point principal sur chaque surface séparée, faisant tableau. — La prop. III a pour titre : *De scenarum mutatione* (il n'y a qu'une indication).

La prop. IV a pour titre *De reflexione* (très-succinct).

Les prop. V et VI renferment tout ce qu'il dit sur les ombres (très-succinct).

L'instrument dont il donne la description est le pantographe dont il expose les divers usages pour obtenir des réductions ; enfin, il l'emploie à faire de la perspective, en ajoutant un oculaire.

L'auteur est un géomètre et qui a embrassé toutes les parties de la science sous le point de vue géométrique, mais il n'est pas propre à donner des méthodes pratiques. — Les figures de l'auteur sont mauvaises, sans proportions convenables, et ne seraient pas intelligibles à un artiste.

Il contient quelques propositions intéressantes, comme son troisième théorème principal. — Mais, en définitive, comme il vient après Aleaume, Battaz, — Desargues, etc., il y a peu de choses absolument nouvelles. Il ne dit rien sur l'histoire de cette science et sur les auteurs qui l'ont précédé. — erreur il y a un article bibliographique assez bien fait, et cité par Montucla

SEB. LECLERC. 1679.

DISCOURS TOUCHANT LE POINT DE VUE, DANS LEQUEL IL EST PROUVÉ QUE LES CHOSES QU'ON VOIT DISTINCTEMENT, NE SONT VUES QUE D'UN ŒIL. — Paris 1679.

Cet ouvrage a été composé à la suite des discussions élevées par les détracteurs de Bosse et de Desargues, sur le mérite des principes géométriques adoptés en perspective. Toutes les opérations de cette science se font pour un seul œil, de là les objections élevées sur ce que des tableaux sont faits pour être vus des deux yeux. Le graveur Huret, qui est un des plus forts antagonistes de Bosse, et qui a fait un traité de perspective, émet l'avis qu'il ne faut pas toujours avoir égard à ces règles, et qu'il faut dessiner les objets comme les yeux les voient, et ne pas avoir égard à l'obliquité du tableau vers les bords, et qui tend à déformer cette représentation.

M. Leclerc, dans ce petit ouvrage, cherche à donner raison aux principes géométriques établis sur un seul œil, et pour cela il cherche à prouver que si nous avons deux yeux, il n'y en a qu'un qui sert à la vision dans un instant donné. De là. il résulte, dit-il, la nécessité de suivre exactement les principes de la perspective dans les arts du dessin.

Les idées de l'autour ne me semblent pas justes. et ce n'est pas là qu'il faut chercher les réponses aux objections faites aux règles de la perspective.

GUILO TROILY ou PARADOSSE. 1683.

PARADOSSI PER PRATTICARE LA PROSPETTIVA SENZA SAPERLA, FIORI PER FACILITARE L'INTELLIGENZA, FRUITTI PER NON OPERARE A LA CIECA. DATA IN LUCE DA GUILO TROITI LA SPHINLAMBELTO DELTO PARADOSSO, ETC. — Edition à Bologne, 1683.

Gravures très-mauvaises qui paraissent plus anciennes que la date de 1683. Dans la préface, il dit : « Ceux qui veulent connaître la perspective doivent lire la perspective de Daniel Barbaro, lequel dit qu'il eut pour précepteurs GIO, ZAMBERTO, VENETIANO, et que la plus grande partie de ces principes il les tient de PIETRO DAL BORGO DAN SEPULCRO, lequel fut disciple de Baldassare de

Sienne, et Baldassare fut le maître de Sébastien Serlio de Bologne. — Voyez les Commentaires d'Ignatio Danti, dans la perspective de Vignole, au chapitre cité page 34 ; voyez le chapitre 7-22, dans la description de l'œil de PIETRO ACCOLTI, la perspective de LORENZO SIRIGATTO, etc. »

Dans les éléments de géométrie, on trouve, dit-il, des solutions fausses ou approchées du tracé du pentagone, eptagone, etc.; il donne une définition de l'ichnographie, ortographie, scénographie. Peu importe, dit-il, de chercher si l'apparence vient de l'objet à l'œil en forme de pyramide, suivant l'opinion d'ARISTOTE, ou si l'œil envoie des rayons à l'objet dans la même forme, comme le veut PLATON. — Définition de l'horizon naturel et artificiel.

Pratique avec divers instruments.

Sa première méthode est de placer un point en se servant du point de l'œil et des points de distance, par les diagonales, etc.

Sa deuxième est la première par les intersecteurs des rayons visuels ; il en donne une troisième qui n'est que la deuxième modifiée.

Il se sert pour les hauteurs d'une première prise dans le tableau.

Perspective des plafonds. — De la scène. — Rien de nouveau.

Cet ouvrage est divisé en trois parties : la première, éléments ; la deuxième, pratique ; la troisième partie mise au jour en l'année 1653. Le traité précédent est donc un peu antérieur.

On trouve en tête l'origine et la description du pantographe, appelé parallélogramme pour dessiner, du P. SCHEINER.

Il s'en sert non-seulement pour réduire géométriquement, mais pour faire de la perspective.

Encore la description d'un autre instrument.

Puis la détermination des ombres. etc.

Page 22. — Prattica dell' attestatione fatta alla propositione del signor PIETRO VECCHIA, della sphæra deformata in prospettive.

Dans cet article, veut-il donner seulement la preuve qu'une sphère en perspective n'est point limitée par un cercle? ou fait-il de la perspective relief? Je pense la première ; cependant cela pouvait y conduire, si on avait parlé avant de la déformation relief du cube.

Représentation des ouvrages militaires de diverses manières, en couchant chaque verticale.

Le livre se termine par un traité de géométrie, d'après Euclide.

PERSPECTIVE D'OZANAM.

Ce traité de perspective n'offre rien de remarquable ; il se sert 1° de la première méthode avec les deux projections, et 2° par celle des points de distance.

Il donne aussi la construction des châssis perspectifs.

Il emploie pour la perspective des hauteurs la méthode très-connue.

Il y a erreur dans sa détermination des ombres ; ainsi il dit : « L'ombre du rayon principal étant déterminée, les ombres des parallèles à ce rayon principal seront parallèles à son ombre, de même sur des plans parallèles au tableau. »

Page 79.— L'apparence de l'ombre que le rayon principal VG fait sur le plan horizontal *MOGV*, tend au point de vue, et généralement l'apparence des ombres des lignes parallèles au rayon principal ou perpendiculaires au tableau, font ou sur le plan géométral ou sur des plans parallèles au géométral et par conséquent à l'horizontale, tend au point de vue principal, parce que, etc. Cela n'est pas juste.

Cependant Niceron avait exposé cela exactement; aussi la pratique dont il se sert est exacte, quoique les figures soient fausses.

Ce sujet des ombres n'était pas clair pour l'auteur.

POZZO ou PUTEUS. 1693.

PERSPECTIVA PICTORUM ET ARCHITECTORUM ANDREA PUTEI ET SOCIETATE JESUS. PARS SECONDA. — 1693, 1re édition, Rome. — 1737, en latin et italien.

Cet ouvrage est orné d'un grand nombre de sujets mis habilement en perspective, et surtout très-ornés.

Il se sert de la première méthode, avec les deux plans de projection, et les projections de l'œil. Il n'emploie que cette méthode exclusive. Il doit avoir intercalé les ornements et les détails.

Il traite, avec assez de détails, de la perspective

des théâtres, et donne beaucoup d'exemples de décorations. — Il fait voir qu'on peut se servir de coulisses parallèles au rideau ou obliques.

Il applique aussi la perspective au tracé des plafonds plans et courbes.

L'ouvrage renferme aussi des applications de perspective à des objets d'architecture, et à des fortifications, etc.

Après la table, il y a un petit traité sur l'emploi des couleurs en peinture.

Cet ouvrage se recommande par les planches plus que par la science géométrique.

Comme ce volume est une deuxième partie, la première doit contenir les éléments de la science.

(Extrait de la Bibl.). *Puteus* (*Petrus*) Perspectiva pictorum et architectorum (ital. et latin). Roma, 1693-1760. 2 vol. in-folio.

Edition la plus belle de cet ouvrage médiocre de P. Pozzo, en latin (Puteus). Celles de 1702, 1717, 1741, 1764, même lieu et même format, ont à peu près autant de valeur.

Il faut voir si la centième planche du tome Ier se trouve dans l'édition que l'on veut acheter.

Nota. Il est à remarquer qu'il y a le prénom de *Petrus* au lieu de *Andrea*.

Sr GRAVESANDE.

ESSAI DE PERSPECTIVE PAR GUILLAUME-JACOB-S. GRAVESANDE, imprimé la première fois en 1711 à la Haye, chez la veuve Abraham Troyel.

Les œuvres philosophiques et mathématiques de Sr Gravesande ont été rassemblées et publiées par J.-N.-S. Allamand, qui y a ajouté la vie de l'auteur. Amsterdam, 1774.

La Perspective est le premier ouvrage que Sr Gravesande composa à l'âge de 19 ans, vers l'année 1707, mais il ne le publia qu'en 1711. Voici l'opinion que portait en 1714, sur cet ouvrage, le savant Jean Bernouilly, dans une lettre datée de Bâle, mars 1714, en lui envoyant son essai sur une nouvelle théorie de la manœuvre des vaisseaux.

« Je vous supplie de l'accepter, lui dit-il, comme

venant d'une personne qui a beaucoup d'égards et de considération pour votre mérite et savoir dans les mathématiques, et dont j'ai vu une preuve suffisante par l'excellent Traité sur la Perspective que vous avez publié. J'y ai trouvé plusieurs règles fort ingénieuses et très-commodes pour la pratique, que l'on ne trouve pas ailleurs. »

Cet essai de Perspective étant devenu fort rare, l'auteur avait résolu d'en donner une nouvelle édition in-4°, considérablement changée, il en avait même déjà fait graver les planches ; mais malheureusement il est mort avant d'avoir mis par écrit aucun de ces changements. Quand il voulait publier un ouvrage, sa coutume était de l'avoir tout composé dans sa tête, et de ne le mettre sur le papier qu'à mesure que les imprimeurs avaient besoin de copie. La préface de l'ouvrage de Sr Gravesande est intéressante à lire, elle fait connaître les motifs qui l'ont engagé à composer ce petit traité, malgré la multiplicité de ceux existant à cette époque, et indique les changements et perfectionnements qu'il a introduits dans la pratique de la perspective. Il expose en peu de mots, le contenu des neuf chapitres entre lesquels l'ouvrage est divisé. On y remarque que le dernier est consacré à la gnomonique, science qu'il considère comme une application de la perspective.

On y trouvera, dit-il, ces trois choses : 1° plusieurs méthodes nouvelles et plus faciles que celles dont on use communément ; 2° on donne certaines méthodes plus malaisées, mais que certains cas rendent nécessaires ; 3° des solutions particulières pour quelques cas difficiles.

Le contenu des neuf chapitres est ainsi exprimé :

1° — Introduction, utilité de la perspective ; définitions ;

2° — L'exposé de la théorie réduit à trois théorèmes généraux auxquels il en a ajouté de nouveaux pour servir à quelques démonstrations particulières ;

3° — La pratique de la perspective sur le tableau perpendiculaire ; parmi les méthodes, il y en a une dans laquelle il ne se sert que de la règle, etc. ;

4° — La perspective sur un tableau qui doit être vu de fort loin, ou fort de côté, ou qui doit être placé dans un lieu élevé ;

5° et 6° — Perspective sur les tableaux inclinés et du tableau parallèle ;

7° — Sur les ombres ;

8° — Exposé de quelques moyens mécaniques pour faciliter l'usage de la perspective ;

9° — Utilité que la perspective pout apporter à la gnomonique.

Nous allons donner une analyse succincte de chacun de ces chapitres.

Dans le premier chapitre, il expose l'utilité de la perspective et termine en disant : « Cette seule remarque suffit pour établir la nécessité de la perspective, quoi qu'en disent certains peintres, qui, selon la maxime ordinaire, prétendent que ce qu'ils ignorent ne vaut pas la peine d'être su. »

Voici les théorèmes qu'il démontre dans le deuxième chapitre :

Théorème 1er. — La représentation d'une ligne parallèle au tableau est parallèle à la ligne dont elle est la représentation. — Trois corollaires.

Th. 2e. — La perspective d'une figure parallèle au tableau est semblable à cette figure, et les côtés de cette figure sont à leurs représentations comme la distance de l'œil avec le plan de la figure est à la distance de l'œil avec le tableau. — Deux corollaires.

Th. 3e. — Si une ligne parallèle au tableau est regardée par deux yeux qui soient dans un plan parallèle au tableau, les apparences de cette ligne seront égales.

Th. 4°. — Si une ligne droite rencontre le tableau en un point, son apparence sera une partie de la ligne menée de ce point dans le tableau à un autre point où aboutit une ligne droite qui part de l'œil, parallèle à la ligne proposée. — Cinq corollaires.

Th. 5°. — La perspective d'une ligne indéfinie ne change pas quand l'œil se meut dans une ligne parallèle à la ligne proposée.

Th. 6°. — Soit AC une ligne inclinée, tracée dans le plan géométral, et OD une autre ligne tirée de l'œil au tableau, parallèlement à la première AC; qu'on mène ensuite, dans le plan géométral, la droite BA parallèle à la ligne de terre et DE dans le tableau parallèle à la même ligne, et qu'on les mène en sorte que BA soit à AC comme ED est à OD, je dis que la perspective de la ligne BC qui passe par le point B et par l'extrémité de la ligne AC, étant continuée, rencontre le point E (c'est-à-dire que OE est parallèle à BC). — Corollaire : si AB = AC et ED = OD, la perspective de BC passera par le point E.

Le troisième chapitre contient l'exposé des méthodes ; nous donnons celles qui nous semblent nouvelles. Il commence par faire voir qu'on peut considérer le tableau et le plan d'horizon, comme couchés sur le plan géométral et ne faisant qu'un avec lui. Le tableau peut être couché de deux manières, ou sur la face qui regarde les objets, ou sur celle qui est du côté de l'œil (il préfère cette 2e méthode). (La droite et la gauche sont renversées.).

Premier problème. Perspective d'un point. (Diverses méthodes.)

Les deux premières employées par Sr Gravesande sont celles connues.

Voici sa troisième méthode qui me semble nouvelle :

Fig. 57. — Le tableau et le plan d'horizon étant rabattus sur le tableau alors OV est la distance de de l'œil au tableau. Pour mettre en perspective un point *a* donné sur le plan horizontal, il joint ce point *a* à V, il prend ensuite $db = da$ et $fc = f$V, il joint le point *c* à celui *b*; l'intersection de la droite *a*V et de celle *cb* donne le point *a'* pour la perspective de celui *a*.

4e Méthode. Fig. 58. — Du point V comme centre, on décrit une circonférence tangente à la ligne d'horizon HH. Du point donné *a*, comme centre, on décrit une circonférence tangente à la ligne de terre TT, on mène les deux tangentes communes; le point *a'* d'intersection de ces deux tangentes est la perspective de celui *a*; car on voit que *ab* est parallèle à *e*V et *ac* à *d*V.

5ᵉ Méthode. Fig. 59. – Par le point V on mène une droite horizontale *bc*, sur laquelle on prend V*b* égale à la hauteur HT du point de vue au-dessus du plan géométral, et V*c* égale à la distance VO du point de vue V au tableau. On joint le point *a* donné avec celui V, et avec celui *b*; puis on joint le point *d* où cette dernière ligne *ab* coupe la ligne de terre, avec celui *c*; l'intersection de la droite *a*V avec celle *dc* donne le point *a'* cherché.

On aurait pu, par V, mener une droite quelcon- *e*V*f*, et prendre sur elle les deux points *e* et *f*, tels que $\frac{Ve}{Vf}=\frac{HT}{VO}$, puis joindre le point *a* à celui *e* et *g* à *f*, la droite *gf* coupera celle *a*V au même point *a'* cherché.

6ᵉ Méthode. Fig. 60. — Ayant déjà trouvé la perspective *a'* d'un point *a*, on demande celle d'un autre point *b*. On joint le point *b* à celui V et au premie. *a*, cette droite *ab* rencontre la ligne de terre TT en *c*, on joint ce point *c* à celui connu *a'*, et l'intersection de la droite *b*V avec celle *a'c*, donne le point *b'* pour la perspective de celui *b*.

Si on a déjà déterminé les perspectives *a'*,*b'* de deux points *a* et *b*, on peut alors déterminer la perspective d'un troisième point quelconque *c* sans se servir du point V.

7e méthode. Fig. 61. — (Dans cette figure, OV est toujours la distance de l'œil au tableau; elle est ici égale à la largeur HH du tableau, tandis que dans les autres de Gravesand elle est moindre.)

On commence par déterminer la trace vv_1 d'un plan mené par l'œil parallèlement au tableau. (Ce plan est aussi rabattu, de sorte que VP est la hauteur de l'œil au-dessus du plan géométral.) Pour avoir la perspective d'un point *a* donné, on mène à volonté par ce point *a* deux droites *ac*, *ab* qui rencontrent celle *vv* aux points *c*, *b* que l'on joint à V. Les deux droites *ac*, *ab* rencontrent la ligne de terre TT en *e* et *d*. Par celui *e*, on mène *ea'* parallèle à *c*V, et par *d* celle *da'* parallèle à *d*V ; ces deux droites se coupent en *a'* perspective de *a*, et ce point *a'* doit se trouver sur la droite *aa'*V. On peut aussi commencer par prendre à volonté les droites V*c*, V*b* et joindre les points *c* et *b* à *a*, puis, etc.

Cette méthode est fort intéressante et peut être

regardée comme la plus curieuse invention en perspective; elle conduit l'auteur à trouver deux diamètres conjugués de l'ellipse perspective d'un cercle, et elle peut servir à en trouver les axes. On remarque, en effet, que tous les points de la droite *vv* passent à l'infini dans la perspective; que, par exemple, si par un point tel que *c* sur cette droite on mène deux tangentes à un cercle donné, ces deux tangentes en perspective deviendront deux tangentes parallèles à la section conique, qui est la perspective du cercle, et la corde de contact *mm'* sera un diamètre conjugué à cette direction des tangentes.

L'auteur fait cette remarque que, par cette méthode, on peut se passer de la ligne d'horizon. Ainsi, après avoir tracé la ligne géométrale *vv*, dont la distance à la ligne de terre est égale à la distance de l'œil au tableau, on prend ensuite la distance de l'œil à cette ligne *vv* égale à la hauteur de l'œil au-dessus du plan géométral.

Problème II. — Perspective d'une droite par sa trace et son point de fuite.

Problème III. — Perspectives des divisions d'une droite située dans le plan géométral. Sa première méthode est connue; sa deuxième, lorsque les droites se coupent très-obliquement, est ingénieuse.

Problème IV. — Perspectives de figures planes. Exemples : un pentagone, un parallélogramme, un cercle ; et à ce sujet il donne la construction des axes de la section conique, et il renvoie pour la démonstration à De la Hire.

Problème V. — Trouver la perspective d'un point en l'air au-dessus du plan géométral. Voici ses méthodes, qui me semblent nouvelles.

Fig. 62. Pour avoir la perspective du point donné a, élevé au-dessus de sa projection horizontale a^h d'une hauteur donnée (sans se servir de la perspective a'^h de la projection a^h). Sur la droite vv, on prend Pd = HT la hauteur de l'œil, puis sur cette même droite on porte de égale à la hauteur donnée du point a. On joint le point a^h, projection du point a, au point P et à celui e. Au point b où la droite a^hP rencontre la ligne de terre, on élève une verticale égale à la hauteur de du point donné, *moins bc*. Si de est plus petit que dP, alors ce sera *plus* au lieu de *moins*. On aura le point a' cherché. (2. En se servant de la perspective a'^h de la projection a^h du point a.)

2e méthode. Fig. 62. — En se servant de la

perspective a'^h de a^h. On prend sur la ligne de terre $fg = de$ égale à la hauteur du point a donné; on joint les points f et g à un point quelconque K de la ligne d'horizon. Par le point connu a'^h, on mène une horizontale $a'^h mn$, et la partie interceptée est la hauteur du point a' cherché sur a'^h.

3e méthode. Fig. 63. — Du point a^h comme centre, avec un rayon égal à la hauteur du point a, on décrit un arc de cercle, et du point P on lui mène une tangente; la perpendiculaire $a'^h n$ abaissée du point a'^h sur cette tangente sera la hauteur $a'a'_h$ cherchée.

4e méthode. Fig. 63. — Sur une verticale telle que T.H, on porte en dessous du point T la distance Te égale à la hauteur HT de l'œil, puis ensuite on porte au-dessus du point e une distance ed égale à deux fois la hauteur donnée; on joint le point e à celui a'^h par la droite $ea'^h c$ qui rencontre la ligne d'horizon HH en c; on joint le point c à celui d, et l'intersection de cette droite avec la verticale aa'^h donnera le point a'.

Peu d'auteurs se sont occupés, comme Gravesande, de méthodes diverses pour mettre les hauteurs en perspective; ils emploient presque tous la même.

Problème VI. — Mettre en perspective une pyramide et un cône ; déterminer la partie visible de la base du cône. (La solution de cette dernière question est intéressante.)

Problème VII. — Trouver la perspective d'une droite perpendiculaire au plan géométral. (Trois méthodes connues ; la troisième, sans l'usage du compas, est intéressante.)

Problème VIII. — Mettre en perspective un prisme, un cylindre perpendiculaires au plan géométral.

Problème IX. — Mettre en perspective un creux. (Il le considère comme un corps plein.)

Problème X. — Mettre en perspective une sphère. (Il résout ce problème en déterminant les axes de la conique ; il se sert du triangle par l'axe, qui donne la direction du grand axe de la courbe ; il en donne ensuite les extrémités ; il trouve aussi de même le petit axe Le procédé me semble un peu compliqué.)

Problème XI. — Mettre en perspective un tore. (Il résout ce problème comme pour la sphère, en déterminant des points de la ligne de contour apparent ; mais, pour la démonstration, il est obligé d'employer des formules algébriques. Ces deux derniers problèmes sont traités d'une manière plus scientifique que celles employées jusqu'alors et même jusqu'aujourd'hui.)

Problème XII. — Trouver le point accidentel de plusieurs droites parallèles entr'elles et inclinées au plan géométral.

Problème XIII. — Trouver la perspective d'une ou plusieurs droites inclinées. (Il donne quatre méthodes reposant sur les propositions précédentes.)

Problème XIV. — Mettre en perspective un corps qui a tous ou quelques-uns de ses côtés inclinés au plan géométral. Deux exemples.

Enfin les conclusions.

On remarquera que toutes les propositions ci-dessus sont traitées en habile et profond géomètre, par des méthodes nombreuses, nouvelles, intéressantes et quelques-unes curieuses, par exemple celle qui lui sert à déterminer les axes d'une conique; mais ces méthodes seront beaucoup trop savantes pour des artistes.

Chapitre 4e. — Dans ce chapitre, l'auteur traite des cas particuliers où l'œil et les points de distance sont très-éloignés, lorsque le tableau est au-dessus de l'œil.

Chapitre 5ᵉ. — Pratique de la perspective sur les tableaux inclinés.

Chapitre 6ᵉ. — Perspective sur le tableau parallèle.

Chapitre 7ᵉ. — Sur les ombres. (Ce chapitre est très-court. Il ne s'occupe qu'à déterminer l'ombre d'un point quelconque; il examine le cas où le corps éclairant est le soleil, et, par suite, où les rayons lumineux sont parallèles, et alors il détermine le point de fuite, ou ce qu'il appelle *accidental,* des rayons lumineux.

Chapitre 8ᵉ. — Moyens d'abréger mécaniquement les opérations de la perspective. Ce chapitre contient divers procédés nouveaux pour tracer mécaniquement la perspective d'un plan. Ces méthodes curieuses sont fondées sur les propositions nouvelles que l'auteur a données au commencement.

Chapitre 9ᵉ. — Usage des règles de la perspective dans la gnomonique, ou l'art de tracer les lignes horaires dans toutes sortes de cadrans, par le moyen de l'horizontale.

L'auteur suppose qu'on connaisse un cadran horizontal, que le plan sur lequel on veut construire un autre cadran soit tel que les deux cadrans aient même sommet du style (il appelle style une perpendiculaire au plan) qui est, comme l'on sait, considéré comme le centre de la sphère céleste. « Si, dit l'auteur, on suppose un œil placé à ce sommet du style ou centre de la sphère céleste, la perspective des lignes horaires d'un des plans sur l'autre sera le tracé du cadran sur ce plan ; en conséquence, il détermine sur ce second plan la ligne de terre ou intersection commune des deux plans, puis la trace sur ce 2e plan, du plan mené par l'œil parallèlement au premier, il obtient une droite parallèle à la ligne de terre, ce qu'on appelle l'horizontale. Sur la ligne de terre il a des points des lignes horaires ; sur l'horizontale, il détermine leur point de fuite ; joignant les traces aux points de fuite respectifs, il a le tracé cherché.

L'ouvrage du S' Gravesande sur la perspective est le plus scientifique de ceux qui ont été composés sur cette science. Il convient par conséquent davantage aux géomètres qu'aux artistes.

SCHUBLER, 1719.

LA PERSPECTIVE DES PEINTRES, par J. J. SCHUBLER (en allemand).

Ne sachant pas la langue allemande, je ne puis analyser cet ouvrage. Par les planches on peut cependant juger des méthodes de l'auteur. La 1re planche est celle par les deux projections ; la 2e contient des tracés géométriques, puis après il donne la perspective des corps réguliers ; la 3e planche contient les figures de Serlio avec les erreurs. — Perspective des élévations. — Instruments de perspective de Albert-Durer, de Weuzerl, de Gamnitzer. On y trouve la méthode de Laurenti Sirigati, par quart de cercle, etc. Il fait des applications à des objets divers, des vases, des portiques, etc., mis à l'effet avec les ombres et lumières, très-bien dessinées. — Perspective sur les plafonds. — Traité des ombres. L'ouvrage contient aussi quelque chose sur l'histoire de la Perspective.

HAMILTON, 1738.

Stéréographie, ou traité complet de Perspective,

dans toutes ses branches, traitant des lignes, des figures planes, des corps solides terminés par des surfaces planes ou courbes ou mélangées, et situées dans toutes les positions ; avec leurs projections ou ombres et les réflexions par des surfaces polies. Le tout traité par des méthodes uniformes, faciles et générales, et la plus grande partie entièrement nouvelles. Divisé en 7 livres formant deux volumes in-fol., par B. J. Hamilton, Esq. F. R. S. London, 1738.

Montucla dit : que cet ouvrage d'Hamilton est remarquable par sa prolixité et son étalage de haute géométrie. Il est vrai qu'il y traite aussi des projections de toute espèce et d'une foule de problèmes analogues.

On voit que ce traité est fait par un pur géomètre, il renferme donc une très-grande quantité de propriétés géométriques intéressantes. Il emploie presque exclusivement les proportions harmoniques, ainsi ses résultats sont donnés par un calcul arithmétique. Il détermine les principales propriétés des sections coniques, en se servant de la perspective et des proportions harmoniques. Cet ouvrage serait donc intéressant à étudier sous ce point de vue. Il est peu connu en France, la Bibliothèque impériale en possède une édition sur laquelle nous n'avons eu le temps que de prendre quelques notes.

COSTA, 1747.

ELEMENTI DI PROSPETTIVA EXPOSITA DA GIAN FRANCESSO COSTA, IN VENEZIANO, 1747.

Cet ouvrage est curieux par les erreurs qu'il renferme. L'auteur, après s'être appuyé sur quelques principes d'optique, suivant la méthode des anciens, sur la vision, la forme de l'œil, etc., en conclut que pour représenter les figures, il faut couper le cône perspectif par une sphère. Voici d'ailleurs comme il opère : il trace d'abord l'ICHNOGRAPHIE ou projection horizontale de la figure, puis après l'ORTOGRAPHIE ou projection verticale. Il les place l'une au-dessus de l'autre. Il se donne ensuite la position de l'œil de l'observateur De ce point comme centre avec un rayon quelconque, il décrit une circonférence; du pied de l'observateur, comme centre avec le même rayon, il en décrit une autre. Il joint le point de l'œil aux divers points de sa projection verticale du sujet et le pied de l'observateur à ceux correspondants de la projection horizontale, puis détermine les intersections de ces droites avec les circonférences respectives, il rapporte ensuite sur un plan ces distances sur ces deux circonférences en s'en servant comme des coordonnées.

Tout cela est évidemment faux; cependant dans les applications que fait l'auteur, on ne trouve pas de différences très-sensibles avec des constructions exactes.

JEAURAT.

TRAITÉ DE PERSPECTIVE A L'USAGE DES ARTISTES, par EDME SÉBASTIEN JEAURAT, ingénieur géographe du roi. — Paris 1750.

(Dans sa préface, l'auteur apprend qu'il est élève de MM. Leclerc père et fils, dont il a l'honneur d'être, dit-il, le petit-fils de l'un et neveu de l'autre).

Cet ouvrage est destiné spécialement aux artistes,

il est divisé en deux parties, l'une adressée à ceux qui savent la géométrie, et l'autre à ceux qui n'ont pas cette connaissance.

La première partie est curieuse, originale, on y trouve plusieurs méthodes nouvelles pour faire la perspective d'un plan, nous les donnons ici. Il commence par bien établir les principes généraux de la science, fait bien voir en quoi consiste le problème de la Perspective. Puis il apprend à déterminer la perspective d'un point en se servant du pied de l'observateur et de la division d'une verticale en deux parties proportionnelles aux distances du tableau à l'objet et à l'observateur. Cette méthode lui sert à passer à la perspective d'une droite. Il arrive ensuite, encore par des proportions, à exposer la théorie générale des points de concours. Il récapitule tous les principes qui en résultent et donne les méthodes pratiques ci-dessous exposées.

La deuxième partie est spécialement adressée aux artistes. Il montre, par des exemples, les moyens de mettre en perspective les sujets compris sur des plans horizontaux, répétition de la première, mais avec des développements pratiques intéressants. Il passe ensuite à la représentation perspective des hauteurs. Il se sert toujours de deux plans de projection. Il donne ensuite des applications de ses méthodes particulières en cherchant à simplifier les constructions. Quelques-uns de ces moyens sont avantageux, d'autres ne consistent qu'en des transpositions de plans de manière à faire partir toutes les droites d'un même point. Il termine par la détermination des ombres, des réflexions dans l'eau et dans les miroirs.

Cet auteur, fort original, mérite d'être consulté lorsqu'on s'occupe de perspective.

1re Méthode donnée par Jeaurat (indiquée déjà par Battaz, Fig. 64). — On prend un point quelconque D_2 situé sur la circonférence décrite du point central O, comme centre, avec un rayon égal à la distance de l'œil au tableau. On joint le point D_2 à celui O. Du point *a* donné dont on veut avoir la perspective, on abaisse, sur la ligne de terre, la perpendiculaire *ae* et on joint le point *e* à celui *o*. Puis du point *e* on trace *ec* égal à *ae* et parallèle à OD_2. On joint le point *c* à celui D_2, le point *a'* d'intersection de cD_2 avec la droite *eo* est celui cherché.

On remarque que si on eut pris le point D_2 en D sur la ligne d'horizon. la parallèle *ec* se confond avec la ligne de terre et on retombe alors sur la méthode connue des points de distance.

Autre méthode. Fig. 65. — On rabat le point de vue V autour de la ligne d'horizon, en dessus ou en dessous ; ainsi on prend OV égal à la distance de l'œil au tableau. Pour avoir la perspective d'un point *a* donné géométriquement en avant ou en arrière du tableau, on abaisse sur la ligne de terre la verticale *ae*, on joint le point *e* à celui *o* et le point *a* à celui V, l'intersection de *a*V avec *eo* donne le point *a'* cherché.

On peut aussi mener par le point *a* une horizontale *ab* qui remonte la droite TA, perspective de l'horizontale du point T, en *b*, on joint le point *b* à celui V, cette droite coupe la verticale $T_1 H_1$ en *b'*. Par *b'* on mène l'horizontale *b'a'* qui coupe la droite *eo* au point *a'* cherché. On voit qu'on peut se servir du point V en dessous, pourvu que le point *a* soit alors de l'autre côté de la ligne de terre. Ce point est même mieux déterminé, car les droites *eo*, *a*V se coupent presqu'à angle droit.

Autre méthode. Fig. 66. — Il porte la distance de l'œil au tableau, au-dessus de la ligne de terre de *q* en P, ce qui lui donne un peu plus de place pour placer le point P sur le tableau. Pour avoir la perspective d'un point *a* donné, il joint d'abord le point *a* à P et au point *f*, où cette droite rencontre la ligne de terre, il élève une verticale *fa'b'*. Il abaisse ensuite la perpendiculaire *ae* sur la ligne de terre et joint le point *e* à celui O ; l'intersection de la droite *e*O avec la verticale *fa'* donne le point *a'* cherché.

Si le point donné eût été élevé sur celui *a* d'une hauteur égale à *eb*, on voit qu'il suffit de joindre le point *b* à celui O, cette droite rencontre la verticale *a'b'* au point *b'* cherché. (Il n'y a de nouveau dans cette méthode que le renversement du point P.)

Autre méthode. Fig. 66. — Le point P étant placé comme ci-dessus, il joint le point P à ceux T et T. Pour avoir la perspective d'un point *c* donné, il abaisse d'abord la perpendiculaire *ch* sur la ligne de terre, il joint le point *h* à celui O comme ci-dessus; ensuite il mène par le point *c* une parallèle à la droite PTA, et il joint à H le point *g* d'intersection de cette droite et de la ligne de terre; l'intersection des droites *g*H et *ho* donne le point *c'* cherché. On peut se servir des deux points H, H_1 sans celui O, alors le point *c'* serait déterminé par l'intersection des droites g_1 H_1 et *g*H.

KAESTNER, 1752.

PERSPECTIVÆ ET PROJECTIONUM THÉORIA GENERALIS ANALYTICA QUA PRAELECTIONES SUAS INDICAT ABRAHAM-GOTTHELF. KAESTNER LIPSICE EX OFFICINA LANGENHEMIA.

L'auteur emploie la méthode analytique pour résoudre les divers problèmes de la perspective. Il commence par établir les relations existantes entre les coordonnées d'un point et celles de sa perspective, suivant les positions données de l'œil et du tableau ; il discute ensuite les formules qu'il a obtenues pour le cas le plus général et en fait sortir des applications diverses. Il fait voir que s'il existe une relation entre les coordonnées des points d'une figure, il en résultera une relation correspondante dans la figure perspective de la première, et il en conclut que, sauf la longueur des calculs, on peut en tirer la théorie des coniques d'Appolonius, ou la génération de ces courbes par les ombres, comme l'a fait Newton. En plaçant l'œil à l'infini, on obtient la projection orthographique.

Un des derniers chapitres a pour titre : De projectionibus spheræ. Il commence par exposer, 1° la projection stéréographique sur un plan méridien (Wolff, dit-il, démontre et explique ces règles). D'après son calcul il ajoute qu'on peut en déduire facilement les constructions de Wolf; 2° la projection orthographique sur un plan tangent; 3° l'œil étant au centre de la sphère sur un plan tangent. Cette projection semble, dit-il, la plus favorable pour la description des droites. (Eam que secutus est Doppel magnus in globo celesti in tabulas planas reducto.)

On trouve dans l'ouvrage, note 9, page 6 : « Huc spectat aliquomodo labor Dom. DESARGUES quam ex gallico sermone in Batavium translatum f. t. (Titre en hollandais.) Edidit Bara Amsteldod 1664-8. (Cette traduction est-elle celle de l'ouvrage même de Desargues ou de celui de Bosse son élève ?)

LACAILLE, 1750.

TRAITÉ D'OPTIQUE ET DE PERSPECTIVE par LACAILLE, Revue, corrigée et augmentée par plusieurs élèves de l'École polytechnique. — Edition de 1810.

La première partie du traité d'optique est un

résumé de toutes les propositions sur la vision, que l'on trouve dans Euclyde, Alhazen, Vitellion, etc. C'est donc une théorie des apparences qui sert d'introduction à la perspective. Ainsi il dit (page 40), « l'objet de la perspective est de représenter graphiquement toutes les apparences expliquées dans les propositions précédentes. »

La seconde partie de l'ouvrage traite de la catoptrique et dioptrique.

Le traité de perspective semble ajouté et non donné comme une troisième partie.

Dans le chapitre premier, il commence par établir très-succinctement des principes, des théorèmes, des corollaires sur les fondements de cette science.

Pour déterminer la perspective d'un point, il suppose qu'on a les coordonnées de ce point relativement à trois plans rectangulaires, comme on le voit fig. 67. Puis, par des proportions qui résultent de la figure même, il détermine, sur le tableau, les deux coordonnées du point perspectif. Cette figure de Lacaille se trouve déjà dans Gravesande. Il prend pour plan des coordonnées : 1° celui du tableau pour plan des xz. 2° celui horizontal passant par l'œil pour plan des xy, et 3° le plan vertical passant de même par l'œil pour celui yz. Ainsi, pour un point a donné, on a $ab = dc = x$, $oc = y$, $ad = bc = z$; $a'b' = d'e' = x'$, $a'd' = b'c' = z'$, Va, Vb, vc, sont les rayons visuels, et soit V$o = d$, alors on a

$$x' = x \frac{d}{d+y} \quad , \quad y' = z \frac{d}{d+y}$$

formules qui peuvent servir à calculer par nombres les coordonnées du point a'. Par l'emploi des logarithmes, les calculs sont faciles et courts.

Cette méthode de calculer les coordonnées de chaque point a été indiquée par plusieurs auteurs : un des plus anciens est Marolais.

Lacaille la donne sous forme de proportions.

Desargues s'en sert pour l'usage du compas de proportion de la manière suivante (fig. 68) :

Soit $d = 7$, $x = 2.2$, $y = 2$, $z = 4$

Sur les parties égales du compas de proportion, on porte 0–7 $= d$, 7-9 $= 2.2$ et 7-7 $= x'$. On ouvre le compas de manière que la distance entre 9–9 $= z' = 4$ et le nouveau 7–7 est égale à z'.

Lacaille, après avoir donné cette méthode, donne une solution graphique du même problème, et fait voir ensuite que cette construction donne les mêmes résultats que la précédente.

Dans le chapitre II, il donne la description des principales méthodes pour pratiquer la perspective.

1° Pratique de la perspective par le treillis perspectif; cette méthode, connue très-anciennement, le conduit au tracé des échelles de perspective. La méthode consiste, comme on sait, à faire la perspective d'un carré comprenant tout le sol objectif, ce carré étant lui-même divisé en un très-grand nombre d'autres plus petits, par des parallèles aux côtés, etc.

Il ajoute que, s'il se trouve plusieurs droites parallèles, il sera convenable de déterminer leurs points de concours.

Il ajoute qu'on peut se passer du plan géométral, lorsqu'on aura fait un devis exact de toutes les dimensions.

La deuxième pratique sans l'usage du treillis. C'est l'emploi des points de distance pour le plan horizontal et d'une échelle des largeurs et hauteurs, tracée sur le bord du tableau.

La troisième pratique est celle du chassis perspectif qui renferme, dit-il, les deux précédentes.

Cette méthode consiste à regarder les quatre côtés du tableau comme formant un chassis, qu'il divise suivant les échelles de perspective ; il donne deux manières de diviser les montants verticaux. Il divise la ligne d'horizon en parties inégales correspondantes à des angles égaux au sommet de l'œil ; pour cela, il opère le rabattement de l'œil autour de la ligne d'horizon, afin d'avoir les points de concours des diverses directions horizontales.

Il résout les divers problèmes sur les directions et les longueurs en perspective, et pour cela il se sert du point de concours des cordes.

Pour trouver la perspective des verticales, il emploie d'abord la méthode ancienne qui consiste à placer sur la surface du tableau, la hauteur donnée et de joindre ces deux extrémités à un point de la ligne d'horizon ; de sorte qu'on a la représentation de deux horizontales à une distance l'une de l'autre égale à la hauteur donnée. Sa seconde méthode consiste à remarquer que si, par un point perspectif a'^4, on élève une verticale, la portion de cette verticale comprise entre ce point a' qui est sur le plan horizontal et la ligne de terre, est toujours égale à la hauteur de l'œil au-dessus de ce plan horizontal, et comme cette hauteur est connue en mètres, on peut donc avoir la grandeur du mètre à la profondeur du point a. Ce moyen est indiqué par Huret.

Pour déterminer la perspective d'une droite inclinée, il se sert du tracé d'une hyperbole qui est, dit-il, la perspective de l'almicantarat correspondant à cette inclinaison. Ce moyen est très-exact, mais certainement beaucoup trop long et trop savant, tandis qu'il y en a de bien plus simples qui n'exigent pas le tracé de cette hyperbole.

A la suite, il ajoute qu'en supposant un cube inscrit dans la sphère céleste ou terrestre, en sorte que l'arc de l'équateur ou celui de l'écliptique soit perpendiculaire à deux faces opposées, on peut, par cette méthode, projeter sur les quatre autres faces des points de la sphère à 45° de part et d'autre de l'équateur, ou même encore plus loin, en supposant les faces prolongées. C'est ainsi, dit-il, qu'ont été construites les cartes célestes du père Pardus.

Dans la perspective de la circonférence, il se sert des points de concours des droites inclinées de 22 degrés ½ pour avoir les points situés sur les diagonales du carré circonscrit. — Il parle du moyen de déterminer les axes de l'ellipse, et il se contente de dire que le grand axe est la perspective de la corde de contact qui joint les points de tangence des tangentes des deux rayons visuels partant de l'œil.

Le chapitre III. — Exemples et remarques pour tracer toutes sortes de perspective. — Application à la perspective d'un piédestal ; détail de toutes les opérations. — Remarques sur l'usage des diagonales.

Chapitre IV. — Des préparations nécessaires pour mettre en perspective un très-grand nombre d'objets donnés de grandeurs et de position.

Il donne un grand nombre de propositions pour déterminer les diverses positions de l'œil, du tableau, des objets, etc., et arrive à une équation du deuxième degré, qui doit donner la distance du point de vue au tableau. Il donne pour règle que la distance de l'œil au tableau ne doit pas être plus courte que la moitié de la diagonale du tableau et plus grande que cette diagonale.

Ce chapitre est bien savant pour le sujet.

Le chapitre V a pour titre : — De la perspective des ombres.

Il commence par établir sur les ombres des théorèmes, puis des corollaires, comme il a fait en tête de l'optique, lesquels me semblent extraits du vieux ouvrage de Vitellion.

Il donne ensuite, mais d'une manière fort générale, le tracé des ombres des corps éclairés par le soleil ou par une lumière quelconque. Les résultats auxquels il arrive sont toujours exprimés par des proportions ; il ne parle pas de surfaces courbes et de leurs ombres, et des images réfléchies. Ce chapitre ne me semble pas complet.

En résumé, cet ouvrage de Lacaille est très-curieux, très-savant, et doit être étudié par des géomètres. On voit que l'auteur, très-grand géomètre, néglige beaucoup cette partie de la convenance sans laquelle la perspective n'est plus qu'une méthode géométrique de transformation. Cet ouvrage n'est pas assez connu. Il paraît qu'il faisait partie de ceux adoptés pour l'enseignement à l'Ecole polytechnique à sa fondation, puisqu'on y trouve des notes de bons élèves, ajoutées au traité d'optique.

F. GALLUS, 1753.

DIREZIONI DELLA PROSPETTIVA TEORICA CORRISPONDENTI A QUELLA DELL' ARCHITECTURA ISTRUZIONE A GIOVANI STUDENTI DI PITTURA. E ARCHITECTURA NELL' ACADEMIA CLEMENTINA, DELL' INSTITUTO DELLE SCIENZE RACCOLTI DA FERDINANDO GALLI BIBIENA, CITTADINO BOLOGNESE ACCADEMICO CLEMENTINO, ARCHITETTO PRIMARIO, E PITTORE DI CAMERA E FESTE TEATRALI DI S.M. CES., E CAT., divise in cinque parti. Tomo secondo, seconda edizione, in Bologna, 1753.

— Divisione delle cinque parti del secondo tomo.

— La prima contiene la Prospettiva commune a commodo de pittori ed architetti.

— La seconda serve a pittori figuristi.

— La terza contiene la prospettiva delle scene teatrali.

— La quarta le direzioni dell' ombre, e dé lumi.

— La quinta la mecanica, etc.

L'auteur dans la première partie expose pratiquement les deux premières méthodes (celles données par Vignoles), pour mettre en perspective un sujet donné par des plans. — Il n'y a rien de remarquable dans cette partie.

L'auteur qui était architecte et *pittori di camera e feste teatrali*; — qui avait par conséquent construit beaucoup de décorations théâtrales, a fait dans sa troisième partie un exposé de tous les moyens employés par lui pour obtenir les perspectives théâtrales; plusieurs de ces méthodes sont de lui, — d'autres des anciens ou adoptées dans d'autres villes.

Ce chapitre est donc fort intéressant, curieux. — Ce sujet ayant été peu traité et surtout par des hommes ayant exercé et pratiqué ces méthodes. — Elles sont plus ou moins satisfaisantes, suivant les nécessités auxquelles on est souvent obligé de satisfaire. — On voit que l'auteur employait les principes de la perspective plane; — il se sert d'un point des perpendiculaires à la toile, — des points de distance et même de points accidentaux. — Il serait trop long d'entrer dans l'exposition de ce qui manque à ces méthodes pour arriver à la vraie perspective-relief que j'ai exposée dans mon traité. — Les résultats devaient cependant être satisfaisants, puisqu'il annonce l'avoir pratiquée pendant plus de 20 ans.

TAYLOR, par F. JACQUIER, 1755.

ÉLÉMENTS DE PERSPECTIVE SUIVANT LES PRINCIPES DE BROOK TAYLOR, AVEC DES NOTES TOUCHANT L'OPTIQUE ET LA GÉOMÉTRIE, par LE PÈRE FRANÇOIS JACQUIER. — A Rome, 1755.

La première partie est une traduction en italien de l'ouvrage de Taylor. Dans les notes qui sont probablement du père JACQUIER, on trouve l'Examen d'un principe de Perspective.

(Le principe universel de perspective que les objets vus sous des angles égaux paraissent égaux. — Ce principe, dit-il, souffre quelques exceptions ou pour mieux dire, il a besoin de quelques explications.)

Les remarques de l'auteur ne me paraissent pas fondées en perspective plane : — il oublie que sur le tableau, les distances des divers points de la perspective à l'œil ne sont pas les mêmes, — qu'ainsi dans l'exemple qu'il cite, d'une file de soldats, certes le plus près dans la nature semble plus grand que le plus loin de l'œil, mais il en est de même dans le tableau, puisque les hauteurs des soldats sont représentées par des hauteurs aussi égales et qu'ainsi le plus près est vu comme dans la nature, et par suite il ne faut pas confondre la grandeur apparente et la grandeur perspective.

C'est la lecture de cet article qui a pu donner naissance à cette perspective de Jean-François Costa.

Il examine ensuite le principe des points de concours, — il en tire cette remarque :

« Si vous voulez trouver la courbe suivant laquelle il faut disposer une longue série d'objets, pour que l'œil élevé sur le plan horizontal les voie tous également distinct sous un même angle apparent, il dit qu'il faut les placer sur une hyperbole dont il donne l'equation. Ces objets sembleront ainsi comme posés sur deux droites parallèles. »

Voir ce qu'a écrit le sieur Varignon dans les mémoires de l'Académie de Paris, 1717, et sur le même sujet le problème du sieur Pitat, dans les mêmes mémoires, année 1734, dans lequel problème, quatre points étant donnés, on cherche un cinquième qui joint aux quatre autres, les trois angles ainsi formés sont égaux ou dans une raison donnée, etc.

(Article à lire de nouveau, il est en italien.)

Notice du traducteur sur les anamorphoses.

Ce mémoire est traité en savant. En parlant des figures vues par réflexion sur des miroirs cylindriques, il est conduit à examiner les caustiques par réflexion ; il en trouve les équations, retrouve les formules analytiques de Bernouilly et du marquis de l'Hôpital, etc.

Notice V. — De l'ombre d'une figure donnée.

Il traite dans ce chapitre de plusieurs problèmes, parmi lesquels se trouve celui de la gnomonique, et il rappelle à ce sujet les problèmes de Newton sur les courbes des 2e et 3e ordres par les cinq paraboles divergentes.

Notice VI. — Des projections d'une courbe.

1. Transformer une courbe en une autre du même genre.

2. Il énumère les espèces de courbes dans la méthode de projection.

Notice VII. — Des projections du cercle et de leur usage en astronomie.

1. Retrouver la projection d'un cercle dans un plan quelconque donné de position.

2. Projections stéréographiques.

Toutes ces notices du père Jacquier sont très-savantes et méritent d'être étudiées attentivement.

CL. ROY, graveur en taille douce.

ESSAI SUR LA PERSPECTIVE PRATIQUE PAR LE MOYEN DU CALCUL. — Paris, 1756 — p^r. 8, — vol. de 48 pages, 1 seule planche.

Ce petit ouvrage est divisé en trois parties :

1° La première a pour titre : Remarques sur les méthodes les plus en usage de mettre les objets en perspective.

2° La deuxième. — Nouvelle méthode pour pratiquer la perspective par le calcul.

3° La troisième. —Réflexions sur la perspective aérienne.

Dans la première partie, l'auteur cherche à prouver que toutes les méthodes de perspective connues sont embarrassantes et qu'il n'y a que le calcul qui puisse résoudre facilement et généralement le problème. Il critique les échelles de perspective tout en donnant lui-même une construction de l'échelle des profondeurs et il dit, page 16, que cette échelle est très-utile pour la dégradation des couleurs, et peut servir pour régler les épaisseurs *des bas-reliefs,* en la traçant sur une règle de bois, et on a ainsi une espèce de jauge.

Cette idée vient probablement de la lecture de l'ouvrage de Bosse que l'auteur connaissait, car il en parle plus loin pour le critiquer.

« Il est étonnant, dit l'auteur, qu'il ne se trouve nulle application du calcul dans les traités de perspective donnés au public depuis quelques années, et qu'il faille recourir à celui du Père Tacquet, 1618, ou du Père Lamy, en 1701. »

Il termine cette première partie en exposant la méthode connue des proportions.

Dans la deuxième partie, il expose comment il applique cette méthode de calcul sur des tableaux pour tous les points remarquables de son sujet.

Dans la troisième partie sur la perspective aérienne, il critique la méthode de Bosse ou mieux de Desargues, pour la dégradation des teintes. Il en propose une autre fondée sur des mélanges en poids ou volumes, variés suivant les distances, avec du noir et du blanc; il forme ainsi une échelle de dégradation de teintes, qu'il étend aussi aux couleurs.

PETITOT, 1758.

RAISONNEMENT SUR LA PERSPECTIVE POUR EN FACILITER L'USAGE AUX ARTISTES. — A Parme, chez les frères Faure, 1758, en français et italien, édité par P. S. Gaultier, graveur, d'après un manuscrit de Petitot, architecte de S. A. R. l'enfant D. Philippe.

Cet ouvrage contient : 1° La perspective linéaire sur les tableaux, — sur les plafonds plans et courbes.

2° La perspective des théâtres.

3° Une manière facile de régler les saillies d'un bas-relief.

(Cette dernière est d'autant plus utile qu'elle paraît nouvelle, etc.)

L'ouvrage n'a que 20 pages de texte et trois ou quatre planches.

Toute la perspective, dit l'auteur, consiste à

trouver la position d'un point sur le tableau, lorsqu'il est connu par deux projections. — il se sert donc du plan horizontal et de celui vertical qui passe par l'œil perpendiculaire au tableau.

Il projette l'œil sur chacun de ces plans et fait alors la perspective de chaque plan sur la droite intersection du tableau et du plan considéré. Il obtient ainsi les deux coordonnées de chaque point; qui lui servent à construire à part la perspective.

Sa perspective sur les plafonds se fonde sur les mêmes principes, il cherche à déterminer les deux projections des intersections des rayons visuels avec la surface, au moyen des deux projections des objets.

La perspective des théâtres se fonde aussi sur les mêmes principes; — il établit d'abord — les plans limités des coulisses et celui de la toile de fond sur un plan horizontal, — puis sur le même plan il construit la projection horizontale du sujet. Il joint chaque point à la projection sur le même plan du point de vue qu'il place à la loge du prince, et détermine les intersections de ces rayons visuels avec les diverses traces des coulisses.

Il fait ensuite une projection verticale du sujet

sur le plan vertical principal, détermine les traces verticales des plans des coulisses et de la toile de fond. Puis en joignant les points de la projection du sujet avec l'œil, il détermine les intersections avec les coulisses, par conséquent les hauteurs des points — il obtient donc ainsi les coordonnées de chaque point sur les coulisses correspondantes, etc.

Il ne sait pas mettre le plancher en perspective, il dit qu'on lui donne une certaine inclinaison pour faciliter la vue, etc.

Méthode pour les bas-reliefs.

L'auteur ne donne pas une méthode pour mettre une figure ou même un point en perspective-relief. — Le but, comme l'indique son titre, est de trouver une manière facile de régler les saillies d'un bas-relief.

Il donne donc une méthode fort empirique, mais qui ne suffit pas du tout pour établir un bas-relief. On ne voit pas même si l'auteur fait du plan du sol un plan relief incliné ou horizontal. Voici d'ailleurs toute sa méthode :

Une figure A quelconque est donnée, les deux points extrêmes dans le sens de l'épaisseur sont *b* et *c*, de sorte que le sujet doit être compris dans

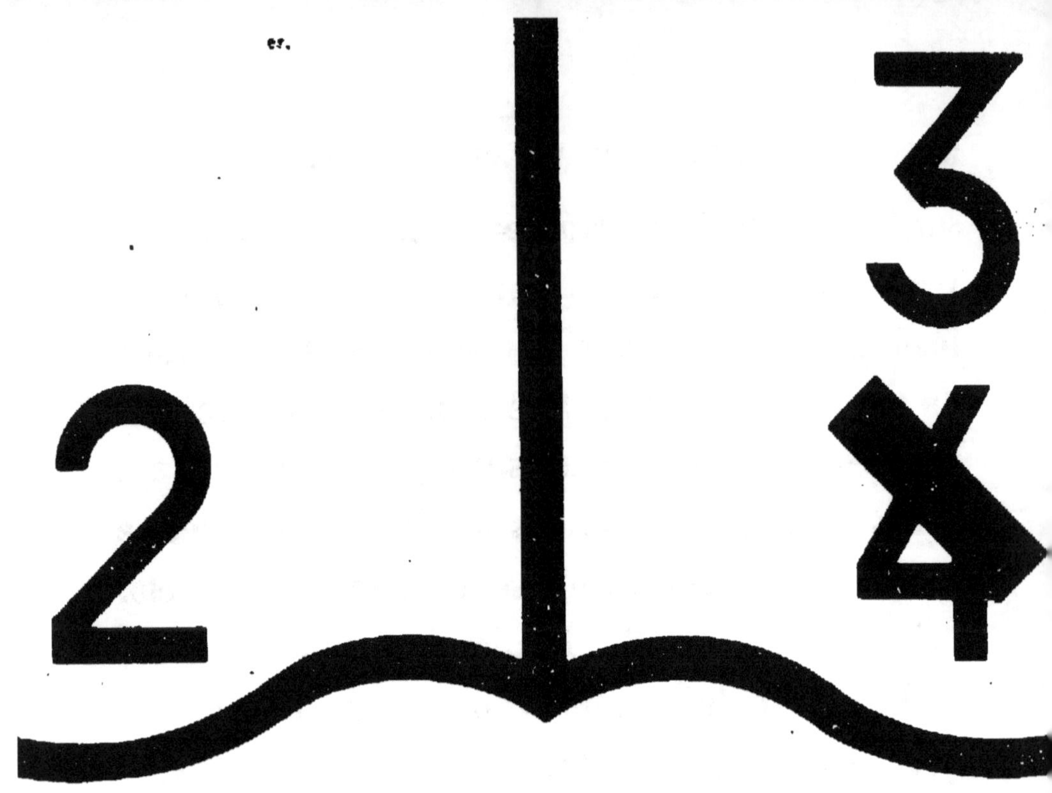

Pagination incorrecte — date incorrecte

NF Z 43-120-12

un parallélipipède DD′ NN′ dont l'épaisseur serait DN.

Il prend arbitrairement un plan vertical PP′ sur lequel il prend à volonté *dn* pour représenter l'épaisseur DN. Il joint *d* à D, *n* à N, et par l'intersection de ces deux droites détermine le point *q*.

De chaque point, tel que *a*, du sujet, il abaisse une verticale aa_1 et joint le pied a_1 à *q* et détermine entre *d* et *n* le point *a*′. Il fait de même pour tous les points et alors il porte la droite *dn* et toutes les divisions sur la base horizontale du bas-relief. En élevant par chaque point de division des verticales, elles doivent contenir les points perspectifs reliefs.

Il ne dit rien sur la détermination des hauteurs. — Le point *q* résulte d'une construction arbitraire ou au moins qui n'est pas expliquée.

LAMBERT. 1789.

LA PERSPECTIVE AFFRANCHIE DE L'EMBARRAS DU PLAN GÉOMÉTRAL, par LAMBERT G. H. Zurich 1759.

Cet ouvrage de Lambert fut d'abord publié en

allemand ; il a été traduit ensuite en français, avec des additions par l'auteur même sous le titre qui précède.

Montucla ajoute que ce savant s'est frayé une route nouvelle au moyen du compas de proportion, etc. C'est le dernier auteur cité par Montucla.

Dans la préface, on trouve ce passage : « Je remarquerai seulement que j'ai mêlé indifféremment mes découvertes avec celles des autres, et je n'ambitionnerai pas l'honneur d'avoir découvert des propositions que d'autres pourront s'attribuer à plus juste titre. Encore que toutes celles que cet ouvrage renferme eussent été connues, on ne les trouverait que dispersées en plusieurs traités, et on me saurait bon gré de les avoir réunis ici.

« En lisant cet ouvrage, on sera en état de juger si je promets trop en disant que, par les règles que j'y donne, un dessin en perspective pourra s'exécuter sans aucun plan géométral et sans y mettre plus de travail que le plan géométral aurait exigé seul, s'il avait fallu commencer par le dessiner suivant la voie ordinaire. »

L'auteur, après avoir exposé les principes généraux de la science, établit qu'il conservera le nom de *droites parallèles* à celles qui, dans la perspective, concourent à un même point ; droites perpendiculaires, celles qui concourent au point principal ; à chaque angle du tableau, le même nombre de degrés que contient l'original.

Aux longueurs de droites, celles de l'original, et, par ces expressions de convention, il jette, dit l'auteur, les fondements d'une géométrie perspective. (Il est donc à présumer que cette phrase a donné à MM. Cousinery et Dufour l'idée de leur géométrie perspective.)

Ce traité de perspective est divisé en huit sections :

Première section. — Des principes de la perspective et des lois universelles que suit la projection des plans horizontaux et celle des corps qui s'y trouvent.

Deuxième section. — De la situation de l'œil et de sa distance de la table qui sont les plus propres pour mettre un objet en perspective.

Troisième section. — De divers instruments propres à abréger la pratique de la perspective.

Quatrième section. — Contenant la pratique des règles données dans des exemples plus détaillés.

Cinquième section. — De la projection perspective des plans inclinés et des objets qui s'y trouvent.

Sixième section. — Remarques sur les phénomènes des tableaux, etc.

Septième section. — De la projection orthographique.

Huitième section. — Des règles inverses de la perspective.

Le but de l'auteur, comme il l'indique, était de tracer la perspective d'un sujet donné par les directions des côtés, par rapport au tableau, les longueurs de ces côtés et les angles que les droites font entre elles, etc.

Or, ce problème avait déjà été résolu par plusieurs auteurs qui se sont disputés fortement le mérite de l'invention. (Voir, à ce sujet, Alleaume, Vaulezard, Desargues, Bosse. Aussi Lambert, dans sa préface, ne la donne-t-il pas comme de lui.)

Il se sert principalement de la division de la ligne d'horizon, suivant les tangentes trigonométriques des angles. Cette division lui sert à trouver la direction de la perspective des droites, etc.

Il expose les moyens pour trouver la longueur des droites au moyen du point de concours des cordes, etc.

Les idées de l'auteur sont claires et exposées simplement Il se sert du compas de proportion, comme l'avaient fait avant lui Desargues et autres. Il donne, troisième section, la description de quelques instruments pour aider la perspective. Ce sont : 1° le compas de proportion ; 2° trois règles perpendiculaires, etc.

On voit qu'il traite aussi des projections orthographiques, c'est-à-dire de la perspective avec l'œil à l'infini.

Enfin, il termine par chercher les principes pour repasser de la perspective aux grandeurs réelles des côtés et directions vraies des droites.

Cet ouvrage curieux sera plus apprécié par des géomètres que par des artistes, malgré cependant qu'il a été fait pour ces derniers On y remarquera surtout sa méthode de tracer la perspective d'un plan sans se servir du plan géométral.

TAYLOR et MURDOCH. 1759.

NOUVEAUX PRINCIPES DE LA PERSPECTIVE LINÉAIRE, traduction de deux ouvrages : l'un en anglais du docteur BROOK TAYLOR l'autre en latin de M. PATRICE MURDOCH, avec un essai sur le mélange des couleurs par Newton Amsterdam MDCCLIX — 1759.

Le nom du traducteur n'est pas donné.

La préface du traducteur est un petit traité de perspective, d'après la méthode de Taylor ; elle lui sert de préliminaire

L'ouvrage de Taylor a été traduit en même temps en italien par le P. Jacquier.

Avertissement, par l'auteur, très-bien écrit ; il a pour but de faire sentir les avantages de la perspective et d'expliquer le plan de son ouvrage.

L'auteur juge que les traités faits avant lui sont trop longs, très-diffus par des ennuyeuses explications des choses les plus communes, ou bien donnent une multitude d'exemples et négligent les principes dont le développement peut seul perfectionner cet art, etc.

D'après cela, il croit qu'il est absolument nécessaire de traiter ce sujet d'une manière toute différente, etc.

Aussi l'auteur traite ce sujet d'une manière toute géométrique. Il commence par changer les noms donnés avant lui, puis il généralise partout; le tableau est un plan quelconque, la ligne d'horizon n'est plus une horizontale, etc. Il est obligé de leur donner d'autres noms. Il se sert d'un nouveau plan qu'il appelle directeur; c'est celui mené par l'œil parallèle au tableau. Les directrices sont des droites intersections de ce plan par des plans objectifs. Il démontre qu'alors les directrices sont parallèles aux droites correspondantes de la perspective qu'il appelle projection.

La projection horizontale d'une figure s'appelle iconographie.

Celle verticale, orthographie.

Par un cône ou perspective, ou ombre, scénographie.

(On voit qu'une figure de l'espace est ainsi connue par l'iconographie et l'orthographie. C'est de la géométrie descriptive.)

Il commence par établir la théorie générale des points et des lignes de fuite. Il se sert du point de l'œil rabattu; puis il résout, dans un certain nombre de problèmes, tous les cas ordinaires de la perspective.

Les deux méthodes dont il se sert sont celles connues :

1° Par le point objectif, il abaisse une perpendiculaire au tableau, ainsi que par le centre du tableau; puis il joint les deux points d'intersection. L'intersection de cette droite avec la ligne objective donne le point perspectif du premier.

2° Il obtient la perspective d'une droite en joignant sa trace sur le tableau avec son point de fuite, déterminé par l'intersection de ce tableau et d'une parallèle menée par l'œil. Il détermine un point par l'intersection de deux droites.

Il résout ensuite divers problèmes directs ou inverses de perspective.

C'est un bon ouvrage; mais il sera plus goûté des géomètres que des artistes, qui d'abord ne le comprendront pas. Les géomètres sentiront, eux, toute la généralité de ses méthodes; ils ne croiront pas, comme les artistes, qu'on ne peut opérer que sur des plans horizontaux ou verticaux.

Il termine par proposer d'appliquer sa méthode à la perspective sur une surface quelconque, en remplaçant, par exemple, l'œil par une lumière qui projetterait une perspective plane sur la surface donnée.

Le dernier chapitre est une théorie des couleurs d'après Newton.

Le traité de Murdoch, qui termine le volume, ne se compose que de quelques généralités sur la perspective, dans le genre de celui de Taylor, mais beaucoup moins clair.

ZANOTI 1766.

TRAITÉ THÉORIQUE ET PRATIQUE DE PERSPECTIVE DE EUSTACHE ZANOTI, professeur d'a. ronomie à Bologne. — Bologne 1766 (en italien.)

« Préface. — Les mathématiciens divisent la perspective en deux parties : l'une, qui regarde uniquement l'iconographie, et l'autre l'orthographie que quelques-uns nomment encore scénographie ; » — il adopte cette dernière.

Premier chapitre.

Perspective d'un point du plan horizontal ; il

mène de ce point une perpendiculaire au tableau, et pareillement une autre de l'œil, il joint les deux pieds ; le point cherché se trouve sur cette droite en un point qui divise la distance entre ces deux points, en raison des distances du point donné et de l'œil au tableau.

La construction qui résulte de cette expression différente de l'ordinaire se trouve être la même que celle connue avec le point de vue et un des points de distance. — Il se sert de l'iconographie du sujet placé devant le tableau, et par des arcs de cercle ramène les distances de chaque point sur la ligne de terre.

« Propriétés du point de vue et des points de distance. »

De l'orthographie. — Il donne le rapport entre une verticale du sujet et sa perspective, et en tire une construction simple connue. On voit par là que l'auteur appuie ses constructions sur des proportions.

Simplification de la construction pour les arêtes d'un cube et un parallélipipède incliné.

Il expose la théorie des points de concours, mais il commence par faire voir que les lignes du sujet qui se coupent sur un des points du plan mené par l'œil parallèle au tableau, deviendront en perspective des parallèles. Cette observation, déjà faite, est intéressante.

Chapitre V. Détermination des ombres.

Dans cette détermination, il s'occupe beaucoup des sections coniques, de leurs sections antiparallèles; — de trouver les axes d'une ellipse, lorsqu'on connaît deux diamètres conjugués (renvoi à l'ouvrage de Lhospital). Il trouve deux diamètres conjugués de la perspective du cercle, etc.; il se sert pour cela de droites qui se coupent suivant le plan mené par l'œil parallèle au tableau, etc.

Chapitre VII. De la perspective des corps réguliers.

Il donne d'abord le tracé du tétraèdre, d'après Euclide.

Trouver le rayon de la circonférence circonscrite, à un triangle équilatéral donné.

Description de l'octaèdre, d'après des propositions d'Euclide.

Chapitre VIII. De la perspective sur des soffites (plafonds) droits ou courbes. Il cite Dentone comme grand maître en ce genre de perspective; il traite aussi de la perspective des théâtres; mais, comme les autres auteurs, ne connaissant pas la théorie de la perspective relief, il ne peut entièrement résoudre le problème.

Chapitre IX. Méthode pour faire la perspective sans se servir des plans géométriques.

Cette méthode est bien expliquée. — Il fait usage du point de l'œil rabattu, ce qui lui sert à trouver les points de concours, etc.

Il ne se sert pas d'échelles de perspective, dont il ne parle pas, quoique cependant il fait observer les rapports numériques qui existent entre certaines longueurs et leurs perspectives, ce qui conduisait naturellement à cette construction des échelles.

Chapitre X. Traite du problème inverse de la perspective, c'est-à-dire étant donnée la perspective, revenir aux plans géométriques, etc.

Ce chapitre est bien traité.

Il termine par un chapitre intitulé : — Raisonnements sur diverses questions touchant à la perspective. — Chapitre intéressant.

Résumé. — Cet ouvrage est curieux, très-bien fait. Beaucoup d'ordre, annonce un bon géomètre ; il ne suit pas les méthodes anciennes. Son ouvrage, quoique théorique et pratique, renferme tous les développements nécessaires à l'intelligence des propositions.

L'auteur était probablement plus géomètre que peintre. Sa traduction en français serait encore utile de nos jours. Il contient cette méthode de faire de la perspective sans les plans géométraux, donnée déjà par Lambert. — Elle est bien expliquée et assez complète.

La théorie des ombres est bien donnée.

Il y a un chapitre sur les décorations théâtrales, etc.

La méthode de Lambert sans les plans géométraux est peu connue en France; c'est celle dont je me suis servie dans mes leçons.

Le Chevalier DE CUREL. 1766.

ESSAI SUR LA PERSPECTIVE LINÉAIRE ET LES OMBRES, imprimé à Strasbourg, 1766. — in-8. — vol. de 56 pages.

Ce traité est fort élémentaire; il réduit toute la science de la perspective à trouver la perspective d'un point. Celle d'une droite s'en déduit, dit-il. et ensuite celle d'un sujet. Il suppose que la projection horizontale du sujet est connue, ainsi que la hauteur de chaque point.

Sa détermination des ombres est aussi très-réduite : le tout ne forme qu'un volume de 56 pages petit in-8°.

DEIDIER, 1770.

TRAITÉ DE PERSPECTIVE THÉORIQUE ET PRATIQUE, par l'abbé DEIDIER, professeur à l'école d'artillerie de LA FÈRE, corrigé et augmenté de notes par un artiste célèbre.

Cet auteur commente les ouvrages d'Euclides et autres sur cette partie de la science que les anciens nommaient *De aspectibus* ; il donne ensuite quelques règles pratiques accompagnées de réflexions qui ne sont pas toujours justes, et que l'auteur des notes relève souvent. Sa méthode consiste à se servir du point central et des points de distance.

Les planches manquent.

MICHEL. 1771.

TRAITÉ DE PERSPECTIVE LINÉAIRE, avec une planche.
par S. N. Michel.

Cet ouvrage est une application pratique de la perspective de Taylor. Dans une seule planche sont renfermées vingt-huit applications à la perspective d'un cube dans toutes les positions. Il se sert du rabattement de l'œil suivant tous les points d'une circonférence dont le centre est le pied de la perpendiculaire abaissée de l'œil sur le tableau, et le rayon est la distance de cet œil à ce tableau. Cette planche a dû être le point de départ de la géométrie perspective de M. Cousinery, qui se sert aussi de cette circonférence. L'auteur emploie les points de concours des côtés et des diagonales du cube.

Il donne aussi les principes et les applications de la détermination des ombres. En expliquant bien les 28 petites miniatures de cette unique planche. on doit être capable d'appliquer les règles à des sujets plus compliqués.

TORELLI, 1787.

ÉLÉMENTS DE PERSPECTIVE DE J. TORELLI, œuvre posthume, éditée par J. B. Bertolini 1787.

Cet ouvrage en latin roule sur diverses propositions relatives à la pyramide et la sphère, et où il ne semble pas question de perspective comme on l'entend généralement. Ce sont des procédés pour tracer une pyramide donnée par certaines conditions, soit en projection orthographique, soit scénographique. Il résout les mêmes problèmes pour une sphère. Il traite aussi le sujet des ombres, mais sans avoir jamais pour but de les faire voir à l'œil. C'est absolument un recueil de problèmes de géométrie, avec des figures qui sont peu intelligibles.

PRIESTLEY, 1772.

Dans l'histoire de l'optique de Priestley (1772), on trouve le passage suivant :

« Premier chapitre. — Retour des lettres en Europe.

Parmi les philosophes, le premier doute qui s'éleva était de savoir si les objets sont visibles par quelque chose qui procède d'eux, ou bien qui sort des yeux du spectateur.

Ce fut l'opinion de Pythagore que la vision est causée par des particules subtiles émanant de la surface des corps et entrant dans l'œil par la pupille ; mais Empedocle et Platon supposaient que la cause de la vision est quelquefois émise par les yeux, et aussi qu'elle procède quelquefois des objets réfléchis. Comme cette hypothèse est étrange, je n'admettrai pas, avec Montucla, que cela est une preuve de sympathie entre l'esprit humain et l'erreur de ce que cette idée fut adoptée par les personnes les plus éclairées de cet âge. »

« Page 16. Un traité d'optique, écrit par le fameux Ptolémée, qui vivait 150 après J.-C., est *perdu ;* mais, par d'autres écrits, nous savons qu'il traitait des réflexions astronomiques. »

(Cela est une erreur de l'auteur : l'ouvrage de Ptolémée existe ; il n'y a que le deuxième livre qui manque.)

« Après Ptolémée, nous trouvons un grand vide

dans l'histoire de l'optique qui, cependant, avec les autres branches des mathématiques, fut surtout cultivée par les Arabes durant les troubles de l'Europe.

Le premier traité d'optique de cette nation dont nous avons connaissance est celui de Al. Farabi qui vivait 900 ans après J.-C. — De cet ouvrage nous ne connaissons rien.

Dans l'année 1000, Ebn. Haithem écrivit plus largement ce sujet. — Il traitait de la vision directe, réfléchie, réfractée, et aussi des miroirs. Ce traité est perdu.

Le seul ouvrage qui reste des philosophes arabes est celui de Alhazen, qui florissait en de 12 *th. century,* 1200. Ce traité est bien digne d'une notice ; il montre de grands efforts de réflexion sur ce sujet ; il donne une tolérable description de l'œil.

Vitellion, natif de Pologne, prit un grand soin à illustrer l'optique d'Alhazen dans un traité publié en 1270. Il est plus méthodique et intelligible.

Dix ans après la publication de l'ouvrage de Vitellion, Penam, archevêque de Canterbury, écrivit un traité d'optique qui fut alors appelé *Perspective.*

Contemporain avec Vitellion et Penam, on

trouve notre compatriote Roger Bacon, homme d'un génie universel et qui écrivit sur presque toutes les connaissances humaines.

Il cite fréquemment l'optique d'Alhazen et paraît avoir étudié beaucoup les écrits de cet auteur et ceux des autres Arabes qui furent la source de nos connaissances, et qui ont été introduits par les Mores en Espagne, etc. »

LESPINASSE. 1801.

TRAITÉ DE PERSPECTIVE LINÉAIRE A L'USAGE DES ARTISTES, PAR LESPINASSE, chef de bataillon, membre de l'Académie de peinture et sculpture. — Paris, 1801.

Dans l'avertissement, l'auteur annonce qu'il a puisé les principes qui font la base de son ouvrage, dans JEAURAT, l'abbé DE LA CAILLE, et l'abbé DEIDIER, auxquels il renvoie pour les démonstrations.

C'est un bon traité de perspective pour les artistes ; il est clair et méthodique. Voici les méthodes dont il se sert :

1° Il suppose qu'on a construit d'abord le plan

horizontal et celui vertical du sujet; il place celui horizontal devant le tableau, alors de tous les sommets il abaisse des perpendiculaires sur le tableau et joint tous les pieds au point de vue. 2° Il porte sur le tableau, à partir du pied de chaque perpendiculaire, sa longueur, et joint ce point à celui de distance, l'intersection des deux droites correspondantes donne le point, etc. Ainsi il emploie la méthode si connue des trois points

Il détermine les ombres sur le plan géométral, et les met ensuite en perspective ; il en fait de même pour les réflexions dans l'eau. Il ne se sert nullement des points de concours autres que ceux indiqués ; on voit que l'auteur parle à des artistes, et qu'il évite d'employer des méthodes trop scientifiques.

LAVIT, 1804.

TRAITÉ DE PERSPECTIVE par LAVIT, professeur à l'athenée de Paris.

Voici le contenu de cet ouvrage remarquable : Avertissement. — Le premier volume se divise en neuf parties : 1° Principes généraux ; 2° perspective des surfaces ; 3° perspective des solides ; 4° emploi des lignes de fuite 5° moyens de faciliter la pratique ; 6° moyens de repasser de la perspective au plan géométral ; 7° les ombres ; 8° les réflexions dans les miroirs ; 9° représentation sur deux tableaux.

Le deuxième volume comprend : 1° Application à l'architecture ; 2° perspective sur les tableaux inclinés ; 3° corrections des murs obliques ; 4° peindre sur plusieurs tableaux ; 5° perspective sur des plafonds ; 6° perspective des théâtres ; 7° des anamorphoses sur un plan ; 8° anamorphose sur des cônes, cylindres, sphères ; 9° anamorphose par réflexion dans des miroirs plans ; 10° anamorphose par réflexion dans des miroirs courbes.

On voit, par le seul énoncé du contenu de cet ouvrage, qu'il embrasse, d'une manière fort étendue, toutes les parties de la science.

Examinons maintenant le contenu de chaque partie : Dans la première partie, il généralise la théorie des points de concours ou de fuite, en traitant des lignes de fuite des plans parallèles. Au lieu de dire plan *horizontal*, il généralise en disant le plan *objectif*.

Page 6, corollaire 5 : « Les lignes de fuite de deux plans font entre elles un angle égal à celui que font les deux plans (ceci n'est juste que pour deux plans perpendiculaires au tableau). » Il déduit les points de concours des lignes de fuite. Cette première partie contient en outre un grand nombre de définitions.

La deuxième partie contient les moyens de trouver la perspective d'une droite et par suite d'un point; il donne les sept méthodes suivantes (les figures sont faites par le rabattement de l'œil et du tableau sur le plan objectif et sans se recouvrir, ainsi l'œil reste en haut) :

Première méthode : par la trace et le point de concours; deuxième méthode : par les points de distance qu'il considère comme le rabattement de l'œil (perspective du carré par les deux méthodes ci-dessus); troisième méthode : en menant par chaque point de la figure le rayon visuel et des droites par l'œil, déterminant les points de concours; quatrième méthode : la même, seulement la direction des droites est inverse; cinquième méthode : au lieu de rayons visuels, on se sert des droites allant au point de distance; sixième méthode : par le prolongement des côtés et de la diagonale et leurs perspectives; septième méthode : par la première méthode et la détermination isolée des coordonnées de chaque point; huitième méthode : perspective d'un carré oblique par les traces et les points de concours.

Toutes ces méthodes sont anciennement connues.

Il donne ensuite la perspective du cercle par les méthodes précédentes; la perspective des carreaux donnant les échelles de perspective; points des 1/2. 1/4 de distance; carreaux vus obliquement.

La troisième partie contient la perspective des solides par les moyens connus. Il donne quelques moyens de se servir des points de fuite lorsqu'ils sont trop éloignés.

La quatrième partie contient la perspective des objets inclinés sur le tableau (la recherche des points de fuite n'y est pas clairement expliquée, les dessins et les figures laissent à désirer); perspective d'un cube incliné dans différentes positions.

La cinquième partie contient les moyens de faciliter la pratique; perspectives d'un hexagone. pentagone, cube, etc., lorsqu'on connaît déjà la perspective d'un côté.

Dans la sixième partie, il expose les moyens de revenir de la ligne perspective à celle géométrique.

La septième partie est consacrée aux ombres, leur vigueur et opacité.

La huitième partie est un chapitre assez étendu sur les réflexions dans les miroirs.

Enfin, la neuvième partie donne la perspective sur les tableaux inclinés (chapitre très-court).

Dans le tome second, on trouve d'abord plusieurs problèmes sur le cercle : lorsqu'on connaît, par exemple, un diamètre, déterminer la perspective sans se servir du plan géométral, ou lorsque trois points sont donnés. Vient ensuite la détermination des ombres sur ou dans l'intérieur d'un cylindre, dans une niche. Tous ces problèmes sont intéressants et bien traités. Perspective sur un ou plusieurs tableaux, sur des tableaux inclinés, sur les plafonds; moyen d'augmenter les apparences d'une salle.

La 4ᵉ partie contient le tracé des décorations de théâtre. L'auteur commence par faire voir qu'un parallélipipède peut se représenter par une pyramide tronquée; ainsi on voit déjà l'idée que, pour représenter une salle dans un espace moindre que son étendue, il faut que le plancher, le plafond, les côtés, prennent la forme d'une pyramide tronquée. Il appelle centre de contraction le point de concours des droites perpendiculaires au tableau et déterminé par l'intersection du plancher et d'une perpendiculaire menée de l'œil sur la toile; il en résulte que le resserrement des châssis dépend de ce centre de contraction. L'auteur, après avoir établi sur ce sujet des idées justes, aurait pu en déduire les principes pour faire de la perspective-relief soit pour les théâtres, soit pour les bas-reliefs; mais il en reste là et dit qu'après cela le tracé des décorations théâtrales n'est autre chose que de tracer la perspective des différents objets sur différents châssis ou tableaux éloignés les uns des autres d'une certaine distance. GUIDO UBALDI me semble avoir été plus loin.

Les 5ᵉ, 6ᵉ, 7ᵉ, 8ᵉ parties sont consacrées aux diverses anamorphoses, sujet presque abandonné de nos jours; la 9ᵉ est consacrée aux anamorphoses par réflexion. Dans le chapitre 10, il donne une méthode pour tracer, au moyen d'une lumière, les perspectives sur les voûtes, dômes, etc.

Le 11ᵉ chapitre est consacré aux propriétés des divisions harmoniques, qui le conduit à la théorie des polaires dans la circonférence. (Il ne se sert pas du mot polaire et de la méthode de transformation due à M. Poncelet.) Ce chapitre est intéressant, mais il sort un peu du sujet Enfin, dans la

12e partie il donne le tracé des contours apparents des surfaces et de la ligne de séparation d'ombre et de lumière; il applique les proportions harmoniques au problème de trouver les tangentes à une ellipse, qui, en perspective, n'est connu que pa un diamètre. Il donne le tracé de la perspectiv d'un cône en déterminant la partie visible. e termine par la détermination des ombres dan l'intérieur d'un cône et d'un cylindre.

Réflexions sur cette perspective.

C'est évidemment le meilleur traité, le plus complet que nous ayons trouvé sur cette science; on voit que l'auteur était un géomètre, et, en effet, il était un ancien élève de l'École polytechnique. Les méthodes dont il se sert étaient cependant anciennement connues, nous ne pouvons rien trouver d'absolument nouveau. Les planches ne se distinguent pas par un luxe de résultats pratiques; on remarquera sa manière de rabattre l'œil et le tableau en sens inverses, de manière à exécuter sur un plan. les constructions de l'espace. il démontre même cette propriété des figures homologiques.

Le tome second s'adresse plus particulièrement aux géomètres. On y trouve la solution de problèmes intéressants; sa perspective des théâtres est bien traitée, quoiqu'il soit allé peut-être moins loin que GUIDO UBALDI. Le chapitre sur les relations harmoniques se recommande aussi aux géomètres, qui y trouveront des notions sur les polaires et les figures homologiques.

PALAIZEAU. 1818

TRAITÉ DE PERSPECTIVE A L'USAGE DES PEINTRES, par PALAIZEAU.

Cet ouvrage est à peu près conçu dans le même esprit que celui de Lespinasse; il est même encore plus concis. Il se sert, comme lui, des trois points de concours sur la ligne d'horizon.

TACCANI. 1825.

PERSPECTIVE DE FRANCESCO TACCANI. — Milan, 1825.

Cet ouvrage est d'un géomètre qui connaît bien les applications à la perspective; il est très-didactique. Ses propositions sont données comme des théorèmes; seulement, comme chez les anciens, il y en a beaucoup. Il se sert habituellement de la méthode des points de concours, ce qui lui donne un grand nombre de constructions diverses pour obtenir la perspective d'un point; il ne se sert pas des échelles de perspective de Desargues, cependant il détermine aussi la perspective d'un point dont on connaît les distances à deux plans principaux.

Il fait une application très-étendue de la perspective au tracé des décorations théâtrales; ce sujet, qui a été peu traité en France, semble l'avoir été davantage en Italie. L'auteur critique les moyens employés par les artistes de son temps; il en propose d'autres et donne des considérations toujours géométriques à l'appui de son opinion. Il fait sentir l'obligation où on se trouve de faire, dans les théâtres, de la perspective sur des plans parallèles placés convenablement, non-seulement à cause des entrées et sorties des acteurs, mais aussi pour des raisons de convenance. On voit dans cette partie que, quoique se servant de points de concours bien choisis, il ne fait pas de la perspective-relief, mais bien de la perspective plane sur des plans divers.

Les planches de cet ouvrage sont mauvaises, incomplètes, mal lithographiées, se recouvrant plusieurs sur une même feuille. — On trouve à la fin une description de divers instruments pour tracer des droites perspectives, des circonférences de très-grand rayon, des coniques. Son instrument nommé *triregolo* mériterait d'être connu, il repose sur des principes géométriques simples; il donne des méthodes exactes et approchées pour tracer des courbes : ainsi, on y voit un moyen de tracer une ellipse lorsqu'on connaît deux diamètres conjugués.

L'ouvrage est donc d'un bon géomètre et mérite l'attention des savants.

THIBAULT, 1827.

APPLICATION DE LA PERSPECTIVE LINÉAIRE AUX ARTS DU DESSIN, ouvrage posthume de J. F. THIBAULT, peintre et architecte, membre de l'Institut, professeur à l'École royale des beaux-arts. Mis au jour par CHAPUIS, son élève. — Paris, 1827.

Ce traité de perspective est un ouvrage de luxe, tant sous le rapport de l'exécution typographique que pour les gravures nombreuses qui l'accompagnent.

Dans l'avertissement, on voit que M. Thibault, très-habile professeur et surtout dessinateur, faisait son cours en seize leçons, sans démonstrations géométriques, s'appuyant sur des exemples dessinés avec du crayon blanc sur des tableaux noirs; ils représentaient des sites ornés des plus belles fabriques. Ces modèles de goût et de grâce attiraient la foule à ses cours, et l'on y voyait souvent nos plus célèbres artistes.

Suit une notice historique sur M. Thibault.

Un précis de l'histoire de la perspective pour servir d'introduction à l'étude de cette science. — Ce précis est intéressant non-seulement par les renseignements qu'il fournit sur divers ouvrages, mais encore parce que ce sujet n'avait pas été traité avant lui d'une manière aussi étendue. Cependant il est encore bien concis, car il ne renferme que 12 pages.

L'ouvrage est divisé en 12 chapitres et contient 53 très-belles planches.

Le chapitre 1er renferme des notions élémentaires de géométrie;

Le 2e, intitulé : *Préliminaires,* renferme : 1° les définitions, conventions; 2° quelques préceptes tirés de la science des apparences, ou optique;

3° des remarques sur le point de vue, le point principal, la distance principale, l'horizon, les points de fuite; sur les échelles géométrales et sur les échelles perspectives, dont il attribue l'invention à Tomasso Lauretti. (Voir les *Commentaires* d'Egnazio Danti sur Vignole, en 1583.)

Le 3ᵉ chapitre a pour titre : *Des dégradations linéaires;* il contient l'exposé de l'échelle perspective de Gérard Desargues (pas très-bien indiqué)

Le 4ᵉ chapitre a pour titre : Des édifices rectangulaires.

Le 5ᵉ : Des plans inclinés.

Le 6ᵉ : Des cercles horizontaux.

Le 7ᵉ : Des cercles verticaux.

Le 8ᵉ : Des ombres.

Le 9ᵉ : Des réflexions.

Le 10ᵉ : Perspective théâtrale.

Le 11ᵉ : Des licences, instruments.

Le 12ᵉ : Perspective aérienne.

L'ouvrage de Thibault est remarquable sous plusieurs rapports; il donne un grand nombre d'exemples admirables par le dessin. Cet ouvrage est éminemment pratique, contient peu d'explications, mais tous les moyens employés sont fondés sur des règles justes et très-bien employées. Quelques notes de M. Chapuis expliquent les passages qui en avaient besoin. Cet ouvrage doit être dans les mains de tous les peintres. L'auteur n'a pas donné de nouvelles méthodes ; il se sert de celles connues : il rabat le point de vue sur le tableau, et alors il s'en sert pour déterminer les points de fuite.

Les divers moyens d'obtenir la perspective des points d'une circonférence sont intéressants et peuvent servir avec avantage.

Il traite de tout ce qui concerne la perspective, tel que les ombres, les réflexions, etc.

CLOQUET, 1823.

NOUVEAU TRAITÉ DE PERSPECTIVE, A L'USAGE DES ARTISTES ET DES PERSONNES QUI S'OCCUPENT DU DESSIN, précédé des premières notions de la géométrie élémentaire, de la géométrie descriptive, de l'optique et de la projection des ombres, par J. B. CLOQUET, ancien dessinateur de l'inspection générale des échelles du Levant au service de la marine royale de France ; ex-professeur de dessin à l'Ecole des mines et à celle de la brigade topographique au dépôt des fortifications. — Paris, 1823.

Cet ouvrage est divisé en cinq parties :

La première partie traite de la géométrie élémentaire, dont on a retranché toutes les choses étrangères à l'objet en vue, telles que celles qui concernent la mesure des surfaces, des solides, etc.

La deuxième contient les principes purement élémentaires de la géométrie descriptive qui n'est elle-même qu'une suite ou une application des principes de la première partie.

La troisième traite seulement de la partie de l'optique qui a un rapport direct à l'objet.

La quatrième contient la déterminature des ombres.

La cinquième, enfin, traite de la perspective qui est le principal objet que l'auteur s'est proposé de traiter.

Toutes ces parties sont bien traitées, et quoique l'auteur s'adresse seulement aux artistes, il est d'un bon géomètre; il contient même quelques propositions curieuses. Ainsi, dans la géométrie descriptive, il donne un moyen ingénieux de trouver les axes d'une ellipse lorsque l'on connaît deux diamètres conjugués, etc.

Dans l'optique, l'auteur traite particulièrement des couleurs et attaque quelques propositions admises sur le sujet. — Ces observations méritent d'être examinées.

Les problèmes divers sur les ombres sont nombreux et bien donnés. Les gravures sont très-bien exécutées.

La perspective, qui est la cinquième et dernière partie de l'ouvrage, et qui doit former le sujet principal, ne se trouve pas plus étendue que les autres. — L'auteur commence par trouver la perspective d'un point par les principes de la géométrie descriptive ; par conséquent, au moyen de ses deux projection, il se sert ensuite de la méthode des points de distance.

L'artifice qu'il emploie beaucoup, pour les points éloignés, est de diminuer leur distance, en même temps que celle de l'œil au tableau, ce qui donne les mêmes résultats. — Il traite aussi des points accidentels. etc.

En général, cette partie, quoique écrite pour les artistes, se ressent beaucoup d'être faite par un pur géomètre, et ne me semble pas plus à leur portée que bien des ouvrages en ce genre.

Il traite aussi de la perspective des ombres, — des réflexions dans l'eau, etc., etc., de la perspective cavalière.

On n'y remarque pas de méthodes nouvelles, — le sujet n'est même pas aussi développé qu'il en était susceptible.

L'ouvrage est accompagné d'un fort volume de très-belles planches bien gravées, où les effets d'ombre et de lumière sont bien rendus.

Ouvrage bon à consulter pour la perspective et qui peut être très-utile aux artistes pour les éléments de géométrie et de géométrie descriptive.

DUFOUR. 1827.

GÉOMÉTRIE PERSPECTIVE AVEC SES APPLICATIONS A LA RECHERCHE DES OMBRES, par G. M. DUFOUR, lieutenant-colonel du génie, etc., à Genève et à Paris, 1827.

L'auteur s'est proposé de traiter, par les procédés ordinaires de la perspective (qu'il suppose ainsi connus), les problèmes de la géométrie, principalement ceux qui concernent la détermination des ombres, et éviter par là aux artistes la peine de recourir aux projections. On voit donc que ce but est de soumettre aux règles de la perspective les opérations de la géométrie qui en sont susceptibles.

En géométrie descriptive on est dans l'habitude de rapporter tous les points de l'espace à deux plans de projection, l'un horizontal et l'autre vertical. Ainsi, une droite est connue dans l'espace lorsqu'on connaît ses deux projections ou bien ses deux traces sur les plans de projection ; un point sera donné par ses deux projections, ou par l'intersection de deux droites passant par ce plan. Un plan est connu par ses deux traces. Au moyen de ces données, on peut résoudre graphiquement tous les problèmes de la géométrie. On sait que pour exécuter les opérations graphiques, on fait tourner le plan vertical de projection autour de sa trace qu'on appelle la ligne de terre, de manière à le ramener sur le plan horizontal.

Cette méthode a l'inconvénient qu'il ne reste plus que deux projections des figures de l'espace ; ces deux figures disparaissent complétement.

Dans la perspective, au contraire, ce sont les figures de l'espace qui apparaissent, et les projections n'existent pas.

M. le lieutenant-colonel Dufour s'est donc, selon nous, proposé ce problème, d'employer les figures apparentes données par la perspective, et d'y joindre les avantages qu'offrent les projections pour la solution des divers problèmes de géométrie descriptive ; ceux, par exemple, traités par Monge dans sa géométrie descriptive. A cet effet, prenons à la place d'un plan vertical quelconque de projection celui qui est à l'infini, et mettons en perspective ces deux plans de projection. Il est évident que sur le tableau, le plan horizontal sera compris entre la ligne de terre et la ligne d'horizon. Le plan vertical deviendra la surface du tableau comprise entre cette ligne d'horizon et le bord horizontal supérieur de ce tableau. Toutes les fois que nous voudrons conserver aux figures obtenues leurs apparences, il faudra nécessairement limiter l'étendue de ces plans aux limites que nous venons de fixer, même lorsqu'il ne s'agira que de problèmes de géométrie, alors on pourra les considérer l'un et l'autre comme indéfinis dans les deux sens, et alors le tableau deviendra le lieu de deux plans indéfinis superposés. D'après cela, il est évident qu'une droite sera déterminée, lorsqu'on connaîtra en perspective, ses traces sur ces deux plans, et de plus la droite qui joindra ces deux points sera son apparence. Il sera très-facile d'avoir aussi en perspective ce qu'on appelle ses projections ; il suffira de joindre. 1° sa trace horizontale avec le pied de la perpendiculaire abaissée de sa trace verticale sur la ligne d'horizon qui représente l'intersection commune des deux plans de projection. Pour avoir sa projection verticale. il faudra joindre sa trace verticale à la projection de l'œil ou centre du tableau ; car on voit. en effet, qu'il faut abaisser de la trace horizontale une perpendiculaire sur la ligne de terre ; or, cette perpendiculaire en perspective sera une droite dirigée de ce point vers ce centre.

Un plan pourra. comme en géométrie descriptive. être représenté par ses deux traces.

De ces modes de représensation. il en résultera évidemment que toutes les droites qui. dans la nature. sont parallèles, et qui. en perspective, ont un même point de concours, auront ainsi un point pour trace verticale commune ; mais il est à remarquer que toutes ces droites auront une seule et unique projection verticale.

Tous les plans parallèles auront de même une trace verticale unique. commune.

Ces préliminaires étant compris, on conçoit facilement comment l'auteur. en suivant les principes de construction de la géométrie descriptive, mais ainsi modifiés, parvient à résoudre très-facilement les problèmes élémentaires sur les droites et les plans ; — les intersections de surfaces et les problèmes sur les plans tangents aux surfaces coniques, cylindriques, et de révolution, et enfin à la détermination des ombres.

Dans des notes à la suite, l'auteur donne une démonstration de la théorie des points de concours et des réflexions sur la manière d'opérer en perspective par l'emploi exclusif des points de distance.

Une manière de ramener les cas de perspective où les figures géométriques sont données dans des plans quelconques, à celui où elles sont données dans le plan horizontal. Il fait voir que cela revient à considérer un plan comme déterminé par sa ligne de fuite et sa trace, ces deux droites étant toujours parallèles. — Quand ce plan est horizontal, l'une est ce qu'on appelle la ligne d'horizon et l'autre est la ligne de terre, et avec l'emploi du point de vue rabattu, on obtient la perspective des figures contenues dans ce plan. De même pour un plan quelconque, dès qu'on connaît en perspective ces deux droites, l'une fera l'office de ligne d'horizon, et l'autre de ligne de terre, il ne suffira que de rabattre convenablement le point de vue pour pouvoir opérer comme pour le plan horizontal.

PAILLET DE MONTABERT. 1829.

TRAITÉ COMPLET DE LA PEINTURE, par PAILLET DE MONTABERT.

Ouvrage plein d'érudition, qui n'est pas d'un géomètre mais bien d'un artiste.

L'auteur est versé dans l'antiquité, mais il semble ignorer les méthodes données par la géométrie descriptive. Il s'efforce de faire connaître les moyens employés pour représenter un corps en projection horizontale et verticale,— fait voir l'utilité de cette représentation pour les constructions de la perspective ; il se sert des mots anciens, ainsi, page 181, il cherche à faire concevoir ce qu'on entend par dessin stéréographique, orthographique, scénographique, — (il dit : les livres modernes ne nous offrent pas de termes précis pour spécifier une de ces manières de procéder en *graphie*) ; pas le moindre mot de la géométrie descriptive. (On voit que cette partie est tirée de quelques vieux ouvrages.)

Pour faire comprendre ce qu'on entend par stéréographie, orthographie, il suppose l'œil aussi grand que les objets, etc.! Tout cela n'est pas d'un géomètre, — il en est de même de sa définition de la perspective qu'il donne, dit-il, en deux mots (l'art des réductions linéaires des objets selon les enfoncements) et, dit-il, rien au monde n'est si intelligible! — Il ne s'agit plus que d'avoir une échelle de réduction qui fasse connaître de combien doivent être resserrées les parties ou points enfoncés des objets dont on aura mesuré et obtenu la dimension géométrale ou orthographique, etc.

(Il appelle stéréographie la projection horizontale, les anciens se servaient du mot ichnographie; dans un chapitre suivant, ce mot-là est employé par l'auteur.)

L'intention de l'auteur est de ramener la perspective à une étude et une exécution du géométral. même pour les figures du corps humain, etc.

Page 153. Enfin ceux qui ont voulu s'aider des mesures et de la géométrie ont été arrêtés à tout moment; car aucune école, aucun livre, ne leur apprenait à mesurer et à représenter par une méthode universelle et aisément praticable. — je crois qu'il est permis de signaler cette lacune dans nos connaissances graphiques, bien que les ingénieurs, les mécaniciens, et quelques *ébénistes* et *maçons* sachent obtenir les profils, faces, plans, élévations et constructions même des objets qu'ils étudient ou veulent exécuter, mais il est de fait que pour les dessinateurs et peintres il n'existe pas de procédé satisfaisant, etc. ! »

L'auteur fait précéder son exposé de la perspective, de quelques notions élémentaires de géométrie, il donne des tracés inexacts, approchés, pour la division du cercle.

Première méthode appliquée pour la division par 5.

Deuxième méthode appliquée pour division par 7. La moitié du côté du triangle équilatéral.

Troisième méthode appliquée par 10 divisions, idem par 11.

Quatrième méthode. Tracé d'une ellipse. Trois méthodes dont une seule exacte, etc.

(On remarque une innovation intéressante, c'est d'indiquer sur les figures le numéro de la page correspondante.)

Perspective.

La méthode spéciale de l'auteur est celle de Desargues, décrite par Bosse. — Il donne donc le tracé exact de l'échelle de perspective, en fait de nombreuses applications, mais sans démonstrations géométriques suffisantes; les figures sont très-bien faites. L'auteur se sert avec habileté de sa méthode

Après l'exposé et l'application de cette méthode, il donne, chap. CCCIX, page 476, — la méthode ordinaire de perspective telle qu'elle est pratiquée dans les écoles d'aujourd'hui.

Cette méthode est la première des anciens avec les deux plans; il se sert aussi des points de distance. — de demi ou quart de distance, tout cela est plutôt indiqué que démontré.

Page 505. — Liste de quelques auteurs qui ont écrit sur la perspective, etc Cette liste assez étendue, n'est cependant pas complète.

En général, cet ouvrage n'a aucune valeur scientifique, on n'y trouve rien de nouveau, rien de curieux, — l'auteur fait voir qu'il n'est pas géomètre et que son livre a été fait d'après de vieux ouvrages, — il est certes bien inférieur à ceux plus anciens qu'on pourrait citer.

Ce traité en outre est très-diffus.

Page 175. « Pline dit que Cimon de Cléone peignit le premier des figures de profil appelées *catagrapha,* que ce peintre représente les têtes dans toutes les positions et qu'il signifia aussi les plis dans les draperies qui n'offraient auparavant que des circonscriptions. »

« Diodore de Sicile dit que les Égyptiens dessinaient le compas à la main; mais que les Grecs avaient le compas dans l'œil; » cela ne veut-il pas dire que les Égyptiens dessinaient ortographiquement et les Grecs perspectivement.

FIELDING. 1836.

SYNOPSIS OF PRATICAL PERSPECTIVE, LINEAL AND AERIAL BY F. H. FIELDIDG. — London, 1836, 2e édition.

Cet ouvrage est fait au point de vue pratique, ainsi on n'y trouve aucune démonstration; c'est un recueil de méthodes pour tracer la perspective de quelques figures simples, méthodes fort exactes et d'ailleurs accompagnées de planches très-proprement dessinées. — Il cite souvent les auteurs où il a copié les figures; c'est ainsi qu'il emprunte souvent les exemples à l'ouvrage d'un membre de la *Compagnie de J.-C.*, je suppose que c'est à celui de Dubreuil.

La méthode principale dont il se sert est celle qui consiste à trouver l'intersection avec la ligne de terre de tous les rayons menés du pied de la perpendiculaire abaissée de l'œil, à tous les points de la projection horizontale du sujet. Il se sert en outre du point principal et des points de concours des côtés, et aussi des traces de ces côtés sur le plan du tableau. Cette méthode est simple et peut très-bien servir aux artistes, mais elle exige le tracé exact du plan des objets.

L'ouvrage est précédé d'une préface de l'éditeur, exposant le but que se propose l'auteur.

Suit une introduction de l'auteur qui contient une partie historique sur cette science, nous avons cru convenable de la traduire et de la donner au chapitre historique.

On voit que l'auteur est plutôt artiste peintre que géomètre, il critique un peu ces derniers et particulièrement Broock Taylor, dont l'ouvrage très-concis ne peut avoir que très-peu de lecteurs, — et il émet cette opinion que le trop grand zèle des écrivains sur ce sujet a détourné beaucoup de monde de l'étude de la perspective, et cependant il reconnait que cette science est indispensable aux peintres et qu'il n'y a de digne de ce nom que celle qui est fondée sur les plus exactes constructions mathématiques.

Il termine cette introduction par quelques observations sur la peinture.

Cet ouvrage est bon à mettre entre les mains des élèves qui n'ont pas connaissance des éléments de la géométrie.

APPLICATION DE LA GÉOMÉTRIE DESCRIPTIVE A LA PERSPECTIVE ORDINAIRE, réduite à six leçons, par M. C..... capitaine du génie en retraite. — Paris, 1836. — 8. — Rel. — avec planches.

L'auteur réduit toute la perspective à savoir déterminer la perspective d'un point et d'une ligne droite. Il s'étend très-longuement sur ce sujet. avec des répétitions nombreuses, et un tableau synoptique de la théorie du tracé de la perspective. — Les planches A, B, C sont sensées appartenir à l'explication, — l'ouvrage ne renferme que la planche A qui ait rapport à cette exposition ; mais à la suite de cette planche. s'en trouve 18 autres, relatives à divers sujets d'application de perspective sans aucun texte explicatif. — Seulement à la fin de l'ouvrage se trouve une table ou légende explicative des figures jointes à ces leçons et qui ne sont pas relatives aux démonstrations qui y sont faites.

Cet ouvrage, comme on le voit, est le résultat du travail d'un officier qui sachant la géométrie descriptive et ne connaissant pas les nombreux ouvrages de perspective qui existaient avant lui, a cru faire quelque chose de nouveau en appliquant selon lui la géométrie descriptive à cette science.

Toute sa méthode consiste à déterminer la perspective d'un point, par celles de deux droites, passant par ce point, dont l'une est perpendiculaire au tableau, et l'autre horizontale inclinée de 45° sur ce tableau, méthode que l'on sait être des plus anciennes.

J. ADHÉMAR.

TRAITÉ DE PERSPECTIVE LINÉAIRE, 3ᵉ édition, revue et augmentée. Paris, 1860.

M. Adhémar est auteur d'un grand nombre d'ouvrages sur la géométrie descriptive et ses applications ; il cultivait cette science avec passion et l'enseignait, depuis longues années, à de nombreux élèves se destinant à l'École des beaux-arts, ou à diverses industries. Sa mort, arrivée en 1862, est une perte très-grande pour eux.

Professant la géométrie descriptive à des jeunes gens qui n'avaient encore aucune connaissance des éléments de mathématiques, il fut conduit à faire un cours de mathématiques à l'usage de l'ingénieur civil, comprenant : Arithmétique et algèbre, troisième édition. — Géométrie, deuxième édition. — Géométrie descriptive, quatrième édition. — Ombres, teintes et points brillants, perspective cavalière et isométrique, deuxième édition. — Perspective linéaire, troisième édition. — Coupe des pierres, sixième édition. — Charpente, troisième édition. — Pont biais en pierre et en bois. — Tous les ouvrages comprennent des atlas in-fol., contenant de très-belles planches dessinées et gravées par l'auteur ; ils renferment toute la science de l'ingénieur civil. En dehors de ces ouvrages, Adhémar est encore auteur d'un ouvrage intitulé « Révolution de la mer, déluges périodiques, » ouvrage à sa deuxième édition, qui a eu une certaine réputation pour l'originalité de l'idée. — Il est aussi l'auteur d'un petit ouvrage intitulé « Beaux-Arts et Artistes. »

Nous n'avons à examiner que sa perspective, 3ᵉ édition, où se trouvent quelques idées nouvelles sur une science étudiée par tant de géomètres.

Ce traité de perspective, troisième édition, Paris, 1859, se compose d'un petit volume de 264 pages in-8°, et d'un fort atlas in-fol. de 81 planches admirablement dessinées.

L'auteur, dans tous ses ouvrages, et en particulier dans celui-ci, est essentiellement pratique, sans négliger cependant la théorie nécessaire à l'intelligence de son sujet, défendant avec vigueur les principes exacts fondés sur la géométrie, contre les artistes qui veulent s'affranchir des règles.

La perspective d'Adhémar est d'abord fondée sur la connaissance des plans du sujet, faits avec beaucoup d'exactitude. Sur le plan horizontal, il place le triangle perspectif dans la position la plus favorable pour que les côtés prolongés comprennent tout le sujet. Puis il détermine les distances de chaque point du sujet, au tableau et à un plan vertical mené par un des côtés du cadre, et au plan horizontal, c'est-à-dire les coordonnées de chaque point relativement à la trace t_1t_2 du tableau, fig.

(69), à la droite t_{x}, et enfin au plan horizontal. On voit que ces coordonnées seront donc obtenues à l'échelle du plan.

Pour obtenir la perspective de chaque point sur un tableau $T_1T_2T_3T_4$ beaucoup plus grand que celui du dessin, il expose la méthode connue des points de distance, etc.; mais il observe que ces points de distance portés sur la ligne d'horizon, à droite et à gauche du point central O, se trouvent toujours en dehors du cadre et même sont très-éloignés, de sorte qu'il est difficile de s'en servir. Alors, voici ce qu'il propose : On porte sur la ligne d'horizon, et à partir du point O, la longueur *o*F égale à la distance de l'œil au tableau, mais prise à l'échelle du plan, de manière que le point se trouvera dans l'intérieur du cadre, puis alors il porte sur la ligne de terre T_2T_1 à partir de T_2 les longueurs T_{21}, T_2... qui expriment les profondeurs aussi prises à l'échelle du plan, joignant ces points 1,2 avec le point F. Ces droites coupent la droite T_2O, qu'il appelle son échelle de fuite, aux points 1′ 2′ qui sont les mêmes que si on se fût servi du véritable point de distance; de sorte que, menant par ces points des horizontales, elles représentent des droites parallèles au tableau, aux diverses profondeurs données, etc. Il dit que cette méthode a l'avantage de ne point faire de nombreuses multiplications, comme lorsqu'on se sert des points des $^1/_2$, $^1/_3$, $^1/_4$, etc., distance. Desargues avait déjà pris un point dans l'intérieur du cadre.

Pour déterminer les largeurs, on sait qu'il faut porter ces largeurs sur la ligne de terre T_2T_1 à l'échelle du tableau (et non du plan), et joindre ces points avec celui central O, on a alors la perspective d'horizontales perpendiculaires au tableau, par conséquent parallèles, etc. Pour éviter de même de faire des multiplications, il place sur le tableau un petit cadre $t^1t^2t^3t^4$ qui représente le cadre lui-même du tableau sur le plan, de sorte que la droite t^1t^2 est la perspective de la ligne de terre T_1T_2 ; alors il dit : au lieu de porter sur cette dernière base T_1T_2 les largeurs, il les porte sur t^1t^2, et prises à l'échelle du plan, il joint le point O à ces divisions, et les droites ainsi déterminées étant prolongées, seront les mêmes que celles ci-dessus et passeront ainsi par les mêmes points cherchés $a'b'c'd'$, etc.

Pour les hauteurs, c'est la même chose ; au lieu de les porter sur une verticale prise dans le plan du tableau, il les porte sur une verticale comme t^2m, joint le point O à celui *m*, et cette droite est la même que celle déterminée par le moyen ordinaire. Tout cela est juste ; on évite des multiplications, mais on voit qu'on passe du petit au grand, ce qui est un inconvénient.

C'est par cette méthode que, dit-il, il a construit toutes ses belles planches. Il emploie encore plusieurs procédés ingénieux pour déterminer la perspective de points ou de droites. Ainsi, il se sert de ce principe, que « tout point situé sur l'un des côtés de l'angle optique, aura sa perspective sur l'un des bords verticaux. » — Toute droite horizontale et dirigée vers le sommet de l'angle optique doit avoir pour perspective une perpendiculaire au tableau. — Un autre principe est encore celui de ramener une construction perspective à une construction géométrique dans un plan vertical parallèle au tableau, laquelle construction donne des droites qui, étant prolongées jusqu'à la trace du plan horizontal, donnent des points appartenant à la perspective donnée ; c'est ainsi qu'il construit la perspective de droites horizontales faisant avec le tableau, ou entre elles, des angles donnés ; — il détermine de même la perspective d'une circonférence horizontale, etc.

L'auteur s'étend longuement sur les application, surtout à tous les détails de l'architecture, et donne divers procédés pour simplifier la perspective des moulures, etc.

Un chapitre est consacré à la perspective des surfaces de révolution, piedouche, balustre, vase, etc.

Le livre III traite de la détermination des ombres, dans l'hypothèse des rayons lumineux parallèles et dans celle partant d'un point, accompagné de réflexions artistiques sur ce sujet.

Le livre IV a pour titre : APPLICATIONS. Le chapitre Ier, *Considérations artistiques*. Ce chapitre renferme des considérations sur les distances comparées du spectateur à l'objet, du spectateur au tableau, hauteur du tableau, point de vue, illusions d'optique, sujets à éviter, des personnages, etc. ; tous ces sujets sont intéressants, mais sortent de la pure géométrie et peuvent être soumis à des discussions. Il a un article consacré aux figures vues en raccourci ; il lui correspond une belle planche, où l'on voit la perspective d'hommes dans les positions les plus forcées, il y arrive en supposant les hommes rapportés à des axes pouvant tourner autour de chaque jointure, comme le fait Bosse.

d'après Desargues, dans sa perspective. Dans la planche d'Adhémar, ces axes sont recouverts fort adroitement du dessin des personnages eux-mêmes et cela n'est plus le fait du géomètre, mais bien d'un habile artiste. On trouve à la suite un article fort intéressant et qui, je crois, n'a pas été traité perspectivement avant lui ; ce sont les conditions d'équilibre du corps humain, il lui correspond quatre fort belles planches représentant l'aspect que doivent présenter des sauteurs de corde, des équilibristes, des hommes chargés en repos ou en mouvement, des soldats, etc. ; des hommes montés sur des chevaux se cabrant ou animés de grandes vitesses. Ce sujet nouveau est bien traité.

Le chapitre II de ce livre IV a pour titre : *Considérations pratiques*. C'est un résumé des méthodes par lui employées, et surtout de celle de son invention, qui, dit-il, est indépendante du rapport qui existe entre le tableau que l'on exécute et sa projection sur le plan géométral. Dans une autre partie, il se plaint qu'un savant s'est emparé de sa méthode, sans même dire de qui il la tenait, et qu'en outre il l'avait modifiée peu intelligemment.

Son chapitre III renferme une idée neuve. Lorsqu'on veut faire la perspective d'un sujet, on commence par faire la perspective du plan; mais il arrive souvent que, vu le peu de hauteur de l'œil au-dessus du plan horizontal, la perspective de ce plan se resserre tellement que l'intersection des droites se fait sous des angles si obtus, que ces points ont des positions incertaines, et cependant on doit élever par ces points des verticales dont alors la position n'est pas bien déterminée. On remédie à cet inconvénient, en faisant la perspective d'un autre plan horizontal des objets, beaucoup au-dessous de celui donné, de manière par conséquent que l'œil se trouve beaucoup au-dessus de ce plan et qu'ainsi sa perspective occupe plus de largeur, les sommets sont mieux déterminés et les verticales aussi. Ce moyen se trouve employé dans des ouvrages très-anciens, notamment dans Viator. M. Adhémar a modifié ce procédé, il se sert d'un plan incliné passant par la ligne de terre ou par une parallèle; il détermine la perspective de l'intersection de ce plan et du sujet, et obtient ainsi une figure ayant une largeur aussi grande qu'on le voudra, suivant l'inclinaison qu'on donne à ce plan, et alors les sommets seront parfaitement déterminés, et les verticales élevées par ces points seront toujours les mêmes, quel que soit ce plan.

De plus, comme ce procédé n'est pas nécessaire pour toutes les parties d'un plan, on peut l'employer seulement pour celles qui en ont besoin. Il fait une belle application de ce procédé à la perspective de l'église de NOTRE-DAME DE PARIS, dont il expose toutes les constructions perspective.

Ce traité de perspective d'Adhémar mérite une attention spéciale pour les méthodes nouvelles qu'il propose, et surtout pour son bel atlas de planches.

COURS DE GÉOMÉTRIE DESCRIPTIVE APPLIQUÉE, professé à l'École d'état-major, par M. POUDRA, lithographié pour les élèves, in-folio, 1849. — OMBRES ET PERSPECTIVE.

(Chargé de faire un cours de perspective aux élèves de l'École d'état-major, je désirai connaître tout ce qui avait été écrit sur ce sujet ; ce sont les résultats des recherches entreprises à cette occasion que je donne dans cet ouvrage.

Les moyens employés par les divers auteurs pour faire de la perspective sont, comme on a pu le voir, très-nombreux, mais peu variés, ce ne sont pour la plupart que de simples procédés ne constituant pas ce qu'on peut appeler des méthodes. Ayant à choisir, je pris ce qu'il y avait de plus convenable et je fis le cours dont je donne ici l'analyse)

Je distingue d'abord trois grandes méthodes de perspective fondées sur la manière dont on connaît le sujet qu'on veut mettre en perspective. Ce sujet peut être connu : 1° par des plans géométriques exacts, ou 2° simplement par des croquis cotés comme sont ceux nécessaires pour en faire les plans ; ou 3° enfin, ils sont devant les yeux, ou conçus dans l'imagination, comme dans le travail des dessinateurs et des peintres.

Première partie. Perspective avec le plan des objets. — La méthode employée est la plus ancienne connue ; elle est fondée sur la connaissance d'un cône perspectif dont le sommet est à l'œil et dont la base s'appuie sur tous les objets visibles ; elle est une application simple de la géométrie descriptive, qui consiste à trouver l'intersection de ce cône avec un plan. Elle s'exécute en prenant le plan du tableau perpendiculaire aux deux plans de projection ; on fait, sur ces deux plans, la projection du point de vue, et puis on joint, dans chacun de ces plans, la projection de l'œil avec les projections des divers points du sujet, les intersections de ces droites avec la trace du tableau sur ce plan, donne les deux coordonnées de chaque point respectif du sujet ; ainsi, on peut dire que la perspective d'un sujet est la résultante de deux perspectives faites sur des droites.

Cette méthode est extrêmement simple d'exécution, elle est générale, peut s'appliquer à tous les sujets, lorsqu'on a leurs projections exactes. On peut résoudre tous les problèmes ; par exemple : pour des surfaces courbes, on peut déterminer d'abord sur ces surfaces leur contour apparent, leur ligne de séparation d'ombre et lumière, les ombres portées, les points brillants, etc., et mettre ensuite tous les résultats en perspective. Elle est la base de tous les autres procédés qu'on peut employer, et le fondement des principes sur lesquels ils se fondent. Mais elle a un inconvénient grave, c'est qu'elle exige la projection horizontale et verticale du sujet ; or ces plans ne peuvent être construits qu'à une échelle restreinte par l'étendue du sujet ; tandis que dans un tableau, on peut avoir à représenter des objets de grandeur naturelle et quelquefois plus grande, de sorte qu'il faudra, pour passer des plans à la perspective, multiplier les résultats donnés par les constructions par des nombres quelquefois très-grands et par conséquent multiplier les erreurs.

Deuxième partie. Perspective avec des croquis. — Dans cette méthode on connaît les objets seulement par des croquis sur lesquels sont indiquées, en nombre, les grandeurs des objets et la direction des droites, de manière enfin à pouvoir exécuter les plans géométraux; or, je fais voir qu'il n'est pas nécessaire de tracer ces derniers, que les données suffisent pour construire de suite en perspective ces plans et par suite le sujet. Cette méthode fort intéressante s'appuie essentiellement sur la théorie des points de concours, elle a été indiquée en premier par Aleaume et Migon, puis par Lambert, Zanoti et autres, mais non pas comme une méthode générale de perspective. Voici comment je l'expose : on commence par chercher la perspective du plan horizontal du sujet. Là se présente deux problèmes à résoudre, l'un sur les directions, l'autre sur les longueurs. Le problème sur les directions consiste à savoir tracer en perspective des droites ayant une direction donnée, parallèles ou perpendiculaires entre elles, faisant des angles donnés avec le tableau, ou avec une autre droite un angle donné, etc. Or, je fais voir que tous ces problèmes se résolvent aussi facilement en perspective qu'en géométrie. Le second problème consiste à porter sur une droite en perspective des longueurs données. L'usage du point de concours des cordes est ici expliqué, et on y fait voir comment on s'en sert pour transporter sur une droite perspective, des longueurs portées sur une parallèle à la ligne de terre. On peut alors résoudre par ces deux procédés tous les problèmes de la géométrie, avec autant de facilité et quelquefois d'une manière plus simple. Comme les distances connues sont quelquefois des distances sur des perpendiculaires ou des parallèles au tableau, j'introduis ici la construction des échelles de perspective de Desargues et sa méthode, qui consiste à regarder un sujet connu par les coordonnées de chacun de ses points, et à chercher au moyen de ces échelles de perspective, les coordonnées correspondantes des points de la perspective. On voit qu'ayant tracé la perspective du plan, comme ci-dessus, on peut, par chaque sommet, élever des verticales dont la grandeur perspective sera déterminée par l'échelle des horizontales. Cela suffirait déjà pour tracer la perspective d'un sujet donné : mais j'établis la théorie générale des points de fuite des droites et des lignes de fuite des plans ayant des directions quelconques dans l'espace, et je fais voir ensuite que la perspective des figures situées dans un plan quelconque est aussi facile à exécuter que pour celles situées dans des plans horizontaux, qu'on peut ainsi exécuter la perspective d'un corps solide, comme par exemple d'un cube situé d'une manière quelconque. Par les mêmes procédés, je détermine les ombres sur un sujet sans avoir recours aux plans géométraux ; faisant voir que tous les problèmes qu'on sait résoudre par la géométrie, peuvent l'être par la perspective et quelquefois avec plus de facilité. Je donne une méthode de tracer la perspective d'une figure plane, en ramenant le plan parallèle au tableau, traçant la figure géométrique, puis la ramenant en perspective dans sa vraie position, au moyen du point de concours des cordes.

Cette deuxième méthode est bien plus exacte que la précédente, car il suffit de connaître les longueurs métriques des différentes parties du sujet et la direction d'une des principales droites du sujet, par rapport au tableau, les directions des autres droites étant rapportées à celle-là ; ces données sont d'ailleurs absolument nécessaires pour faire les plans géométraux, tandis que les coordonnées de chaque point d'un sujet ne peuvent s'obtenir que par des plans exacts et en outre ces coordonnées ne sont liées entre elles par aucune des relations de forme des différentes parties du sujet.

Tous les procédés particuliers décrits dans les divers auteurs rentrent dans l'une et l'autre de ces deux méthodes.

La troisième méthode est consacrée à la perspective des peintres. — Ceux-ci n'ont souvent pas les connaissances géométriques nécessaires pour tracer exactement un plan et une perspective ; mais eussent-ils ces connaissances, il faut reconnaître que la plupart du temps elles leur seraient inutiles, car il leur manque presque toujours les données nécessaires pour établir des plans et des perspectives exactes. Les objets sont pour eux devant les yeux. il faut en rendre l'apparence qu'ils offrent, pour un point de vue choisi convenablement ; ou bien le sujet est conçu dans l'imagination, il faut le rendre visible par le dessin, la peinture. Dans ce cas, si on ne peut exiger des peintres des tracés exacts, on peut toujours leur recommander de ne pas enfreindre le petit nombre de préceptes qui ressortent de la perspective ; c'est donc pour cela que j'ai cru devoir consacrer un article à résumer tous les principes utiles et qui peuvent servir à éviter les fautes trop grossières qu'on voit malheureusement dans des tableaux d'artistes de beaucoup de talent. Je donne dans ce chapitre quelques moyens pratiques qui facilitent la perspective à vue, et enfin je termine par la description des instruments de perspective, parmi lesquels on distingue le diagraphe de M. Gavard, avec lequel on a pu reproduire les dessins de la galerie de Versailles.

Je termine par l'exposé succinct des opérations de la photographie.

FIN.

TABLE DES MATIÈRES.

FIN DE LA TABLE.

Sceaux. — Typographie de E. Dépée.

Fig. 2

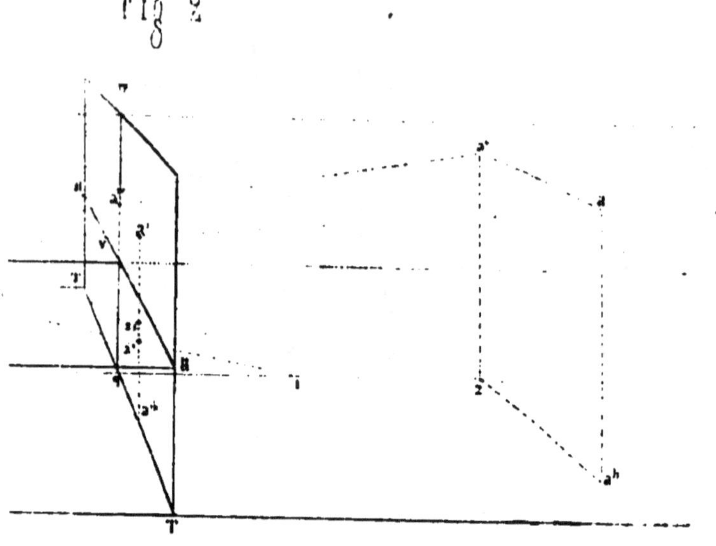

Fig. 4

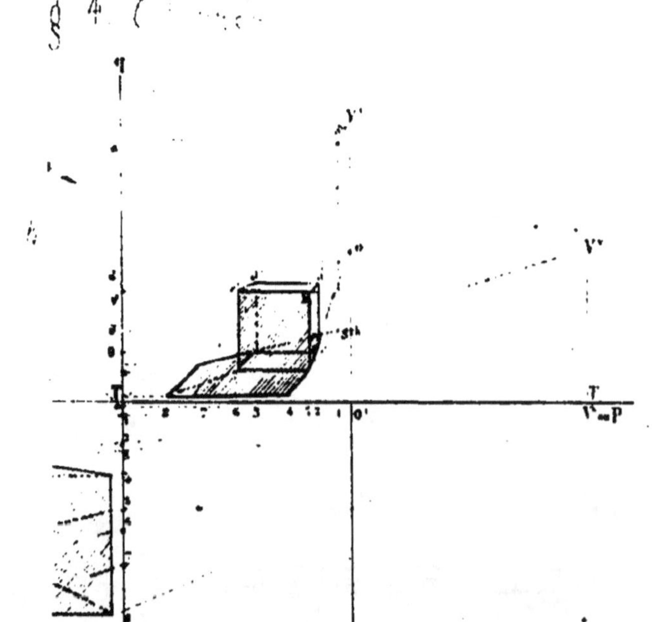

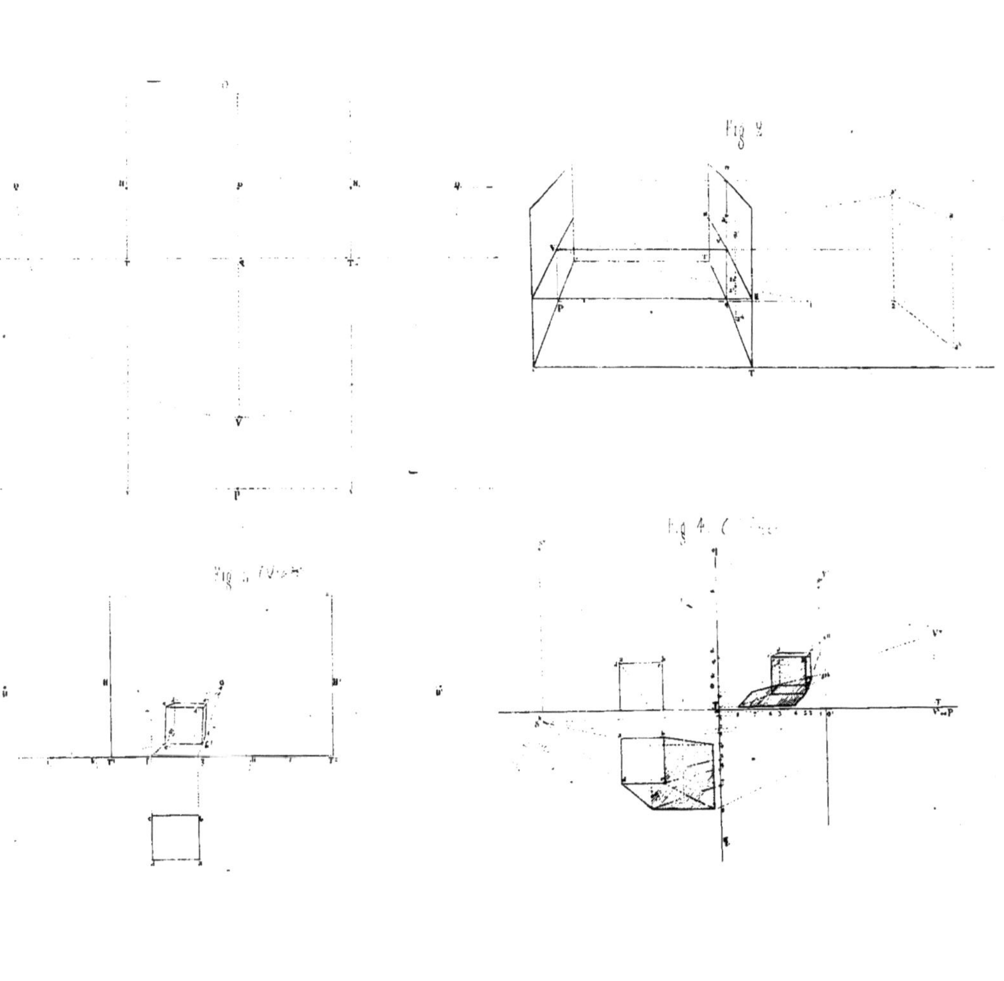

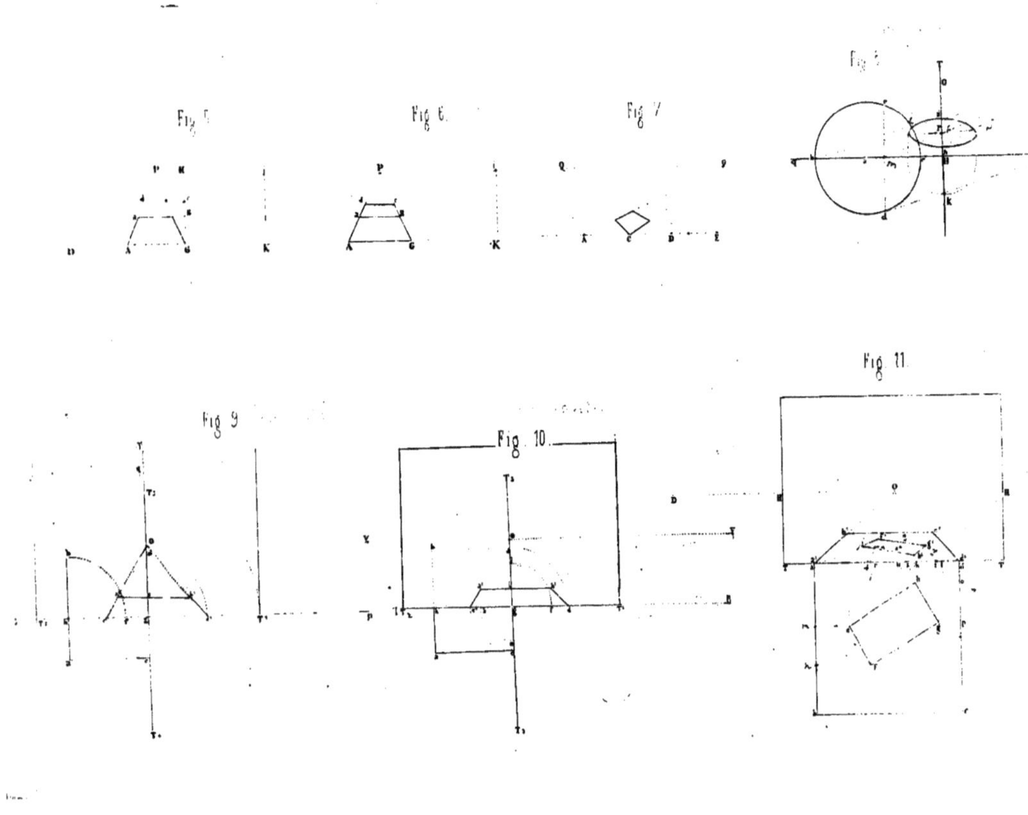
Fig. 5
Fig. 6.
Fig. 7
Fig. 8
Fig. 9
Fig. 10.
Fig. 11.

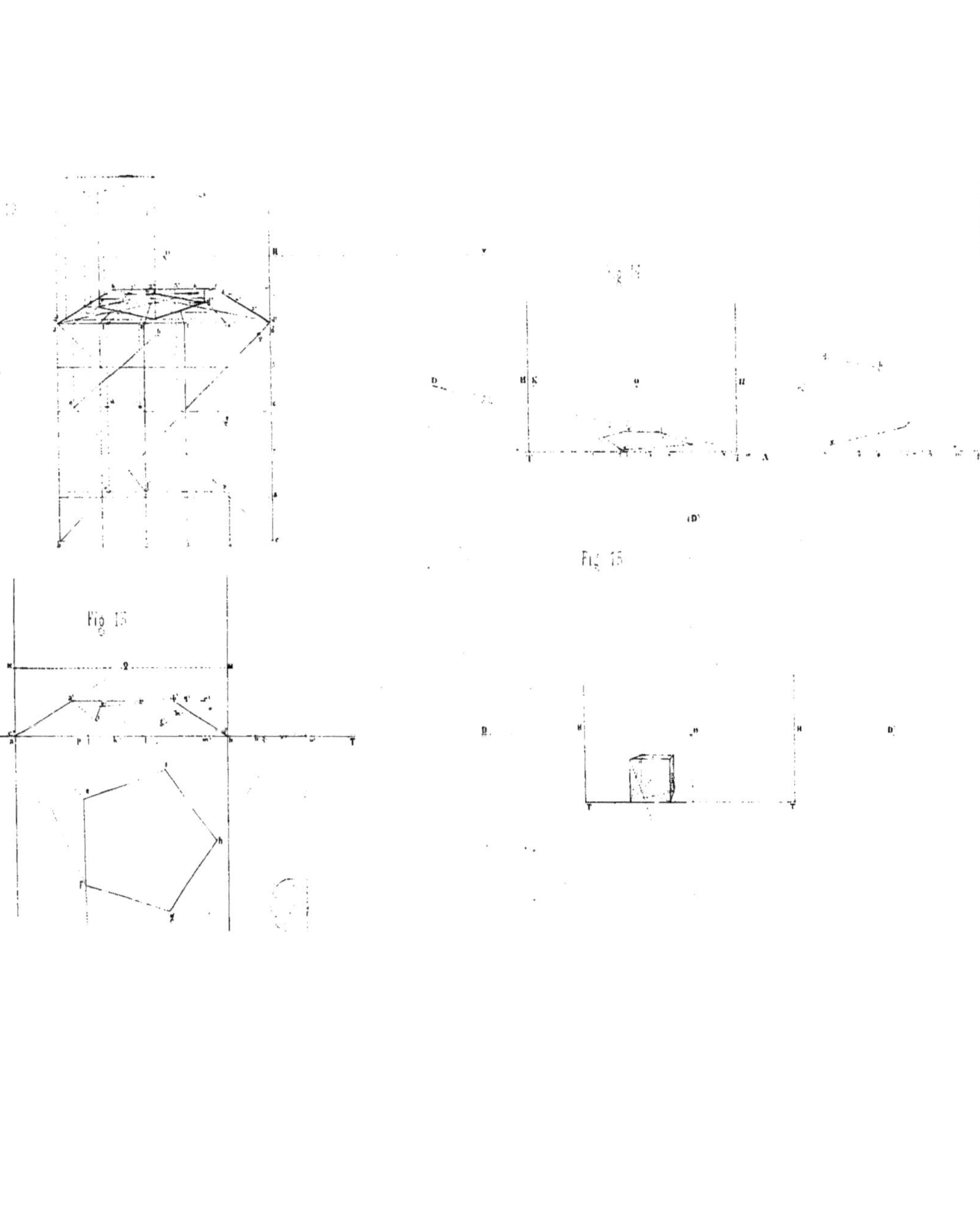

Fig. 13

Fig. 14

Fig. 15

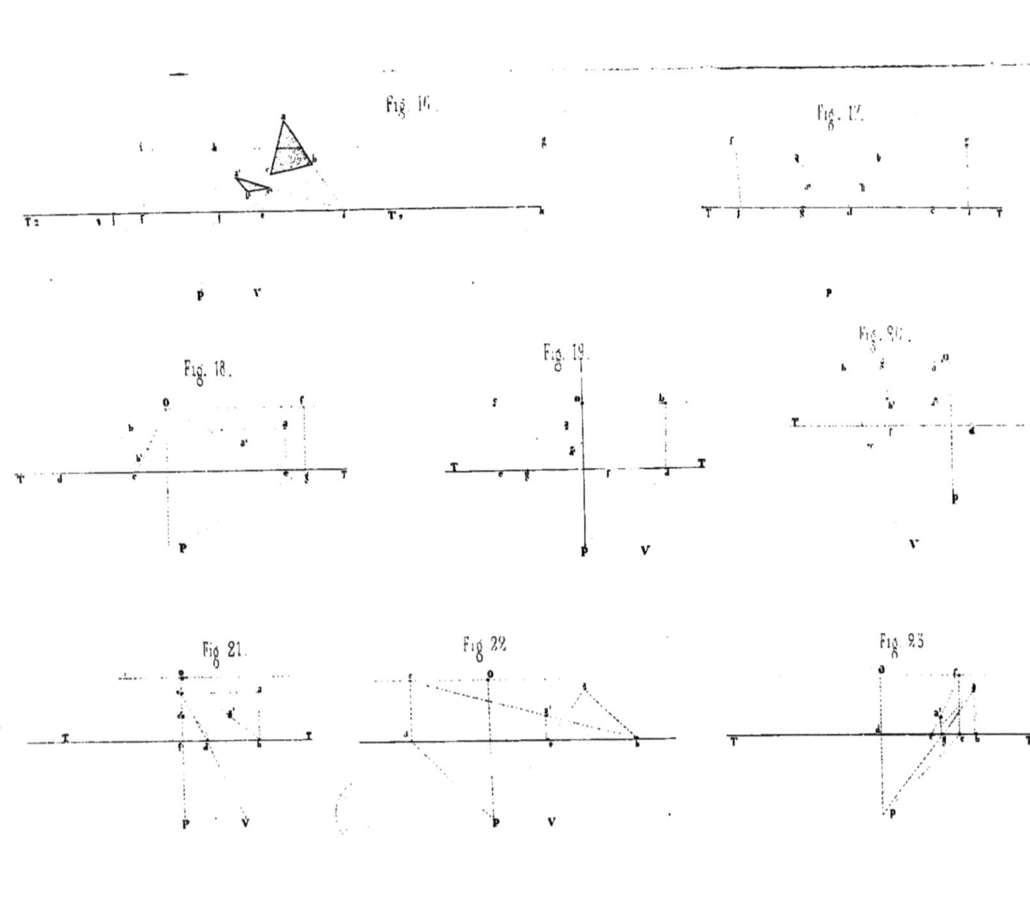
Fig. 16.
Fig. 17.
Fig. 18.
Fig. 19.
Fig. 20.
Fig. 21.
Fig. 22.
Fig. 23.

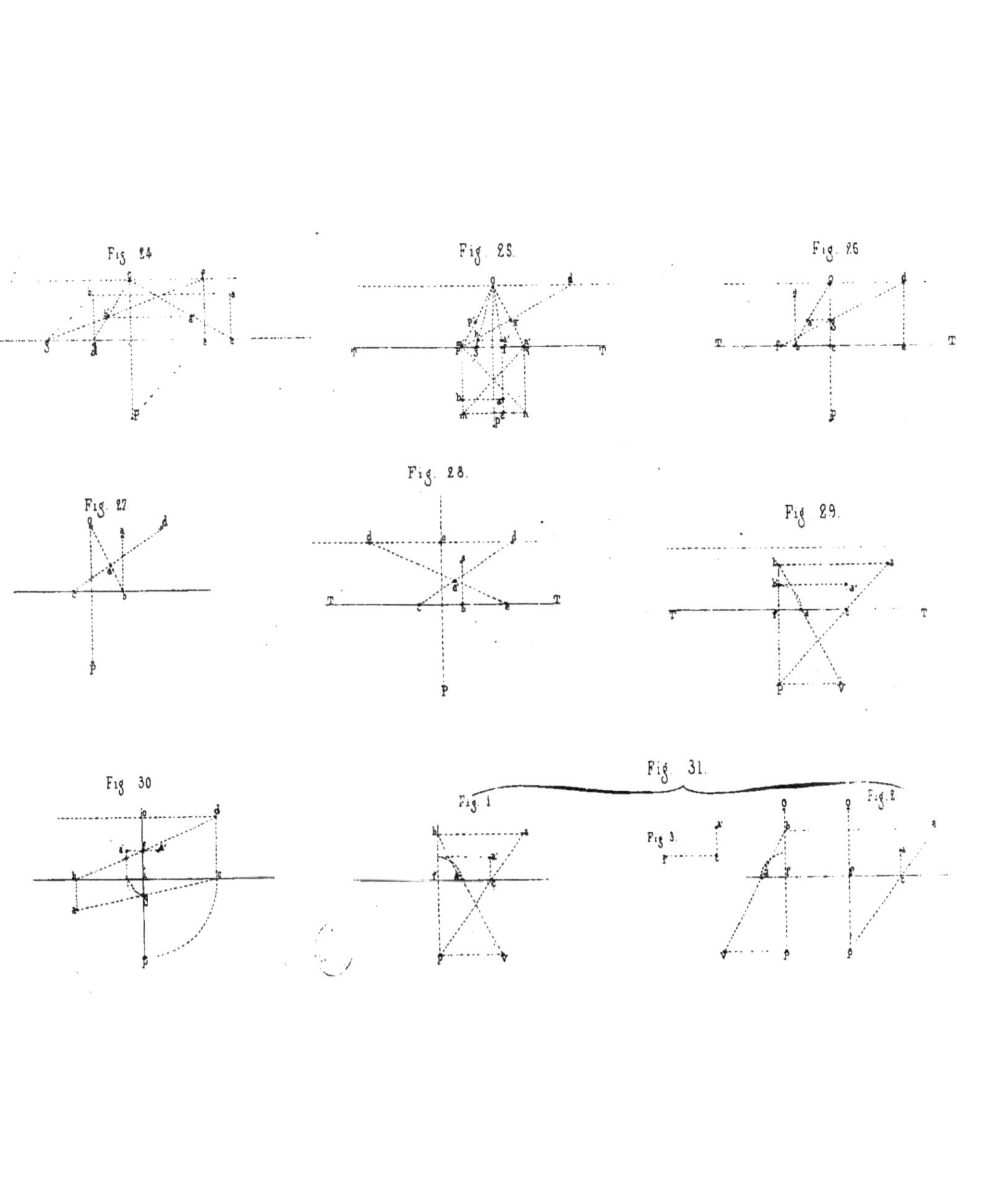
Fig. 24
Fig. 25.
Fig. 26
Fig. 27
Fig. 28.
Fig. 29.
Fig. 30
Fig. 31.
Fig. 1
Fig. 2
Fig. 3.

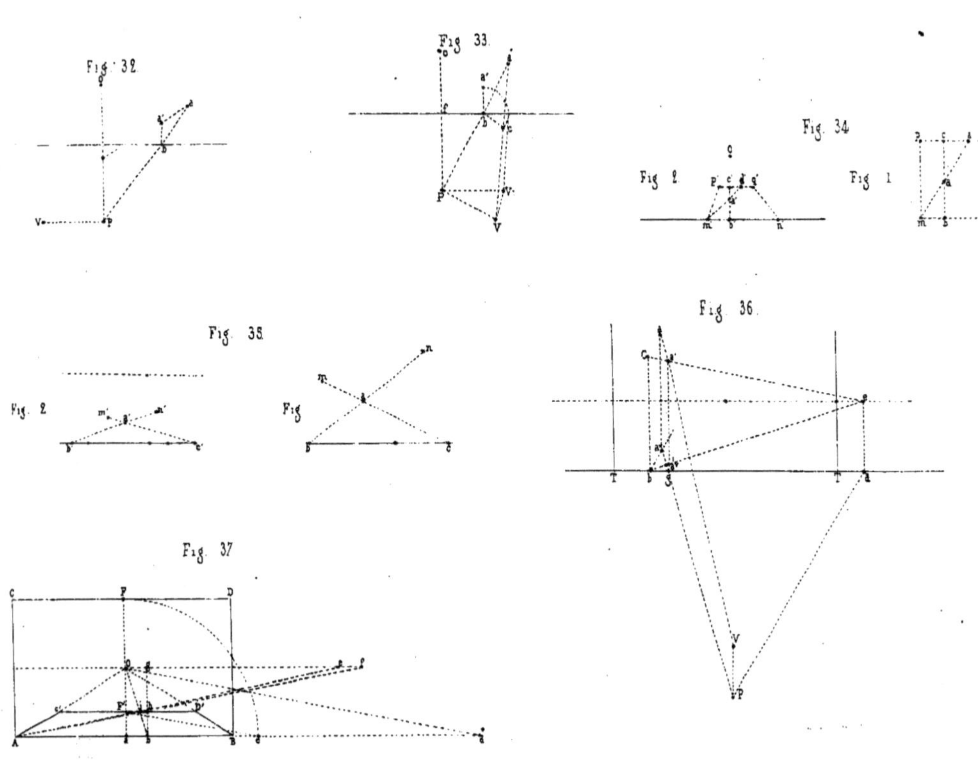
Fig. 32
Fig. 33
Fig. 34
Fig. 2
Fig. 1
Fig. 35
Fig. 2
Fig
Fig. 36
Fig. 37

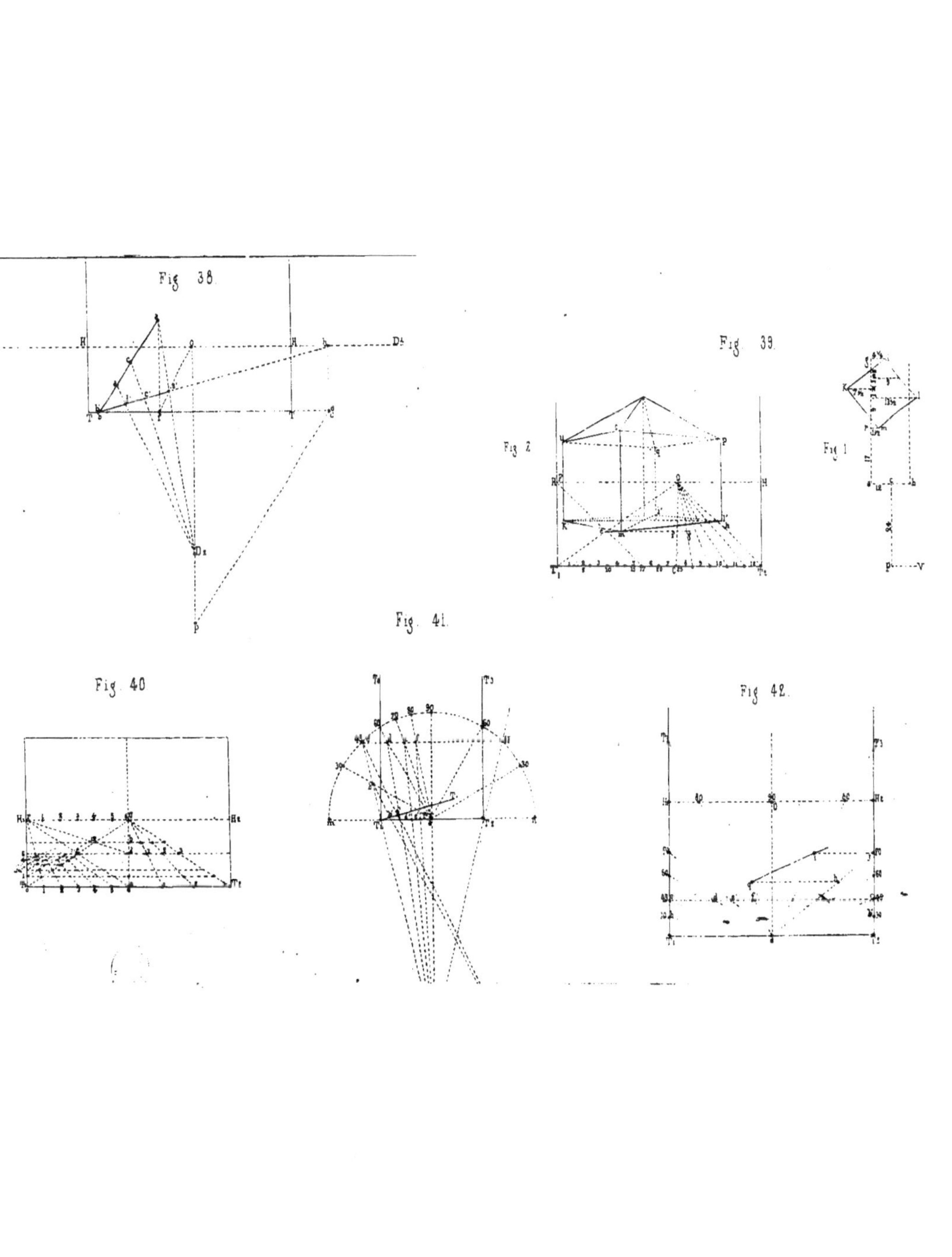

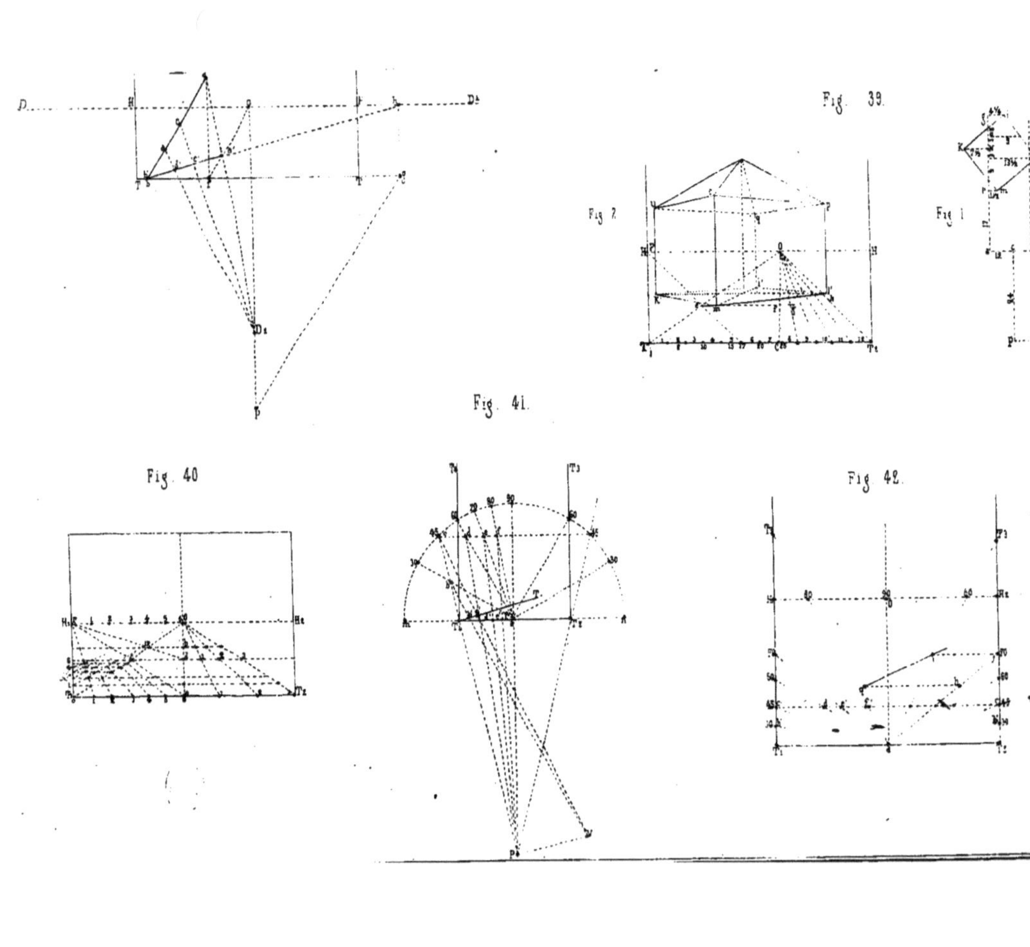
Fig. 39.
Fig. 2
Fig. 1
Fig. 41.
Fig. 40
Fig. 42.

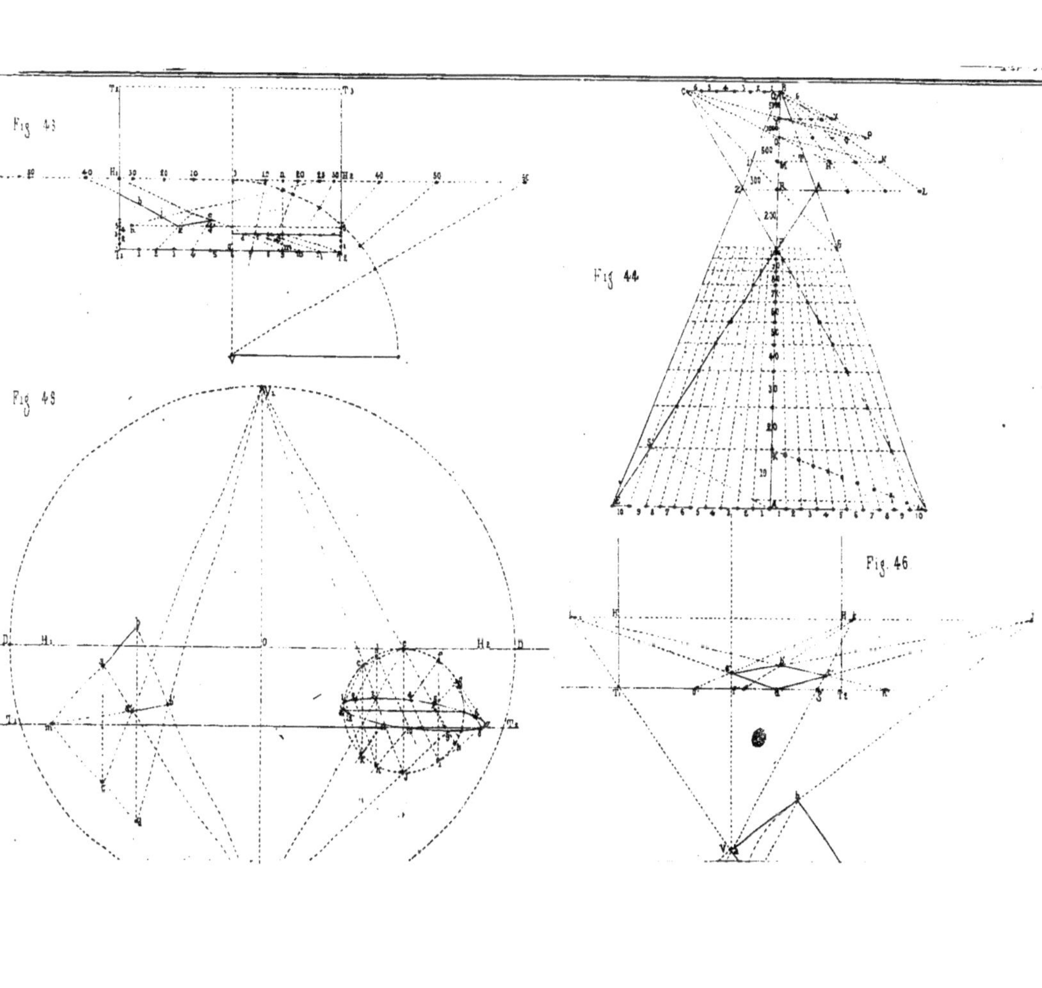

Fig. 43
Fig. 44
Fig. 46
Fig. 48

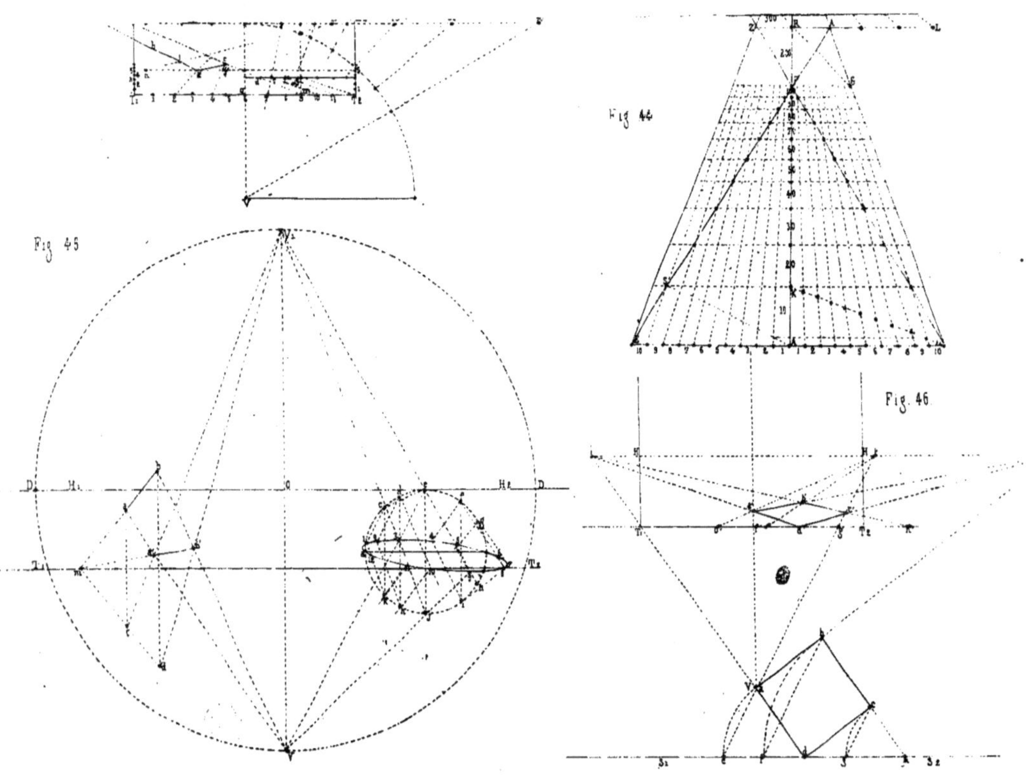
Fig. 44
Fig. 45
Fig. 46

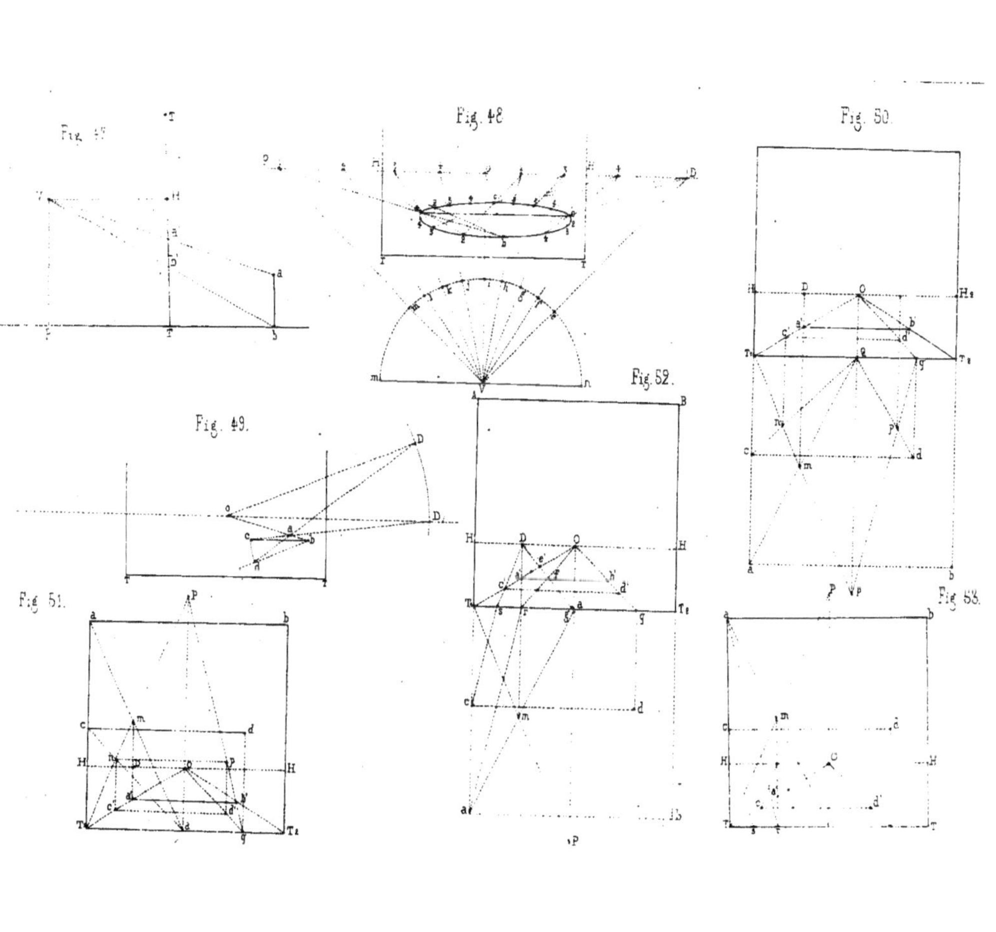
Fig. 47
Fig. 48
Fig. 49.
Fig. 50.
Fig. 51.
Fig. 52.
Fig. 53.

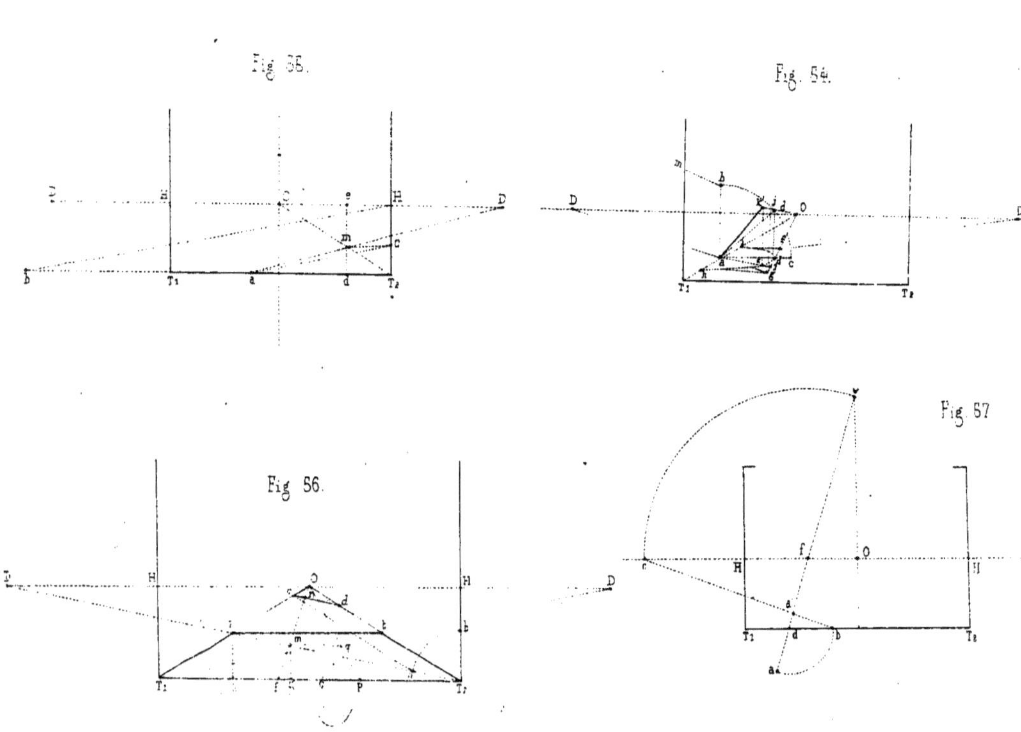

Fig. 55.
Fig. 54.
Fig. 56.
Fig. 57

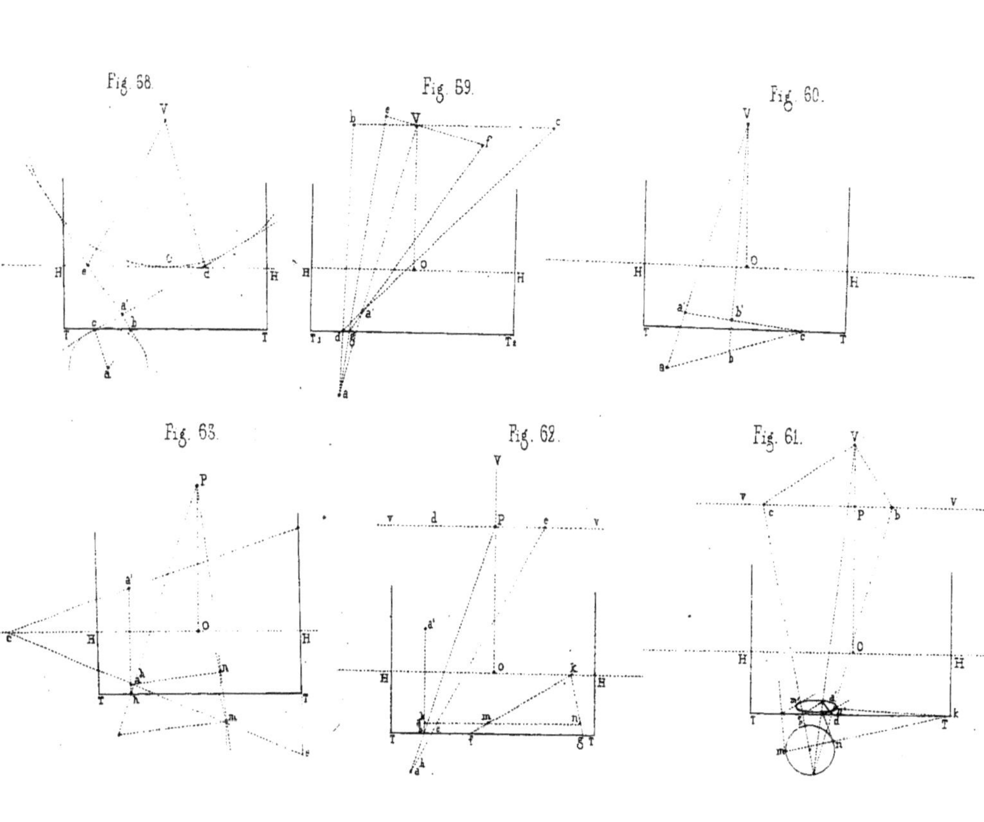

Fig. 58.

Fig. 59.

Fig. 60.

Fig. 63.

Fig. 62.

Fig. 61.

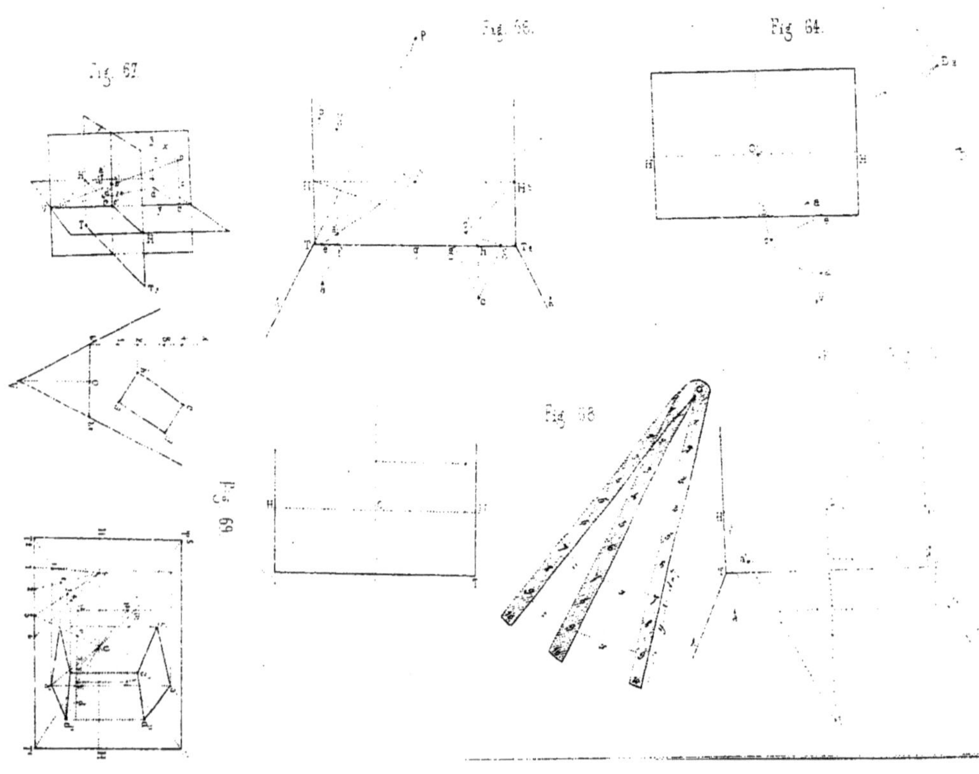
Fig. 67
Fig. 66.
Fig. 64.
Fig. 68
Fig. 69

MILITAIRE, MARITIME

ET

POLYTECHNIQUE

J. CORRÉARD

LIBRAIRE-ÉDITEUR ET LIBRAIRE-COMMISSIONNAIRE

« La guerre est un métier pour les ignorants,
« Et une science pour les habiles gens. »

Chevalier FOLARD.

PARIS

3, PLACE SAINT-ANDRÉ-DES-ARTS

Maison de la fontaine Saint-Michel

1864

Messieurs,

J'ai l'honneur de vous adresser le Catalogue des livres militaires dont je suis éditeur. Je pense que l'utilité de ces publications vous déterminera à fixer votre choix sur quelques-uns de ces ouvrages, et pour vous en faciliter l'acquisition, je viens vous les offrir :

à 6 mois de crédit pour les commandes au-dessus de 100 fr.
à 3 mois. . . . . id. . . . . de 50 fr.

à la condition que le prix total de ces commandes sera payable en un mandat *sur la caisse du Trésorier.*

Je profiterai de cette occasion pour vous rappeler, Messieurs, que j'édite tous les ouvrages relatifs à l'art et à la science militaires. Si vous aviez quelque traité ou mémoire que vous voulussiez publier, je vous prierais de m'en adresser le manuscrit par les chemins de fer; et, après en avoir pris connaissance, j'aurais l'honneur de vous faire mes propositions.

Veuillez agréer, Messieurs, l'hommage de la haute estime et de l'entier dévouement avec lesquels j'ai l'honneur d'être votre très-humble et très-obéissant serviteur.

J. CORRÉARD,

ancien ingénieur.

Nota. — J'ai l'honneur de faire à MM. les Officiers mes offres de services pour tous les livres dont ils pourraient avoir besoin; je les leur procurerai, mais à condition qu'ils m'autoriseront, pour tous les ouvrages militaires, ou autres, dont je ne suis pas l'éditeur, à tirer sur eux, à *quatre-vingt-dix jours* de date, à partir du jour de l'envoi.

En envoyant un mandat de poste à l'éditeur, on reçoit *franco* les ouvrages demandés.

Les lettres et paquets doivent être adressés francs de port.

CATALOGUE

DES

LIVRES MILITAIRES

PUBLIÉS PAR J. CORRÉARD

Ancien Ingénieur

CE CATALOGUE ANNULE TOUS LES PRÉCÉDENTS

ALLIX, le lieutenant général. Sur l'Ordonnance relative au personnel de l'artillerie, br., in-8°. 1832. 1 fr. 25

ANDRÉOSSY (le lieutenant-général comte). Opérations des pontonniers français en Italie pendant les campagnes de 1795 à 1797, et Reconnaissance des fleuves et rivières de ce pays. 1 vol. in-8° avec planches. 1843. 7 fr. 50

ANITSCHKOF, capitaine de l'état-major impérial russe. La campagne de Crimée. Traduit de l'allemand de G. Baumgarten, lieutenant en 1er de l'infanterie royale saxonne, par C. Soye, capitaine au 1er régiment de voltigeurs de la garde impériale. première et deuxième parties. 1 vol. in-8°. avec 4 plans, 1858. 10 fr.
Troisième partie (supplément), 1 vol. in-8°. 1860. 4 fr.

APERÇU HISTORIQUE ET CRITIQUE sur le Ministère de la guerre du royaume de France. br. in-8°, 1832. 1 fr. 25

ARCY (le chevalier d'). Mémoire sur la théorie de l'artillerie ou sur les effets de la poudre et sur les conséquences qui en résultent par rapport aux armes à feu, br. in-8°, avec pl., 1836. 2 fr. 75.

ARTILLERIE A CHEVAL (l') dans les combats de cavalerie. Opinion d'un officier de l'artillerie prussienne. Traduit de l'allemand par le général baron Ravichio de Peretsdorf, br. in-8°, avec plans. 1840. 2 fr. 75

ARTILLERIE NOUVELLE (1850), ou Considérations sur les progrès récents faits dans l'art de lancer les projectiles. par M. ***, capitaine d'artillerie, br. in-8°. 1850. 2 fr.

AUGOYAT (lieutenant-colonel du génie). Mémoires inédits du maréchal de Vauban sur Landau, Luxembourg et divers sujets. extraits des papiers des ingénieurs Hûe de Coligny. et précédés d'une notice historique sur ces ingénieurs, siècles de Louis XIV et de Louis XV, 1 vol. in-8°. 1841. 7 fr. 50

BARAULT-ROULLON (sous-intendant militaire en retraite). Dangers pour l'Europe. — Origine, progrès et état actuel de la puissance russe. — Question d'Orient au point de vue politique, religieux et militaire. 1 vol. in-8°, avec carte. 1854. 7 fr. 50

BARAULT-ROULLON, sous-intendant militaire en retraite. Questions générales sur le recrutement de l'armée. Mémoires à consulter. faisant suite aux essais sur l'organisation de la force publique. présenté à Sa Majesté l'empereur Napoléon III. br. in-8°, 1854. 3 fr.

BARAULT-ROULLON. Le maréchal Suchet, duc d'Albufera. Éloge couronné par l'Académie impériale des sciences. belles-lettres et arts, de Lyon, le 21 juin 1853. 1 vol. in 8°, 185. 7 fr. 50

BARDIN (général). Notice historique sur Guibert (Jacques-Antoine-Hippolyte comte de). br. in-8°. 1836. 2 fr.

BERNALDEZ (le colonel don Émilio). La fortification moderne. ou considérations générales sur l'état actuel de l'art de fortifier les places. Mémoire couronné au concours de 1859. Traduit de l'espagnol. 1 vol. in-8°, avec atlas cartonnés à l'anglaise. 1862. 20 fr.

BESSOLO (le lieutenant Alexandre). Mémoire sur quelques applications de l'électricité à l'artillerie. Premier mémoire, présenté au corps d'Artillerie de Sardaigne. le 12 mars 1857, 1 vol. in-8°. avec 4 pl.. 1857. 5 fr.

BIRAGO (le chevalier). major au grand état-major autrichien. Recherches sur les Équipages de ponts militaires en Europe, et Essai sur tout ce qui a rapport à l'amélioration de ce service. Traduit de l'allemand par Tiby, capitaine d'artillerie. 1 vol. in-8°, avec 4 planches, 1845. 7 fr. 50

BIRINGUCCIO (Vanoccio). Traité de la fabrication des bouches à feu de bronze au XVIe siècle, en Italie. Traduit de l'italien, par Rieffel, professeur aux Écoles d'artillerie, br. in-8°, avec 2 pl. 1856. 5 fr.

BLANCH (Luigi). De la Science militaire considérée dans ses rapports avec les autres sciences et avec le système social. Traduit par M. Haca, capitaine d'infanterie. 1 vol. in-8° 1854. 7 fr. 50

BLESSON (Louis). Esquisse historique de l'art de la fortification permanente. Traduite de l'allemand par Ed. de la Barre Duparcq, capitaine du génie. 1 vol. in-8°, avec pl. 1849. 5 fr.

BLOIS (de) chef d'escadron d'artillerie. Bombardement de Schweidnitz par les Français, en 1807, br. in-8°, avec plans, 1849. 2 fr. 50

BOEHM (J.-G.), directeur de l'observatoire impérial et royal, etc. Etudes de balistique théorique et expérimentale, ayant particulièrement pour objet les nouvelles armes à feu portatives de l'armée impériale et royale, et les carabines Minié de l'armée française. Traduit de l'allemand par E. Tardieu, ancien capitaine d'artillerie. 1 vol. in-8°, avec 3 planches, 1863. 8 fr.

BORDA (le chevalier de). Mémoire sur la Courbe décrite par les boulets et les bombes en ayant égard à la résistance de l'air, avec planche, in-8°, 1846. 3 fr.

BORMANN, lieutenant colonel d'artillerie. Expériences sur les Shrapnels. Nouveaux développements sur les résultats obtenus en Belgique, br. in-8°, avec planches, 1848. 3 fr. 50

BORN. Relation des Opérations de l'artillerie française, en 1823, au siége de Pampelune, et devant Saint-Sébastien et Lerida, suivie d'une Notice sur les opérations de l'artillerie dans la vallée d'Urgel en 1823, br. in 8°, 1835. 4 fr.

BORN. Notice historique sur les Ponts militaires depuis les temps les plus reculés jusqu'à nos jours. 1 vol. in 8°, 1838. 5 fr.

BOURSON (de). Les batteries de campagne autrichiennes à canons rayés, br. in-8°, avec pl., 1862. 3 fr.

BOURSON (de). Les armes portatives rayées de l'armée bavaroise, système Podewils, br. in-8°, avec 4 planches, 1863. 3 fr.

BOURSON (de). Résultats des expériences exécutées à West-Point (États de New-York) avec des bouches à feu de gros calibre sur des canonnières de casemates, pendant les années 1852, 1853, 1854 et 1855. 1 vol. in-8° avec 5 planches, 1863. 6 fr.

BOURSON (de). Découverte de trois métaux nouveaux, au moyen de l'analyse spectrale, br. in-8°, 1863. 2 fr.

BRADDOCK (commissaire de l'ordonnance). Mémoire sur la fabrication de la poudre à canon, traduit de l'anglais, et accompagné de notes et remarques par Gabriel Salvador, capitaine d'artillerie. 1 vol. in-8°, 1848. 5 fr.

BREITHAUPT (le lieutenant colonel). Leçons sur la théorie de l'Artillerie, destinées aux officiers de toutes armes. Traduit de l'allemand par le général baron Ravichio de Peretsdorf. 1 vol. in-8°, avec planches, 1842. 7 fr. 50

BRIX (de), lieutenant en 1er au régiment prussien de hulans de Silésie (n° 2). Organisation et composition de l'armée russe au commencement de l'année 1862. Traduit de l'allemand, par E. Heydt, lieutenant au 9e régiment d'artillerie. 1 vol. in-8°, 1862. 5 fr.

BRUSSEL DE BRULARD (ancien officier supérieur d'artillerie). Mémoire sur les fusées de guerre, fabriquées à Hambourg en 1813 et 1814, et à Vincennes en 1815. 1 vol. in-8°, avec atlas in fol. 1853. 15 fr.

BUNSEN (R.) et L. SCHISCHKOFF. Théorie chimique de la combustion de la poudre. Traduit par M. A. Terquem, br. in-8°, avec planches, 1859. 3 fr.

BURG, capitaine d'artillerie. Traité du dessin et lever du matériel d'artillerie, ou application du dessin géométrique à la représentation graphique des bouches à feu, voitures, machines, etc., en usage dans l'artillerie, 2e édit. revue et augmentée, traduit par Rieffel, professeur de sciences appliquées à l'Ecole d'artillerie de Vincennes. 1 vol. in-8°, avec atlas in-4°. 1848. 30 fr.

BURG, capitaine d'artillerie. Traité de dessin géométrique ou Exposition complète de l'art du dessin linéaire de la construction, des ombres et du lavis, à l'usage des industriels, des savants et de ceux qui veulent s'instruire sans le secours de maîtres. 2e édit., complétement refondue et augmentée. Traduit de l'allemand, par le docteur Regnier, 2 vol. in-4°, dont un de 30 planches, 1847. 25 fr.

CANITZ (le baron de). Histoire des Exploits et des Vicissitudes de la cavalerie prussienne dans les campagnes de Frédéric II. Traduit de l'allemand, revue, accompagnée d'observations, par un officier supérieur de cavalerie. 1 vol. in-8°, 1849. 4 fr.

CARRE. Expériences physiques sur la Réfraction des balles de mousquet dans l'eau et sur la résistance de ce fluide, br. in-8°, avec planche, 1846. 2 fr. 50

CARTHAGE RETROUVÉE. C'est à Bougie de l'Algérie qu'a existé Carthage, br. in-8°, 1856. 1 fr.

CAVALLI (J.), capitaine d'artillerie de Sa Majesté Sarde. Mémoire sur les équipages de ponts militaires. 1 vol. in-8°, avec 10 planches, 1843. 7 fr. 50

CAVALLI (J.), major d'artillerie de S. M. Sarde. Mémoire sur les canons se chargeant par la culasse, sur les canons rayés et sur leur application à la défense des places et des côtes. 1 vol. in-8°, avec atlas in-fol., 1849. 15 fr.

CAVALLI (J.). Aperçu sur les canons rayés se chargeant par la bouche et la culasse, et sur les perfectionnements apportés à l'art de la guerre (extrait des mémoires de l'Académie des sciences de Turin). Compte-rendu par C. Ducastel, br. in-8°, 1863. 3 fr.

CHAMBERET (de), chef d'escadron d'état-major, ancien aide-de-camp du grand chancelier de la Légion d'honneur. Manuel du Légionnaire ou Recueil des principaux décrets, lois, ordonnances, etc., relatifs à l'ordre de la Légion d'honneur depuis l'époque de sa création jusqu'à nos jours; précédé d'un Précis historique sur la Légion d'honneur, et suivi des décrets sur les maisons d'éducation de l'Ordre, sur l'institution de la médaille militaire, sur les secours annuels et viagers accordés aux anciens militaires de la République et de l'Empire, et sur les ordres étrangers.

Cet ouvrage se termine par un formulaire de toutes les demandes que l'on peut avoir à adresser au grand chancelier de la Légion d'honneur, soit pour l'admission d'une fille à Saint-Denis, soit pour l'obtention d'un secours viager, d'une gratification comme Légionnaire, etc., etc.

Seconde édition, considérablement augmentée. 1 vol. in-8°, avec planche. 5 fr.

CHAPUIS (le colonel). — Campagne de 1812 en Russie. Observations sur la retraite du prince Bagration, commandant en chef de la deuxième armée russe, 1 vol. in-8°, 1856. 5 fr.

CHAPUIS, capitaine de grenadiers à l'ancien 85e de ligne. — Campagne de 1812 en Russie. Bérézina. 1 vol. in-8°, 1857. 7 fr. 50

CHAPUIS, capitaine de grenadiers au 85e de ligne, ex-colonel de la 4e légion de la garde nationale de Paris. — Waterloo. — Notice sur le 85e de ligne, pendant la campagne de 1815, br. in-8°, 1863. 3 fr.

CHARLES (le prince). Principes de la grande guerre, suivis d'exemples tactiques raisonnés de leur application, à l'usage des généraux de l'armée autrichienne. Publication officielle traduite de l'allemand, par Ed. de La Barre Duparcq, capitaine du génie, professeur d'art militaire à l'Ecole spéciale militaire de Saint-Cyr. 1 vol. in-fol. jésus, avec 25 cartes coloriées avec le plus grand soin, 1856. 125 fr.

CHARPENTIER (A.), officier d'infanterie. — Notice militaire et historique sur l'ancienne ville de Lambæse, province de Constantine. 1 vol. in-8°, avec 13 planches, 1860. 6 fr.

CHARPENTIER (A.), officier d'infanterie. Études sur l'armée française. 2 vol. in-8°, 1861. 20 fr.

CHAUCHAR, capitaine d'infanterie. Examen critique des mémoires sur l'Algérie rédigés par le brigadier don Crispin de Sandoval, etc., etc., br. in-8°, 1834. 2 fr.

— Espagne et Maroc. Campagne de 1859, 1860, 1 vol. in 8°, avec 3 pl., 1862. 12 fr.

CHEVALIER. Des effets de la poudre à canon, principalement dans les mines, br. in-8°, 1846. 2 fr.

CHOUMARA (Th.), ingénieur militaire, ancien élève de l'École polytechnique. Considérations militaires sur les Mémoires du maréchal Suchet et sur la bataille de Toulouse; deuxième édition, augmentée de la correspondance entre un ingénieur militaire français et le duc de Wellington sur cette bataille, 2 vol. in-8°, avec planc., 1840. 9 fr.

CIRIACY (le major prussien F. de). Histoire de l'art militaire, chez les anciens. Traduit de l'allemand, par Ed. de La Barre Duparcq, capitaine du génie, 1 vol. in-8°, 1854. 7 fr. 50

CLARINVAL, capitaine d'artillerie, professeur de mécanique à l'École d'application. Note sur la dépense des déversoirs verticaux, avec arête saillante alimentés par un canal de même largeur, br. in-8°, 1859. 3 fr.

— Expérience sur les machines à percer les métaux, exécutées par ordre de M. le général d'artillerie Mazure, commandant l'École d'application de l'artillerie et du génie, 1 vol. in-8°, 1859. 5 fr.

— Expériences sur le marteau pilon à came et à ressorts de M. Schmerber, et sur la dureté des corps, br. in-8°, 1860 avec 2 pl. 4 fr.

— Cours de mécanique appliquée. Leçons sur la résistance des matériaux considérée au point de vue pratique, 1 vol. in-8°, avec planches et fig. dans le texte, 1861. 7 fr. 50

CLAUSEWITZ (le général Charles de). De la Guerre, publication posthume, traduite de l'allemand, par le major d'artillerie Neuens, 3 vol. in-8°, en six parties, 1852. 30 fr.

CLONARD (le comte de), lieutenant-général. Utilité d'écrire l'histoire des régiments de l'armée, opuscule suivi de l'histoire du régiment de Jaen. Traduit de l'Espagnol par Ed. de La Barre Duparcq, capitaine du génie, br. in-8° 1851. 4 fr.

COLLECTION de Plans généraux d'ensemble et de détail, représentant les bâtiments, machines, appareils et outils actuellement employés dans les fonderies de la marine royale à Ruelle et Saint-Gervais. Publication faite avec l'autorisation du ministre de la marine et des colonies, atlas grand in-fol., 1842. 30 fr.

COLONJON (de), chef d'escadron au 2ᵉ régiment de chasseurs d'Afrique. Précis de la vie des grands capitaines, 1 vol. in-8°, 1857. 5 fr.

CONFÉRENCES SUR LE TIR à l'usage des armées de terre et de mer par un capitaine instructeur de tir, 1 vol. in-8°, avec 8 planches, 1859. 5 fr.

CONSIGNE GÉNÉRALE POUR LES POSTES, une feuille in plano, 1858. 50 c.

COOPER (J.-F.). Histoire de la Marine des États-Unis d'Amérique. Traduit de l'anglais par Paul Jessé, 2 vol. in-8°, avec plans, 1845 et 1846 23 fr.

COQUILHAT, capitaine d'artillerie. Expériences sur la résistance produite dans le forage des bouches à feu faites à la fonderie de canons, à Liége, en 1840 et 1841, br. in-8°, avec planc. 1843. 3 fr. 50

— De la Quantité de travail absorbée par les frottements dans le forage des bouches à feu à la fonderie royale de canons de Liége, br. in-8°, 1847. 1 fr. 50

— Expériences sur la résistance utile produite dans le forage du fer forgé, de la pierre calcaire et du grès ainsi que dans le forage et le sciage du bois, faites à Tournay, en 1848 et 1849, br. in-8°, 1850. 3 fr. 50

— Expériences faites à Ypres, en 1850, sur la pénétration dans les terres de sondes en fer enfoncées par le choc d'un bélier, et application des fourneaux de mines cylindriques et horizontaux à l'ouverture des tranchées, br. in-8°, avec pl. 1851. 3 fr.

— Notes sur les projectiles creux et sur les bouches à feu, résistance à la rupture, tension des gaz, etc., br. in-8°, 1854. 3 fr.

— Projets de deux canons à bombes pour l'artillerie de côte du calibre de 0,20 et 0,29, br. in-8°, 1854. 3 fr.

CORDA (le lieutenant-général baron). Mémoire sur le service de l'artillerie, spécialement sur le meilleur mode de chargement des bouches à feu, 1 vol. in-8°, avec planches, 1845. 7 fr. 50

CORNULIER (M.-E. de), lieutenant de vaisseau. Mémoire sur le Pointage des mortiers à la mer, et sur les améliorations du système des hausses marines, br. in-8°, avec pl., 1841. 3 fr.

— Propositions et Expériences relatives au pointage des bouches à feu en usage dans l'artillerie navale, 1 vol. in-8°, avec planches, 1843. 7 fr. 50

CORRÉARD (J.), ancien ingénieur. Recueil de Documents sur l'expédition et la prise de Constantine par les Français, en 1837, pour servir à l'histoire de cette campagne, 1 vol. in-8°, avec atlas in-folio, 1838. 15 fr.

— Histoire des Fusées de guerre, ou recueil de tout ce qui a été publié ou écrit sur ce projectile, suivi de la description et de l'emploi des obus à mitraille dits Shrapnels, et des balles incendiaires, 1ᵉʳ vol. in-8°, avec atlas, 1841. (Epuisé). 30 fr.

— Recueil sur les Reconnaissances militaires, d'après les auteurs les plus estimés, formant un Traité complet sur la matière, 1 vol. in-8° avec atlas, 1845. 15 fr.

— Géographie militaire de l'Italie, d'après le colonel Rudtorffer et Unger, 1 vol. gr. in-8°, avec une carte, 1848. 2 fr, 50

— Guide maritime et stratégique dans la mer Noire et la mer d'Azof, 1 fort volume in-8°, avec un atlas in-fol. composé de 40 planches, contenant 82 cartes, plans, vues, etc., 1854. 30 fr.

— Cours classique de dessin topographique, à l'usage des élèves des lycées, des Écoles préparatoires et de toutes les maisons d'éducation. Ouvrage au moyen duquel on peut apprendre le dessin topographique sans le secours d'un maître, et comme tel, très-utile à donner en prix aux lauréats de l'université et de tous les établissements d'instruction publique, jeunes gens auxquels il servira de sujet instructif, de distraction pendant leurs vacances. Seconde édition, 1 vol. in-4° oblong, composé de 25 dessins coloriés avec le plus grand soin, avec texte en regard. 25 fr.

COURS sur le Service des officiers d'artillerie dans les fonderies, approuvé par le ministre secrétaire d'État de la guerre, le 16 octobre 1839, 1 vol. in-8°, avec atlas in-4° oblong, 1841. 15 fr.

COURS sur le Service des officiers d'artillerie dans les forges, approuvé par le ministre de la guerre, le 3 août 1837. Deuxième édition, revue et considérablement augmentée, 1 vol. in-8°, avec atlas in-4° oblong, 1846. 15 fr.

COYNART (de), capitaine d'état-major. Transport d'une armée russe sur les bords du Rhin, par les chemins de fer de Czenstochow, à Cologne, br. in-8°, 1850. 2 fr.

— Note sur les conditions générales des transports de troupes par les chemins de fer, br. in-8°, 1856.

— Règlements concernant le transport des troupes de toutes armes par les chemins de fer, approuvés par M. le maréchal ministre de la guerre, le 6 novembre 1855. 1 vol. in-8°, avec 14 planches. 1856.

NOTA. — Nous avons joint aux circulaires et règlements du 6 novembre 1855, l'instruction du 24 avril de la même année, sur le transport des chevaux de remonte, et les diverses décisions ministérielles qui ont paru successivement depuis 1851. Notre édition formera donc un Code complet sur la matière, et MM. les officiers voyageant en corps ou isolément, y trouveront tout ce qui peut éclairer sur leurs droits et leurs obligations. Le prix des deux brochures est de : 4 fr.

DAMITZ (le major de), officier prussien. Histoire de la campagne de 1815, pour faire suite à l'histoire des guerres des temps modernes, d'après les documents du général Grolman, quartier-maître général de l'armée prussienne, en 1815. Traduite de l'allemand par Léon Griffon, revue et accompagnée d'observations par un officier-général français, témoin oculaire, 2 vol. in-8°, avec plans. 23 fr.

DAVIDOFF (le général Denis). Essai sur la Guerre de partisans, traduit du russe par le comte Héraclius de Polignac, colonel du 25e léger, et précédé d'une notice biographique sur l'auteur, par le général de Brack, 1 vol. in-8°. 1841. 6 fr.

DECKER (M.-C. de), commandant la première brigade d'artillerie prussienne. Rassemblement, campement et grandes manœuvres des troupes russes et prussiennes, réunies à Kalisch pendant l'été de 1835, suivi de deux notes supplémentaires sur le camp de Krasnoïo-Selo, et l'autre sur la nouvelle organisation de l'armée russe, traduit par H. illot, capitaine d'artillerie, br. in-8°, avec plans. 1836. 5 fr. 75

— Batailles et principaux combats de la guerre de Sept-ans, considérés principalement sous le rapport de l'emploi de l'artillerie avec les autres armes. Traduit de l'allemand par MM. le général baron Ravichio de Peretsdorf et le capitaine Simonin, revu par J.-H. Le Bourg, chef d'escadron au 7e régiment d'artillerie, 1 vol. in-8°, et atlas in-4°, 1839 et 1842. 22 fr. 50

— Supplément à la troisième édition de la Petite guerre. Traduit de l'allemand par le général baron Ravichio de Peretsdorf, br. in-8°. 1840, 2 fr. 75

— De la petite guerre selon l'esprit de la stratégie moderne, traduit de l'allemand, par L.-A. Unger 1 vol. in-12, 1845. 6 fr.

— Expériences sur les Shrapnels faites chez la plupart des puissances de l'Europe, accompagnées d'observations sur l'emploi de ce projectile. Ouvrage traduit de l'allemand et notablement augmenté par Terquem, professeur aux écoles d'artillerie, et Favé, capitaine d'artillerie. 1 vol. in-8°, avec 4 planches, 1847. 8 fr.

DECKER (le colonel prussien). Les trois armes ou Tactique divisionnaire. Traduit en français sur la traduction anglaise du major J. Jones, et annoté par A. Demanne, capitaine d'artillerie, 1 vol. in-8°, 1851. 4 fr.

DEL CAMPO DIT CAMP (W.-F.). Mémoire sur la Fortification, contenant l'indication et le développement de moyens efficaces de défense. 1 vol. in-8°, avec planches. 1840. 7 fr. 50

— Deuxième mémoire sur la fortication, contenant l'analyse de la dépense d'exécution, et le projet d'attaque d'un front bastionné à murailles isolées, d'après les idées développées dans le premier mémoire. 1 vol. in-8°, avec atlas in-fol., 1850. 15 fr.

DELPRAT (J.-P.), major du génie hollandais. Théorie de la Poussée des terres contre les murs de revêtement, br. in-8°, avec planches, 1846. 3 fr. 50

DELVIGNE (Gustave), ancien officier d'infanterie. De la création et de l'emploi de la force armée. 1 vol. in-12, 1848. 75 c.

DES DÉFAUTS ET DES QUALITÉS de l'ordonnance sur l'Exercice de l'Infanterie, publiée, le 4 mars 1831, par un général d'infanterie, br. in-8° 1832. 1 fr. 25

DEVELAY (Victor). Végèce. Traité de l'art militaire, traduction nouvelle. 1 vol. in-8°, 1859.

— Commentaires de Jules César. Campagne d'Espagne, 1 vol. in-8°, 1862.

— OEUVRES de Salluste. 1 vol. in-8°, 1861. 6 fr.

— J.-L. Burnouf, de l'Institut. De la traduction, br. in-8°. 1861. 2 fr.

— La France devant les deux invasions. 1814-1815, d'après des documents officiels et inédits, avec cette épigraphe de F. Arago :

« La chute de Napoléon couvrit d'un voile « épais la majeure partie des actions d'éclat qui « marquèrent la glorieuse agonie du pouvoir impérial. » 1 fort vol. in-8°, 1864. 7 fr. 50

D'HERBELOT, chef d'escadron d'artillerie. Industrie militaire, br. in-8, 1850. 2 fr.

DOCUMENTS OFFICIELS sur la campagne d'Italie en 1859, suivis des Éphémérides et accompagnés de 4 plans, 1 vol. in-8°, 1860. 5 fr.

DOCUMENTS relatifs au Coton détonnant, br. in-8°, 1847. 3 fr. 50

DOCUMENTS relatifs à l'emploi de l'Électricité, pour mettre le feu aux fourneaux des mines, et à la démolition des navires sous l'eau, broch. in-8°, avec pl., 1841. 3 fr.

DOCUMENTS relatifs aux campagnes en France et sur le Rhin, pendant les années 1792 et 179 tirés des papiers militaires de S. M. le feu roi de Prusse Frédéric Guillaume III. Traduits de l'allemand, par Paul Mérat, lieutenant au 24e léger. 1 vol. in-8°, 1848. 5 fr.

DOCUMENTS relatifs à l'Organisation de l'académie royale militaire de Turin, in-8°, 1843. 5 fr.

DOUGLAS (le lieutenant-général sir Howard). Traité d'Artillerie navale, trad. de la 3e partie, par F. Blaise, chef d'escadron d'artillerie, suivi de notes du traducteur, br. in-8°, avec pl. 1833. 7 fr. 50

— Stratégie maritime à vapeur. Ouvrage traduit de l'anglais, par F.-X. Franquet, lieutenant de vaisseau en retraite. 1 vol. in-8°, cartonné à l'anglaise avec planche, 1862. 9 fr.

DUB (A.), lieutenant en 1er. Manuel concernant la connaissance, la fabrication, le maniement, la comptabilité des Armes à feu, de leurs munitions, ainsi que les exercices du tir à la cible dans l'armée autrichienne. Traduit par Rieffel, ancien professeur aux écoles d'artillerie. 1 vol. in-8°, avec pl., 1838. 7 fr. 50

DUBOURG (général). Organisation défensive de la France, br. in-8°, 1841. 2 fr. 75

— Sur l'Inscription maritime. Son illégalité, ses vices et les entraves qu'elle met au développement de la marine marchande et du commerce maritime, br. in-8°, 1848. 2 fr.

— Les Principes de l'organisation de la marine de guerre, suivis de vues nouvelles sur la restauration du commerce maritime de France. 1 vol. in-8°, 1849. 6 fr.

DUCASSE. Précis historique des Opérations de l'armée de Lyon, en 1814, 1 vol. in-8°, 1849. 6 fr.

DU CASSE (A.), capitaine d'état-major. Opérations du neuvième corps de la grande armée en Silésie, sous le commandement en chef de S. A. I. le prince Jérôme Napoléon (1806 et 1807), 2 vol. in-8°, avec atlas in-fol., 1851. 18 fr.

DUHAMEL. Expériences sur quelques Effets de la poudre à canon, br. in-8°, avec planches, 1846. 2 fr. 50

DUPUGET. De la Construction des batteries dans la pratique de la guerre, avec une notice de M. Favé, br. in-8°, 1846. 2 fr.

DU SABLE. Machines à coudre militaires, br. in-8°, avec 4 planches, 1863. 2 fr.

— La télégraphie météorologique en Angleterre, br. in-8°, 1863. 2 fr.

DUSAERT (Édouard), capitaine d'artillerie. Essai sur les Obusiers, 1 vol. in-8°, 1843. 7 fr. 50

ESPIARD DE COLONGE (le baron), maréchal de camp d'artillerie française, mort en 1788. Artillerie pratique employée sous les règnes et dans les guerres de Louis XIV et Louis XV; ouvrage inédit. Seules tables de l'artillerie française avant Gribeauval, 3 vol. in-4°, dont 1 de planches, 1846. 50 fr.

ESPIARD DE COLONGE (le baron), général d'artillerie française, mort en 1788. L'art de convertir le fer de fonte ou le fer cru en acier, joint à un traité sur l'acier d'Alsace, 1 vol. in-8°, avec planches, 1863. 5 fr.

ESTACADE FLOTTANTE (l'). Essai théorique et pratique; par G. de S., officier du génie de la R. première partie, br. in-8°, 1863. 4 fr.

ESSAI sur les chemins de fer, considérés comme lignes d'opérations militaires; suivi d'un projet de système militaire de chemins de fer pour l'Allemagne; traduit de l'allemand par L.-A. Unger, professeur, 1 vol. in-8°, avec une carte, 1844. 8 fr.

ÉTUDES SUR LES SUBSISTANCES MILITAIRES. Réforme de l'administration actuelle, ou le mal et le remède, broch. in-8°, 1850. 2 fr.

ÉTUDES POLITIQUES ET MILITAIRES. Revue du monde militaire actuel, 1 vol. in-8°, 1848. 6 fr.

EXAMEN du Système d'Artillerie de campagne de M. le lieutenant général Allix (janvier 1826), br. in-8°, 1841. 2 fr.

EXPERIENCES auxquelles ont été soumis en 1835, à bord de la frégate *la Dryade*, divers objets relatifs à l'artillerie, broch. in-8°, 1837. 2 fr. 50

EXPERIENCES sur les Poudres de guerre, faites à Esquerdes, dans les années 1832, 1833, 1834 et 1835, suivies de notices sur les Pendules balistiques et les pendules canons, br. in-8°, avec figures et tableaux, 1837. 5 fr.

EXPERIENCES comparatives faites à Gavre, en 1836, entre des bouches à feu en fonte de fer d'origine française, anglaise et suédoise, br. in-8°, avec tableaux et dessins, 1837. 3 fr.

EXPERIENCES faites à Esquerdes en 1834 et 1835, entre les Poudres fabriquées par les meules et les poudres fabriquées par les pilons, en conséquence des ordres de M. le lieutenant général vicomte Tirlet, inspecteur général d'artillerie, br. in-8°, 1839. 2 fr. 75

EXPERIENCES faites à Brest, en janvier 1824, du nouveau système de Forces navales proposé par M. Paixhans; suivies des Expériences comparatives des canons de 80 avec ceux de 36 et de 24, et caronades de ces deux derniers calibres, exécutées en vertu d'une dépêche ministérielle en date du 10 août 1824; la première en rade de Brest, sur un ponton servant de batterie, et la deuxième sur une batterie installée à terre pour cet effet, in-8°, 1837. 3 fr.

EXPERIENCES sur différentes espèces de Projectiles creux, faites dans les ports en 1829, 1831 et 1833, br. in-8°, avec un grand nombre de tableaux, 1837. 5 fr.

EXPERIENCES comparatives faites à Brest et à Lorient en 1840, sur les pitons à fourche et les crampes avec manilles, br. in-8°, 1841. 3 fr.

EXPERIENCES d'artillerie exécutées à Gavre par ordre du ministre de la marine, pendant les années 1830, 1831, 1832, 1834, 1835, 1836, 1837, 1838 et 1840, 1 vol. in-4°, avec planches, 1841. 10 fr.

EXPERIENCES (suite des) d'Artillerie exécutées à Gavre par ordre du ministre de la marine. Recherches expérimentales sur les déviations des projectiles. Ce rapport est suivi d'un mémoire sur les déviations moyennes des projectiles, 1 vol. in-4°, 1844. 6 fr.

EXPERIENCES d'Artillerie exécutées à Lorient à l'aide des pendules balistiques par ordre du ministre de la marine, 1 vol. in-4°, avec tableaux, 1847. 8 fr.

EXPERIENCES sur les artifices de guerre faites à Toulouse en 1820, br. in-8°, 1849. 4 fr.

EXPERIENCE DE BAPAUME. Rapport fait à M. le ministre de la guerre par la Commission mixte des officiers d'artillerie et du génie, instituée le 12 juin 1847, pour étudier sur les fortifications de Bapaume, les principes de l'exécution des brèches par le canon et par la mine. Ouvrage publié avec l'autorisation du ministre de la guerre, en date du 24 oct. 1850, 1 vol. in-8, avec 28 planches, 1852. 20 fr.

EXPERIENCES sur la fabrication et l'épreuve de canons de fer, coulés à la fonderie du sud de Boston en 1844, br. in-8°, avec planches, 1860. 3 fr.

EXPERIENCES faites à la fonderie Sud de Boston en 1844, pour déterminer la force transversale de différentes espèces de fer fondu, etc., br. in-8°, 1860. 3 fr.

EXPERIENCES faites pour déterminer la force de diverses espèces de fer fondu, br. in-8°, 1860. 3 fr.

EXPERIENCES faites pour déterminer l'effet produit sur la qualité du fer en canons, par un refroidissement lent ou rapide de la coulée, br. in-8°, 1860. 2 fr.

EXPERIENCES sur la fabrication de canons en fer de 24 livres, faites à la fonderie du Sud de Boston, br. in-8°, 1860. 2 fr.

EXPERIENCES sur la fabrication de 100 obusiers en fer, de 24 livres, à la fonderie d'Alger à Boston, en 1849, br. in-8°, 1860. 3 fr.

EXPERIENCES sur la fabrication et l'épreuve de Colombiades de 8 pouces, coulées dans les ateliers du fort Pitt, le 4 août 1849, br. in-8°, avec planche, 1860. 3 fr.

EXPERIENCES sur la fabrication et l'épreuve à l'extrême de deux colombiades de 8 pouces et de 2 de dix pouces, une de chaque espèce ayant été fondue pleine et l'autre creuse, 1 vol. in-8°, avec 3 planches, 1860. 5 fr.

EXPERIENCES faites en 1830-1851 sur la fabrication de canons de 32 livres, pour armement des côtes, coulés aux fonderies sud de Boston, de West-Point et de Fort-Pitt, 1 vol. in-8°, avec planche, 1860. 5 fr.

EXPERIENCES sur la dureté des métaux, br. in-8°, avec planche, 1861. 5 fr.

FABAR, capitaine d'artillerie. L'Algérie et l'opinion, 1 vol. in-8°, 1847. 3 fr. 50

— Camps agricoles de l'Algérie, ou Colonisation civile par l'emploi de l'armée, 1 vol. in-8°, 1847. 3 fr. 50

FABRE (Elie), officier d'infanterie. Manuel des sous-officiers d'infanterie et de cavalerie, à l'usage des écoles régimentaires du deuxième degré, publié avec l'autorisation du Ministre de la guerre, 1 vol. in-18 jésus, 1852. 4 fr.

FAVÉ, capitaine d'artillerie. Nouveau système de Défense des places fortes, 1 vol. in-8° avec atlas in-folio, 1841. 12 fr.

— Des nouvelles Carabines et de leur emploi. Notice historique sur les progrès effectués en France depuis quelques années dans l'accroissement des portées et dans la justesse de tir des armes à feu portatives, br. in-8°, 1847. 2 fr. 50

FORCE ARMÉE (la) mise en harmonie avec l'état actuel de la société, par un officier étranger. br. in-8°. 1836. 2 fr. 50

FRANQUE, avocat. Lois de l'Algérie du 5 juillet 1830 (occupation d'Alger), au 1er janvier 1841, avec une table alphabétique des matières, 3 part. in-8°, à 5 fr. chacune, 1844. 15 fr.

FRANQUET (F.-X.). Lieutenant de vaisseau en retraite. *Le vaisseau Patron*, solution du problème de l'organisation du personnel matelot de la marine française. 1 vol. in-8°. 1860. 4 fr.

FYERS (le capitaine), du corps royal de l'artillerie. Notes sur les Ressources défensives de la Grande-Bretagne. suivies de quelques idées sur l'organisation d'une artillerie de la milice. traduit de l'anglais par V.-A. de Manne, capitaine d'artillerie, br.in-8°. 3 fr.

GALVANI, secrétaire intime du roi en 1815. Nouveaux mémoires sur la fin tragique de Joachim Murat, roi de Naples, illustrés de 2 pl. et d'une carte militaire de l'Italie, 1 vol. grand in-8°. 1850. 5 fr.

GAUGLER (de), ancien officier de chasseurs de Vincennes. Les compagnies d'aérostiers militaires sous la république, de l'an II à l'an X, br. in-8°. 1857. 2 fr.

— Essai d'une description de l'armement rayé de l'infanterie européenne en 1858. 1 vol. in-8°, avec atlas de 30 planches, 1858. 15 fr.

GIRARD (A.), capitaine de grenadiers au 100e de ligne. Cours d'histoire conforme au programme du 17 septembre 1853, 1 vol. in-8°, avec une carte militaire et historique de la France. 1858. 7 fr. 50

— Ballons hydrauliques. De l'emploi de la force ascensionnelle des Ballons (à enveloppe constante) dans l'eau, comme force motrice de va-et-vient, applicable à toutes les machines fixes et mouvantes en usage dans l'industrie, la navigation à vapeur et la locomotion rapide sur les chemins de fer, br. in-8°, avec pl., 1858. 3 fr.

— Machines à ballons ou soufflets hydrauliques. De leur emploi comme locomotives sur les chemins de fer. Comme soufflets hydrauliques dans la navigation aérienne et comme moyens de traction verticale pour extraire les matériaux des mines et des puits de tunnels, remonter les trains, etc., br. in-8°, avec pl. 1858. 3 fr.

— Essai sur la locomotion universelle à obtenir de la pression de l'atmosphère, br. in-8°, avec pl. 1859. 3 fr.

— Etude sur Tourane et la Cochinchine, br. in-8°, avec 2 cartes, 1859. 3 fr.

GIRARDIN (lieutenant général comte A. de). Des inconvénients de fortifier les villes capitales et d'avoir un trop grand nombre de places fortes, br. in-8°. 1839. 2 fr. 75

GORLOFF (A.), capitaine d'artillerie, secrétaire du comité de l'artillerie de Saint-Pétersbourg. Sur la vitesse de translation d'un projectile dans l'âme d'un canon rayé (dédié à M. Duhamel, membre de l'institut). Br. in-8°, avec planche, 186.. 3 fr.

— Notice sur le mouvement d'un projectile dans l'ame d'un canon rayé, br. in-8°, 1863. 3 fr.

GRÆVENITZ (Henning-Frédéric de). Mémoire sur la trajectoire des projectiles de l'artillerie, suivi de tables et de règles pratiques pour la détermination des portées. Traduit par Rieffel, professeur à l'École d'artillerie de Vincennes. br. in-8°, avec pl., 1843. 4 fr.

GRIFFITHS, capitaine en retraite du corps royal d'artillerie. Manuel de l'artilleur anglais, 3e édition, publiée par ordre du gouvernement; traduit de l'anglais par Rieffel, professeur à l'école d'artillerie de Vincennes, 1 vol. in-8°, avec planches. 1848. 12 fr.

GRIVET, capitaine du génie. Aide-Mémoire de l'ingénieur militaire, ou Recueil d'études et d'observations; comprenant l'histoire, l'organisation et l'administration du corps du génie, les services de paix et de guerre; et plusieurs résumés scientifiques sur les mathématiques élémentaires et transcendantes, la mécanique, le dessin linéaire, la géométrie descriptive, le dessin de la carte et de la fortification, la géodésie, l'astronomie, la géologie, la physique et la chimie, 1 fort vol. in-8°, avec dix planches. 1839. 12 fr. 50

GUIDE pratique pour l'enseignement du service des troupes en campagne dans les écoles de bataillon; par un officier d'infanterie saxonne; traduit de l'allemand par un officier d'état-major, 1 vol. in-12. 1844. 3 fr.

GUIDE pour l'instruction tactique des officiers d'infanterie et de cavalerie; traduit de l'allemand par L.-A. Unger, 1 vol. in-8°, 1846. 15 fr.

HAILLOT (C.-A.), chef d'escadron au 15e régiment d'artillerie (pontonniers). Nouvel équipage de ponts militaires de l'Autriche, ou description détaillée, applications, manœuvres diverses et dimensions de toutes les parties de l'équipage de ponts militaires de l'armée autrichienne, conformément aux documents les plus récents; suivie d'un examen critique de ce nouveau système, 1 fort vol. in-8°, avec atlas in-4° de 43 planches, 1846. 35 fr.

HELIE, professeur à l'école d'artillerie de la marine. Mémoire sur la probabilité du tir des projectiles de l'artillerie navale. Nouvelle édition, publiée avec l'autorisation du ministre de la marine et des colonies. 1 vol. in-8° avec un grand nombre de tableaux et de figures, 1836. 10 fr.

Nota. — MM. les officiers français pourront se procurer cet ouvrage en adressant leur demande par écrit à l'éditeur avec un mandat de poste de 5 francs.

HERRERA GARCIA (don José), colonel d'infanterie et lieutenant-colonel des ingénieurs. Théorie analytique de la Fortification permanente, mémoire présenté à S. Exc. l'ingénieur général, et dans lequel on trouve l'analyse des systèmes de fortification les plus connus, et l'explication d'un nouveau système inventé par l'auteur; traduit de l'espagnol, par Ed. de La Barre Duparcq, capitaine du génie, 1 vol. in-8°, avec atlas in-4°, 1847. 15 fr.

HEYDT (C.), capitaine du génie, inspecteur des études à l'école polytechnique.

Recherches sur l'organisation du corps du génie
- en Prusse, br. in-8°, 1860. 3 fr.
- en France, br. in-8°, 1860. 3 fr.
- en Espagne, br. in-8°, 1860. 2 fr.
- en Belgique, br. in-8°, 1861. 2 fr.
- en Autriche, br. in-8°, 1861. 3 fr.
- en Angleterre, br. in-8°, 1862. 3 fr.
- en Italie, br. in-8°, 1862. 3 fr.
- en Russie, br. in-8°, 1862. 3 fr.
- en Bavière, br. in-8°. 1863. 2 fr.

Notice sur l'organisation de l'armée turque, br. in-8°, 1861. 2 fr.

HISTOIRE résumée de la guerre d'Alger, d'après plusieurs témoins oculaires, br. in-8°, avec portrait, 1830. 1 fr. 50

HOMILIUS (le colonel). Cours sur la Construction et la Fabrication des armes à feu, traduit de l'allemand, par Lenglier, capitaine d'artillerie. 1 vol. in-8°, avec pl., 1848. 7 fr. 50

HUE DE CALIGNY (Louis-Roland). Traité de la défense des places fortes, avec application à la place de Landau, rédigé en 1723, précédé d'un avant-propos par M. Favé, capitaine d'artillerie. 1 vol. in-8°, avec plan, 1846. 7 fr. 50

HUMFREY (H.-I.), lieutenant-colonel. Essai sur le système moderne de fortification adopté pour la défense de la frontière rhénane, et suivi en totalité ou en partie dans les principaux ouvrages de ce genre construits maintenant sur le continent, présenté dans un mémoire étendu sur la forteresse de Coblentz, prise comme exemple. Traduit de l'anglais par Napoléon P. ***. 1 vol. in-folio, 1843. 12 fr.

INSTRUCTION sur le pointage des bouches à feu, à l'usage des sous-officiers de l'artillerie de la marine, avec tables supplémentaires pour le tir du canon de 12 court et des obusiers de 0 mètre 22 cent., et 0 mètre 27 cent., br. in-12 avec planche, 1844. 1 fr.

INSTRUCTION sur le service et les manœuvres de l'équipage de pont d'avant-garde et de divisions, à l'usage de l'artillerie, approuvée par le ministre secrétaire d'État de la guerre le 9 juillet 1840. 1 vol. in-8°, 1841. 5 fr.

JACOBI (A.), lieutenant d'artillerie prussienne. État actuel de l'artillerie de campagne en Europe. Ouvrage traduit de l'allemand.

Artillerie autrichienne (2 liv.) 11 fr. 50
— bavaroise (2 liv.) 11 fr. 50
— française. 5 fr. 75
— néerlandaise. 5 fr. 75
— suédoise. 5 fr. 75
— wurtembergeoise. 5 fr. 75

In-8°, 1844-1845-1849-1851, 9 livraisons. 51 fr. 75

JAVARY (A.), capitaine au 2e zouaves. Études sur le gouvernement militaire de l'Algérie, in-8°, 1855. 4 fr.

KAMPTZ (W. de), capitaine attaché au 8e régiment d'artillerie. Influence des progrès du fusil d'infanterie sur la construction des batteries de siége, traduit de l'allemand par Henri Benoit, br. in-8°, 1854. 1 fr. 50

LA BARRE DUPARCQ (Ed. de), capitaine du génie, professeur d'art militaire à l'école de Saint-Cyr. De la fortification à l'usage des gens du monde, br. in-8°, avec planche. 1844. 2 fr. 50

— Biographie et Maximes de Blaise de Montluc, br. in-8°. 1848. 2 fr. 50

— Utilité d'une édition des OEuvres complètes de Vauban, br. in-8°. 1848. 2 fr. 50

— Capitaines anciens et modernes, traduit de l'espagnol, du lieutenant-colonel don Evaristo San-Miguel, br. in-8°. 1848. 2 fr.

— Le plus grand homme de guerre ; dissertation historique, 1 vol. in-8°, 1848. 4 fr.

— Considérations sur l'art militaire antique et sur l'utilité de son étude, br. in-8°. 1849. 2 fr. 50

— De la création d'une bibliothèque militaire publique, br. in-8°, 1849. 2 fr.

— Biographie et maximes de Maurice de Saxe, 1 vol. in-8°, 1851. 5 fr.

— Des Études sur le Passé et l'Avenir de l'Artillerie de Louis-Napoléon Bonaparte, président de la république, br. in-8°. 1852. 3 fr.

— Commentaires sur le Traité de la Guerre de Clausewitz, 1 vol. in-8°, 1853. 7 fr. 50

— Lettre sur la nécessité de l'étude des sciences et des arts dans la profession militaire, br. in-8°, 1854. 2 fr.

— Remarques sur les relations des langues militaires, française, allemande, espagnole, br. in-8°, 1855. 2 fr.

LABORIA. Notice sur la Défense des côtes maritimes de France, br. in-8°, 1841. 2 fr. 75

LABORIA, capitaine d'artillerie de marine. De la Guyane française et d[...] [...]s colonisations, 1 vol. in-8°, 1843. 7 fr. 50

LACABANE (Léon). De [...] canon et de son introduction en [...] in-8°, 1845. 2 fr.

LAFAY, capitaine d'artillerie de marine. Aide-mémoire d'artillerie navale, imprimé avec l'autorisation du ministre de la marine et des colonies, 1 fort vol. in-8°, de plus de 700 pages, accompagné de 50 planches gravées sur cuivre avec le plus grand soin. 1850. 15 fr.

LA FRUSTON (F. de). Les navires cuirassés des États-Unis et de l'Angleterre, br. in-8°, avec planche, 1862. 3 fr.

— Telomètre ou digresseur servant à estimer la distance du projectile au but, br. in-8°, et planches. 1862. 3 fr.

— Sur le combat de Melegnano, 8 juin 1859, br. in-8°, avec deux planches coloriées, 1862. 4 fr.

— Les défenses fixes et les défenses mobiles des côtes de l'Angleterre, broch. in-8°, 1863. 2 fr.

— Constitution et organisation de l'armée de terre des États-Unis de l'Amérique septentrionale, 1 vol. in-8°, avec 41 planches, 1863. 12 fr.

LAGERCRANTZ (C.-G.), officier d'état-major de l'artillerie suédoise. Étude sur le problème balistique, 1 vol. in-8°, avec trois planches, 1852. 5 fr.

LA HUNIÈRE (de). Note sur les charges de poudre comprimées pour armes à feu, br. in-8°, 1863. 2 fr.

LALANNE (Ludovic), ancien élève de l'école des Chartes. Recherches sur le feu grégeois, et sur l'introduction de la poudre à canon en Europe ; mémoire auquel l'académie des inscriptions et belles-lettres a décerné une médaille d'or, le 25 septembre 1840 ; 2e édition, corrigée et entièrement refondue, 1 vol. in-4°, 1845. 7 fr. 50

LAMARE (général). Nouvelles considérations sur les travaux de défense projetés au Havre, br. in-8°, 1846. 2 fr.

— Essai d'une instruction à l'usage des gouverneurs et commandants supérieurs des divisions militaires et des places en état de paix, de guerre et de siége, 1 vol. in-8°, 1851. 5 fr.

LAMBERT. Mémoire sur la résistance des fluides, avec la solution du problème balistique, 1 vol. in-8°, avec planches. 1846. 7 fr. 50

LASSAGNE (Jules). Notice sur le général en chef Magnan, br. in-8°, 1851. 1 fr.

LAVILLETTE (E.-C.), capitaine d'artillerie. Mémoire sur une reconnaissance d'une partie du cours du Danube, de l'Inn, de la Salza, et d'une communication entre ces deux rivières, 1 vol. in-8°, avec carte. 1839. 6 fr.

LEBOURG (J.-H.), lieutenant-colonel d'artillerie. Essai sur l'organisation de l'artillerie et son emploi dans la guerre de campagne. 2e édition, revue, corrigée et considérablement augmentée, 1 vol. in-8°, avec planches, 1845. 7 fr. 50

LEGENDRE. Dissertation sur la question de balistique, proposée par l'académie royale des sciences et belles-lettres de Prusse, pour le prix de 1782, lequel a été adjugé à l'auteur dans l'assemblée publique du 6 juin. 1 vol. in-8°, avec planche. 1846. 7 fr. 50

LEMASSON, auteur de Custoza et de Novare, Venise en 1848 et 1849, 1 vol. in-8°, 1851. 4 fr.

L'EPERVIER DU QUENNON. L'arithmomètre Thomas, br. in-8°, avec planche. 1863. 3 fr.

LESPINASSE-FONMARTIN (de), officier de marine. Étude sur la marine militaire, 1 vol. in-8°, 1859. 7 fr. 50

LETTRE du chevalier Louis Cibrario, à son Excellence le chevalier César de Saluces, sur l'artillerie du XIIIe au XVIIIe siècle, traduite de l'italien et annotée par M. Terquem, professeur aux écoles d'artillerie, br. in-8°. 1817. 2 fr. 50

LETTRES critiques sur l'armée prussienne, traduites de l'allemand par J. de Clanorie et revues et annotées par Paul Mérat, lieutenant d'infanterie, 1 vol. in-8°. 1850. 7 fr. 50

LE VASSEUR, chef d'escadron d'artillerie. Commentaires de Napoléon suivis d'un résumé des principes de stratégie du prince Charles, 2 vol. in-8°. 1851. 12 fr.

MADELAINE (J.), capitaine d'artillerie. Considérations sur les avantages que le gouvernement trouverait à former dans Paris un établissement pour la construction d'une partie du matériel de guerre (affûts, voitures et attirails d'artillerie), br. in-8°. 1832. 1 fr. 50

— De la Défense du territoire. Fortifications de Paris, br. in-8°. 1840. 50 c.

MADELAINE, capitaine en retraite. Fortification permanente. — Défauts des fronts bastionnés en usage. — Modifications nécessaires. — Bases d'un nouveau système, 1 vol. in-8°, 1844. 4 fr.

— Fortification permanente. — Défauts des Fronts bastionnés en usage, supplément au mémoire précédent, br. in-8°. 1845. 1 fr. 75

— Fortification de Coblentz. — Observations sur cette place importante. — Examen de l'essai sur le système moderne de fortification adopté pour la défense de la frontière rhénane, présenté dans un mémoire étendu sur la forteresse de Coblentz prise comme exemple, par le lieutenant-colonel Humphrey, traduit de l'anglais par Napoléon F***. Appréciation de la valeur relative des tracés angulaires, comparés aux tracés bastionnés; avec des notes diverses, 1 vol. in-8°. 1846. 6 fr.

MAGNUS (G.). Sur la déviation des projectiles, seconde édition corrigée et augmentée; traduite par Rieffel, ancien professeur aux écoles impériales d'artillerie, 1 vol. in-8°, avec 2 planches, 1863. 6 fr.

MALLAT (J.-F.-G.), ingénieur civil. Exposé succinct d'une balistique nouvelle donnant les moyens de déduire du tracé d'une trajectoire réelle, les vitesses du projectile et les résistances correspondantes de l'air, de calculer toutes les circonstances de son mouvement pour la loi des résistances trouvées, br. in-8°. 1854. 2 fr.

MANGONNEAU, ancien ingénieur. Coup d'œil sur les nouvelles fortifications, ou la vérité sur la question anversoise. Nouvelle édition, br. in-8°, avec planches. 1863. 3 fr.

MARESCHAL, chef d'escadron d'artillerie. Mémoire sur un nouveau mode de magasin à poudre, br. in-8°, avec planches. 1849. 3 fr.

MARION (général d'artillerie). Vocabulaire hollandais-français des principaux termes d'artillerie, br. in-18. 1839. 1 fr. 50

— Vocabulaire allemand-français des principaux termes d'artillerie, 1 vol. in-18, 1840. 1 fr. 50

— Statistique militaire de la Belgique, br. in-8°. 1841. 2 fr.

— De la Force des garnisons, br. in-8°, 1841. 2 fr.

MÉMOIRE sur la défense et l'armement des côtes, avec plans et instructions, approuvés par Napoléon, concernant les batteries des côtes, et suivi d'une notice sur les Tours Maximiliennes, accompagnée de dessins. Nouvelle édition, 1 vol. in-8°, avec 4 planches. 1857. 5 fr.

MARTIN DE BRETTES, capitaine d'artillerie. Études sur les fusées de projectiles creux, br. in-8°, avec fig.. 1849. 3 fr.

— Mémoire sur un projet de chronographe électro-magnétique et son emploi dans les expériences de l'artillerie, br. in-8°, avec fig. et planches. 1849. 5 fr.

— Projet de fusée de projectiles creux destinée à être fixée au moment du tir, br. in-8°, avec figures. 1849. 2 fr.

MARTIN DE BRETTES, capitaine commandant au troisième régiment d'artillerie. Nouveau système d'artillerie de campagne de Louis-Napoléon Bonaparte, président de la république française, br. in-8°. 1851. 2 fr.

— Des artifices éclairants en usage à la guerre et de la lumière électrique, 1 vol. in-8°, avec planches. 1852. 7 fr. 50

— Coup d'œil sur les Études du passé et de l'avenir de l'artillerie, de Louis-Napoléon Bonaparte, président de la république, 1 vol. in-8°, 1852. 6 fr.

MARTIN DE BRETTES, capitaine d'artillerie, inspecteur des études à l'école polytechnique. Études sur les Appareils électro-magnétiques, destinés aux expériences de l'artillerie en Angleterre, en Russie, en France, en Prusse, en Belgique, en Suède, etc., etc., 1 vol. in-8°, avec planches et figures. 1854. 12 fr.

— Physique appliquée. Projet de cible télégrapho-magnétique, br. in-8°, avec pl.. 1856. 4 fr.

— Les œuvres militaires de S. M. Napoléon III, br. in-8°, avec le dessin du canon-obusier de 12, système de Napoléon III. 1856. 3 fr.

— Appareils chrono-électriques à induction. Application aux expériences balistiques, 1 vol. in-8°, avec planches. 1858. 7 fr. 50

MARTIN DE BRETTES, chef d'escadron d'artillerie et professeur de sciences appliquées à l'école d'artillerie de la garde impériale. Instruction pratique pour l'usage du pendule balistique à induction, 1 vol. in-8°, avec 3 pl. 1862. 10 fr.

— Instruction sur l'emploi du chronographe à induction (pendule conique) dans les expériences balistiques, 1 vol. in-8°, avec planche, 1863. 6 fr.

MASQUELEZ, capitaine en retraite. Journal d'un officier de zouaves, suivi de considérations sur l'organisation des armées anglaise et russe, accompagné de l'itinéraire de Gallipoli à Constantinople, 1 vol. in-8°, avec atlas, in-fol. oblong, 1858. 15 fr.

MASSAS (de), chef d'escadron d'artillerie. Études sur les fusils percutants d'infanterie, sur les amorces fulminantes, les approvisionnements de munitions, et les distributions aux soldats en campagne, br. in-8°, 1840. 2 fr. 75

— Mémoire sur les cuivres, étains et bronzes employés pour la fabrication des bouches à feu, 1 vol. in-8°. 1850. 6 fr.

— Études sur les aciers dont l'artillerie fait usage, br. in-8°. 1852. 3 fr.

MASSE (J.), lieutenant-colonel d'artillerie. Aperçu historique sur l'introduction et le développement de l'artillerie en Suisse, 2 parties in-8°, avec planches. 1846. 7 fr.

MAURICE (baron P.-E. de Sellon), capitaine du génie, ancien élève de l'école polytechnique. Considérations sur l'avantage ou le désavantage d'entourer les villes maritimes de France d'une enceinte continue fortifiée, tirées des résultats pratiques de l'efficacité du tir à la mer, br. in-8°, 1847. 2 fr.

— Examen du nouveau système de ponts de chevalets proposé par le chevalier de Birago, suivi de l'exposé d'un nouveau système de ponts militaires à supports flottants, br. in-8°, avec pl. 1847. 2 fr. 50

— Mémoire sur les angles morts des retranchements de campagne et sur quelques autres points de la fortification passagère, br. in 8°, avec planches. 1848. 2 fr. 50

— Recherches historiques sur la fortification passagère depuis les temps les plus reculés jusqu'à nos jours, suivies d'un aperçu sur l'état actuel de cette science et sur le rôle qu'elle est appelée à jouer dans les guerres modernes, 1 vol. in-8°, 1848. 4 fr.

MAURICE DE SELLON (P.-E.), capitaine du génie de la Confédération suisse. Notice sur l'Essai des propriétés et la tactique des fusées à la congrève, par le colonel d'artillerie A. Pictet, br. in-8°, 1849. 2 fr.

— Mémorial de l'ingénieur militaire ou analyse abrégée des tracés de fortification permanente des principaux ingénieurs, depuis Vauban jusqu'à nos jours, 1 vol. in-8°, avec atlas in-folio, de dix-sept planches gravées sur cuivre, 1849. 35 fr.

— Examen de la fortification et de la défense des grandes places, par le lieutenant-colonel d'artillerie C.-A. Wittich, br, in-8°, avec planche, 1849. 2 fr. 50

— Examen du mémoire sur les canons se chargeant par la culasse, sur les canons rayés, et sur leur application à la défense des places et des côtes, par Jean Cavalli, major d'artillerie, au service de S. M. Sarde, br. in-8°, avec pl., 1850. 2 fr. 50

— Mémoire sur la fortification tenaillée et polygonale et sur la fortification bastionnée, contenant une analyse critique de l'histoire de la fortification permanente, par A. de Zastrow, 1 vol. in-4°, avec atlas grand in-folio, 1850. 25 fr.

— Études sur la fortification permanente.

I. Plan et description de la citadelle fédérale de Rastadt, d'après des documents authentiques, examen du tracé des ouvrages défensifs extérieurs et de ceux de l'enceinte. — Appréciation de leur capacité de résistance. — Plan d'attaque dirigée contre le fort Léopold comme étude de travaux de siége contre une place fortifiée, d'après l'école allemande. — Ouvrage destiné à servir de complément aux Mémoires sur la fortification tenaillée et polygonale, et sur les tracés bastionnés, br. in-8°, avec atlas in folio, 1850. 15 fr.

— II. Examen du tracé enseigné aux troupes du génie qui font partie du huitième corps d'armée de la confédération germanique et appréciation de la capacité de résistance. — Observations sur le projet de fortification polygonale et à caponnières, présenté par un officier du génie prussien, br. in-8°, avec 2 planches (en atlas in-folio), 1850. 10 fr.

— De la défense nationale en Angleterre, 1 vol. in-8°, avec une carte 1851. 3 fr.

MAURY (F.), L. L. D. lieutenant U. S. Navy. Géographie physique de la mer. Traduit par A. Terquem, professeur d'hydrographie. — Deuxième édition française, revue et complétée sur la dernière édition de la géographie physique de Maury, et publiée avec l'autorisation de l'auteur, 1 vol. in-8°, avec 1 atlas de 13 pl., 1861. 15 fr.

MAZÉ (le commandant d'artillerie). Artillerie de campagne en France ; description de l'organisation et du matériel de cette arme en 1845, conforme aux documents les plus récents, et précédé d'observations, 1 vol. in-8°, avec 5 pl., 1845. 5 fr. 75

MÉGNIN, vétérinaire en 2e au 19 régiment d'artillerie à cheval. Essai sur les proportions du cheval et son anatomie externe comparée à celle de l'homme, à l'usage des écuyers militaires ou civils et des artistes. Album in-folio jésus oblong, 1860. Composé de 15 planches avec texte. Prix : colorié, 20 fr.; relié chagrin, 25 fr.

MÉMOIRE sur le matériel d'artillerie des places, dans ses rapports avec la fortification et les principes généraux de la défense, avec deux planches, br. in-8°, avec planches, 1838. 2 fr. 75

MÉMOIRES militaires de Vauban, et des ingénieurs Hue de Coligny, précédés d'un avant-propos par M. Favé, capitaine d'artillerie, 1 vol. in-8°, avec 3 planches, 1846. 7 fr. 50

— 2e partie, 1 vol. in-8°, 1851. 7 fr. 50

MARION. Mémoire sur le lieutenant général d'artillerie baron Sénarmont (Alexandre de), 1 vol. in-8°, 1846. 5 fr.

— De l'armement des places de guerre, br. in-8°, avec planche, 1845. 4 fr.

— Notice sur les obusiers, br. in-8°, 1842. 2 fr. 75

— Journal des opérations de l'artillerie au siége de Schweidnitz, en 1807, br. in-8°, 1842. 3 fr.

MERKES. Projet d'une nouvelle fortification, ou tentatives d'amélioration dans le système bastionné, destiné pour les seuls fronts d'attaque d'une place, tant pour un terrain bas et humide que sec et élevé, 1 plan in-folio, 1843. 6 fr.

MÉMOIRE sur le Jet des bombes, ou en général, sur la projection des corps, br. in-8°, 1846. 2 fr.

MÉRAT (Paul), lieutenant d'infanterie. Etudes sur l'Organisation de la force publique.

— I. Projet d'organisation de la réserve combinée avec la mobilisation de la garde nationale, br. in-8°, 1849. 2 fr.

— II. La justice militaire selon les principes de l'équité, br. in-8°, 1849. 2 fr.

— III. Recrutement et remplacement, br. in-8°, 1851. 2 fr.

— IV. L'avancement et la hiérarchie, br. in-8°, 1851. 2 fr.

— Verdun en 1792, épisode historique et militaire, 1 vol. in-8°, 1849. 3 fr.

MERKES (J.-G.-W.), colonel du génie au service de S. M. le roi des Pays-Bas. Essai sur les différentes méthodes, tant anciennes que nouvelles, de construire les murs de revêtement, suivi de Considérations sur les expériences faites en 1834 par l'artillerie saxonne sur les batteries blindées ; traduit par Gaubert, chef de bataillon du génie, 1 vol. in-8°, avec atlas in-folio, 1841. 12 fr.

— Projet d'un modèle de magasin à poudre à l'abri de la bombe, avec tous ses détails et accessoires, d'après une construction nouvelle moins dispendieuse, br. in-8°, avec pl., 1843. 3 fr.

— Résumé général concernant les différentes formes et les diverses applications des Redoutes casematées, des petits forts, des tours défensives et des grands réduits, traduit du hollandais par R***, 1 vol. in-8°, avec pl., 1843. 7 fr. 50

— Examen raisonné des progrès et de l'état actuel de la fortification permanente, traduit du hollandais, 1 vol. in-8°, avec plan, 1846. 7 fr. 50

MICALOZ, ingénieur civil. Recherches sur l'art défensif, br. in-8°, avec planches, 1838. 3 fr.

— Exposé succinct de nouvelles idées sur l'art défensif, contenant l'aperçu d'une nouvelle théorie sur cet art, et de quelques dispositions propres à confirmer l'efficacité de cette même théorie, suivi d'un appendice, br. in-8°, avec planches, 1838. 3 fr. 75

MOLLIÈRE (le général). Journal de l'expédition et de la retraite de Constantine en 1836, br. in-8°, 1837. 4 fr.

— Etudes sur quelques détails d'organisation militaire en Algérie, 1 vol. in-8°, 1845. 3 fr. 75

MONDO (C.), major au corps royal d'artillerie sarde. Mémoire sur la dérivation des projectiles oblongs lancés avec des armes rayées, br. in-8°, avec pl., 1860. 2 fr.

MONEY (général James). Souvenir de la campagne de 1792, traduits par Paul Mérat, lieutenant au 24e léger. 1 vol. in-8°, 1849. 6 fr.

MONHAUPT, général de l'artillerie prussienne. Tactique de l'artillerie à cheval, dans ses rapports avec les grandes masses de cavalerie; traduit de l'allemand, par le général baron Ravichio de Peretsdorf. 1 vol. in-8°, avec 8 pl.. 1840. 3 fr. 75

MORDECAI (Alfred), capitaine de l'artillerie américaine. Expériences sur les Poudres de guerre faites à l'arsenal de Washington en 1843 et 1844, publiées avec l'autorisation du gouvernement, 1 vol. in-8°, avec pl., en deux livraisons, 1846. 20 fr.

MORDECAI (A.), major de l'artillerie américaine. — Expériences sur les poudres de guerre faites à l'arsenal de Washington en 1843, 1847 et 1848. Deuxième rapport. traduit par Martin de Brettes, capitaine d'artillerie, 1 vol. in-8°, avec planches, 1858. 7 fr. 50

MORHANGE (de). Recherches expérimentales sur le degré de chaleur nécessaire à la fusion du métal (bronze) de canon, du fer brut, de l'étain, du plomb, du zinc, du cuivre jaune, etc., br. in-8°, avec planche, 1860. 2 fr.

— Le radeau à vapeur à bouclier Coles, avec une figure du modèle, br. in-8°, 1863. 2 fr.

— Sur les navires cuirassés et sur quelques steamers de la marine anglaise, br. in-8°, 1863.

MORITZ-MEYER (le docteur), capitaine prussien. Manuel historique de la Technologie des armes à feu, traduit de l'allemand par M. Rieffel, professeur à l'école d'artillerie de Vincennes. 2 vol. in-8°, 1837-1838. 15 fr.

MULLER (F. baron Palombini). Traité des armes portatives ou de toutes les espèces de petites armes à feu et blanches, en usage dans l'armée autrichienne, précédé d'un Précis historique, et suivi d'une instruction sur l'art du Tir; traduit de l'allemand, 1 vol. in-8°, avec 1 planche, 1846. 7 fr. 50

MUSSOT, lieutenant-colonel de cavalerie. — Tactique militaire. — Des armes blanches de la cavalerie et particulièrement du sabre de la cavalerie de réserve et de ligne, br. in-8°, 1851. 2 fr.

— Des compagnies, pelotons et sections hors rang, examen de leur utilité relative, et des raisons qui militent pour leur suppression, br. in-8°, 1851. 2 fr.

— Commentaires historiques et élémentaires sur l'équitation et la cavalerie, ou Revue des progrès obtenus dans l'art équestre depuis l'époque de sa renaissance, 1 vol. in-8°, avec 20 pl., 1834. 7 fr. 50

— Manuel d'hippiatrique, d'équitation et d'hygiène, à l'usage de tous, ou Étude de la connaissance intérieure et extérieure du cheval, de son instruction et de son emploi, de sa conservation en l'état de santé, de sa reproduction, de son élevage et de son remplacement. Ouvrage plus particulièrement utile aux officiers des troupes à cheval, aux chefs, agents ou employés des grandes administrations et exploitations publiques ou privées, qui emploient ou produisent des chevaux. Première partie : Connaissance de l'intérieur du cheval. Anatomie et physiologie. 1 vol. in-8°, avec 15 planches, 1836. 7 fr. 50

— Deuxième partie : Connaissance de l'extérieur du cheval, 1 vol., in-8°, avec planches, 1836. 7 fr. 50

NAVARRO SANGRAN (général). Système de Pointage généralement applicable à toutes les bouches à feu de l'artillerie, traduit de l'espagnol, br. in-8°, 1838. 2 fr. 75

NAVEZ, capitaine à l'état-major de l'artillerie belge. Application de l'électricité à la mesure de la vitesse des projectiles. 1 vol. in-8° avec planches, 1853. 7 fr. 50

— Expériences de balistique exécutées en Russie en 1858, br. in-8°, 1859. 3 fr.

— Instruction sur l'appareil électro-balistique. 1 vol. in-8°, avec atlas, 1859. 12 fr.

NOTE sur quelques modifications à faire aux bâts de l'artillerie de montagne, et note sur les harnais et sur le mode d'attelage de l'artillerie de campagne, par un ancien officier supérieur d'artillerie, br. in-8°, 1837. 1 fr. 25

NOTICE sur la nouvelle organisation militaire du royaume de Sardaigne, br. in-8°, 1834. 2 fr. 50

OBSERVATIONS sur les applications du fer aux constructions de l'artillerie, br. in-8°, avec pl., 1835. 3 fr.

OBSERVATIONS sur la réception des effets de harnachement pour les corps d'artillerie, br. in-8°, 1842. 2 fr. 75

OBSERVATIONS sur le projet de loi relatif à l'organisation de l'artillerie, présenté à l'assemblée nationale, par MM. le ministre de la guerre, le 19 juin 1850 ; par un officier d'artillerie, br. in-8°, 1850. 2 fr. 50

ORGANISATION (de l') de l'artillerie en France, par M***, capitaine d'artillerie, ancien élève de l'École polytechnique, 2 vol. in-8°, 1845-1847. 12 fr.

OTTO (J.-C.-F.), lieutenant en premier de la 3e brigade d'artillerie prussienne. Théorie mathématique de tir à ricochet, suivie de tables pour l'application de ce tir. 1833 ; traduite de l'allemand par Rieffel, professeur à l'École d'artillerie de Vincennes, 1 vol. in 8°, 1845. 6 fr.

OTTO (J.-C.-F.), capitaine dans l'artillerie de la garde royale de Prusse. Tables balistiques générales pour le tir élevé ; traduites de l'allemand par Rieffel, professeur à l'École royale d'artillerie de Vincennes, 1 vol. in-8°, 1845. 7 fr. 50

PARMENTIER (Théodore), capitaine du génie, ancien élève de l'École polytechnique. Vocabulaire allemand-français des termes de fortification, renfermant, en outre, les termes les plus usuels d'art militaire, d'artillerie, de construction, de mathématiques, de mécanique, etc., et la réduction en mesures métriques de toutes les mesures usitées dans les différents états de l'Allemagne, la Hollande, la Suisse, la Suède, le Danemarck, la Pologne et la Russie, 1 vol. in-12, 1849. 3 fr.

— Cours élémentaire de fortification passagère, suivi de quelques notions sur la fortification permanente à l'usage des sous-officiers de l'armée. Ouvrage désigné par la commission d'examen, instituée par son Excellence le ministre secrétaire d'État de la guerre, comme pouvant être utilement consulté pour l'enseignement dans les écoles régimentaires du deuxième degré, 1 vol. in-18, anglais, avec 14 planches, 1855. 3 fr.

PARMENTIER (Théodore), chef de bataillon du génie. Exposition et description d'un système de fortification polygonale et à caponnières. Essai sur la science de la fortification arrivée à son état actuel de perfectionnement, par un officier du génie prussien, traduit de l'allemand, deuxième édition, 1 vol. in-8°, avec 2 planches grand in-folio, 1861. 10 fr.

PASLEY, directeur de l'École du génie de Chatham. Règles pour la conduite des opérations pratiques d'un siège, déduites des expériences soigneusement faites ; traduites de l'anglais par E. J., 2e édition, 3 parties in-8°, avec planches, 1847. 12 fr.

PAULET (J.). Mémoire sur le stadiomètre, nouvel instrument destiné à l'appréciation des distances, inventé par M. Dupuy de Podio, et construit par M. Froment, br. in 8°, avec planche. 1861. 2 fr. 50

— Examen de la brochure : Pourquoi l'Autriche a t-elle été vaincue? de A. D. A., suivi de discussions sur quelques-unes des causes de la bataille de Solférino. Traduit de l'allemand. br. in-8°, 1861. 2 fr.

— Organisation administrative de la marine militaire en Russie, br. in-8°, 1862. 2 fr.

— Le corps du génie en France, avant 1789, par Augoyat; compte-rendu, br. in-8°. 1863. 3 fr.

PAULIN, colonel du génie en retraite. Mémoire rectificatif d'une partie du 15e volume de l'ouvrage de M. Thiers, intitulé : Histoire du Consulat de l'empire, relatif au passage de la Bérésina. br. in-8°. 1863. 1 fr.

PERROT. Carte militaire de l'empire français indiquant les divisions militaires et leurs chefs-lieux, les garnisons des différents corps de l'armée, tous les établissements de l'artillerie et du génie. les places-fortes, les forts, les routes militaires, les gîtes d'étapes avec les distances qui les séparent, les lieux de distributions de vivres, etc., etc. Une feuille sur colombier, 4 fr. — Collée sur toile avec étui. 6 fr.

PERVENGER (de). Expériences exécutées avec des bouches à feu rayées, sur la citadelle de Molina d'Aragon, d'après le mémorial d'artillerie espagnol, br. in-8°, avec planche, 1863. 3 fr.

— Rapports de la commission militaire néerlandaise chargée d'éprouver des fusils rayés (14 décembre 1860; — 14 mai 1862); publiés avec l'autorisation du ministre de la guerre. Compte-rendu, 1 vol. in-8°, avec planches et tableaux. 1863. 5 fr.

— Le siége de Graudenz en 1862, br. in-8°. 1863. 2 fr.

PICARD (J.), de la bibliothèque Sainte-Geneviève. État général des forces militaires et maritimes de la Chine. Solde, armes, équipements, etc., précédé d'une étude sur les rapports commerciaux à établir avec cet empire. ouvrage composé d'après les textes officiels chinois. recueillis par T. F. Wade, et sur d'autres documents récents, fort vol. in-8°, avec tableaux. 18. 9 fr.

PIDOLL (le baron de), conseiller aulique. Des colonies militaires de la Russie, comparées aux confins militaires de l'Autriche, traduit de l'allemand par Unger. br. in-8°, 1847. 3 fr. 50

PIMODAN (Georges de), colonel au service de S. M. I. R. A. l'empereur d'Autriche. De la cavalerie. br. in-8°, 1856. 2 fr.

PISTORIUS (L.). avocat wurtembergeois. Traité sur l'art de tirer à balles. sans charge de poudre, moyennant une matière chimique renfermée dans la balle même. br. in-8° 1850. 2 fr.

PITON-BRESSANT. lieutenant en 1er d'artillerie de marine. Formules des portées. br. in-8°, 185?. 3 fr.

PLOENNIES (Guillaume de). lieutenant en 1er au 3e régiment d'infanterie de la Hesse grand-ducale. Nouvelles études sur l'arme à feu rayée de l'infanterie. Traduit de l'allemand par Rieffel. ancien professeur aux écoles d'artillerie. 1 vol. in-8°. cartonné à l'anglaise, avec 16 planches. 1862. 15 fr.

PLOTHO (le colonel prussien Charles de). Relation de la bataille de Leipzig (16, 17, 18 et 19 octobre 1813); traduite de l'allemand par Philippe Himly. suivie de la relation autrichienne de l'affaire de Lindenau, du combat de Hanau, et accompagnée de notes d'un officier général français. témoin oculaire. 1 vol. in-8°, 1840. 6 fr.

— Capitulation de Dantzig; traduite de l'allemand par P. Himly; avec observations critiques, par le général baron de Richemont. directeur des fortifications et commandant du génie pendant la défense de la place, br. in-8°, 1841. 2 fr. 75

POLIGNAC (de). État actuel des armes à feu, br. in-8°, 1853. 2 fr.

POTEVIN (P.-L.), professeur de fortification à l'école d'artillerie de la marine à Lorient. Fortification. Notions sur le défilement, 1 vol. in-folio, 1844. 10 fr.

POUDRA, officier supérieur d'état-major, ancien professeur à l'école d'état-major. Examen critique du traité de perspective linéaire de M. de la Gouvernerie. br. in-8°. 1859. 2 fr.

PRETOT (P.-L.), ancien officier supérieur d'état-major. Des conventions militaires et de leur exécution habituelle. 1 vol. in-8°, 1849. 2 fr. 50

PRÉVAL (général). Observations sur l'administration des corps, br. in-8°, 1841. 2 fr. 75

— Mémoires sur l'avancement militaire et sur les matières qui s'y rapportent, 1 vol. in-8°, 1842. 9 fr.

Ces mémoires sont précédés d'un avant-propos très-remarquable, contenant, outre l'historique des divers modes d'avancement, une appréciation des graves événements de 1814 et 1815, appuyée de documents officiels peu connus et du plus haut intérêt.

— Sur le recrutement et le remplacement de l'armée. 1 vol. in-8°. 1848. 7 fr. 50

— Sur le nouveau projet de loi relatif à l'organisation de l'armée; première observation, br. in-8°, 1849. 2 fr.

— Mémoire sur le commandement en chef des troupes de la première division militaire, 2e édition, br. in-8°, 1851. 2 fr. 50

PRITTWITZ (de) et GAFRON, lieutenant général et inspecteur général du génie de l'armée prussienne. De l'emploi de l'infanterie dans la défense des places fortes. Traduit par M. Jules Moch, lieutenant répétiteur à Saint-Cyr, 1 vol. in-8°, avec pl. 1860. 7 fr. 50

PROU (V.), ingénieur civil. Observations sur le ciment hydraulique artificiel de Portland, d'après les comptes-rendus de la société des ingénieurs civils de Londres, br. in-8°, 1863. 2 fr.

Quelques remarques sur l'organisation et l'instruction de la cavalerie légère en France, br. in-8°. 1863. 3 fr.

RABUSSON (A.). De l'agrandissement de l'enceinte des fortifications de Paris du côté de l'est. considéré dans ses rapports avec la défense de la ville et avec la défense générale du royaume. 1 vol. in-8°, 1842. 4 fr.

— De la défense générale du royaume dans ses rapports avec les moyens de défense de Paris, 1 vol. in-8°, 1843. 6 fr.

— De la géographie du nord de l'Afrique pendant les périodes romaine et arabe, 1 vol. in-8°, avec plans, 1856. 5 fr.

— Deuxième mémoire. 1 vol. in-8°, avec plans, 1857. 7 fr. 50

RAPPORT sur le système d'armement adopté pour les embarcations dans la marine des États-Unis, traduit par le capitaine d'artillerie Martin de Brettes, inspecteur des études à l'École polytechnique, 1 vol. in-8°, avec 11 planches, 1853. 3 fr.

RAPPORT sur les expériences faites à Liége en 1851-1852. au moyen d'un appareil électro-balistique (système Navez). dans le but de rechercher l'influence de l'angle de tir et de la densité du projectile sur la vitesse initiale, 1 vol. in-8°. avec pl. 1855. 4 fr.

RAVICHIO de PERETSDORF, maréchal de camp d'artillerie. Suite de la notice sur l'organisation de l'armée autrichienne, br. in-8°, 1834. 2 fr. 50

RAYMOND (Xavier). Lettres sur la marine militaire, à propos de la revue de Spithead, 1 vol. in-8°. 1856. 5 fr.

RELATION de la défense de Schweidnitz, commandé par le général feld-maréchal lieutenant comte de Guasco, et attaqué par le lieutenant général Tauenzein depuis le 20 juillet jusqu'au 9 octobre 1762, jour de la capitulation; avec une notice de M. Favé, chef d'escadron d'artillerie, br. in-8°, avec plan. 1846. 4 fr.

REPONSE à l'auteur de l'article sur l'état-major général de l'armée, par un officier supérieur en retraite, br. in-8°. 1846. 1 fr. 25

RESSONS (de). Méthode pour tirer les bombes avec succès, br. in-8°. 1846. 2 fr.

RESUME des épreuves de la Truvia (Espagne) 3 juillet 1855, br. in-8°, 1860. 2 fr.

RETRAITE et destruction de l'armée anglaise dans l'Afghanistan en janvier 1842, journal du lieutenant Eyre, de l'artillerie du Bengale, traduit de l'anglais sur la 3e édition par Paul Jessé. 1 vol. in-8°, avec plan. 1844. 7 fr. 50

RICHARDOT, lieutenant-colonel d'artillerie. Nouveau système d'appareils contre les dangers de la foudre et le fléau de la grêle, br. in 8°. 1823. 1 fr. 25

— Mémoire sur l'emploi de la houille dans le traitement métallurgique du minérai de fer et sur les procédés d'affinage de la fonte pour bouches à feu et projectiles de guerre, 1 vol. in-8°, 1824. 3 fr.

— Essai sur les véritables principes de la défense des places et l'application de ces principes, br. in-8°, 1838. 2 fr. 75

— Relation de la campagne de Syrie, spécialement des siéges de Jaffa et de Saint-Jean-d'Acre, 1 vol. in-8°, avec atlas in-4°. 1839. 10 fr. 75

— Du projet de fortifier Paris, ou examen d'un système général de défense, br. in-8°, 1839. 2 fr. 75

— Réponse aux observations de M. le lieutenant-général du génie, vicomte Rogniat, sur l'ouvrage intitulé : du projet de fortifier Paris, ou examen d'un système général de défense, br. in-8°, 1840. 2 fr. 75

— Examen de l'ouvrage ayant pour titre : de la défense du territoire. Fortification de Paris. br. in-8°. 1841. 1 fr. 25

— Un dernier mot sur la défense de Paris, d'après les principes militaires et stratégiques; suivi d'un résumé relatif au même sujet de la philosophie de la fortification du lieutenant-colonel du génie Delaage, br. in-8°, 1841. 2 fr.

— Vauban, expliqué en ce qui concerne les moyens de défense de Paris. Même système, br. in-8°, 1841. 2 fr.

— De l'organisation des principales parties du service de l'artillerie, br. in-8°, 1842. 2 fr. 75

— Ecole polytechnique. Organisation, régime, conditions d'admission; deuxième article, ou réfutation d'objections diverses et de principes contraires au but de son institution, br. in-8°, 1842. 2 fr.

— Du recrutement de l'armée dans ses rapports avec la faculté du remplacement, le temps de service nécessaire sous les drapeaux, et l'époque des libérations, br. in-8°, 1843. 2 fr. 75

— De l'Etat de la question sur le système d'ensemble des places fortes, br. in-8°, 1844. 2 fr.

— Réfutation complète de l'opinion opposée au système de forts détachés sous les deux rapports militaire et politique, br. in-8°, 1844. 2 fr.

— Des conditions de force de l'armée et de sa réserve sans augmentation de dépenses, br in-8°, 1846. 2 fr.

— Les batteries à pied montées, mises en mesure de rivaliser avantageusement avec les batteries à cheval, br. in-8°, 1846. 2 fr.

— Nouveaux mémoires sur l'armée française en Egypte et en Syrie, ou la vérité mise au jour, sur les principaux faits et événements de cette armée, la statistique du pays, les usages et les mœurs des habitants, 1 vol. in-8°, avec p'an de la côte d'Aboukir, à la tour des Arabes, 1848. 6 fr.

— Le recrutement de l'armée et de la réserve ramené au principe d'égalité devant la loi, br. in-8°, 1849. 2 fr.

— Réfutation de quelques principaux articles des mémoires d'Outre-Tombe, en ce qui concerne l'armée d'Orient, sous les ordres du général Bonaparte, br. in-8°, 1849.

RIEFFEL, professeur aux écoles d'artillerie. Description et usage du Télégoniomètre, instrument proposé pour la mesure des angles et des distances à la guerre, br. in-8°, avec planches, 1838. 2 fr. 75

RIEFFEL, professeur aux écoles d'artillerie. Appendice à la traduction de l'opuscule de M. Treadwell, sur un nouveau système de construction de canons de gros calibres, br. in-8°, 1857. 1 fr.

— Recherches sur la théorie de la force de la poudre dans l'état actuel de la physique des gaz (octobre 1856), br. in-8°. 1857. 3 fr.

ROCHE. Des abus en matière de recrutement, 2e édition, augmentée d'une réponse à M. Pagezy de Bourdeliac, br. in-8°. 1829. 2 fr.

ROCHE (A.), professeur aux écoles d'artillerie de la marine. Traité de Balistique appliquée à l'artillerie navale, 1re partie, 1 vol. in-8°, 1841. 5 fr.

ROCHE-AYMON (général comte de la). Des troupes légères, ou réflexions sur l'organisation, l'instruction et la tactique de l'infanterie et de la cavalerie légère. Nouvelle édition, 1 vol. in 8°. 1836. 5 fr.

— Mémoires sur l'art de la guerre, 5 vol. in-8°, avec atlas de 20 planches. 1857. 45 fr.

ROGNIAT (général). Réponse à l'auteur de l'ouvrage intitulé : du projet de fortifier Paris, ou examen d'un système général de défense, br. in-8°, 1840. 2 fr. 75

— A l'auteur de la réponse aux observations du général Rogniat, sur les fortifications de Paris, br. in-8°. 1840. 1 fr. 25

ROGUET (le général comte). Des lignes de circonvallation et de contrevallation, 1 vol. in-8°, avec planches. 1832. 4 fr.

— De l'emploi de l'armée dans les grands travaux civils, br. in-8°. 1834. 2 fr.

— De la Vendée militaire, 1 vol. in-8°, avec carte et plans. 1834. 8 fr.

— Essai théorique sur les guerres d'insurrection, ou suite à la Vendée militaire, 1 vol. in-8°, 1836. 8 fr. 50

— Expériences sur le pétard, faites à Metz, br. in-8°, avec pl., 1838. 2 fr.

ROUVROY (W.-H de), lieutenant-général, commandant de l'artillerie royale saxonne. Etudes préliminaires d'une théorie des armes à feu rayées, traduite par Rieffel, professeur aux écoles d'artillerie, br. in-8°, avec pl. 1860. 3 fr.

ROUVROY (W.-H. de), lieutenant général saxon. Sur la forme de la partie antérieure des projectiles allongés. Traduit par Rieffel, ancien professeur aux écoles impériales d'artillerie, br. in-8°, 1862. 2 fr.

RUDTORFFER (colonel de). Géographie militaire de l'Europe; traduite de l'allemand par L.-A. Unger, 2 vol. grand in-8°, à 2 colonnes. 1847. 20 fr.

RUTZKY (André), lieutenant en 1er, attaché au comité R. I. de l'artillerie autrichienne. Sur le mouvement et la dérivation des projectiles oblongs. Influence de la position du point d'application de la résistance de l'air, relativement à celle du centre de gravité, sur les changements de position de l'axe de rotation; conséquences qui en découlent, quant à la construction des projectiles et des bouches à feu. Traduit par Rieffel, ancien professeur aux écoles d'artillerie, 1 vol. in-8°, avec 2 planches. 1863. 7 fr.

SAINTE-BEUVE, membre de l'institut. Notice sur le maréchal de Villars, br. in-8°, 1857. 4 fr.

SAINT-ROBERT (le comte Paul de), major de l'artillerie sarde. Des effets de la rotation de la terre sur les mouvements des projectiles, br. in-8°, avec pl. 1858. 4 fr.

— Du mouvement des projectiles dans les milieux résistants, 1 vol. in-8°, 1859. 9 fr.

— Etudes sur la trajectoire que décrivent les projectiles oblongs, 1re partie, br. in-8°, 1859. 4 fr. 2e partie, br. in-8°, 1860. 4 fr.

— Note sur le volume d'une embrasure, br. in-8°, 1860. 2 fr.

— Sur l'analyse du charbon destiné à la fabrication de la poudre, br. in-8°, 1860. 4 fr.

— Considérations sur le tir des armes à feu rayées dans leur état actuel. Proposition d'un nouveau système de projectiles et d'armes à feu, br. in-8°, 1860. 3 fr.

SAINT-ROBERT (le comte Paul de), lieutenant-colonel d'artillerie. Nuovo proyetto e nuova arma di fuoco, br. grand in-8°, avec planches. 1857. 4 fr.

SALVADOR (Gabriel), capitaine d'artillerie. Recherches sur l'origine et l'usage de la poudre à canon en Orient, traduites de l'anglais, br. in-8°, 1850. 2 fr.

— De l'agitation pour la défense nationale en Angleterre, examen des principaux documents publiés sur cette question, 1 vol. in-8°, 1853. 7 fr. 50

SARETTE (A.), chef de bataillon au 92e. Quelques pages des commentaires de César. Parisiens, Belges, Arvernes, Mandubiens, Uxellodunéens. Défenses héroïques, l'an 57, 54, 53, 52 et 51 avant Jésus-Christ. Camulogène et Labiénus, Ambiorix, T. Sabinus et Q. Cicéron, César et Vercingétorix, Caninius, Drapès, Luctérius. Etudes d'archéologie militaire. Caractères des camps de César. Découvertes récentes qui fixent les emplacements des camps passagers de Labiénus sur la Seine, de César sur l'Allier, sur la Sambre; des camps d'hivernage en Belgique, de Cicéron, de Labiénus, de Sabinus, des oppidum d'Alesia, d'Agendicum, d'Uxellodunum, de Bibrax, du Noviodunum des Suessonnais, de l'Atuatuca des Eburons; et par là rendent la gloire qui leur est due à nos aïeux les Gaulois, défenseurs de Lutèce, de Gergovie, d'Alesia, de la Belgique et d'Uxellodunum, 1 vol. in-8°, avec 15 planches coloriées. 1863. 12 fr.

SCHARNHORST (général). Traité sur l'artillerie; traduit de l'allemand, par M. A. Fourcy, ancien officier supérieur d'artillerie, bibliothécaire à l'école polytechnique; revu, accompagné d'observations et d'une notice historique sur l'auteur, par le capitaine d'artillerie Mazé, professeur à l'école d'application d'état-major. Publié en 9 livraisons, formant 3 vol. petit in-4°, 1841, 1843. 31 fr. 75

SCHAW, capitaine des ingénieurs royaux de l'armée britannique. Télégraphie militaire, traduit de l'anglais par Ch. Maunoir, br. in-8°, 1863. 2 fr.

SCHMOELZL (J.), lieutenant colonel d'artillerie dans l'armée bavaroise. Les canons rayés, historique de leur développement et perfectionnement actuel de cette arme. Etudes militaires, traduit de l'allemand par E. Heyd sous-lieutenant au 2e régiment d'artillerie, 1 vol. in-8°, avec appendice et planches, 1860. 7 fr.

— Résultats des expériences faites par l'artillerie russe sur les effets des canons rayés de 4 de campagne, traduit de l'allemand, br. in-8°, avec planches, 1861. 3 fr.

SCHONALS (le général). Souvenirs d'un vétéran autrichien sur la guerre d'Italie dans les années 1848-1849; traduits de l'allemand par Rodolphe de Steiger, 2 vol. in-8°, 1855. 15 fr.

SCHONSTEDT (le capitaine), aide-de-camp de S. M. le roi des Pays-Bas. Description de la fusée à percussion, br. in-8°, 1854. 2 fr.

SCHULTZ (E.), lieutenant d'artillerie. Mémoire sur un projet de chronographe électrique fondé sur l'emploi du diapason. Application aux expériences de balistique, 1 vol. in-8°, avec 3 pl., 1859. 5 fr.

SCHWINCK, major au corps royal des ingénieurs de l'armée prussienne. Les Éléments de l'art de fortifier; Guide pour les leçons des écoles militaires et pour s'instruire soi-même; traduit de l'allemand par Théodore Parmentier, officier du génie, ancien élève de l'Ecole polytechnique.

Première partie. Fortification passagère, 1 vol. in-8°, avec atlas in-4°, 1846. 10 fr.

Seconde partie. Fortification permanente, 1 vol. in-8°, avec atlas in-4°, 1847. 10 fr.

SCOFFERN (J.), ex-professeur de chimie au collége de médecine d'Aldersgate. Armes de jet et compositions explosives, comprenant quelques nouvelles ressources de guerre avec des renseignements spéciaux sur l'artillerie rayée, dans ses principales variétés. 4e édition, traduite de l'anglais par F.-J.-A. Martenet, chef d'escadron d'artillerie, 1 vol. in-8°, avec 8 pl., (43 fig.), 1863. 15 fr.

SERVAL. Académie militaire de Woolwich, br. in-8°, 1854. 1 fr. 50

— Sur les bouches à feu de l'artillerie de campagne, et principalement sur les batteries de mortiers de campagne de l'Autriche, br. in-8°, 1854. 1 fr. 50

— Siége de Bomarsund en 1854. Journal des opérations de l'artillerie et du génie, publié avec l'autorisation du ministre de la guerre, 1 vol. in-8°, avec plans, 1855. 7 fr. 50

SIMMONS (T.-F.), capitaine de l'artillerie royale anglaise. Considérations sur les effets de la grosse artillerie employée par les vaisseaux de guerre et dirigée contre eux, spécialement en ce qui concerne l'emploi des boulets creux et des bombes; traduit par E. J., 1 vol. in-8°, avec 3 pl., 1846. 7 fr. 50

— Considérations sur l'armement actuel de notre marine. Supplément aux considérations sur les effets de la grosse artillerie employée par les vaisseaux de guerre et dirigée contre eux; traduit par E. J., br. in-8°, 1846. 3 fr.

SOBRERO (le baron), lieutenant-général d'artillerie en retraite, de l'académie des sciences de Stockolm. Considérations sur la constitution du fer, de l'acier et de la fonte, et application à la fabrication de l'acier et de la fonte à bouches à feu. Première partie, br. in-8°, 1862. 2 fr.

SOYE (C.), capitaine au 1er régiment de voltigeurs de la garde impériale. Bataille d'Inkermann, livrée le 24 octobre (5 novembre) 1854. Episode de l'histoire de la guerre écrite en décembre 1854, avec un plan de la bataille. Traduit de l'allemand 1 vol. in-8°, 1857. 3 fr.

SPLINGARD, capitaine d'artillerie belge. Notice sur une fusée Shrapnel, br. in-8°, avec pl., 1848. 2 fr.

SPLINGARD, major d'artillerie. Nouveau procédé pour la compression des compositions et pour le chargement des cartouches d'artifice de guerre, br. in-8°. 1863. 2 fr.

SUSANE (Louis), capitaine d'artillerie. Histoire de l'ancienne infanterie française, avec atlas renfermant la série complète, dessinée par Philippoteaux et les meilleurs artistes, et coloriée avec beaucoup de soin, des uniformes et des drapeaux des anciens corps de troupes à pied. 8 volumes in-8°, avec atlas de 152 planches coloriées, 1849, 1853. 150 fr.

TABLES du tir des bouches à feu de l'artillerie navale, déduites des expériences de Gavre, et publiées par ordre du ministre de la marine, br. in-8°, 1841. 75 c.

TARTAGLIA (Nicolas). La balistique, ou recueil de tout ce que l'auteur a écrit touchant le mouvement des projectiles et les questions qui s'y rattachent, composé des deux premiers livres de la Science nouvelle (ouvrage publié pour la première fois en 1537), et des trois premiers livres des recherches et inventions nouvelles (ouvrage publié pour la première fois en 1546); traduit de l'italien avec quelques annotations, par Rieffel, professeur à l'école d'artillerie de Vincennes, 2 vol. in-8°, 1845-1846. 11 fr. 50

TERNAY (le colonel marquis de). De la défense des États par les positions fortifiées, ouvrage revu et corrigé sur les manuscrits de l'auteur par Mazé, professeur du cours d'artillerie à l'École d'état-major, 1 vol. in-8°. 1836. 7 fr. 50

TERSSEN (E.), major de l'artillerie belge. Canons rayés. Relation entre les pas des hélices et les calibres des bouches à feu, br. in-8°, 1860. 2 fr.

TERSSEN (E.), major de l'artillerie belge. Résistance d'un solide encastré dans les parois cylindriques et soumis à une pression uniformément répartie. Application aux canons se chargeant par la culasse, système Wahrendorff, br. in-8°, avec pl., 1861. 3 fr.

TESTARODE (E.), répétiteur à l'école de Saint-Cyr. Aperçu historique sur les armes à feu, 1 vol. in-8°, avec 12 planches, 1860. 6 fr.

— Coup d'œil sur les races chevalines françaises, br. in-8°, avec une belle carte hippique, 1862. 3 fr.

— Des positions géographiques considérées dans leurs rapports avec les nationalités, br. in-8°, 1863. 2 fr.

THIEBAULT (lieutenant général baron). Journal des opérations militaires et administratives des siéges et blocus de Gênes; nouvelle édition; ouvrage refait en son entier avec addition d'un second volume comprenant un grand nombre de pièces inédites officielles et d'une haute importance, 2 vol. in-8°, avec carte et portrait, 1847. 16 fr.

« Ce journal doit être lu en son entier et « médité par tous les militaires appelés à dé- « fendre les places, comme une source d'in- « structions précieuses, comme un modèle ad- « mirable de constance et d'intrépidité (CAR- « NOT). » — « J'ai lu le journal du blocus de « Gênes, c'est un bon ouvrage, j'en ai été con- « tent, et tout le monde doit l'être (NAPO- « LÉON). »

THIERY (A.). Description des divers systèmes à percussion et des étoupilles à friction adoptés jusqu'à ce jour en France et à l'étranger; sachets en étoffe ininflammable, br. in-8°, avec 3 planches, 1839. 2 fr. 75

THIERY (A.), chef d'escadron d'artillerie. Applications du fer aux constructions de l'artillerie; seconde partie, 1 vol. in-4°, avec atlas in-folio, 1841. 20 fr.

THIROUX, chef d'escadron d'artillerie. Réflexions et études sur les bouches à feu de siége, de place et de côte, 1 vol, in-8°, avec figures et planches, 1849. 7 fr. 50

— Observations et vues nouvelles sur les fusées de guerre, br. in-8°, 1850. 2 fr.

— Observations sur l'emploi de la poudre fulminante dans les projectiles creux, br. in 8°, 1850. 2 fr.

— Essai sur le mouvement des projectiles, dans les milieux résistants.

1er Cahier. — Partie théorique, br. in-8°, 1852. 4 fr.

2e Cahier. — Partie pratique, br. in-8°, 1857, 4 fr.

— Suite du 2e cahier, chapitre v, br. in 8, 1858, 3 fr.

— Chapitre VI, br. in-8°, 1860. 4 f.

— Mémoire sur la consolidation des revêtements des places de guerre, br. in-8°, avec planches, 1856. 2 fr.

— Mémoire sur la possibilité d'augmenter les effets explosifs des projectiles creux, br. in-8° avec planches, 1856. 2 fr.

— Essai sur les projectiles allongés, br. in-8°, 1857. 5 fr.

— Mémoire sur quelques points essentiels relatifs à la défense des places, br. in-8°, avec pl., 1857. 4 fr.

— Mémoire sur la nécessité de réparer l'âme des armes à feu pour leur conserver la rectitude de leur tir, br. in-8°, 1857. 2 fr.

— Réflexions sur les expériences faites en Suède sur des canons à âme rayée, se chargeant par la culasse. Idées nouvelles relativement au perfectionnement de ces bouches à feu, au parti qu'on peut en tirer à la guerre, br. in-8, 1857. 2 fr.

— Note sur l'application des appareils de M. Lissajou, pour l'étude des vibrations des corps solides, et en particulier des armes à feu de toutes espèces, br. in-8°, 1857. 2 fr.

— Mémoire sur le tir à mitraille, br. in-8°, 1859. 2 fr.

— Mémoire sur les armes à feu rayées, de l'infanterie et de la cavalerie, et quelques observations sur l'instruction de ces troupes, br. in-8° avec pl., 1859. 3 fr.

THOMPSON (depuis comte de Rumfort). Expériences sur la poudre à canon, faites en 1778, 1 vol. in-8, avec pl., 1857. 7 fr. 50

TIMMERHANS (C.), lieutenant colonel de l'artillerie belge. Expériences comparatives faites, à Liége en 1839, entre les carabines à double rayure et les fusils de munition, br. in-8°, avec tableaux, 1840. 3 fr. 75

TIRLET (vicomte), lieutenant-général d'artillerie. Des places de guerre, br. in-8°, 1811. 2 fr.

TRAITÉ DE LA RÉCEPTION des effets de harnachement pour les corps d'artillerie, br. in-8°, 1850. 2 fr. 50

TRAITÉ des reconnaissances militaires, ou reconnaissance et description du terrain au point de vue de la tactique, à l'usage des officiers d'infanterie et de cavalerie; traduit de l'allemand par L.-A. Unger, professeur au collége de Juilly, 1 vol. in-8°, 1846. 11 fr. 50

TREADWELL (Daniel). Notice succincte sur un canon perfectionné et sur les procédés mécaniques employés à sa fabrication; traduite de l'anglais par M. Rieffel, professeur de sciences appliquées à l'école d'artillerie de Vincennes, br. in-8°, 1848. 2 fr.

— Sur la possibilité pratique de construire des canons de grands calibres, susceptibles d'un long service continu à charges entières; traduit par Rieffel, br. in-8°, avec pl., 1857. 2 fr.

TUBERSAC (de). Le micromètre Lugeol, br. in-8°, avec pl. 1862. 3 fr.

— Nouveau porte-amarre, br. in-8°, avec pl., 1863. 3 fr.

UNGER (L.-A.). Histoire critique des exploits et des vicissitudes de la cavalerie pendant les guerres de la révolution et de l'empire, jusqu'à l'armistice du 4 juin 1813, 2 vol. in-8°, 1849. 12 fr.

VANDEN BROECK. Des dangers qui peuvent résulter de l'emploi des armes à percussion dans les régiments d'infanterie de ligne, br. in-8°, 1841. 3 fr.

VAUBAN. Ses oisivetés et mémoires inédits, 3 vol. in-8°. 19 fr.

Chaque volume se vend séparément :

1 vol. contenant le tome IV augmenté de mémoires inédits tirés du tome II, in-8°, 1842. 7 fr. 50

1 vol. contenant les tomes I, II, III, br. in-8°, 1843. 7 fr. 50

1 vol. contenant la fin des tomes II et III, précédée d'un éloge du maréchal, par Gaillard, br. in-8°, 1845. 4 fr.

VAUDONCOURT (le général Guillaume de). De la législation militaire dans un état constitutionnel, br. in-8°, 1829. 1 fr. 50

— Essai sur l'organisation défensive militaire de la France, telle que la réclament l'économie, l'esprit des institutions politiques et la situation de l'Europe, 1 vol. in-8°, 1833. 4 fr.

VIGNOTTI (A.), capitaine commandant au 7e régiment d'artillerie montée. De l'analyse des produits de la combustion de la poudre, considérée comme moyen de comparer entre elles les propriétés des diverses poudres, 1 vol. in-8°, avec planche, 1863. 4 fr.

WEIGELT (G), capitaine de brigade d'artillerie de Brandebourg. Expériences de tir faites à Juliers en septembre 1860. Compte-rendu offert aux officiers de toutes armes. Traduit de l'allemand par Th. Parmentier, chef de bataillon du génie, 1 vol. in-8°, avec 10 planches, dont 7 vues dessinées d'après les épreuves photographiques, 1862. 12 fr.

WERTHER (le docteur G.). Des méthodes en usage pour reconnaître la quantité de salpêtre pur contenue dans le nitre brut, traduit de l'allemand, par Henry Benoît, br. in-8°. 1851. 1 fr. 50

WHEASTONE (E.), Esq., F. R. S., professeur de physique expérimentale au collége royal, à Londres, et F.-A. Abel, Esq. F. R. S., chimiste du département de la guerre. Rapport au secrétaire d'État de la guerre sur le résultat des recherches entreprises à Woolwich et à Chatam, sur l'application de l'électricité de différentes sources, à l'explosion de la poudre. Traduit de l'anglais par J.-F. Martenet, chef d'escadron d'artillerie, 1 vol. in-8°, avec planches, 1862. 5 fr.

WITTICH, major de l'artillerie prussienne. De la fortification et de la défense des grandes places; traduit de l'allemand par Ed. de La Barre-Duparcq, capitaine du génie, br. in 8°, avec pl., 1847. 4 fr.

XYLANDER (le chevalier), major au corps royal des ingénieurs de Bavière. Traité des armes. 4e édition. Ouvrage traduit par le colonel d'Herbelet, et augmenté par le traducteur d'une notice historique sur l'artillerie et subsidiairement sur l'armée française, et d'un vocabulaire des armes, 1 fort vol. in-8°, avec 3 pl., 1860. 15 fr.

YULE (Henry), lieutenant du génie de l'armée du Bengale. La fortification mise à la la portée des officiers de l'armée et des personnes qui se livrent à l'étude de l'histoire militaire. Traduit de l'anglais, par Sapia, chef de bataillon d'artillerie de marine, et Masselin, capitaine du génie. 1 vol. in-8°, avec atlas, 1858. 15 fr.

ZASTROW (de). Histoire de la fortification permanente, ou manuel des meilleurs systèmes et manières de fortification, traduit de l'allemand sur la 2e édition, par Ed. de la Barre-Duparcq, capitaine du génie, ancien élève de l'Ecole polytechnique, 2 vol. in-8°, avec atlas in-folio, 1849. 20 fr.

ZENI et DESHAYS, officiers supérieurs d'artillerie de la marine française, voyageant en Angleterre par ordre. Renseignements sur le matériel de l'artillerie navale de la Grande-Bretagne et les fabrications qui s'y rattachent, recueillis en 1835; publication faite avec l'agrément du ministre de la marine et des colonies, 1 vol. in-4°, avec atlas in-fol., 1840. 30 fr.

ZOLLER (le baron Charles de), général-lieutenant. Description d'une éprouvette portative; traduit de l'allemand, par Ed. de La Barre-Duparcq, capitaine du génie, br. in-8°, avec 3 pl., 1849. 4 fr.

NOUVELLES PUBLICATIONS

Depuis l'impression de ce Catalogue.

JUILLET 1864.

BARRIOS (Don Candide), lieutenant-colonel de l'état-major de l'artillerie de marine. Artillerie lisse et rayée pour le service de la marine militaire. In-8, 1864, avec planches..... 5 fr.

BERTINETTI. Projectile, porte-amarre de sauvetage, système de M. Bertinetti de Turin. In-8. 1864.. 3 fr.

CAVELIER DE CUVERVILLE, lieutenant de vaisseau. Les bâtiments cuirassés. In-8, 1864. (Sous presse.)..

DEVELAY (Victor). La France devant les deux invasions, 1814-1815, d'après des documents officiels et inédits, avec cette épigraphe de F. Arago : « La chute de Napoléon couvrit d'un « voile épais la majeure partie des actions d'éclat qui marquèrent la glorieuse agonie du « pouvoir impérial. » 1 fort vol. in-8, 1864.............................. 7 fr. 50

DIRECTION ET GESTION, RÉPONSE A LA BROCHURE L'ADMINISTRATION MILITAIRE EN 1863. Brochure in-8, 1864.. 60 cent.

ETUDES SUR LES SUBSISTANCES MILITAIRES, RÉFORME DE L'ADMINISTRATION ACTUELLE, OU LE MAL ET LE REMÈDE. Brochure in-8.. 2 fr.

EXPERIENCES FAITES EN ITALIE SUR LES BATTERIES CUIRASSÉES (Extrait du giornale d'Artiglieria, 1863). In-8, 1864, avec planche.............................. 3 fr.

GAERTENER (Carlos), le brigadier. La garde impériale de Napoléon Ier et de Napoléon III. Réflexions sur les corps d'élite considérés comme réserve de bataille. Conclusion. In-8. 1864.. 2 fr.

HURÉ, chef d'institution, et J. PICARD, sous-bibliothécaire de Sainte-Geneviève. Le Livre du Soldat. — Religion et morale. — Notions élémentaires sur la profession et les devoirs du soldat. — Lecture. — Ecriture et grammaire. — Arithmétique. — Poids et mesures. — Chant. — Géographie. — Histoire sainte. — Histoire des différents peuples et pays. — Histoire de France. — Portraits militaires et maritimes de la France. — Appendice aux portraits militaires et maritimes. Cartes et planches dans le texte. 1 vol. in-18, petit texte, de 620 pages, cartonné à l'anglaise.............................. 6 fr.

En souscrivant pour 50 ex. Le prix sera réduit à.............................. 4 fr. 50 c.

LE LIVRE DU SOUS-OFFICIER. Religion et morale. — Grammaire. — Arithmétique. — Poids et mesures. — Géométrie. — Topographie. — Géographie. — Histoire sainte. — Histoire des différents peuples et pays. — Histoire de France. — Fortifications. — Notions administratives. — Portraits militaires et maritimes de la France. — Appendice aux portraits militaires et maritimes. — Cartes et planches dans le texte, 1864. 1 vol. in-18, petit texte de 752 pages, broché, 5 fr. et cartonné, non compris le port.............................. 6 fr.

En souscrivant pour 50 ex. Le prix sera réduit à.............................. 5 fr.

LE LIVRE DE L'OUVRIER. — PREMIÈRE PARTIE. — Religion et morale. — Les devoirs de l'ouvrier dans la famille, dans l'atelier, à l'égard de lui-même). — La législation des ouvriers. — Lecture, écriture, grammaire. — Arithmétique, poids et mesures, Géométrie.

DEUXIÈME PARTIE. — Chant. — Sciences utiles (physique, chimie, agriculture). — Les célébrités ouvrières et industrielles.

TROISIÈME PARTIE. — Géographie. — Histoire générale (histoire sainte, histoire de tous les peuples, histoire de France). (Sous presse.)..........................

L'INTENDANCE MILITAIRE ET LES OFFICIERS D'ADMINISTRATION. Brochure in-8, 1864. 2 fr.

L'INTENDANCE MILITAIRE DEVANT LA COMMISSION D'ENQUÊTE. Deuxième édition, brochure in-8, 1864.. 2 fr. 50

LOBO (Don Miguel), capitaine de frégate, colonel d'infanterie. Priviléges et prééminences concédés aux gens de mer dans les XIIIe, XIVe, XVe, XVIe et XVIIe siècles, depuis le règne de Sancho IV, surnommé le Brave (el Bravo). In-8, 1864.......................... 3 fr.

MÉMOIRE SUR DIFFÉRENTES ÉPREUVES DE RÉSISTANCE FAITES PAR ORDRE DU ROI dans la fabrique de Truvia, avec des pièces d'artillerie en fer fondu (*hierro colado*), anglaises et espagnoles; rédigé par une commission composée de chefs et officiers d'artillerie de l'armée et de la flotte, chargée de l'exécution de ces épreuves. In-8 avec 5 planches, 1864.. 5 fr.

NOUVELLE POUDRE DE MINE AU NITRATE DE BARYTE dite saxifragine. In-8, 1861.. 2 fr.

OSARIO (Le brigadier don Antonio Sanchez). De la profession des armes. Traduit de l'espagnol par M. Franquet, lieutenant de vaisseau en retraite. 1re partie, in-8, 1864.......... 6 fr.

PARIS (L'amiral). Les navires cuirassés. Mémoire présenté à l'Académie des sciences. In-8, 1864.. 2 fr.

PETRIE (Martin), capitaine. Organisation, composition et forces des armées de l'Angleterre. Ouvrage officiel, imprimé par ordre du secrétaire d'Etat de la guerre. In-8, 1864. 7 fr. 50

PERROT (A.-M.), géographe. Panoplie, armes de tous les temps et de tous les peuples. Cet ouvrage sera composé de 80 planches in-4°, qui paraîtront en 10 livraisons de 8 planches chacune, 1864. Cinq livraisons sont en vente. Prix de chaque livraison en noir 6 fr., en couleur.. 8 fr.

PLŒNNIES (Guillaume de), capitaine dans l'armée de la Hesse grand-Ducale, chevalier, etc. Nouvelles études sur l'arme à feu rayée de l'infanterie. Traduit de l'allemand, avec l'autorisation de l'auteur et de l'éditeur, par J.-E. Tardieu, ancien capitaine d'artillerie. Deuxième vol. — Première partie avec planches. In-8, 1864.............................. 12 fr.

POUDRA (Commandant), ancien professeur à l'Ecole d'état-major, ancien élève de l'Ecole polytechnique. Histoire de la Perspective. (Cet ouvrage fait suite au Cours de Perspective que professait l'auteur à l'Ecole d'état-major.) 1 fort vol. in-8 avec 12 pl, 1864... 15 fr.

PROU (V.), chef de bureau des études du chemin de fer de Granollers à San-Juan de las Abadesas (Catalogne), maintenant ingénieur dudit chemin. Etudes historiques et pratiques sur le mortier de chaux hydraulique de M. Georges Robertson, ingénieur, traduites d'après les comptes-rendus de la Société des ingénieurs civils de Londres. In-8, 1864......... 5 fr.

— Ponts à treillis métalliques sous les chemins de fer. Etudes sur la détermination du rapport existant entre les sections dangereuses des semelles et des barres inclinées à 45 degrés d'une poutre à treillis.. 4 fr.

— La stratégie et les chemins de fer, par le capitaine Tyler. Traduit du *Army and navy journal* de New-York. In-8.. 2 fr. 50

ROGNETTA (F.-B.), lieutenant d'artillerie. Canons cerclés. In-8, 1864.......... ... 4 fr.

RUTZKY (André), lieutenant au premier régiment d'artillerie de côte. Théorie et construction générale des canons rayés, d'après l'allemand, par Maurice Séebold, ingénieur civil. Deuxième livraison in-8, avec planches.. 6 fr.

RUTZKY (André) et Otto V. GRAHAL, du corps impérial et royal d'artillerie autrichienne. Artillerie rayée à poudre coton du général baron Lentz, traduit de l'espagnol par F.-X. F., sur la version donnée du Memorial de Artilleria, par le commandant d'artillerie D. Joaquin-Marie-Emile y Mendez de Sotomayor. In-8 avec planches, 1864...................... 6 fr.

SCHEFFLER (Adolphe), professeur au collége Carolina de Brunswig. Etude sur une forme rationnelle des essieux de wagon, et avantages techniques des essieux en acier fondu. Traduit de l'allemand par M. T. Séebold, ingénieur civil. In-8 avec planches, 1864......... 3 fr.

SCHEIDNAGEL (Léopold). Mémoire sur l'organisation de l'armée autrichienne. In-8, 1864. 5 fr.

SCHMOELZL (J.). Les canons rayés. Historique de leur développement et perfectionnement actuel de cette arme. Etude militaire avec appendice, par M. Schmoelzl, lieutenant-colonel d'artillerie dans l'armée bavaroise; officier et chevalier de plusieurs ordres. Traduit de l'allemand, par E. Heydt, lieutenant d'artillerie de la garde impériale. Deuxième édition, in-8 avec planches, 1864 (Sous presse)...

TREMBLAY (N.-E.), ancien élève de l'Ecole navale, ex-enseigne de vaisseau, capitaine d'artillerie de marine en retraite. Aux marins, conversion des armes de guerre en engins de sauvetage pour les naufragés, et projet de création d'une Société centrale des naufrages et d'organisation d'un service de sauvetage pour les naufragés à bord de nos navires et sur les côtes de France.. 2 fr.

WEBER (G.) colonel d'artillerie au service de S. M. le roi de Bavière. Expériences faites relativement à la force de cohésion et à la torsion de l'acier fondu pour bouches à feu de M. Krupp, (avec une planche).. 4 fr.

CHARLES (le prince). Principes de la grande guerre, suivis d'exemples tactiques raisonnés de leur application, à l'usage des généraux de l'armée autrichienne. Publication officielle traduite de l'allemand, par Ed. de La Barre Duparcq, capitaine du génie, professeur d'art militaire à l'Ecole spéciale militaire de Saint-Cyr, maintenant commandant et directeur des études à ladite Ecole. 1 vol. in-fol. jésus, avec 25 cartes coloriées avec le plus grand soin....... 125 fr.

MAURY (M.-F.), L.-L.-D., lieutenant, U.-S. Navy. Géographie physique de la mer; traduit par F.-A. Terquem, professeur d'hydrographie. Deuxième édition française, revue et complétée sur la dernière édition de Maury, et publiée avec l'autorisation de l'auteur. 1 fort vol. in-8, accompagné d'un atlas de 13 planches...................................... 15 fr.

PARMENTIER (Théodore), chef de bataillon du génie. Cours élémentaire de fortification passagère, suivi de quelques notions sur la fortification permanente à l'usage des sous-officiers de l'armée. Ouvrage désigné par la commission d'examen instituée par Son Excellence le ministre secrétaire d'Etat de la guerre, comme pouvant être utilement consulté pour l'enseignement dans les écoles régimentaires du deuxième degré. 1 vol. in-18 anglais, avec 14 planches.. 3 fr.

Sceaux. — Typographie de E. Dépée.

SCEAUX. — TYPOGRAPHIE DE [illegible]

www.ingramcontent.com/pod-product-compliance
Lightning Source LLC
LaVergne TN
LVHW010517100826
845148LV00001B/34